新編諸子集成

論語集釋

二

程樹德 撰
程俊英
蔣見元 點校

中華書局

論語集釋卷十一

雍也上

○子曰：「雍也可使南面。」

【考異】七經考文補遺：古文「南面」下有「也」字。

【考證】經義述聞：南面，有謂天子及諸侯者，有謂卿大夫者。雍之可使南面，謂可使爲卿大夫也。大戴禮子張問入官篇：「君子南面臨官。」史記樗里子傳：「請必言子於衛君，使子爲南面。」蓋卿大夫有臨民之權，臨民者無不南面。仲子之德可以臨民，論語摘輔象曰：「仲弓淑明清理，可以爲卿。」爲卿則南面臨民矣。包注、皇疏皆云可使爲諸侯，故集注因之。然身爲布衣，安得僭擬於人君乎？至説苑修文篇又以南面爲天子，則更失聖言之意矣。凌廷堪禮經釋義：此南面指人君，亦兼卿大夫士言之，非春秋之諸侯及後世之帝王也。考少牢饋食禮，爲祭期，「主人門東南面，宗人朝服北面」。又明日，「主人朝服即位於廟門之外，東方南面」。檀弓：「司寇惠子之喪，文子退，扶適子南面而立。」此卿大夫之南面也。士冠禮，初加再加，皆云「出房南面」，三加如加皮弁之儀。賓禮冠者筵於户西南面。特牲饋食禮「夙興，主人立於門外，東方南面，視側殺」，此士之南面也。是有地有爵者皆得南面稱君而治人也。後儒乃以南面爲帝王之稱，此與說「宗廟會同，非諸侯而何」，謂孔子各許三子以諸侯之位者同一傎也。劉氏正義：大學言格物致知，而極之治國平天下。夫治國平天下皆天子諸侯之所有事，而列於大學之目，此正言人盡倫之學。若曰爲君而後學爲君，爲臣而後學爲臣，則當其未學，便已廢倫。一旦假之以權，其不至於敗乃事者幾希。孟子謂「士志仁義，不能殺一無罪」，此亦指天子諸侯言之，故曰：「大人之事備矣。」大人以位言之，舉位則德自見。蓋德必稱其位，而後爲能居其位。故夫天子諸侯卿大夫士位之差，即德之差。其德能爲天子而爲天子，則舜、禹之由登庸而進也。其德能爲天子諸侯而僅爲卿大夫或僅爲士，則孔、孟之不得位以行其道也。孟子云：「匹夫而有天下，德必若舜、禹，而又有天子薦之者，故仲尼不有天下。」荀子謂：「聖人之得勢者，舜、禹是也。聖人之不得勢者，仲尼、子弓是也。」子弓即仲弓。夫子議禮考文，作春秋，皆天子之事。其答顏子問爲邦，兼有四代之制。蓋聖賢之學，必極之治國平天下。其不嫌於自任者，正其學之分內事也。夫子極許仲弓而云可使南面。而其辭隱，其義顯。包、鄭均指諸侯，劉向則謂天子，說雖不同，要皆通也。近之儒者謂爲卿大夫，不兼天子諸侯，證引雖博，未免淺測聖言。

王崇簡冬夜箋記：可使南面，可使從政也。皇極經世所云極是。今人皆以帝王言之，豈有孔子弟子可爲帝王者乎？

【集解】包曰：「可使南面者，言任諸侯，可使治國政也。」

【唐以前古注】檀弓正義引鄭注：言任諸侯之治。

【集注】南面者，人君聽治之位。言仲弓寬洪簡重，有人君之度也。

【餘論】黄氏後案：劉原父謂顔子爲邦，是王天下之任。可使南面，是君一國之任。詳見書小傳，極確。

○仲弓問子桑伯子。子曰：「可也，簡。」仲弓曰：「居敬而行簡，以臨其民，不亦可乎？居簡而行簡，無乃大簡乎？」子曰：「雍之言然。」

【考異】注疏本「大」字作「太」。後案：此與上章以類聯，古注各自爲章。

【考證】翟氏考異：莊子「子桑户與琴張爲友」，又子貢以子桑事問孔子，胡氏謂此伯子即户，以時論之誠是。漢書人表次子桑于六國時，不惟于論語違，即莊周書亦不合。論語後録：吕氏春秋「秦穆公師百里奚、公孫枝」，高誘注：「公孫枝，秦大夫子桑也。」與鄭説同。説苑：「孔子見子桑伯子，伯子不衣冠而處。弟子曰：『夫子何爲見此人乎？』子曰：『其質美而無文，吾將説而文之。』」與夫子同時，恐非即公孫枝矣。劉氏正義：左傳言子桑之忠，知人能舉善，並無行簡之事。鄭此説未可據也。莊子山木篇「孔子問子桑雽」云云，異日桑雽又曰「舜之將死」云云。釋文：「雽，音户。本又作『雩』，音于。李云：『桑姓，雽其名，隱人也。』或云：『姓桑雽，名隱。』」釋文所載二説，以前説爲是。至大宗師篇言桑户與孟子反、琴張爲友，楚辭涉江篇以接輿、桑扈並舉，雽、户、扈音近通用。與孔子同時，漢書古今人表列於周顯王之世，非也。王逸楚辭注謂桑扈爲隱士，與莊子李注同，則通志氏族略以爲魯大夫者亦非。桑氏，伯字，下子字爲男子之美稱，上子字則弟子尊其師者之稱，如子沈子、子公羊子之例。

【集解】王曰：「伯子書傳無見焉。」孔曰：「以其能簡，故曰可也。居身敬肅，臨下寬略，則可也。」包曰：「伯子之簡，太簡也。」

【唐以前古注】釋文引鄭注：子桑，秦大夫。皇疏引虞喜云：說苑曰：「孔子見伯子，伯子不衣冠而處。弟子曰：『夫子何爲見此人乎？』曰：『其質美而無文，吾欲說而文之。』孔子去，子桑伯子門人不悅，曰：『何爲見孔子乎？』曰：『其質美而文繁，吾欲說而去其文。』故曰文質修者謂之君子，有質而無文謂之易野。子桑伯子易野，欲同人道於牛馬，故仲尼曰：『太簡無繁，吾欲說而文之。』」

按：喜字仲寧，餘姚人，預之兄，晉書有傳。册府元龜云：「虞喜累徵博士不就，說毛詩略，注孝經，撰周官駁難，又注論語讚九卷。」隋書經籍志：「論語九卷，鄭玄注，晉散騎常侍虞喜讚。」又云：「梁有新書對張論十卷，虞喜撰，亡。」而唐藝文志亦有虞喜贊鄭玄論語注十卷。陸德明經典序録不著讚注之名，則二書先後並佚。王肅有心難鄭，故以爲伯子書傳無見。虞氏取說苑孔子見伯子事，隱規鄭失，且以補子雍之缺，已開後來考據之風。惜高文典册，湮没不傳，爲可慨耳。

【集注】子桑伯子，魯人。胡氏以爲疑即莊周所稱子桑户者是也。伯弓以夫子許己南面，故問伯子如何。可者，僅可而有未盡之辭。簡者，不煩之謂。言自處以敬，則中有主而自治嚴，如是而行簡以臨民，則事不煩而民不擾，所以爲可。若自處以簡，則中無主而自治疏矣，而所行又簡，豈不失之大簡而無法度之可守乎？家語記伯子不衣冠而處，夫子譏其欲同人道於牛馬，然則伯子蓋大簡者，而仲弓疑夫子之過許與？仲弓蓋未喻夫子可字之意，而其所言之理有默契焉者，故夫子然之。

按：詹氏道傳四書纂箋云：「家語無此文，集注誤也。同人道於牛馬句，亦非夫子所譏，考此條事出説苑，並非家語，同人道於牛馬，乃劉向語，亦非夫子語。蓋當時考據之風氣未開，往往不及細檢原書，故有此失，然小疵終不掩其大醇也。」四書釋地三續有集注援引多誤一條，列舉凡數十事，而此條尚不在内，亦可見錯誤之多。朱子博極羣書，猶不能免，甚矣著書之難也。

【餘論】四書翼注：此章只重辨簡，不重論敬，蓋敬是臨民不易定理，不消重新張大其辭。仲弓之所辨，夫子之所許，總爲此簡字。字面如一，來歷不同。居敬之簡，見識精明，當務之爲急，器量威重，執要以御繁，如是則民受和平安静之福。居簡之簡，得一遺二，精神不能兼顧，貪逸憚勞，叢脞而不自知，如是則民受其苟且率略之弊。此言不但判斷伯子人品清楚，實天下後世南面者之圭臬也，故夫子亟然之。

【發明】鹿善繼四書説約：治民全在不擾，而省事本於勞心。居敬者衆寡小大無敢慢，此心日行天下幾徧，洞察情形，而挈其綱領，所行處精神在焉；即所不行處，精神亦無不在。如此行簡，民安可知。居簡之簡，一切放下，全無關攝，廢事生弊，可勝言哉！　陳震箐墅説書（論語經正録引）：末世定例成規，密如網罟，守其章程，賢者有所難周，芟其繁冗，天下未嘗不治。可伯子者以此。然以不擾於外者爲簡，子所以僅可伯子也。而以貫攝於心者爲簡，雍所以可使南面也。知簡之可以祛煩，再知敬之可以運簡，則仲弓之可使，伯子之僅可，已判然矣。　四書恆解：自古聖王不過居敬行簡而已。子曰「爲政以德，譬如北辰」，無爲而治，恭己南面，皆是義焉。後世清談玄虛之士，託於黄、老，以藐棄一切爲高明，恍惚離奇爲玄妙，談天雕龍之輩復揚其波，而於是聖人無爲之治亦混於異端。周衰道廢，重以狂秦苛暴，民不聊生。漢興，除秦苛法，與民休息，一二修潔之士，若申公、蓋公等，不事繁文，聽民生息，一時遂至安平。然數人及文景不過得聖賢恭儉之大意而已，若使果有居敬行簡之實學，其規爲當不止此。

○哀公問：「弟子孰爲好學？」孔子對曰：「有顔回者好學，不遷怒，不貳過。不幸短命死矣。今也則亡，未聞好學者也。」

【考異】皇本「問」下有「曰」字。　論衡問孔篇兩述此文，一作「哀公問孔子」，一作「孰謂好學」。　文選懷舊賦注引論語曰：哀公問孔子：「弟子孰謂好學？」孔子曰：「有顔回者，不幸短命死矣。」上有「孔子」字，下無「好學」字。　又楊仲武誄注引文，「顔回者」下亦無「好學」二字。　釋文：或無「亡」字，即連下句讀。　羣經平議：「亡」字衍文也，此與先進篇語有詳略。此云「今也則未聞好學者也」，彼云「今也則亡」，此詳而彼略，因涉彼文而誤衍「亡」字，則既云亡，又云未聞好學，於辭複矣。釋文曰：「本或無亡字。」當據以訂正。

【考證】拜經日記：五十以下而卒皆可謂之蚤。「三十一」之文不知所本，必係王肅僞撰。公羊傳哀公十四年：「顏淵死。子曰：『噫！天喪予！』子路死。子曰：『噫！天祝予！』西狩獲麟。孔子曰：『吾道窮矣！』」何休注：「天生顏淵、子路爲輔佐，皆死者，天將亡夫子證。時得麟而死，此亦天告夫子將没之徵。」（孔叢伯公羊通義曰：「子路死事在哀公十五年。顏淵死年，諸書乖互。推泗水侯之没，先聖年七十，而論語有『有棺無椁』之言，則淵卒又少在後，蓋亦當哀十二三年間也。」）又史記孔子世家：「河不出圖，雒不出書，吾已矣夫。顏淵死云云。」夫子曰「天喪予」，曰「天祝予」，曰「吾道窮」，曰「吾已矣」者，是皆孔子將没之年所言，故公羊春秋及弟子傳皆連言之。則顏子之死必與獲麟、子路死、夫子卒相後先。孔子年七十一獲麟，七十二子路死，七十三孔子卒。顏子少孔子三十歲，孔子七十，顏子已四十也。又史記世家云：「伯魚年五十，先孔子卒。」以核家語孔子年二十而生伯魚之説，尚不甚遠。則伯魚卒時，孔子年六十九。據論語顏子死在伯魚之後，則孔子年七十時，顏子正四十也。魯哀、季康之問，皆在哀十一年，孔子反魯之後，（反魯時年六十八。）時顏子新卒，故聖人述之有餘痛焉。論語先進篇疊書顏子死者四，而首冠以季康子問，明其爲一時事也。若王肅説孔子年六十一顏子死，此正孔子自陳還蔡之年，猶未反魯，哀公、康子何從問詢？且此時去困阨陳、蔡首尾三載（孔子六十三阨陳、蔡），如六十一顔子已死，孔子思從難諸賢，何以首及顔子？展轉究覈，便可知王肅家語削奪先賢年齒以求勝其私説，死不容誅矣。

劉氏正義：史記仲尼弟子傳：「顔回少孔子三十歲。年二十九，髮盡白，蚤死。」未著卒之歲年。家語弟子解始云「三十二而死」，王肅注：「校其年，則顔回死時孔子年六十一。」李氏鍇尚史辨之云：「顔子卒於伯魚之後。按譜孔子七十而伯魚卒。是顔子之卒，當在孔子七十一之年。顔子少孔子三十歲，是享年四十有一矣。」江氏永鄉黨圖考、毛氏奇齡稽求篇、孔氏廣森公羊通義並略同，但與李鍇説差少一年，今更無文定之也。

論語稽：家語有定公弔顔回事，則顔子似死於定公時，特年紀不合耳。清按史記「顔子少孔子三十歲」，則生於昭公二十一年庚辰。其卒後於伯魚，則在哀公十二年戊午歲以後，年在四十左右，此爲確據。若死於定公時，則在定末年丙午之先，不惟無三十二，且未滿二十七矣，不足據。又按顔子生於庚辰，則三十二歲辛亥，乃魯哀公五年。先進篇記陳、蔡之從，顔子居首；又匡之畏，顔子在後；則孔子周遊，顔子實從。考孔子甲辰去魯，丁巳返魯，而辛亥去庚戌陳、蔡之厄只一年，顔子若死於此時，是道路死矣，何顔路請車不曰以爲輴車，而曰以爲椁乎？今攷以車爲椁，確爲殯棺之椁，且子史別傳亦無顔子道死之文，則是從孔子返魯而後死，所謂年在四十左右者益屬有徵矣。顔子三月不違仁，仁者宜壽，而四十不得爲壽，故曰短命。

論語訓：高誘説顔淵卅八而卒，其卒年蓋在獲麟前。獲麟孔子年七十，淵年四十也。三十八之説是矣。

【集解】凡人任情，喜怒違理，顏淵任道，怒不過分。遷者，移也。怒當其理，不移易也。不貳過者，有不善未嘗復行也。

【唐以前古注】皇疏：學至庶幾，其美非一。今獨舉怒過二條者，蓋有以也。爲當時哀公濫怒貳過，欲因答寄箴者也。

【集注】遷，移也。貳，復也。怒於甲者不移於乙，過於前者不復於後。顏子克己之功至於如此，可謂真好學矣。短命者，顏子三十二而卒也。既云今也則亡，又言未聞好學者，蓋深惜之，又以見真好學者之難得也。　程子曰：「喜怒在事，則理之當喜怒也。不在血氣，則不遷。若舜之誅四凶也，可怒在彼，己何與焉？如鑑之照物，妍媸在彼，隨物應之而已，何遷之有？」

【別解】論衡問孔篇：哀公問弟子孰爲好學？孔子對曰：「有顏回者好學，今也則亡，不遷怒，不貳過。」何也？曰：并攻哀公之性遷怒貳過故也。因以問，則並以對之，兼以攻上之短，不犯其罰。　邢疏：一曰：以哀公遷怒貳過，而孔子因以諷諫。　論語稽：哀公問政。子曰：「文、武之政在方策。」問民服。子曰：「舉直錯枉。」則哀亦必可以有爲之君。觀其後欲以越伐魯而去三家，則此時弟子好學一問，殆有求賢自輔之意乎？顏子問爲邦，夫子告以取法四代，蓋帝王之佐也。使哀公得之爲輔，斷不至輕舉妄動，不没於魯。觀夫子卒，公誄之曰：「天不遺一老，莫相予位焉。」正有無限含意未伸者在。

【餘論】讀四書大全説：朱子既云不遷怒貳過是顏子好學之符驗，又云不是功夫未到，而遷怒貳過，只且聽之。此處極不易分曉。蓋不遷怒者，因怒而見其不遷也。不貳過者，因過而見其不貳也。若無怒無過時，豈便一無所學？且舍本以治末，則欲得不遷而反遷，欲得不貳而又貳矣。故曰非只學此二事，不遷不貳是其成效。然無怒無過時即有學在，則方怒方過時豈反不學？此扼要處放鬆，更不得力。故又曰但克己功夫未到時，亦須照管總原，要看出顏子心地純粹謹嚴無間斷處。故兩説相異，其實一揆。易云「有不善未嘗不知」，此是克己之符驗。知之未嘗復行，是當有過時功夫。可見亦效亦功，並行不廢。以此推之，則不遷怒亦是兩層賅括作一句説。若無故妄怒於所不當怒者，則不復論其遷不遷矣。怒待遷而後見其不可，則其以不遷言者必其當怒者也。怒但不遷，即無害於怒效也。於怒而不遷焉，功也，則亦功效雙顯之語也。

後案：不遷怒者，惡惡如其分，不因一人之怒濫及無辜，不以一事之怒留爲宿怨也。天地有雨寒，不害暘燠之氣；帝王有刑罰，不妨慶賞之心，顏子不遷怒猶是矣。不貳過有二説，唐韓子云：「不貳者能止之於始萌，絶之於未形，不貳之於言行也。」此援易「不遠復」之義而本何解也。程子説同。朱子云：「不必問是念慮之過、形顯之過，但過不可貳耳。」漢書谷永傳「毋貳微行出飲之過」，顏引注此經爲證云：「貳，謂重爲之也。」此朱子説所本。語録稱朱子説云：「聖人無怒，何待不遷。」必非朱子之言也。何晏用列、莊之説，以爲聖人無喜怒哀樂。王輔嗣非之，以爲聖人之情應物而無累於物者也。今以其無累，遂謂不復應物，失之遠矣。

【發明】陸桴亭思辨録：不遷怒正顏子正心功夫到處。凡心最忌有所，有所便不正。遷怒即所謂有所忿懥也。喜怒哀樂四者，惟怒最易有所。故顏子不遷怒，孔子稱之以爲難。反身録：學所以約情而復性也。後世則以記誦聞見爲學，以誦習勤、聞見博爲好學。若然，則孔子承哀公之問，便當以博學篤志之子夏、多聞多識之子貢對。夫何舍二子而推静默如愚之顏氏爲也？即推顏氏，何不推其誦習如何勤劬，聞見如何淵博，而乃以不遷不貳爲好學之實？可見學苟不在性情上用功，則學非其學。性情上苟不得力，縱夙夜孜孜，博極羣籍，多材多藝，兼有衆長，終不可謂之好學。又曰：顏、孟而後，學能涵養本原，性情得力，莫如明道先生。蓋資秉既異，而充養有道，純粹如精金，温潤如良玉，寬而有制，和而不流。其言曰：「七情之發，惟怒爲甚。能於怒時遽忘其怒，其於道思過半矣。」薛敬軒亦云：「氣直是難養。余克治用力久矣，而忽有暴發者，可不勉哉！」「二十年治一怒字，尚未消磨得盡，以是知克己最難。吴康齋所著日録則專以戒怒懲忿爲言。有曰：「去歲童子失鴨，不覺怒甚。今歲復失鴨，雖當下不能無怒，然較之去歲則微，旋即忘懷。」此必又透一關矣。謝上蔡患喜怒，日消磨令盡，而内自省，大患乃在矜，痛克之。與程子别一年來見，問所學。對曰：「惟去得一矜字。」曰：「何謂也？」上蔡曰：「懷固蔽自欺之心，長虚驕自大之氣，皆此之由。」以上四先生皆實實在性情上用功，此方是學，此方是好學。雖中間用功有難易，得力有淺深，而好其所當好，學其所當學則一也。

按：問好學而答以不遷怒不貳過，則古人所謂學，凡切身之用皆是也。古人之學，在學爲人。今人之學，在求知識。語云：「士先器識而後文藝。」不揣其本，而惟務其末，嗚呼！此後世之所以少治而多亂，而古今之人之所以不相及歟？

○子華使於齊，冉子爲其母請粟。子曰：「與之釜。」請益。曰：「與之庾。」冉子與之粟五秉。

【考異】史記弟子傳「冉子」作「冉有」。

【考證】潘氏集箋：冉子或以爲伯牛。蓋以尸子數孔門六侍曰「節小物，伯牛侍」爲證。經史問答謂檀弓「伯高之喪，孔氏使者未至，冉求束帛乘馬而將之」，亦足爲是事之證。則無以定其爲伯牛矣。論語稱子者，自曾、閔、有三子外，惟冉求，則以稱子之例校之，終未必是伯牛也。

劉氏正義：「使」者，夫子使之也。此與原思爲宰，不必同在一時。弟子類記之，以見聖人取予之際各有所宜爾。冉子，據鄭注即冉有。稱子者，冉有門人所記也。陳瑑六九齋撰述稿（集箋引）：釋量曰：「考工記㮚氏：『爲量，深尺，内方尺，而圓其外，其實一鬴。』案圓内容方，方之對角斜弦即圓徑也。率以方五斜七，則量之圓其外者，其徑爲尺有四寸矣。以徑求周，則量之周於舊率爲四尺二寸，於密率爲四尺二寸九分有奇。若求量積，不必於圓周求之，當以方尺深尺者積千寸率之。特千寸之積，不足六斗四升也，何言乎其實一鬴也？蓋鬴之爲言，斧也。斧之形背廣而刃狹。鬴名取義於斧，其器則底弇而口侈，方尺者其底面，漸侈而至于口，則不止方尺矣。然則上方之微侈者亦可以算測之乎？曰此當以方亭之法求之。上方蓋尺四寸五分也，自乘得二千一百寸有二寸五分，又以下方之尺自乘得數相并，又以高乘之，乃如方亭之法三而一，得一千有三十三寸之積。乃以斛率之，一六二除之，適得六斗四升稍不足也。不然，置千寸之積，而以斛率之三等求之，皆不合一鬴之實。夫斛率有二千七百寸者矣，則量實止三斗七升也。斛率有千六百二十寸者矣，則量實止六斗一升九也。斛率有二千五百寸者矣，則量實四斗也。皆不合於六斗四升之爲鬴也。」戴震論語補註：二斗四升曰庾，十六斗曰籔。庾與籔音聲相通，傳注往往譌溷。論語「與之庾」，謂於釜外更益二斗四升。蓋與之釜已當，所益不得過乎始與？ 潘氏集箋：丹陽姜兆錫儀禮補注據考工記注「觳受斗二升」，謂庾實二斗四升。初非聘禮記十六斗之籔，自包注論語以庾爲逾，而晉杜氏之注左傳，唐賈氏之疏聘禮記與考工，及宋邢昺之疏論語，遂展轉成誤。小爾雅義證非之，謂考工記㮚氏爲量，煎金錫以爲之。而陶人之庾與甗甑盆鬲皆瓦器，或者用之以盛，未必即以爲量。况陶人注云：「庾讀如『請益，與之庾』之庾。」云「讀如」，則陶人之庾非即論語之庾明甚。故賈公彥謂庾本有二法，而孔穎達左傳疏亦云：「彼陶人所作庾自瓦器，今甕之類，非量器也。」與此名同實異。論語後録謂鄭康成讀考工之庾與此庾同，是鄭以此爲二斗四升之庾矣。庾，說文解字作「斞」。論語竢質引錢坫說而云：「與之庾者，益之以庾，非以庾易釜也。」豈容沾益之數反多於初與，倍而又半，殊不近理。 菣厓考古録亦駁包義，又云：「說文：『斞，量也。』玉篇今作『庾』，弓人『絲三邸，漆三斞』，注疏無明文。據字書，當爲『庾』之本字。」 王念孫廣雅疏證：秉之言方也，方者，大也，量之最大者也。

按：周禮廩人職：「人四鬴者，上也。（鬴即釜，古今字。鄭康成曰：「六斗四升曰鬴。此皆謂一月所食之米也。」）人三鬴，中也。人二鬴，下也。若食不能人二鬴，則令移民就穀。」是與之釜者，僅足一人終月之食耳。（蓋一釜六斗四升，合清户部定制，約減其數之半，不過三斗二升。）請益而與之庾，依瓬人、陶人爲二斗四升。蓋六斗四升之外，又益以二斗四升也。聘禮記「十六斗曰籔」，鄭注：「今文籔爲逾。」疏：「逾即庾。」然逾、庾字異，籔而逾，逾而庾，疏何得以意斷之耶？周柄中謂：「魯申豐爲季氏行賄於齊梁丘據，而因高齮以通之，賄據錦百匹，賄齮粟五千庾。以庾二斗四升言之，爲千二百斛，視百錦不相遠。若庾十六斗，則爲八千斛，視百錦且數倍，必無是理。」據此，則庾實二斗四升。朱注從包氏，以庾爲十六斗，蓋以益字之義，疑庾多於釜耳。不知子華不合與粟，子故少與之。及冉子請益，而釜之外又加以二斛之庾，於益之義固無不合也。集注失之。

【集解】馬曰：「子華，弟子公西赤之字也。六斗四升曰釜。」包曰：「十六斗曰庾。」馬曰：「十六斛爲秉，五秉合八十斛也。」

【唐以前古注】皇疏：子華有容儀，故爲使往齊國也。但不知時爲魯君之使爲孔子之使耳。

【集注】子華，公西赤也。使爲孔子使也。釜，六斗四升。庾，十六斗。秉，十六斛。

子曰：「赤之適齊也，乘肥馬，衣輕裘。吾聞之也：君子周急不繼富。」

【集解】鄭曰：「非冉有與之太多。」

【唐以前古注】皇疏：子華之母爲當定乏，爲當定不乏。若實乏，而子華肥輕，則爲不孝；孔子不多與，是爲不仁。若不乏，而冉求與之，則爲不智。誰爲得失。舊通者云：三人皆得宜也。子華中人，豈容己乘肥馬衣輕裘，而令母乏？必不能然矣。且夫子明言不繼富，則知其家富也。實富而冉求爲請與多者，明朋友之親，有同己親；既一人不在，則一人宜相共恤故也。今不先直以己粟與之，而先請於孔子者，己若直與，則人嫌子華母有乏，故先請孔子。孔子再與，猶不至多，明不繼富也。己故多與，欲招不繼富之責，是知華母不乏也。華母不乏而己與之，爲於朋友之義故也。不乏尚與，况乏者乎？

【集注】乘肥馬衣輕裘，言其富也。急，窮迫也。周者，補不足。繼者，續有餘。

○原思爲之宰，與之粟九百，辭。

【考異】晉語「官宰食加」，韋注引論語曰：「原憲爲家邑宰。」　論語稽：何晏集解本分此爲兩章，朱子合爲一章，今從朱子。

【考證】集注考證：二事前後記不同時，使齊是使齊君，必夫子閒居時也。爲宰則夫子爲魯司寇時也。以「爲之宰」三字推之，二事舊必有上文焉。其文當曰：「子在某，子華使於齊。」「子爲魯司寇，原思爲之宰。」語意爲順。　劉氏正義：史記弟子列傳：「原憲字子思。」鄭目録云：「魯人。」司馬貞索隱：「家語云：『宋人，少孔子三十六歲。』」金氏鶚禮説：「依家語，則夫子仕魯時子思方十七八歲，未任爲宰。家語三字當是二字之譌。」鄭此注云：「孔子初仕魯爲中都宰，從中都宰爲司空，從司空爲司寇也。」案孔子五十二歲始仕魯爲中都宰，五十三歲進位爲司空司寇，五十六歲去位。則此原思爲宰，蓋在孔子爲司空司寇時也。包氏止就司寇言，舉最後之官，意中兼有司空，與鄭意同。云原憲爲家邑宰者，晉語云「官宰食加」，韋昭注：「官宰，家臣也。加，大夫之加田也。論語曰：『原憲爲家邑宰。』」與包此注合。加田當謂采地，原憲爲家邑宰，明此與粟爲食加矣。儀禮喪服斬衰章疏：「孤卿大夫有采邑者，其邑既有邑宰，又有家相。若魯三卿，公山弗擾爲季氏費宰，子羔爲孟氏郈宰之類，皆爲邑宰也。陽貨、冉有、子路之等爲季氏家相，亦名家宰。若無地卿大夫則無邑宰，直有家相者也。」賈氏此言最晰。諸書言孔子仕魯，不言采地，則止有家相，不得有邑宰。包、韋之説，未可據矣。沈彤周官禄田考：粟米對文，則粟有甲，米無甲。粟一斛爲米五斗。禹貢之「四百里粟」、「五百里米」是也。散文粟即爲米，漢食貨志述魏李悝云「治田百畝，歲收畝一石半，爲粟百五十石」是也。又曰：大夫之宰當上士。又曰：在外諸侯、上公之孤食都，卿食縣，下大夫食甸，上士食丘，中士食邑，下士與庶人在官者食井，侯伯之卿大夫士食亦如之。潘氏集箋：魯，侯國也。夫子爲司寇，下大夫也。原思爲夫子家宰，上士也。法當食丘。小司徒職謂「四井爲邑，四邑爲丘」，則丘者十六井也。十六井中有公田一千六百畝，禄田考謂公田通率二而當一，則八百畝也。禄田考又謂凡食公田百畝者實八十畝，則八百畝者實六百四十畝也。以百畝百五十石計之，六百畝當得粟九百石，四十畝當得粟六十石。而此但言九百者，舉其大數也。胡紹勳四書拾義（劉氏正義引）：世家「孔子居魯，奉粟六萬」，索隱云：「當是六萬斗。」正義云：「六萬小斗，當今二千石也。」據此，知孔子時三斗當唐時一斗。宋沈括筆談云：「予求秦、漢以來度量，計六斗當今之一斗七升九合。」是宋斗又大於唐斗。元史言世祖取江南，命輸粟者止用宋斗斛。以宋一石當今七斗。是元斗又大於宋斗。然則周時九百斗，合元時僅得一百八十九斗也。江氏永羣經補義云：「古者百畝當今二十三畝四分三釐有奇，就整爲二十三畝半。今稻田自佃一畝約收穀二石四斗，二十三畝半收穀五十六石四斗，折半爲米二十八石二斗。人一歲約食米三石六斗，可食八人。」據江氏說，古農夫百畝，合今斗且得米二百八十二斗。如孔注以九百爲九百斗，止合元斗一百八十九斗，反不及農夫所收之數，原思何又嫌多而辭之？或九百爲九百石，則又不若是多。古制計粟以五量，量莫大於斛，十斗爲一斛。粟多至九百，必以量之最大者計之，則九百當爲九百斛。何以知爲九百斛也？當時孔子爲小司寇，即下大夫，其家宰可用上士爲之。孟子曰：「上士倍中士，當得四百畝之粟。」又曰：「卿以下必有圭田，圭田五十畝。」明士亦有圭田，以五十畝合四百畝，爲四百五十畝。以漢制畝收粟一石半計之，當得六百七十五石。若以石合斛，一石爲百二十斤。古無大斗，一斛粟不足百斤，二斛約重一石有半，是百畝收百五十石，合得二百斛。四百畝爲八百斛，加圭田五十畝爲一百斛，共得九百斛。

【集解】包曰：「弟子原憲，思字也。孔子爲魯司寇，以原憲爲家邑宰。」孔曰：「九百，九百斗也。辭，讓不受也。」

【唐以前古注】皇疏引鄭注：孔子初仕魯爲中都宰，從中都宰爲司空，從司空爲司寇也。

【集注】原思，孔子弟子，名憲。孔子爲魯司寇時，以思爲宰。粟，宰之禄也。九百不言其量，不可考。

按：古者班禄以粟，周禮凡庶人在官，禄足代耕。宰，士也。以上者人四鬴計之，則得二十五斗六升。以上農食九人計之，爲粟二百三十斗有奇。此下士之禄，視上農者也。中士倍之，爲粟當四百六十斗零。上士又倍之，得九百二十一斗零。云九百者，舉成數也。

子曰：「毋！以與爾鄰里鄉黨乎！」

【音讀】經讀考異：「毋」通作「無」，「以」通作「已」，是「無以」亦可連下讀，如孟子「無以則王乎」句，亦通。　經傳釋詞：「毋」與「無」通。無訓爲不，連下讀。　經義述聞：毋，不也。言九百之粟，爾雖不欲，然可分於鄰里鄉黨，爾不以與之乎？

按：此節讀法朱子以「毋」字斷句，武億以「毋以」斷句，王伯申作一句讀，仍以集注義較長。

【考證】周禮大司徒：令五家爲比，五比爲閭，四閭爲族，五族爲黨，五黨爲州，五州爲鄉。又遂人：「掌邦之野，以土地之圖經田野。五家爲鄰，五鄰爲里，四里爲酇，五酇爲鄙，五鄙爲縣，五縣爲遂。」注「鄭司農云：『田野之居，其比伍之名與國中異制，故五家爲鄰。』玄謂異其名者，示相變耳。」

按：此則鄰里鄉黨實兼鄉遂之制，各舉二者以概其餘。

家爲黨。」

【集解】孔曰：「禄法所當受，無以讓也。」鄭曰：「五家爲鄰，五鄰爲里，萬二千五百家爲鄉，五百

【唐以前古注】檀弓正義引鄭注：毋，止其辭讓也。詩采菽正義引鄭注：士辭位不辭禄。

【集注】毋，禁止辭。五家爲鄰，二十五家爲里，萬二千五百家爲鄉，五百家爲黨。言常禄不當辭，有餘自可推之以周貧乏，蓋鄰里鄉黨有相周之義。

【發明】蔡模論語集疏：楊氏謂：「君子之於辭受取與之際，苟非其義，一介不以與人。苟以其道，舜受堯之天下亦不爲泰。而士或以嗇與爲吝，寡取爲廉。以冉有、原思之賢，猶不免是，況世之紛紛者乎？」朱子曰：「此説固然，然夫子雖以富爲不當繼，而不直距冉子之請。雖以禄爲當受，而不責原憲之辭，且教以及人而不爲私積。蓋聖人以義制事，固極謹嚴，而其宏裕寬大崇獎廉遏之意，亦略可見矣。然則學者未得中行，不幸而過，寧與毋吝，寧廉毋貪，又不可不知也。」模案朱子廣楊氏未盡之意，深有補於世教。且使世之吝者不得託於一介不與之説以蓋其陋，貪者不得託於舜受堯之天下之説以便其私，而輕財重義清苦廉遜之人，亦將得以自見。故並録之，學者所宜深玩也。論語稽：記者類記此二事，蓋以多寡貧富辭受取予互見其義。子華富，原思貧。論師友故舊之情，原思在所宜卹，子華無庸代謀。論受禄頒糈之經，原思爲宰，宰有常禄，多寡皆本定制，九百所不必辭；子華爲使，使雖不可無俸，而無定制，貧則不妨多與，富則不妨少與。冉子出而代子華謀，且以其母爲請，夫子若恝然置之，不惟失禄養之義，亦

殊非錫類之心。與之釜庾者，聊示養老之意而已。冉子不達，一請再請，反疑夫子之吝，而與之至五秉之多，豈知傷惠之失，亦等於傷廉哉！子故以周急不繼富曉之。記者蓋因與粟之事，遂記昔者原思辭禄之事，兩兩相形，以見冉子之失也。

○子謂仲弓，曰：「犂牛之子騂且角，雖欲勿用，山川其舍諸？」

【音讀】二程全書：伊川子經説曰：「疑多曰字。」朱子語録：此「曰」字留亦何害。如子謂顏子，曰：「吾見其進也。」不成是與顏淵説。況此一篇大率是論他人，不必是與仲弓説也。集注考證：「子謂仲弓」句絶，與第九篇「子謂顏淵」句同。翟氏考異：朱子答江德功曰：「此意甚佳，但不必以『仲弓』爲句絶。」據此，則江氏先有分句之説，而朱子不取。

【考證】黄氏後案：後儒據漢書食貨志以牛耕始於趙過。考志言民或苦少牛，平都令光教過以人挽犂。以人挽犂，法始於趙過爲代田之時，非牛耕始於此也。山海經海内經曰：「后稷之孫曰叔均，始作牛耕。」郭傳：「始用牛犂也。」晉語曰：「中行、范氏子孫將耕於齊，宗廟之犧，爲畎畝之勤。」晉語此文，以耕牛與犧牛比喻，與此章合。則以犂牛爲耕牛是也。周禮用騂牲者三事：祭天南郊一也，宗廟二也，望祀四方山川三也。郊廟，大祀也。山川，次祀也。耕牛之犢而有騂角之材，縱不用諸上帝，山川次祀亦豈得而舍之？不得已而思其次之辭也。三代以來，世及爲禮，未有起畎畝之中，膺天子之薦者。論匹夫之遭際，至於得國而止，五嶽視三公，四瀆視諸侯，故有山川之喻。末學緣文生義，誣及所生。史記稱仲弓父賤人，殆由傅合耕犂之指。王肅家語謂生於不肖之父，則又緣雜文之訓而遷就其說。雜文之訓始於揚雄，高誘解淮南，王肅撰家語，一皆承用。小爾雅爲王肅輩所僞託，故亦云然。式三案淮南子說山訓云：「䶂屯犂牛，既犐以犢。決鼻而羈，生子而犧，尸祝齋戒，以沈諸河。河伯豈羞其所從出，辭而不享哉？」此文借用經文，原未指斥仲弓，而注說之誤實因此。論衡云：「鯀惡禹聖，叟頑舜神。伯牛寢疾，仲弓潔全。顏路庸固，回傑超倫。」彼以仲弓爲伯牛之子。伯牛名耕，因以耕牛設諭，說近是。而單文無證，不敢輒信。然亦可見仲弓父惡之說，仲任有不敢誣者矣。黄繼道曰：「斥父稱子，豈聖人之意？此言才德之不繫於世類耳。」胡仁仲取黄說，則以取才廣言之，亦一義。四書賸言：仲弓，冉雍之字。家語謂是伯牛之族人，而其父行賤，故云。史記弟子傳亦同。獨王充論衡謂：「母犂犢騂，無害犧牲。祖濁裔清，不妨奇人。鯀惡禹聖，叟頑舜神。伯牛寢疾，仲弓潔全。顏路庸固，回傑超倫。孔、墨祖愚，丘、翟聖賢。」竟以犂牛指伯牛，仲弓者，伯牛之子。殊爲可怪。但王充漢人近古，且其人博通墳典，必非漫然無據而爲是言者。先仲氏曰：「伯牛名耕。耕與犂通，如司馬牛本名耕，而孔安國謂名犂，字子牛，以耕即犂也。則伯牛本名犂，其曰犂牛之子者，但言耕牛以暗刺其名，與氏所云色雜旁見也。」若然，則仲任此言，似亦真可信者。通人多怪語，以世之聞者或寡耳。

按：仲弓父賤行惡之說，承用雖始於高誘，而其誤實始於史記。後儒因犂牛之喻，遂以伯牛爲仲弓父。然農耕非賤者業，癩疾亦非行惡，輾轉附會，至使先賢蒙不白之寃。黄氏本劉台拱論語駢枝之説，考其致誤之由，頗爲詳盡，故特著之。

【集解】犂，雜文也。騂，赤色也。角者，角周正中犧牲也。雖欲勿用，以其所生，犂而勿用。山川寧肯舍之乎，言父雖不善，不害於子之美也。

【唐以前古注】皇疏引范甯曰：謂，非必對言也。

【集注】犂，雜文。騂，赤色。周人尚赤，牲用騂。角，角周正中犧牲也。用，用以祭也。山川，山川之神也。言人雖不用，神必不舍也。仲弓父賤而行惡，故夫子以此譬之。言父之惡不能廢其子之善，如仲弓之賢，自當見用於世也。然此論仲弓云爾，非與仲弓言也。

【別解】四書翼注論文：左傳所載列國卿大夫，炳炳麟麟，皆公族世家，其自菰蘆中拔萃者少矣。夫子既告仲弓以爾所不知，人其舍諸，他日又更端語之曰：爾爲宰有取士之責。凡鄉舉里選，惟才是視，勿拘於世類，俾秀民之能爲士者仍困於農。犂牛之子，此其義也。若比其父爲牛，夫子豈肯出此言？仲弓豈能樂聞此言？況仲弓並非不用之人，此語又從何而來乎？四書恒解：朱子沿何晏、邢昺舊説，謂仲弓父賤行惡，子故喻之，非也。張惕菴謂仲弓爲宰時，子告以官人之道。其識甚卓，從之。蓋周家鄉舉里選，至春秋而法弊，取人惟以名望，寒微類多屈抑，子故曉之。程伊川亦言，聖人必不肯對人子説人父不善，因仲弓父賤行惡，古注遂誤解。又張氏以家語爲不足信，亦誤。仲弓父即賤而行惡，子豈有斥擬犂牛之理！論語偶談：爾所不知，人其舍諸，用人不必皆出於己也。雖欲勿用，山川其舍諸，賢才更非人之所能抑也。仲弓平日留意人才，故夫子廣之，不必定著本身説。《論語稽》：《論語》篇中記「子謂」者多矣，如顔淵、子貢、冉有、伯魚、子夏，大抵皆與之言之辭。若論之之辭，則子謂子賤章無曰字，非此例。惟於惜乎吾見其進未見其止章一見之。此章朱注「論仲弓云爾」，蓋以與子言父之惡，聖人必不出此，理或宜然。然論仲弓之美而至比其父爲犁牛，即非與仲弓言，亦復擬於不倫。且仲弓父史記言其賤，家語言其不肖，皆未言其所以賤與不肖之故，安知非誤會此章之意而附會之乎？然則犁牛之子乃泛論古今之人，而與仲弓言之，不必即指仲弓也。子謂仲弓可使南面，仲弓爲季氏宰，問「焉知賢才而舉之」，意仲弓之爲人，有臨民之度，而於選賢舉才，取擇太嚴，故夫子以此曉之歟？

○子曰：「回也，其心三月不違仁，其餘則日月至焉而已矣。」

【集解】餘人暫有至仁時，惟回移時而不變。

【唐以前古注】皇疏：既不違，則應終身。而止舉三月者，三月一時爲天氣一變，一變尚能行之，則他時能可知也。亦欲引汲，故不言多時也。故包述云：「顔子不違仁，豈但一時？將以勗羣子之志，故不絶其階耳。」

按：此條玉函山房論語包氏章句輯本未採列，故特録之。

【集注】三月言其久。仁者，心之德。心不違仁者，無私欲而有其德也。日月至焉者，或日一至焉，或月一至焉，能造其域而不能久也。

【餘論】四書辨疑：三月之下既有日月至焉之餘人，三月之上又有過此之聖人，顔子於仁必須九十日一次違之也，過此至九十一二日便爲聖人。恐無此理。王滹南曰：「豈有恰限三月輒一次違之之理？若三月之後，不復可保，何足爲顔子乎？」東坡云：「夫子默而察之，閲三月之久，而造次顛沛無一不出於仁，知其終身弗畔也。」王滹南謂此説爲是，今從之。四書集編：集注之意，謂自餘門弟子有一日全不違仁，有一月全不違仁者，語録則以爲或一日中一次不違仁，或一月中一次不違仁。二説不同。當以集注爲正。

【發明】朱子語類：問：横渠云：「始學之要，當知三月不違與日月至焉内外賓主之辨，使心意勉勉循循而不能已，過此幾非在我者。」竊謂三月不違者，天理爲主，人欲爲賓。日月至焉者，人欲爲主，天理爲賓。學者當勉勉循循，以克人欲存天理爲事。其成與不成，至與不至，則非我可必矣。曰：是如此。又云：且以屋喻之，三月不違者，心常在内，雖間有出時，終在外不穩，纔出即入。蓋心安於内，所以爲主。日月至焉者，心常在外，雖間有入時，終在内不安，纔入即出。蓋心安於外，所以爲賓。日至者一日一至此，月至者一月一至此，自外而至也。不違者心常存，日月至者有時而存。此無他，知有至未至，意有誠未誠。知至矣，雖驅使爲不善亦不爲。知未至，雖軋勒使不爲，此意終迸出。故貴於見得透，則心意勉勉循循，自不能已矣。過此幾非在我者，猶言過此以往，未之或知，言過此則著力不得，待其自長進去。張履祥備忘録：問：三月不違與日月至焉内外賓主之辨。曰：仁本固有本是主，但有生以後，天理人欲互爲消長。顔子天理常存，而人欲間發，則理爲主而欲爲賓。其餘天理未能勝乎人欲，則似人欲反爲主，而天理偶然來復，却似賓也。松陽講義：心藏於内，夫子從何處窺之，亦只在動靜語默間見之而已。大凡其心如是，其氣象亦必如是，但人不能盡識耳。朱子謂三月不違，不是閉門合眼静坐，此不可不知。四書恒解：後人見孔子未言養氣，而孟子言之，雖不敢謂孟子爲非，却不知養氣之即所以求仁也。且其言曰：「我四十不動心。」「我善養吾浩然之氣。」知心與氣之所以相關。此章言「回也，其心三月不違仁」，則言其養氣功夫，有諸己而天理漸多，私欲漸少。每静存之時，此心虚明無物欲之擾，所謂屢空也。天道三月而春夏秋冬各成一季，丕著功用。三月不違仁，形容其卓立之心體，居然天理穩固，正是三十而立實境。因隱微難名，藉三月狀之。不然三月從何算起？日月至焉者，倏得而倏失。一日之内，心有渾然之一候；一月之内，心有渾含之大致。其功亦非易至，子即顔子以勵門人。此章仁字蓋以全體之仁而言也，若一端之仁，則雖常人一日之内亦有數事，而諸賢乃日月至，於理爲不通矣。

○季康子問：「仲由可使從政也與？」子曰：「由也果，於從政乎何有？」曰：「賜也可使從政也與？」曰：「賜也達，於從政乎何有？」曰：「求也可使從政也與？」曰：「求也藝，於從政乎何有？」

【考異】皇本「曰賜也達」、「曰求也藝」，兩「曰」上有「子」字。天文本論語校勘記：古本、足利本、唐本、津藩本、正平本「曰賜也達」、「曰求也藝」上均有「子」字。

【考證】四書大全辨：爲政者君，執政者卿，從政者大夫也。當孔子自衛反魯，正季康子執政之日，子路、冉有已爲季氏宰，子貢已用於魯，獨未從政爲大夫耳。康子此問，其亦有同升諸公之意乎？然三子惟子貢爲大夫，從政於魯、衛之間，而二子並以家宰終，要皆未究其用，惜哉！

按：胡氏泳曰：「由、求仕於季氏久矣，若爲家臣，豈至此方問其可不可耶？以『冉子退朝』節參之，知其謂爲大夫也必矣。」劉氏寶楠曰：「魯人使使召冉求，冉求先歸。至此康子始問三子從政，則由、求之仕季氏，並在夫子歸魯之後。」

【集解】包曰：「果，謂果敢決斷。」孔曰：「達，謂通於物理。藝，謂多才藝。」

【唐以前古注】皇疏引衛瓘云：何有者，有餘力也。

【集注】從政，謂爲大夫。果，有決斷。達，通事理。藝，多才能。

【餘論】論語稽：孟武伯問由、求、赤，視之過重。季康子問由、賜、求，視之若甚輕。蓋武伯少年紈袴，康子侈肆權臣，故問同而所問之心不同，而夫子答之語氣亦因之各異。姚惜抱經說：當定公之時，孔子有東周之志，將廣魯於天下。惜乎説行於桓子，而小人間之，不獲終焉，此道之將廢也。若夫哀公之時，無論道不復行於天下也，而魯且日危；魯固不能用孔子矣，第使由、求、賜三人者一居當國之任，治一國而保之，固皆有餘力，以比孔子三月之事則不能，以比子産之全鄭則可，故曰「於從政乎何有」。

○季氏使閔子騫爲費宰。閔子騫曰：「善爲我辭焉！如有復我者，則吾必在汶上矣。」

【考異】釋文：一本「則吾必在汶上矣」，無「吾」字。鄭本無「則吾」二字。阮氏元校勘記：史記無「則吾」二字，與鄭本同。欒史太平寰宇記引傳云：若有復吾者，則吾必在汶上矣。

【考證】翟氏考異：今家語載「閔子騫爲費宰，問政。夫子告以馭民猶馭馬」。學者將信家語耶？抑信論語耶？家語非復孔氏之舊，此等處尤顯然。四書大全辨：家語閔子騫爲費宰，問政於孔子。在孔子爲魯司寇之時，桓子未墮費前宰也。孔子去魯，十有四年而反乎魯，魯不能用孔子。於時季康子使閔子騫爲費宰，閔子辭而不就者，樂夫子之道，視夫子進退爲行藏。蓋辭就兩費宰，相越且十五六年矣。然則復我云者，明乎前爲費宰，今殆不可復也。蔣廷錫尚書地理今釋：季氏費邑，今山東兗州府費縣西北二十里有故城。汶水出今山東濟南府萊蕪縣，其源非一，合流於泰安州之靜安鎮，謂之大汶。汶水舊由安民亭合濟水，東北入海。自明永樂九年於東平州東六十里築戴村壩，盡遏汶水出南旺，南北分流，南流達濟甯州，會沂、泗諸水，入淮者十之四；北流達於臨清州，會漳、衛諸水，入海者十之六矣。顧棟高春秋大事表：費邑有二：魯大夫費庈人之邑在今兗州府魚臺縣西南，季氏之費邑在今涿州府費縣治西南七十里。江永春秋地理考實：費伯帥師城郎，郎亦在魚臺縣。故城在今費縣西北二十里，今之費縣治祊城。于欽齊乘謂：「伯國姬姓，魯懿公之孫，後爲季氏之邑。」以費伯之費與季氏之費合爲一，非也。四書釋地：曾氏曰：「汶有青州之汶，有徐州之汶。論語在汶指徐州言，以魯事也。汶出泰山萊蕪縣原山，西南入泲，與出瑯邪朱虛縣東泰山至安丘入濰者別。四書釋地續云：汶水在齊之南、魯之北，二國之境以汶分，諸汶水惟此爲最大。

札樸：水以北爲陽，凡言某水上者，皆謂水北。

【集解】孔曰：「費，季氏邑。季氏不臣，而其邑宰數叛。聞子騫賢，故欲用之。不欲爲季氏宰，語使者曰：『善爲我作辭説，令不復召我也。』復我者，重來召我也。去之汶水上，欲北如齊也。」

【唐以前古注】皇疏：其邑宰即公山弗擾也，亦賢人也，見季氏惡，故叛也。所以後引云「公山弗擾以費叛。召，子欲往」是也。

【集注】閔子騫，孔子弟子，名損。費，季氏邑。汶，水名，在齊南魯北境上。閔子不欲臣季氏，令使者善爲己辭，言若再來召我，則當去之齊。謝氏曰：「學者能少知内外之分，皆可以樂道而忘人之勢。況閔子得聖人爲之依歸，彼其視季氏不義之富貴不啻犬彘。又從而臣之，豈其心哉？在聖人則有不然者，蓋居亂邦見惡人，在聖人則可。自聖人以下，剛則必取禍，柔則必取辱。閔子豈不能蚤見而豫待之乎？如由也不得其死，求也爲季氏附益，夫豈其本心哉？蓋既無先見之知，又無克亂之才故也。然則閔子其賢乎？」

【餘論】黄氏後案：季氏未知桓子、康子，與仲弓及季路、冉有所仕之時同不同，未可知也。聖門季路諸賢之仕於魯，正程伯子所謂「一命之士，存心愛物，於人必有所濟」者。韓詩外傳曰：「大夫有争臣三人，雖無道不失其家。」季氏爲無道，然不亡者，以冉有、季路爲宰臣也。仲弓爲季氏宰，意在救季氏之失，撥亂而反之正。觀問政及夫子所答可見矣。閔子辭費宰，以季氏爲不可救之人，持危扶顛之無術也。謝顯道説既以季氏爲犬彘，又謂聖人可以臣其下，説已悖謬。後儒泥於謝説，因以仲弓爲宰在少年始仕之時，或又謂仲弓不知季氏之不可救是少剛斷。式三謂以此論大賢，猶尹士之論孟子也。四書改錯：夫子一門多仕季氏，即夫子已先爲季氏司職吏，如孟子所云爲委吏爲乘田者。而概以事犬彘詬之，輕薄極矣。然且挽回聖人則可一語，則聖人應事犬彘矣。儒者不明理並不讀書，閔子幾曾好石隱恥事叛，如王蠋之謝燕師，龔勝之拒新莽？祇以費本巖邑，而其先又經叛臣竊據，實恐難任，故辭之頗堅。觀其即出事夫子，居喪未終，遽要經從政，則非仲尼之門不肯仕大夫之家，已可知也。且亦知季氏何以使閔子騫乎？夫子爲司寇，使仲由墮三都。而費則季氏之邑，三都之一也。季氏以南蒯、公山弗擾歷叛此地，與郕、郈相唇齒，必得一仁厚者爲宰，故使及子騫。及子騫不從，而然後子路以己意使子羔爲之。則子騫之使，夫子未必不與聞，非可謂聖門必恥事季氏也。況投鼠當忌器，祇借一子騫，而陰唾聖躬，顯詬諸賢，已寒心矣。乃諸賢爲宰不能指舉，而明見論語者且有仲弓爲季氏宰一人。夫冉牛、顏淵、仲弓、子騫，此德行中人。仲弓與閔子何優何劣，何升何降，而臣事犬彘？予嘗曰：使注論語而不知仲弓之爲季宰，是爲蔑經。既知仲弓爲季宰而故作此言，是謂侮聖。蔑經與侮聖，惟擇處之。遠宗曰：「由、求事季氏，不特夫子許之，且欲倚以行道。觀公伯寮愬子路於季孫，而夫子以道之將行、道之將廢陰折伯寮，此明明見之論語大文，非僞造僻書也。若季氏再召冉求，則夫子且曰非小用之，將大用之。何嘗以臣事犬彘，失先鑒之知，爲冉求恥耶？」四書恒解：此章閔子之不爲者，費宰耳。費爲季氏私邑，家臣屢叛，欲以閔子强其私家，故力辭之。先儒因閔子之言，遂非由、求，亦未達於當時之事理矣。不然，諸賢爲非，夫子豈弗禁之？仲弓德行與顔、閔同科，何以亦爲季氏宰？即夫子爲中都宰、司空、司寇攝相，亦由季桓子薦之。謝氏謂聖人可仕，聖人以下不可，其説不太支離乎？

○**伯牛有疾，子問之，自牖執其手，曰：「亡之，命矣夫！斯人也而有斯疾也！斯人也而有斯疾也！」**

【考異】史記弟子傳作「有惡疾」。集注考證：「牖」字誤，當作「墉」也。蓋室中北墉而南牖。墉，牆也。古人室北牆上起柱爲壁，雖壁間西北角有小圓窗，名扉謂之屋漏，然無北牖之名也。漢書宣六王傳：成帝詔曰：「夫子所痛，曰：『蔑之命矣夫！』」義門讀書記：楚王囂傳詔書引此作「蔑之」，是亡字當讀爲無也。釋文闕音。亡之者，言無可以致此疾之道。七經考文補遺：古本「之」作「也」。史記弟子傳述文「命也夫！斯人也而有斯疾！命也夫！」

【音讀】資暇録：亡讀無是正音。今點書者每遇亡字，必以朱發其聲，不知亡與亾字各有區分。經讀考異：案何氏集解孔曰：「亡，喪也。疾甚，故持其手曰喪之。」是以「亡之」絶句，近讀本此。漢書宣五王傳：「夫子所痛，曰：『蔑之命矣夫！』」師古注引論語云云。「蔑，無也，亦命之所遭，無有善惡。」是又以亡作無，連命矣夫爲一句。新序亦言：「君子聞之，曰：『末之命矣夫！』」末亦與蔑同用，此又可舉證。

【考證】四書賸言：論語「伯牛有疾」，包注：「牛有惡疾。」按古以惡疾爲癩。禮，婦人有惡疾去，以其癩也。故韓詩解芣苢之詩，謂蔡人之妻傷夫惡疾，雖遇癩而不忍絶。而劉孝標作辨命論，遂謂「冉耕歌其芣苢」，正指是也。又淮南子曰：「伯牛癩。」又芣苢草可療癩，見列子「生于陵屯則爲陵舄」及「蠅蠙之衣」注。劉氏正義：史記弟子列傳：「冉耕字伯牛。」鄭目録云：「魯人。」聖門志闕里廣志稱伯牛少孔子七歲，不審何據。潘氏集箋：淮南子精神訓云：「冉伯牛爲厲。」羣經義證曰：「厲、癩聲相近。史記豫讓傳『漆身爲厲』，注：『音賴。』索隱曰：『賴，惡瘡病也。』又論衡命義篇：『伯牛空居而遭惡疾。』是致病之由，疏家皆不及之。」

按：伯牛患癩，漢儒舊説如此。然余不能無疑者。癩惟熱帶之地有之，今閩、廣多患此者。冉牛魯人，地居北方，不應得此疾，一可疑也。患癩不過殘廢，不必致死。今曰亡之，有當時即死之意。此必患暴病，卒不可救，故作此言。此以語氣上觀之，而知其決非癩也，二可疑也。癩係一種傳染病，患者腥穢觸鼻，斷無與病人執手之理，三可疑也。然則冉牛究患何疾乎？考癩疾之説，本於淮南。淮南子精神訓曰：「子夏失明，伯牛爲厲。」厲、癘通，漢儒多釋爲癩。如尸子「胥餘漆身爲厲」，史記刺客傳「豫讓漆身爲厲」，范雎傳「箕子、接輿漆身爲厲」，索隱曰：「厲俱音賴。癩，瘡也。」邢疏引淮南子，厲直作癩。孟子「順受其正」，孫疏引淮南同。余謂伯牛爲厲之説，漢儒必有所本。考內經、素問，風熱客於脈不去名曰厲，或名寒熱。是厲爲熱病之名。凡熱病，在春曰瘟，在夏曰暑，在秋曰疫，在冬曰厲。伯牛之疾，即冬厲也。漢人以癩釋之，失其旨矣。

【集解】馬曰：「伯牛，弟子冉耕。」包曰：「牛有惡疾，不欲見人，故孔子從牖執其手也。」孔曰：「亡，喪也。疾甚，故持其手曰喪之。」

【集注】伯牛，孔子弟子，姓冉，名耕。有疾，先儒以爲癩也。牖，南牖也。禮，病者居北墉下，君視之，則遷於南牖下，使君得以南面視己。時伯牛家以此禮尊孔子，孔子不敢當，故不入其室而自牖執其手，蓋與之永訣也。命，謂天命。

【餘論】四書辨疑：注文既言「當時伯牛家曾以此禮尊孔子」，必有所據，今不可考。然以人情推之，伯牛純正之士，必不如此輕率，妄使家人僭以人君之禮過尊孔子也。縱使有之，孔子必正其失，使之更改其位，亦不難爲。心知其非，隱而不言，但不入其室，師弟之間，豈宜如此？子路使門人爲臣，夫子固已明其爲詐，切責之矣。況夫子未嘗爲君，而伯牛輒以人君之禮尊之，其詐不又甚歟？然夫子於子路則諄諄然以正其非，於伯牛則略無一言以正之何也？伯牛見夫子不敢當而不入，亦竟不改其位，儘從夫子在外，但自牖中出其手與之永訣，又無此理。舊説牛有惡疾，不欲見人，故孔子從牖執其手也。注言「先儒以爲癩疾」者，蓋謂此也。向亦屢嘗見有此疾者，往往不欲與人相近，於其所當尊敬者尤欲避之，蓋自慚其醜惡腥穢，恐爲其所惡也。由此推之，只舊注「牛以惡疾，不欲見人」之説爲是。嶺雲軒瑣記：朱子所讀書，後人亦皆見之，未嘗有此禮之文。特因「自牖執其手」五字生撰出來，以爲欲使南面視疾，則必從北牖下而遷南牖下，以示尊異也。夫以尊君之禮待夫子，是使夫子居於僭禮也。且人君南面聽治，何必視疾亦皆南面也？自牖執其手，蓋偶然之事，奈何若斯之穿鑿耶？室之北有墉而無牖，亦未經考明而臆説者。論語竢質：孔子聖無不通，焉有不知醫者？執其手者，切其脈也。既切脈而知其疾不治，故曰：「亡之，命矣夫！」

按：鄉黨篇云：「康子饋藥，拜而受之，曰：『丘未達，不敢嘗。』」是夫子知醫之證。江氏切脈之説是也。

【發明】四書訓義：由夫子之言觀之，則伯牛之賢可知，而君子之言命者亦可見矣。人盡而後歸之天，性盡而後安之命。自非伯牛，則疾病夭折之至，方當以之自省，而豈可徒諉之命哉？修身以俟命，身之不修而言俟命，自棄而已矣。讀四書大全説：朱子以有生之初，氣稟一定而不可易者言命。自他處語，修大全者誤編此。夫莫之致而至者，命也，則無時無鄉，非可執有生之初以限之矣。氣稟定於有生之初，則定於有生之初者，亦氣稟耳，而豈命哉？先儒言有氣稟之性，性凝於人，可以氣稟言；命行於天，不可以氣稟言也。如稻之在畝，忽被風所射，便不成實，豈禾之氣稟有以致之乎？氣有相召之機，氣實召實，氣虛召虛。稟有相受之量，稟大受大，稟小受小。此如稻之或早或遲，得粟或多或少，與疾原不相爲類。風不時而粟虛於穗，氣不淑而病中於身，此天之所被，人莫之致而自至，故謂之命，其於氣禀何與哉？謂有生之初，便裁定伯牛必有此疾，必有此不可起之疾，惟相命之説爲然，要歸於妄而已矣。聖人説命，皆就在天之氣化無心而及物者言之。天無一日而息其命，人無一日而不承命於天，故曰凝命，曰受命。若在有生之初，則亦知識未開，人事未起，誰爲凝之？而又何大德之必受哉？祇此陰變陽合，推盪兩間，自然於易簡之中，有許多險阻。化在天，受在人，其德則及爾出王，游衍而爲性。其福則化亭生殺，而始終爲命。此有生以後之命功埒生初，而有生以後之所造爲尤倍也。論語稽：人生窮通壽夭在可知不可知之間，君子惟修其在我，而一切聽之命而已。命雖聖人亦有不能挽者，故至親如伯魚，至愛如顏子，亦至早夭，此古人保身唯慎言語節飲食而更無餘法也。

○子曰：「賢哉，回也！一簞食，一瓢飲，在陋巷，人不堪其憂，回也不改其樂。賢哉，回也！」

【考異】鹽鐵論地廣章引文「在」下有「於」字。陸賈新語慎微篇述文「巷」下有「之中」二字。後漢書樊英傳注：「論語曰：『顏回在陋巷之中，一簞食，一瓢飲。』」亦有「之中」二字，又上下易置。

【考證】韓詩外傳：孔子嘗謂回曰：「家窮居卑，何不仕乎？」對曰：「有郭外之田五十畝，足以給饘粥。郭内之田四十畝，足以爲絲麻。鼓琴足以自娱，所學於夫子者足以自樂，回不願仕也。」孔子曰：「善哉，回也！回願貧如富，賤如貴，無勇而威，與士交通，終身無患難，亦且可乎？」

夫貧而如富，其知足而無欲也；賤而如貴，其讓而好禮也；無勇而威，其恭敬而不失於人也；終身無患難，其擇言而出之也。若回者，其至乎！」

【集解】孔曰：「簞，笥也。顔淵樂道，雖簞食在陋巷，不改其所樂。」

【集注】簞，竹器。食，飯也。瓢，瓠也。顔子之貧如此，而處之泰然不以害其樂，故夫子再言「賢哉回也」，以深歎美之。程子曰：「昔受學於周茂叔，每令尋仲尼、顔子樂處，所樂何事。」愚按程子之言，引而不發，蓋欲學者深思而自得之。今亦不敢妄爲之説，學者但當從事於博文約禮之誨，以至於欲罷不能而竭其才，則庶乎有以得之矣。

【餘論】黄氏後案：一簞一瓢，皇疏謂「食不重餚，及無雕鏤之器」也。在陋巷者，不願爽塏而居處之，在窮陋之巷中也。不改其樂，孔云「樂道」是也。史記弟子列傳引此經，裴注引衞瓘曰：「非大賢樂道，不能如此。」周茂叔曰：「顔子見其大而忘其小焉爾。見其大則心泰，心泰則無不足。」又曰：「君子以道充爲貴，身安爲富。故常泰無不足。」皆言顔子樂道也。程叔子曰：「使顔子以道爲可樂而樂之，則非顔子矣。」此語太高。莊子言「顔子初忘禮樂，繼忘仁義，終以坐忘，夫子稱其賢」，申程叔子之説，必用莊子之意。朱子於或問曲護程説，注以「博文約禮」言則得之。語録云：「世之談經者，本卑也，抗之使高；本淺也，鑿之使深；本近也，推之使遠；本明也，必使之晦。」如伊尹耕有莘而樂堯、舜之道，未嘗以樂道爲淺也。直謂顔子爲樂道，有何不可？

【發明】楊慎談苑醍醐：有問予顏子不改其樂，所樂者何事？予曰：且問子人不堪其憂，所憂者何事？知世人之所憂，則知顏子之所樂矣。傳云：「古有居巖穴而神不遺，末世有爲萬乘而日憂悲。」此我輩文字禪，不須更下一轉語也。讀四書大全説：要知顏子如何不改其樂，須看人不堪其憂是如何。或問朱子：「顏路甘旨有闕時如何？」此處正好著眼。道之未有諸己，仁之未復於禮，一事亦發付不下，休説簞瓢陋巷，便有天下，亦是憔悴。天理爛孰，則千條萬歧，皆以不昧於當然，休説簞瓢陋巷，便白刃臨頭，正復優游自適。樂者，意得之謂。於天理上意無不得，豈但如黃勉齋所云「凡可憂可戚之事，舉不足以累其心」哉？直有以得之矣。四書恆解：若論孔、顏如何樂法，真有説不出處。若謂孔、顏所樂非道，則非也。程子之意，以爲言樂道，則猶道自道，回自回，故曰非樂道也。此亦妙義，但未免令後學無從下手。道乃義理之統名，其實一性而已。性原於天，而具於身，散見於萬事萬物，動静交養，知行交盡。行之既久，得之於身，自覺心曠神怡，天與人非遠，而外物不足爲加損，所謂樂也。樂之實惟自喻之，而自亦不能言之。其妙無窮，須一步步實踐，則其樂之淺深自知。

○冉求曰：「非不説子之道，力不足也。」子曰：「力不足者，中道而廢。今女畫。」

【考異】後漢紀光武帝紀：太子報桓榮，引冉求曰：「非不悦子之道，力不足者。」

【考證】劉氏正義：説文：「畫，界也。象田四界，聿所以畫之。」引申之，凡有所界限而不能前進者亦爲畫，故此注訓止。法言學行篇：「是故惡夫畫者。」李軌注同。凡人志道，皆必力學，人不可一日勿學，故於學自有不已之功。聖門弟子若顔子大賢，猶言欲罷不能。既竭吾才，欲從末由。其於夫子之道，蓋亦勉力之至。然循序漸進，自能入德，奚至以力不足自諉？里仁篇夫子云：「有能用其力於仁矣乎？我未見力不足者。」若此言力不足者中道而廢，蓋特就冉求之言，指出真力不足之人以曉之。張栻論語解：「爲仁未有力不足者，故仁以爲己任者，死而後已焉。今冉求患力之不足，非力之不足也，乃自畫耳。所謂中道而廢者，如行半塗而足廢者也。士之學聖人，不幸而死則已矣，此則可言力不足也。不然，而或止焉，則皆爲自畫耳。畫者，非有以止之，而自不肯前也。」南軒説即此注義。

【集解】孔曰：「畫，止也，力不足者，當中道而廢。今女自止耳，非力極也。」

【集注】力不足者，欲進而不能。畫者，能進而不欲。謂之畫者，如畫地以自限也。胡氏曰：「夫子稱顔回不改其樂，冉求聞之，故有是言。然使求説夫子之道，誠如口之説芻豢，則必盡力以求之，何患力之不足哉？畫而不進，則日退而已矣，此冉求之所以局於藝也。」

【餘論】四書翼注：此章有頂真見解，前人皆未説着。冉有乃有才人，何至作小兒逃學之語？子之道聖學之全體大用也，言求非不從事於博文，而天地民物之故，禮樂器數之繁，實不足以會其通。非不欲從事於約禮，而視聽言動之則，經權變化之交，學不足以協其矩。此之謂力不足也。夫子言力不足之人，誠亦有之，必其識至愚，氣至弱，勉强不來，至於中道而廢。資質所限，無可奈何。今汝厭致知之繁賾，僅得半而止，畏力行之拘苦，以小就自安，是畫而已矣。奈何自誣以爲力不足哉？須將「子之道」三字抬高，則冉子之退託不爲作僞，夫子之責備亦非苛求。此力不足是真有此學業無成之人，冉子何可以之自比哉？黄氏後案：中，半也。廢，古通置。置於半途，暫息之，俟有力而肩之也。表記：「鄉道而行，中道而廢，忘身之老也，俛焉日有孳孳，斃而後已。」則中道而廢，是力極休息，復蓄聚其力也。畫，止於半途而不進也。學無止境，死而後已，一息尚存，此志不懈，安得畫？

○子謂子夏曰：「女爲君子儒，無爲小人儒。」

【考證】論語集注旁證：周禮太宰：「儒以道得民。」揚子法言：「通天地人曰儒。」韓非子：「孔子之後，儒分爲八，有子張氏、子思氏、顔氏、孟氏、漆雕氏、仲良氏、公孫氏、樂正氏之儒。」論語述何：君子儒，所謂「賢者識其大」者。小人儒，所謂「不賢者識其小」者。識大者方能明道，識小者易於矜名。子游譏子夏之門人小子是也。孫卿亦以爲子夏氏之陋儒矣。論語補疏：儒，猶士也。「言必信，行必果，硜硜然小人哉！」小人儒正指此爾。孔注未是。趙佑温故録：此小人當以「言必信，行必果，硜硜然小人哉」語爲之注脚。彼不失爲士之次，此言儒一也。子夏規模狹隘，蓋未免過於拘謹，故聖人進之以遠大。

【集解】孔曰：「君子爲儒，將以明道。小人爲儒，則矜其名。」

按：劉寶楠云：「小人儒不必是矜名，注説誤也。皇本作馬曰，弟子傳集解引作何曰，足利本不載姓名，則亦以爲何曰矣。北堂書鈔九十六引何休注文同，當是何晏之誤。」

【唐以前古注】皇疏：儒者，濡也。夫習學事久，則濡潤身中，故謂久習者爲儒也。

【集注】儒，學者之稱。程子曰：「君子儒爲己，小人儒爲人。」

【別解】羣經平議：以人品分君子小人，則君子有儒，小人無儒矣。非古義也。君子儒小人儒，疑當時有此名目。所謂小人儒者，猶云「先進於禮樂，野人也」。所謂君子儒者，猶云「後進於禮樂，君子也」。古人之辭，凡都邑之士謂之君子。昭二十七年左傳「左司馬沈尹戌帥都君子」，杜注曰：「都君子，在都邑之士。」是其證也。都人謂之君子，故野人謂之小人。孔子責子路曰：「野哉，由也！」責樊遲曰：「小人哉，樊須也！」一責其野，一責其小人，語異而意同。

【餘論】焦袁熹此木軒四書説：注云「君子儒爲己」，又云「遠者大者」，非各爲一義不相統貫。蓋惟爲己乃所以爲遠大，中庸末章以尚絅闇然爲入德根基，以馴致乎篤恭而天下平之盛，何遠大如之。爲人而學者，自私自利，雖能立功業致聲譽，而其爲卑暗淺小甚矣。黄氏後案：謝顯道謂子夏「於遠者大者或昧」，金氏考證亦據王會之説，謂子夏「細密謹嚴，病於促狹」，此君子小人以度量規模言，其言小人對大人君子而言，特有大小之分耳。李安溪曰：「此小人猶言硜硜然小人哉，褊陋之稱也。」

按：孔注以矜名爲小人，程子注以徇外爲小人，二説過貶子夏。周禮大司徒「四曰聯師儒」，注：「師儒，鄉里教以道藝者。」是儒爲教民者之稱。子夏於時設教西河，傳詩傳禮，以文學著於聖門，謂之儒則誠儒矣。然苟專務章句訓詁之學，則褊淺卑狹，成就者小。夫子教之爲君子儒，蓋勉其進於廣大高明之域也。此君子小人以度量規模之大小言。小人，如「硜硜然小人哉」、「小人哉樊須也」之類，非指矜名徇利者言也。孔、程二注蓋均失之。

【發明】反身録：儒字從人，從需，言爲人所需也。道德爲人所需，則式其儀範，振聾覺聵，朗人心之長夜。經濟爲人所需，則賴其匡定，拯溺亨屯，翊世運於熙隆。二者爲宇宙之元氣，生人之命脈，乃所必需而一日不可無焉者也。然道德而不見之經濟，則有體無用，迂闊而遠於事情；經濟而不本於道德，則有用無體，苟且而雜夫功利。各居一偏，終非全儒，故必或窮或達，均有補於世道，爲斯人所必需。夫是之謂儒，夫是之謂君子。

○子游爲武城宰。子曰：「女得人焉爾乎？」曰：「有澹臺滅明者，行不由徑，非公事，未嘗至於偃之室也。」

【考異】皇本作「汝得人焉耳乎哉」，所載孔氏注亦曰「焉耳乎哉」，皆辭也。張栻論語解、呂祖謙論語説、真德秀論語集編暨四書纂疏、四書通、四書纂箋諸本「耳」俱作「爾」。明初監本亦作「爾」。太平御覽職官、居處二部述作「爾」。集注考證：三語助辭氣似繁，字義如是爲爾，其辭必有所指，謂女得人焉，有如是者乎。翟氏考異：舊經文原爲「耳」字，玉篇引此語注，于「耳」字之下，唐石經、宋石經均書「耳」字。後漢書章帝紀注亦引爲「耳」。太平御覽作「爾」者二，而其人事部仍述爲「耳」。統是觀之，則自唐以前，大率皆依舊文，至五季後，乃始有别本作「爾」。其初尚兩文並行，久而習訛者多，正文漸晦，故仁山金氏欲以「爾」爲實解，而應城周氏且以「耳」爲異文也。今集解、集注二本已俱復舊爲「耳」，或者反以傳訛疑之，爲溯其輾轉大略如此。

按：焉耳乎三語助連用，已屬不辭，又增「哉」字，更不成文。孔注焉耳乎皆辭，是無「哉」字確證也。今張栻論語解、吕祖謙論語説、真德秀四書集編、趙順孫四書纂疏諸本皆作「爾」，太平御覽職官、居處二部亦引作「爾」，故集注同之。阮先生曰：「焉爾者，猶於此也。言女得人於此乎哉。此者，此武城也。若書作耳，則其義不可通矣。」

【音讀】經讀考異：案近讀多以「有」字連下爲句，考此宜以「有」字爲讀，蓋對師問而應曰有也，與孟子「不動心有道乎？曰有，北宮黝之養勇也」，亦以「有」字句絶，「北宮黝」屬下，語勢正同。是「澹臺滅明者」連下讀，義亦得通。

【考證】史記弟子列傳：澹臺滅明字子羽，少孔子三十九歲。潘氏集箋：顧祖禹方輿紀要云：「南武城故城在沂州費縣西南九十里。」通志云：「八十里。」日知録曰：「史記仲尼弟子傳，曾參南武城人，澹臺滅明武城人。同一武城，而曾子獨加南字。南武城故城在今費縣西南八十里石門山下。正義曰：『地理志定襄有武城，清河有武城，故此云南武城。』春秋襄公十九年『城武城』，左氏注云：『泰山南武城縣。』然漢書泰山郡無南武城，而有南成縣，屬東海郡。後漢書作南城，屬泰山郡，至晉始爲南武城。此後人之所以疑也。宋程大昌澹臺祠友教堂記曰：『武城有四：左馮翊、泰山、清河、定襄，皆以名縣。』而清河特曰東武城者，以其與定襄皆隸趙，且定襄在西故也。若子游之所宰，其實魯邑，而東武城者，魯之北也，故漢儒又加南以别之。史遷之傳曾參曰南武城人者，𢭢加也。子羽傳次曾子省文，但曰武城，而水經注引京相璠曰：『今泰山南武城縣有澹臺子羽冢，縣人也。』可見武城即南武城也。孟子言『曾子居武城，有越寇』，新序云『魯人攻鄪，曾子辭於鄪君』，戰國策甘茂亦云『曾子處費』，則曾子所居之武城，費邑也。哀八年傳：『吴伐我，子洩率。故道險，從武城。』又曰：『吴師克東陽而進，舍於五梧。』後漢志：『南城有東陽城。』引此爲證，又可見南城即武城也。南城之名見於史記，齊威王曰：『吾臣有檀子者，使守南城。』漢書但作南成。孝武封城陽共王子貞爲南城侯，而後漢王符潛夫論云『鄗畢之山，南城之冢』，章懷太子注：『南城，曾子父所葬。在今沂州費縣西南。』此又南成之即南城而在費之證也。」論語後録曰：「武城與南武城俱以武水得名。左傳城武城爲懼齊故，然則武城，近齊之邑也。地理志言南成，郡國志言南城，成與城同。不言武者，漢代郡縣名之省歟？四書釋地曰：『南武城，魯邊邑也，在今費縣西南八十里石門山下。吴未滅，與吴鄰。吴既滅，與越鄰。』據此，則南武城者，近齊而又近吴之邑也。左傳杜注以爲一地，此却不誤。」高士奇春秋地名考略從之，且謂子之武城，曾子居武城，俱是此地，與程大昌説合。惟顧氏春秋大事表列國地名考異據程啓生説，謂襄十九年之武城在濟寧州嘉祥縣界。昭二十三年傳「邾人城翼，還自離姑，武城人塞其前」，併哀八年之武城爲費縣之武城。費與邾、吴接界，非所當備齊之處。并申之云：「余嘗至嘉祥縣，有絃歌臺，此地與齊界相接，去費縣尚遠。啓生説是也。」維城案：如顧説，則子游所宰之武城近齊，非近吴者。然哀八年「吴伐我，道險，從武城之役」，傳云：「王犯常爲之宰，澹臺子羽之父好焉。國人懼。」是滅明爲近吴之武城人，確有明徵。夫子問子游以得人，正指所宰地言之，故子游對以有滅明，安得謂子游所宰之武城非滅明所居之武城耶？絃歌臺之説，地志傅會，不足信也。

焦氏筆乘：古井田之制，道路在溝洫之上方，真如棊枰，行必遵之，毋得斜冒取疾。野廬氏禁野之横行徑踰者，修閭氏禁徑踰者，皆其證也。晚周此禁雖存，人往往棄蔑不守，獨澹臺滅明不肯踰逸自便，則其平日趣操可知。子游舉此以答聖人，正舉末明本，豈可謂爲末節而不足以見人也哉？後世形容霍光者亦曰「道止皆有常處，郎僕射竊識視之，不失尺寸」，以見其端審之極，跬步無失也。

惠士奇禮説：徑謂之蹊，釋名：「蹊，系也。射疾則用之，故還系於正道。」康成亦云：「徑踰，射邪趨疾，禁之所以妨姦。」謂不由正道，昌翔觀伺，將開寇盜之端，故横行徑踰者禁之，有相翔者誅之，則寇盜之端絶矣。君子絶惡於其細，禁奸於其微。射邪趨疾，未必遂爲盜也。而昌翔觀伺，爲盜之端，遂萌於此。野廬氏掌凡道徑塞其塗弇其迹，則形勢不得爲非，使民無由接於姦邪之地，故晏嬰治阿而築蹊徑者以此也。

趙佑温故録：飲酒於序，射於州序，自有公所。以時而集，成禮而退，何必遂至宰室。蓋邑大於鄉，宰之下分理之人尚多，滅明蓋亦有執事於武城，得與宰習。觀左傳紀「王犯嘗爲之宰，子羽之父好焉」，則是世負民望，爲宰所重。宰必樂開府待之，而獨非公不至，所以爲高也。

論語後録：説文解字「由徑」之「由」當作「繇」。公，説文云：「平分也，从八，从厶，音司。八，猶背也。韓非曰：『背厶爲公。』」又云：「厶，姦衺也。韓非曰：『蒼頡作字，自營爲厶。』」「非公事不至偃室」，蓋謂未嘗私謁也。偃，説文云：「於讀若偃，古人名㫃字子游。」則知子游名當作「㫃」，「偃」其借字也。翟氏考異：古人名偃字游者，言子外更有鄭公子偃、駟偃字子游，中行偃字伯游，皆見左傳注。籍偃字游，見國語注。顔偃字子游，見莊子注。説文所云，未定誰指。然不明乎此，則不知言子所以取字之義。

【集解】包曰：「武城，魯下邑。」孔曰：「焉爾乎，皆辭。」包曰：「澹臺姓，滅明名，字子羽，言其公且方。」

【唐以前古注】史記高祖紀索隱引鄭注：步道曰徑。皇疏引袁氏云：謂得其邦之賢才不也。

【集注】武城，魯下邑。澹臺姓，滅明名，字子羽。徑，路之小而捷者。公事，如飲射讀法之類。不由徑，則動必以正，而無見小欲速之意可知。非公事不見邑宰，則其有以自守，而無枉己徇人之私可見矣。

【發明】反身録：滅明之賢，惟子游識得。得此一人，尊禮推重，奬一勵百，以端一方之風化，此致治之機也。昔陸象山至臨川訪湯思謙，思謙因言風俗不美。象山曰：「監司守令是風俗之宗主，只如判院在此，無只惟位高爵重、旗旄導前、驅卒擁後者是崇是敬，陋巷茅茨之間，有忠信篤敬好學之士，不以其微賤而知崇敬之，則風俗庶幾可回矣。」姚善守蘇州，聞郡人王賓狷介有守，敦延不至，乃屏騶從，微服造見。賓次日詣府，望大門致謝而去，終不進大門。善又聞韓奕名，欲因賓致奕，奕終不往。一日，善詢知奕在楞伽山，亟往訪之，奕遽泛小舟入太湖去。善嘆曰：「韓先生名可得而聞，身不可得而見也。」論語稽：子游以文學著稱者，大抵文人積習，無不愛才。而有文無行之士，或藉以要結長吏，魚肉鄉里。夫子問得人，正欲觀子游平日所賞識者若何。而子游以滅明對，邑有君子長吏，當以爲表率而伸式廬之敬者也。今之紳衿，昏夜干求，造門請託，方且借邑宰之威以驕鄉黨，而爲長吏者亦借其聲氣相通，要虛譽而虐良民，以濟其貪酷之私，觀此可以媿矣。四書集編：二者雖若細行，因而推之，行且不由徑，其行己也肯枉道而欲速乎？非公事且不至其室，其事上也肯阿意以來説乎？子游以一邑之宰，其取人猶若是。等而上之，宰相爲天子擇百僚，人主爲天下擇宰相，必以是觀焉可也。故王素之論命相，欲求宦官宫妾不知名之人；而司馬光之用諫官，亦取不通書問者爲之。必如是，然後剛方正大之士進，而奔競諂諛之風息矣。黄氏後案：得人與舉賢異，得之未必遽舉之也。朱子與劉共父書曰：「今於天下之士，漠然不以爲意，至於臨事倉猝，而所蓄之材不足以待用，乃始欲泛然求己所未知之賢而用之，不亦難哉！」朱子之言，正合得人之指。

論語集釋卷十二

雍也下

○子曰：「孟之反不伐，奔而殿，將入門，策其馬，曰：『非敢後也，馬不進也。』」

【考異】左傳哀公十一年杜注曰：「孟之側字反。」邢疏文不同者，各據所聞而記之也。翟氏考異：莊子稱孟之反爲子反，閣本注疏遂誤之爲子反爲之側之字。古人字上例以子爲挈，則亦似可通。

【考證】莊子大宗師篇云：子桑户、孟子反、琴張相與友。四書或問：孟之反即莊子所謂孟子反，蓋聞老氏儒弱謙下之風而悦之者也。劉氏正義：「之反」，毛本誤「子反」。鄭注云：「姓孟名之側，字之反也。」案古人名多用之爲語助，若舟之僑、宫之奇、介之推、公罔之裘、庾公之斯、尹公之他與此孟之反皆是。杜預左傳注：「之側，孟氏族也。」錢大昕潛研堂文集：古文尻臀字本作「屍」，殿從居得聲，臀又從殿取聲，人之一身臀居其後，軍後曰殿，亦取斯義。漢時課吏有殿最之法，亦以居後爲殿也。

【集解】孔曰：「魯大夫孟之側與齊戰，軍大敗。不伐者，不自伐其功。」馬曰：「殿，在軍後。前曰啓，後曰殿。孟之反賢而有勇，軍大奔，獨在後爲殿。人迎爲功之，不欲獨有其名，曰：我非敢在後距敵也，馬不能前進耳。」

【唐以前古注】皇疏：六籍惟用馬乘車，無騎馬之文。唯曲禮云：「前有車騎。」是騎馬耳。今云策其馬，不知爲騎馬爲乘車也。

【集注】孟之反，魯大夫，名側。胡氏曰：「反即莊周所稱孟子反是也。」伐，誇功也。奔，敗走也。軍後曰殿。策，鞭也。戰敗而還，以後爲功，反奔而殿，故以此言自揜其功也。事見哀公十一年。

【別解】四書翼注：魯國之法，有鄰寇，一子守，二子率師從君禦諸境。清之役，齊以息故伐魯。政在季氏，孟氏、叔孫氏不肯出師。冉求方爲季氏宰，專家政，力贊使季氏出師。孟氏不得已亦退而蒐乘。季氏出師次於雩門，待右師，五日而後至。齊師從右師，右師奔，左師入齊師，齊人宵遁。則樊遲請三刻而踰溝，冉求以武城人三百爲私屬，用矛入齊師，二人之功也。微二子，魯幾爲城下之盟矣。夫子恐二子以有功自足，故亟稱孟之反以進二子。是亦一說也。

【發明】朱子語類：問：人之伐心固難克，然非先知是合當做之事，臨事時必消磨不去。諸葛孔明所謂「此臣所以報先帝而忠陛下之職分也」。若知凡事皆職分之所當爲，自然無伐心矣。曰：衹得一心地平之人，故能如此。若使其心地不平，有矜伐之心，則雖知是職分之所當爲，少間自走從伐去，遏捺不下。孟之反衹是心地平，所以消磨容得去。反身録：馮異戰勝有功，他將皆争自言功，異獨屏身樹下，寂無所言。曹彬平江南，得一國境土，闢地數千里。使在他將必露布以聞，盛敍戰績，彬惟進奏通報於朝曰：「奉勅勾當江南公事回。」此皆不自矜伐，與之反可謂異世而同風矣。彼武夫且然，矧學者乎？故道德、經濟、文章、氣節，或四者有一，或兼有其長，而胷中道德、文章、經濟、氣節之見苟一毫銷鎔未盡，便是伐。伐則有累湛然虚明之體，其爲心害不淺。

○子曰：「不有祝鮀之佞，而有宋朝之美，難乎免於今之世矣。」

【考異】朱子或問：侯氏曰：「而字疑爲不字。」　集注考證：而字猶與字，古書兩事相兼者，每以而字中分之。

【考證】經義述聞：而，猶與也。言有祝鮀之佞與有宋朝之美也。劉氏正義：王引之經傳釋詞訓而爲與，引墨子尚同「聞善而不善，皆以告其上」，韓子説林「以管子之聖，而隰朋之智」，而皆與也。而、與聲之轉。説與注異，亦通。他家疑而爲不誤，或謂而、如通用，如，或也。皆未是。　四書釋地三續補：而字固發端之辭，又因辭抑辭。「學而時習之」，因又之辭也。「其爲人也孝弟，而好犯上者，鮮矣」，反上之辭也。此章而字則因又之辭，言不有佞又不有色也。或曰：鄭康成箋詩「予豈不知而作」云：「而，猶與也。」作與字解，辭尤顯。此蓋孔子在衞日久，見衞之風俗好尚如是，故爲是歎。與「吾未見好德如好色者也」一般。宋兩公子朝，皆曰宋朝。一爲司寇，乃桓公弟；一出奔衞，「宋朝之美」是也。黄氏日鈔曰：「范氏説無鮀之佞而獨有宋朝之美，協于經文。晦庵以巧言令色不得分輕重而去其説，且以『無虐煢獨而畏高明』比此句之句法。然書是一句而平下兩事，兩事相比也。此二句而兼下兩事，兩事相反也。句法似亦不類。」按金仁山謂而字猶與字，古書兩事相兼者每以而字中遞之，正與詩箋合。論語稽：兩人皆衞人，此論殆發於居衞時。

【集解】孔曰：「佞，口才也。祝鮀，衞大夫子魚也，時世貴之。宋朝，宋之美人而善淫。言當如祝鮀之佞，而反如宋朝之美，難乎免於今之世害也。」

按：義疏云：「及如宋朝之美者。一本云反如宋朝之美也。通者云佞與淫異，故云反也。」未知孰是。

【唐以前古注】書微子正義引鄭注：不有，言無也。皇疏引范甯云：祝鮀以佞諂被寵於靈公，宋朝以美色見愛於南子。無道之世，並以取容。孔子惡時民濁亂，唯佞色是尚，忠正之人不容其身，故發難乎之談，將以激亂俗，亦欲發明君子全身遠害也。

【集注】祝，宗廟之官。鮀，衞大夫，字子魚，有口才。朝，宋公子，有美色。言衰世好諛悦色，非此難免，蓋傷之也。

【別解一】論語意原：此言專爲衞靈公發，其事可考也。定之四年，劉文公合諸侯，欲以蔡先衞。鮀説萇宏，凡數百言，卒先衞侯。其維持衞國，鮀實有力焉。靈公爲南子召宋朝，太子蒯聵聞野人之歌，羞之，將殺南子，不克，出奔。然則靈公之無道，不得祝鮀之佞才而有宋朝之美色，安能自免於斯世也？

論語稽求篇：施愚山嘗曰：「是書有三疑，而有畢竟不是不有，兩作不有，一疑也。然謂一有一不有，世人重佞而輕色，則于夫子屢嘆未見好德如好色之説自矛盾矣，二疑也。且難免者，謂罹害也，故舊注皆以難免爲害。如所云懼不免幾不免者，世有幾鮀、朝，謂無即不免，則六合之外、八荒之内有誰得免者？恐夫子無是説也，三疑也。」先仲氏曰：「此寓言也，言無希世之資，而徒抱美質，以游于人，鮮有不爲世害者。以佞比阿世，美比善質，直捷明白。蓋美而善淫，人未有不思疾害之者，此與懷美質以希世用正同，故曰難免。邢氏疏曰：『宋朝美而淫，時世疾之。』正此義。」劉氏正義：先兄五河君經義説略：「美必兼佞，方可容。美而不佞，衰世猶嫉之。故九侯女不喜淫，商辛惡之。褒姒不好笑，周幽惡之。莊姜之美，衞人爲之賦碩人，而衞莊亦惡之。美而不佞，豈容於衰世乎？蓋美者，色也。所以説其美者，情也。如不必有可説之情，胡然而天，胡然而帝，祇見其尊嚴而已，何説之有？故夫子嘆時世不佞之人，雖美難免。夫子非不惡宋朝也，所以甚言時之好佞耳。」先兄此説即注義也。

按：此即用集解反字之義，可備一説。

【别解二】四書辨疑：衰世悦色乃是悦婦人之色，宋朝美色意不相關。又非此難免一句意亦不明，不知免爲免甚也。若言免己之患，而爲佞爲淫，適所以致患，未聞可以免患也。蓋夫子疾衰世之風習口舌之佞而爲諂諛，飾容貌之美以爲淫亂。不爲祝鮀之佞，必爲宋朝之美；不爲宋朝之美，必爲祝鮀之佞。二者爲世之患不能免除，故曰「難乎免於今之世矣」。

○子曰：「誰能出不由户？何莫由斯道也？」

【考異】皇本「户」下有「者」字。天文本論語校勘記：古本、足利本、唐本、津藩本、正平本「户」下有「者」字。

【考證】春秋繁露身之養重於義篇：故曰：聖人天地動四時化者，非有他也，其見義大，故能動；動，故能化；化，故能大行；化大行，故法不犯；法不犯，故刑不用；刑不用，則堯、舜之功德，此大治之道也，先聖傳授而復也。故孔子曰：「誰能出不由户？何莫由斯道也？」

按：此先漢解經遺義，附載於此。

劉氏正義：宫室之制，外半爲堂，内半爲室。室有南壁，東開户以至堂。説文：「户，護也。半門曰户，象形。」一切經音義十四引字書云：「一扇曰户，兩扇曰門。」「何莫由斯道」者，莫猶非也。説文：「道，所行道也。」言人日用行習無非是道，特人或終身由之而不知耳。禮記禮器云：「禮有大有小，有顯有微。大者不可損，小者不可益。顯者不可揜，微者不可大也。故經禮三百，曲禮三千，其致一也。未有入室而不由户者。」彼文言人行事必由禮，如入室不能不由户。故此文亦言出當由户，何莫由斯道。意與禮器同。

【集解】孔曰：「言人立身成功當由道，譬猶人出入要當從户。」

【唐以前古注】皇疏引范甯云：人咸知由户而行，莫知由學而成也。

【集注】言人不能出不由户，何故乃不由此道耶？怪而歎之之辭。洪氏曰：「人知出必由户，而不知行必由道。非道遠人，人自遠爾。」

【發明】王樵四書紹聞編：夫子之意，蓋謂若以道爲高妙峻絶而不可由耶，則道之得名，正以日用當然之理，猶户爲出入之所必由。若以道爲虚無寂滅，無與於人，而不必由耶，則自君臣父子之際以至起居動息之微，皆有一定之明法，不可頃刻舍之而不由，猶此身出入必由於户也。何乃莫之由耶？

○子曰：「質勝文則野，文勝質則史。文質彬彬，然後君子。」

【考異】説文解字引論語「文質份份」。玉篇「份」字下引論語「文質份份」，「彬」字下又引論語「文質彬彬」。

【考證】潘氏集箋：儀禮聘禮記「辭多則史」注：「史謂策祝。」賈疏：「大史内史皆掌策書。」尚書金縢云：『史乃策祝。』是策書祝辭，故辭多爲文史。」周禮宰夫：「掌百官府之徵令，辨其八職。六曰史，掌官書以贊治。」注：「贊治，若今起文書草也。」是史爲專掌官府文書者，兩義皆可通。論語後録：「依字當作份。」蓋以説文於「份」下引此文也。疑古文論語不必盡從古文字，故許君不於「彬」下引之歟？況包、鄭並作「彬」，則作「彬」者反爲今文矣。四書駁異：史乃祝史之史，知其文而不知其文之實，郊特牲所謂「失其義，陳其數，祝史之事也」。黄氏後案：此爲修辭者發也。韓非子難言篇云：「繁於文采則見以爲史，以質信言則見以爲鄙。」蓋本諸此。金氏考證引張文潛云：「今之儒者務博記，尚文辭，乃古之所謂史。」其意蓋同。論語述何：文質相復，猶寒暑也。殷革夏，救文以質，其敝也野。周革殷，救野以文，其敝也史。殷、周之始，皆文質彬彬者也。春秋救周之敝，當復反殷之質，而馴致乎君子之道。故夫子又曰：「如用之，則吾從先進。」先野人，而後君子也。

【集解】包曰：「野如野人，言鄙略也。史者，文多而質少。彬彬，文質相半之貌。」

【集注】野，野人，言鄙略也。史掌文書，多聞習事，而誠或不足也。彬彬，猶班班，物相雜而適均之貌，言學者當損有餘補不足，至於成德則不期然而然矣。

【發明】論語稽：禮表記篇：「子曰：『虞、夏之質，殷、周之文，至矣。虞、夏之文不勝其質，殷、周之質不勝其文。』」文質得中，豈易言哉！後儒語録每用俗語，野也。漢、魏碑記不載事實，而濫用陳言，史也。皆不得其中者也。

○子曰：「人之生也直，罔之生也幸而免。」

【考異】皇本無「之」字。七經考文補遺：一本作「人生之直」，所主本作「人之生直」。

【音讀】經讀考異：近讀以「幸而免」爲句，論衡引作「罔之生也幸」，或疑「而免」無此句法。愚謂康成讀論語「揖讓而升下」，以「而飲」另爲句，正可舉例。

【集解】馬曰：「言人之所以生於世而自終者，以其正直也。」包曰：「誣罔正直之道而亦生，是幸而免。」

【唐以前古注】詩萇楚正義引鄭注：始生之人皆正直。皇疏引李充云：人生之道，唯其身直乎？失平生之道者，則動之死地矣。必或免之，蓋由於幸耳。故君子無幸而有不幸，小人有幸而無不幸也。

按：韓李筆解以「直」當爲「悳」字之誤，開後人竄亂經文之習，兹不録。

【集注】程子曰：「生理本直。罔，不直也。而亦生者，幸而免爾。」

【餘論】四書或問：上「生」字爲始生之生，下「生」字爲生存之生。雖若不同，而義實相足。蓋曰天之生是人也，實理自然，初無委曲。彼乃不能順是，而猶能保其生焉，是其免特幸而已爾。　四書訓義：兩「生」字義無不同，不但本文兩句連類相形，夫子之意，原以警人直道而行，則上句固自有責成意，非但推原所以不可罔之故，而意全歸下句也。二句之中，原有不直則不足以生之意。細玩本文，此意寓於上句之中，其又生罔之生也幸而免，則以天下之罔者亦且得生而斷之以理，用解天下之疑耳。聖人之言此，原以吉凶得失之常理，惠廸從逆之恒數，括之於直罔之分，徹上智下愚而爲之戒，非專爲盡性知天之君子言也。　論語稽求篇：此「生」字只作孟子曰「生斯世也」解，謂人之生于斯世，與世相接，以直道故也。若誣罔無直道而猶偃然在人世，是倖免耳。子曰「三代直道而行」，直道者，生人之事。舊注以生爲壽終不横夭，雖對幸免言，然幸免亦衹免得死耳，短長順逆何足知之？

按：朱子從程明道説，以上「生」字爲始生之生，下「生」字爲生存之生。或問、語類中論之詳矣。而精義載横渠、伊川暨吕、謝諸説，皆以二生字一義，爲生存之生，如王船山、毛西河皆主之。竊謂明道之説本於康成，其理至精。且惟始生本直而後生存當直，朱子固云於義亦可通也。

四書辨疑：程子之説語意不明，不知生爲如何生。幸而免耳，亦不知幸免何事也。蓋生者，全其生理善終之謂也。人之不遭横夭，得全生理，壽盡天年而善終者，由其不爲非道之事，所行者直而無罔曲故也。罔曲之人亦得全其生理，不遭横夭以終其身，此特幸而免耳。幸免者免其横夭之死也。夫子所言，乃其天理之常，人事大概不出於此。至於君子不幸偶值遭命者，間亦有之，然不可以常理論也。

潘氏集箋：論語後録：「罔讀如易通卦驗『俱陽曰罔，俱陰曰罔』之罔。」維城案：詩鄭風羔裘「三英」箋：「三德：剛克、柔克、正直也。」孔疏：「克，能也。剛能、柔能，謂寬猛相濟以成治立功。剛則强，柔則弱，此陷於滅亡之道，非能也。」是則剛不能濟以柔，柔不能濟以剛，皆所謂俱陽俱陰而陷於滅亡之道者，故謂其生爲幸免也。

【發明】劉氏正義：直者，誠也。誠者内不自以欺，外不以欺人。中庸云：「天地之道，可一言而盡也。其爲物不貳，則其生物不測。」不貳者，誠也，即直也。天地以至誠生物，故繫辭傳言乾之大生，静專動直。專直皆誠也。不誠則無物，故誠爲生物之本。人能存誠，則行主忠信，而天且助順，人且助信，故能生也。若夫罔者，專務自欺以欺人，所謂自作孽不可活者。非有上罰，必有天殃，其能免此者幸爾。

黄氏後案：人受生於天，全生於世，以直道爲之主。失此直道，天威所必譴，王法所必誅，衆怒所必加，免者幸而已，言其尟也。左氏宣公十六年傳：「民之多幸，國之不幸也。」論衡幸偶篇：「孔子曰：『君子無幸而有不幸，小人有幸而無不幸。』」（據蔡邕獨斷所引校改。）唐韓子曰：「惟君子得禍爲不幸，小人得禍爲恒。君子得福爲恒，而小人得福爲幸。」

按：皇疏引李充云：「人生之道惟其身直。」蓋人皆直立，與禽獸異，故人性直無僞，自生時已然。馬云「始生之性皆正直」，即孟子性善之旨也。所謂罔之生者，謂習於爲惡，不關性事。人以善終爲原則，横死爲例外，禽獸則否。聖人教人以爲人之道，惟正直得全其生，亦即率性謂道之理。其至於遭横夭不得盡其天年者，皆不正直之人也。然此特言其常理耳，不直之人間亦有善終者，此在佛家通三世以言因果，固不難説明之，而夫子向不語怪，故不及也。

○子曰：「知之者不如好之者，好之者不如樂之者。」

【集解】包曰：「學問知之者不如好之者篤，好之者不如樂之者深。」

【唐以前古注】皇疏：謂學有深淺也。知之，謂知學問有益者也。好之，謂欲好學之以爲好者也。樂，謂歡樂之也。又引李充云：雖知學之爲益，或有計而後知學，利在其中，故不如好之者篤也。好有盛衰，不如樂之者深也。

【集注】尹氏曰：「知之者，知有此道也。好之者，好而未得也。樂之者，有所得而樂之也。」張敬夫曰：「譬之五穀，知者，知其可食者也。好者，食而嗜之者也。樂者，嗜之而飽者也。知而不能好，則是知之未至也。好之而未及於樂，則是好之未至也。此古之學者所以自强而不息者與？」

按：此章指學問而言，與道無涉。朱子語類：「人之生便有此理，被物欲昏蔽，故知此理者少。好之者是知之已至，分明見此理可愛可求，故心誠好之。樂之者是好之已至，此理已得之於己。凡天地萬物之理，皆具足於吾身，則樂莫大焉。」據此，其所謂道者，則理而已。朱子注四書，遇有之、斯、此等字皆以理字填實之。昔人謂大學經朱子補傳後，已爲宋儒之書，而非孔氏之書，誠有慨乎其言之也。其後饒雙峰以格物致知爲知，誠意爲好，意誠心正身修爲樂。强事分派，令人失笑，豈特船山所謂誣聖已哉！皇疏所詮明白曉暢，爲此章正解，故特著之。

○子曰：「中人以上，可以語上也；中人以下，不可以語上也。」

【考證】劉氏正義：漢書古今人表列知仁之目，亦引此文説之。穀梁僖元年傳有「中知以上，中知以下」之文，然則此兩言中人謂中知矣。中人爲中知，則上謂上知，下謂愚也。顔師古人表注解此文以中人爲中庸，失之。

【集解】王曰：「上，謂上智之所知也。兩舉中人，以其可上可下也。」

【唐以前古注】皇疏：此謂爲教化法也。師説云：就人之品識大判有三，謂上中下也。細而分之則有九也，有上上、上中、上下也，又有中上、中中、中下也，又有下上、下中、下下也。凡有九品，上上則是聖人，聖人不須教也。下下則是愚人，愚人不移，亦不須教也。而可教者，上中以下，下中以上，凡七品之人也。今云「中人以上可以語上」，即以上道語於上分也。「中人以下不可以語上」，雖不可語上，猶可語之以中，及語之以下。何者？夫教之爲法，恒導引分前也。聖人無須於教，故以聖人之道可以教顔，以顔之道可以教閔，斯則中人以上可以語上也。又以閔道可以教中品之上，此則中人亦可語上也。又以中品之上道教中品之中，又以中品之中道教中品之下，斯即中人亦有可以語之以中也。又以中品之下道教下品之上，斯即中人以下可以語中。又以下品之上道教下品之中，斯即中人以下可以語下也。此云中人以上、中人以下，大略言之耳。既有九品，則第五爲正中人也，以下即六七八也，以上即四三二也。

【集注】語，告也。言教人者當隨其高下而告語之，則其言易入而無躐等之弊也。張敬夫曰：「聖人之道精粗雖無二致，但其施教則必因其材而篤焉。蓋中人以下之質，驟而語之，太高，非惟不能以入，且將妄意躐等而有不切於身之弊，亦終於下而已矣。故就其所及而語之，是乃所以使之切問近思而漸進於高遠也。」

【餘論】黄氏後案：王注言可上可下，甚分明。釋文：「『以上』之上時掌反，注『可上』同。」是申王意以定讀也。中人以上，是中人而能上進者。中人以下，是中人而下流者。以之訓而，詳見王氏釋詞也。劉氏正義：孔子罕言利、命、仁、性與天道，弟子不可得聞，則是不可語上。觀所答弟子諸時人語各有不同，正是因人才知量爲語之，可知夫子循循善誘之法。劉開論語補注：天下無生而可以語上之人，以夫子之聖，猶必下學而上達，況賢人乎？故即有中人以上之資，必學造乎中人以上，而後可與聞斯道焉。子曰：「我非生而知之者，好古敏以求之也。」故今之所謂中人以上，即昔之不安於中人者也。今之所謂中人以下，即昔之自安於中人者也。然則可以語上者無常，中人能不力乎？不可語上者皆是，中人敢自恃乎？吾故爲之説曰：凡上焉者皆無不可語者也，凡下焉者皆無一可語者也。唯有中人介乎可語不可語之間，力能上則吾以是啓之，甘於下則吾不能以是教之矣。如是而後聖人之意昭若發蒙。讀書貴善會，然哉！

○樊遲問知。子曰：「務民之義，敬鬼神而遠之，可謂知矣。」問仁。曰：「仁者先難而後獲，可謂仁矣。」

【考異】皇本「問仁」、「曰」上有「子」字。

【考證】劉氏正義：「民之義」者，禮運曰「何謂人義？父慈、子孝、兄良、弟弟、夫義、婦聽、長惠、幼順、君仁、臣忠十者謂之人義」是也。「敬鬼神而遠之」者，謂以禮敬事鬼神也。表記子曰：「夏道尊命，事鬼敬神而遠之，近人而忠焉。殷人尊神，率民以事神，先鬼而後禮。周人尊禮尚施，事鬼敬神而遠之，近人而忠焉。」鄭注：「遠鬼神近人，謂外宗廟内朝廷。」案尊命、尊禮、尚施，皆近人之事，周道與夏道略相似也。近人而忠，即是務民之義。於鬼稱事神稱敬者，禮數故言事，禮疏故言遠也。但事亦是敬，故論語此文統言敬鬼神。夫子所以告樊遲者，正是教之從周道。左氏傳季梁曰：「民，神之主也。是以聖王先成民而後致力于神。」亦是舉夏、周道言之矣。難謂事難也。獲，得也，謂得禄也。春秋繁露仁義法篇：「孔子謂冉子曰：『治民者，先富之而後加教。』語樊遲曰：『治身者，先難後獲。』以此之謂治身之與治民所先後者不同焉矣。詩云：『飲之食之，教之誨之。』先飲食而後教誨，謂治人也。又曰：『坎坎伐輻，彼君子兮，不素餐兮。』先其事後其食，謂治身也。」董子說此義至明。下篇言：「事君，敬其事而後其食。」義同。竊以夫子此文論仁知，皆居位臨民之事，意樊遲時或出仕故也。翟氏考異：樊遲凡三問仁，兩兼問知，夫子答之絕不同。夫子固因材施教，而一人一問，時或有先後之殊，材未必變易之速。三答均可終身由之，遲尤不應見少而屢黷也。大約遲之進問，猶有餘辭，而其辭有別，夫子乃各就其問辭答之。纂語者重在夫子之答，略其問辭，但渾括之曰問仁問知焉耳。各篇中凡諸弟子同所問而夫子異答，宜兼以此意隅反之。

按：劉氏之說是也。此章必係樊遲出仕時問答，故曰「務民之義」。集注「民亦人也」，失其旨矣。

【集解】王曰：「務民之義，務所以化道民之義也。」包曰：「敬鬼神而遠之，敬鬼神而不黷也。」孔曰：「先難後獲，先勞苦而後得功，所以爲仁也。」

【唐以前古注】皇疏引范甯云：艱難之事則爲物先，獲功之事而處物後，則爲仁矣。

【集注】民亦人也。獲，謂得也。專用力於人道之所宜，而不惑於鬼神之不可知，知者之事也。先其事之所難，而後其效之所得，仁者之心也。此必因樊遲之失而告之。程子曰：「人多信鬼神，惑也。而不信者，又不能敬。能敬能遠，可謂知矣。」又曰：「先難，克己也。以所難爲先而不計所獲，仁也。」吕氏曰：「當務爲急，不求所難，知力行所知，不憚所難爲。」

【餘論】朱子文集：本欲只用吕説，後見其後獲意未備，故别下語。又惜其語非他説所及，故存之於後。論語訓：此問爲政之知仁，故以務民不惑爲知，言不以姑息爲仁。先令民爲其難，乃後得其效。董仲舒言治身，非也。

【發明】四書恒解：至於鬼神，似屬幽渺。然天命之性，流行於事物之間，而一念之微，可通乎於穆之表，必懔鑒觀而嚴指視，然後衾影不敢忽，旦明不忍欺，而民義乃能誠敬以赴。君子畏天命，聖人如事親，職此其義也。若不敬鬼神，即不知天命而不畏，任其心之所之，無惡不作，曰「吾遠鬼神也」，小人而無忌憚，其禍已禍人曷有窮哉？然敬鬼神者，畏獲罪於天，糾其邪慝耳，非謂媚禱求福。蓋鬼神司天地之功化，以天地之心爲心，以天地之道賞罰人，民義所在即是天理，順天理而行，天自與之相合。不務民義，即失天理，去天日遠，安有福之理？故務民義者，自能敬鬼神，亦能遠鬼神。先儒諱言禍福並吉凶休咎之理，周易、洪範，聖人垂教，誘民之道，均等於虚渺，其弊由視鬼神在民義之外，天人相感爲至難。不知祇此天理，全則爲人，失則爲物，一念合理，即一念合天，否則違天。合天則逢吉，理之自然，非天有心徇之。違天而逢凶，亦理之自然，非天有心棄之。因福善禍淫之理定於天，而人事淑慝與之相應，原其氣數於理，歸其權於大造，則以爲天禍福之而已。夫子曰：「言行，君子之所以動天地也。」可不慎乎！夫一言一行至微，何遂動天？祇緣人在天地殼子中，獨得天命理氣之全，故一念之動而天地知之。鬼神者，陰陽之靈。夫子曰：「一陰一陽之謂道。」無處非道，即無處無鬼神，所以爲體物而不可遺。不知天人合一之故，即不知吉凶悔吝生乎動之義，又安能務民義而合天心乎？因世俗渺視鬼神，任心悖理，否則諂事鬼神，妄希福利，楚失齊非得，故特辨之。黄氏後案：鬼神之禍福，依民義之從違。明乎天人感通之故，爾室屋漏不敢欺焉，不特祭享時也。而又遠之者，祭祀非媚爲祈禳而設，禍福必不因祈禳而移，神聰明正直而壹，不加福於諂黷之小人，加禍於守正之君子。知者見之定焉。先難後獲，集注引程子説云：「不計所獲。」蓋本夫子欲仁得仁又焉貪之訓，亦以效言。近解或説仁者不求獲仁，陸子静曰：「惡能害心，善亦能害心。」王伯安曰：「無善無惡心之體，有善有惡意之動。」後人援之以釋經，與釋氏以無念爲宗、不存得果之意極似，非儒者之道也。

按：此章仁知本對臨民而言，但即以治身言之，義亦可通。宋儒諱言休咎，不計功效，陳義雖高，無裨實用。聖人立言之旨，絶不如此，二氏所言皆以深著宋儒之失也。

○子曰：「知者樂水，仁者樂山。知者動，仁者静。知者樂，仁者壽。」

【音讀】釋文：樂音岳，又五孝反。下同。慈湖家記：音釋家樂水樂山並五教反，尤爲害道。夫五教反者，好樂切著之謂也。孔子無得而形容，姑託喻于山水而已。聖人尚不得言，豈好樂切著之可言哉？翟氏考異：此樂字或言不應音岳，恐釋文有譌。然禮記「樂不可極」、「敬業樂羣」、「有所好樂」，俱一音岳，則先儒自有此音訓。下「知者樂」，樂字釋文亦五孝反，却屬可疑。

【考證】韓詩外傳：夫知者何以樂於水也？夫水者緣理而行，不遺小間，似有智者；動而下之，似有禮者；蹈深不疑，似有勇者；漳泐而清，似致命者；歷險致遠，卒成不毁，似有德者。天地以成，羣物以生，國家以寧，萬物以平，品物以正，此智者所以樂於水也。夫仁者何以樂於山也？夫山者萬民之所瞻仰也，草木生焉，萬物植焉，飛鳥集焉，走獸休焉，四方益取與焉。出雲道風，㞙乎天地之間，天地以成，國家以寧，此仁者所以樂於山也。中論夭壽篇：或問孔子稱仁者壽而顔淵早夭，豈聖人之言不信而欺後人耶？潁川荀爽以爲「古人有言，死而不朽。其身殁矣，其道猶存，故謂之不朽。夫形體固有朽弊消亡之物，壽與不壽，不過數十歲；德義立與不立，差數千歲，豈可同日言也哉？詩云『萬有千歲，眉壽無有害』，人豈有萬歲千歲者？皆令德之謂也」。北海孫翺以爲「死生有命，非他人之所致也。若積善有慶，行仁得壽，乃教化之義，誘人而納於善之理也」。幹以爲二論皆非其理也。夫壽有三：有王澤之壽，有聲聞之壽，有行仁之壽。書曰五福，一曰壽，此王澤之壽也。詩云「其德不爽，壽考不忘」，此聲聞之壽也。孔子曰「仁者壽」，此行仁之壽也。孔子云爾者，以仁者利養萬物，萬物亦受利矣，故必壽也。聞自堯至於武王，自稷至於周、召，皆仁人也，君臣之數不爲少矣，此非仁者壽之驗耶？又七十子豈殘酷者哉？顧其仁有優劣耳。其夭者惟顔回。據一顔回而多疑其餘，無異以一鉤之金權於一車之羽，云金輕於羽也。春秋繁露循天之道篇：故仁人之所以多壽者，外無貪而内清淨，心平和而不失中正，取天地之美以養其身，是其且多且治。中鑒俗嫌篇：仁者内不傷性，外不傷物，上不違天，下不違人，處正居中，形神以和，故咎徵不至而休嘉集之，壽之術也。

【集解】包曰：「知者樂運其才智以治世，如水流而不知已也。仁者樂如山之安固，自然不動而萬物生焉。日進故動。」孔曰：「無欲故静。」鄭曰：「知者自役得其志故樂。」包曰：「性静者多壽考。」

【唐以前古注】皇疏引陸特進曰：此章極辨智仁之分，凡分爲三段。自「智者樂水，仁者樂山」爲第一，明智仁之性。又「智者動，仁者静」爲第二，明智仁之用。先既有性，性必有用也。又「智者樂，仁者壽」爲第三，明智仁之功已有用，用宜有功也。

按：南朝陸姓而位至特進者只一陸杲，其人仕梁武帝，與皇侃同時。然南史稱其素信佛法，嘗著沙門傳三十卷，不云嘗注論語，隋、唐志亦未及之。陸澄雖深於經術，然未至特進也。當再考。

【集注】樂，喜好也。知者達於事理而周流無滯，有似於水，故樂水。仁者安於義理，而厚重不遷，有似於山，故樂山。動静以體言，樂壽以效言也。動而不括故樂，静而有常故壽。

【餘論】論語後録：仁，木也，木勝土故樂山。智，土也，土勝水故樂水。於易，艮爲山，兑爲澤。山，土也，坎水半見於兑，故澤即爲水。山澤通氣，仁智用之矣。四書翼注：壽是實在有壽，不可將名垂後世死而不朽語混入。

【發明】孫奇逢四書近指：山水無情之物也，而仁知登臨則欣然向之。蓋活潑寧謐之體，觸目會心，故其受享無窮，此深造自得之學。

黄氏後案：儒者言心之虚壹而静，本於荀子。彼文云：「不以所已藏害所將受謂之虚，不以夫一害此一謂之壹，不以夢劇亂知謂之静。」孔注「無欲故静」如此，朱子屢言虚静，其意亦多如此。薛氏讀書録詳言静以養心之法，亦不外持志養氣二端。其言養氣也，云言語動作皆氣也，有過處皆足以動志。其論持志也，務教人之遏妄念去邪念。思慮不可必得之事爲妄念，思慮悖禮違義之事爲邪念，遏絶此念，使念念皆出於仁義禮智，方爲收斂此心。諸言静者，與經媁言仁者之静微有異而大指同也，與釋氏言無眼耳鼻舌身意則迥然異矣。近儒言仁，空論本心，因以瞑目静坐心無所著爲仁，是老僧面壁多年，有一片慈悲心即可畢仁之事，尤謬也。阮雲臺作仁論以破之。又曰：武王之銘云：「火滅修容，戒慎必恭，恭則壽。」中庸云：「大德者必得其壽。」此經以静言壽，異於方士長生之術矣。方士以寂滅養生，未必果壽，即幸而壽，亦揚子法言所謂名生而實死。柳子厚所謂深山木石大澤龜蛇皆老而久，於道無所益也。或曰：仁者必壽，則顔、冉何？曰：壽夭有在天在人，在天者修短定於生初，非必盡可轉移；在人者盡性至命，克終天年，是爲壽。否則戕其生，是不壽也。史言龔勝死年七十九，弔之者云竟夭天年，可知壽夭不徒以年之長短論也。

○子曰：「齊一變，至於魯；魯一變，至於道。」

【考證】新序：伯禽、太公俱受封而各之國。三年，太公來朝。周公問曰：「何治之疾也？」對曰：「尊賢者先疏後親，先義後仁也，此霸者之迹也。」周公曰：「太公之澤及五世。」五年，伯禽來朝。周公問曰：「何治之難？」對曰：「親親者先内後外，先仁後義也，此王者之迹也。」周公曰：「魯之澤及十世。」故魯有王迹者，仁厚也。齊有霸迹者，武政也。齊之所以不如魯，太公之賢不如伯禽也。漢書地理志：初，太公治齊，修道術，尊賢智，賞有功。故至今其士多好經術，矜功名，舒緩闊達而足智。其失夸奢朋黨，言與行繆，虚詐不情，急之則離散，緩之則放縱。又云：「周興，以少昊之虚曲阜封周公子伯禽爲魯侯，以爲周公主其民，有聖人之教化，故孔子曰：『齊一變至於魯，魯一變至於道。』言近正也。瀕洙、泗之水，其民涉度，幼者扶老而代其任。俗既益薄，長老不自安，與幼少相讓，故曰：『魯道衰，洙、泗之間齗齗如也。』孔子閔王道將廢，迺修六經以述唐、虞、三代之道，弟子受業而通者七十有七人。是以其民好學，上禮義，重廉恥。」顏師古注：「魯庶幾至道，齊人不如魯也。」四書釋地又續補：王文憲曰：「齊之盛時，已不如魯。魯之衰時，尚勝於齊。變齊先革功利，變魯先振紀綱。」金仁山曰：「齊自夫子以後，亦嘗一變。蓋登夫子之門者多，其後諸儒與魯相埒。如語有齊論，詩有齊詩。漢時嘗以齊、魯並稱。」

【集解】包曰：「言齊、魯有周公、太公之餘化也。太公大賢，周公聖人。今其政教雖衰，若有明君興之者，齊可使如魯，魯可使如大道行之時也。」

【唐以前古注】論語筆解：韓曰：「道，謂王道，非大道之謂。」李曰：「有王道焉，『吾從周』是也。

有霸道焉，『正而不譎』是也。」

按：此説較集解爲勝，似可從。

【集注】孔子之時，齊俗急功利，喜夸詐，乃霸政之餘習。魯則重禮教，崇信義，猶有先王之遺風焉。但人亡政息，不能無廢墮爾。道則先王之道也。言二國之政俗有美惡，故其變而之道有難易。

【餘論】日知録：變魯而至於道者，道之以德，齊之以禮。變齊而至於魯者，道之以政，齊之以刑。

四書翼注：此不是爲魯争氣，全是言齊可危。魯昭公没於外，魯再世仍無恙，而三桓之子孫微，民心知義故也。齊景公有馬千駟，顯名於諸侯，身死之後，國爲陳氏，民不知義故也。孟子言「君臣父子兄弟，終去仁義，懷利以相接，未或不亡」，此之謂也。

○子曰：「觚不觚，觚哉！觚哉！」

【考證】丹鉛録：古者獻以爵而酬以觚，説文所謂「鄉飲酒之爵」也。後世木簡謂之觚，削木爲之，或六面，或八面，可書，以爲簡牘。陸士衡文賦「或操觚而率爾」是也。孔子所歎，則酒器，非木簡。蓋以觚之簡起於秦、漢，孔子未嘗見也。此則孔子何以歎也？古人制器尚象，以一觚言之，上圓象天，下方象地，且取其置頓之安穩焉。春秋之世，已有破觚爲圓者。孔子於獻酬之際，見而歎之，其事雖小而輕變古制，已有秦人開阡陌、廢井田、焚詩書、尚法律之漸矣。與春秋大復古而譏變法同一旨與。

論語稽求篇：觚不觚者，戒酗也。觚，酒器名。量可容二升者，其義寡也。古量酒以三升爲當，五升爲過，二升爲寡，而制器者即因之。故凡設器命名，義各有取。君子顧其名當思其義，所謂名以實稱也。今名雖爲觚，而飲常不寡。實則不副，何以稱名？故曰「觚哉觚哉」。按禮器有爵、散、觶、角諸酒器名，而皆有取義。故韓嬰作詩説有云：「一升曰爵，爵，盡也。二升曰觚，觚者，少也，飲常寡少也。三升曰觶，觶，適也，飲之體適適然也。四升曰角，角，觸也，不能自適，但觸罪過也。五升曰散，散者，訕也，飲不知節，徒爲人謗訕也。」若觴亦五升，所以爲餉。觥亦五升，所以明罰。雖同是五升，而觥觴異稱，是禮器稱名，其必以義起如此。今淫酗之家，飲常過多，雖復持觚，亦不寡少，故夫子借觚以歎之。

按：毛氏之言深合經旨。韓詩外傳：「觚，寡也，飲當寡少也。」即王肅戒沈湎之義，蓋本漢儒舊説。論語偶談曰：「今名爲觚而其所受乃如三升之觶，四升之角，於義全失矣。」亦此義也。

趙佑温故録：明劉績三禮圖云：「觚高尺一寸，口徑五寸有半，深六寸有半，足徑三寸，深三寸，口容六合，足半之。」李氏録云：「此器口可容二爵，足容一爵，禮圖所謂二升曰觚也。腹作四棱，削之可爲圜，故曰破觚爲圜也。足之四棱，漢宫鳳闕取以爲角隅，故曰上觚棱而棲金爵也。」

【集解】馬曰：「觚，禮器也。一升曰爵，二升曰觚。」何曰：「觚哉觚哉，言非觚也。以喻爲政不得其道則不成。」

【唐以前古注】皇疏引王肅云：當時沈湎於酒，故曰「觚不觚」，言不知禮也。又引蔡謨云：

酒之亂德，自古所患，故禮説三爵之制，尚書著明酒誥之篇，易有濡首之戒，詩列賓筵之刺，皆所以防沈湎。王氏之説是也。觚失其禮，故曰「觚不觚」，猶言君臣不君臣耳。又引褚仲都云：作觚而不用觚法，觚終不成，猶爲政而不用政法，豈成哉。疾世爲政不用政法，故再言焉。

按：隋志有褚仲都論語義疏十卷，唐志作講疏十卷。考蕭梁之代，作義疏者褚、皇二家。皇疏宋世猶存，故邢昺作正義本之，邢疏行而皇疏稍隱。今得日本人傳之，皇疏晦而復顯，而褚注則湮絶無聞。書之傳否，固有幸有不幸也。梁書孝行傳：「褚修，吴郡錢唐人也。父仲都善周易，爲當時最。天監中，歷官五經博士，所著尚有周易講疏十六卷云。」

【集注】觚，棱也，或曰酒器，或曰木簡，皆器之有棱者也。不觚者，蓋當時失其制而不爲棱也。觚哉觚哉，言不得爲觚也。

【别解】劉氏正義：舊有注云：「孔子曰：『削觚而志有所念，觚不時成，故曰觚哉觚哉。觚，小器耳。心不專一，尚不時成，況于大事也？』」此説觚爲木簡，與馬異。宋氏翔鳳謂是徐氏論語隱義語，義當本鄭，亦是意爲之辭。説文：「柧，棱棱柧也。」史游急就章「急就奇觚與衆異」，顔師古注：「觚者，學書之牘。或以記事，削木爲之，蓋簡屬也。孔子歎觚，即此之謂。其形或六面或八面，皆可書。觚者，棱也。以有棱角，故謂之觚。班固西都賦曰：『上觚棱而棲金爵。』今俗猶呼小兒削書簡爲木觚章，蓋古之遺語也。」王應麟補注：「史記『破觚爲圜』，應劭曰：『觚，八棱有隅者。』説文通釋：『觚，八棱木。於其上學書。』又引説文云：『幡，書兒拭觚布也。』據此，則柧亦作觚。」廣雅釋器：「箹、籥、篥、䉡、笘、籙，箛也。」竹木本一類，故柧亦作箛。漢書所云「操觚之士」，西京雜記「傳介子好學書，嘗棄觚而歎」，即此柧也。柧有四棱八棱之異。通俗文曰：「木四方爲棱，八棱爲柧。」此析言之，若散文亦通稱。故師古以觚有六面，則六棱亦名柧矣。孔子歎觚，師古之説與舊注同異不可知。或謂觚當有棱，其後無棱亦名觚，如史記所云「破觚爲圜」之比。此亦名實相乖，於義得通者也。

按：馮氏椅（四書大全引）曰：「顔師古云：『學書之牘，或以記事，削木爲之，其形或六面或八面，皆可書。孔子歎即此也。』竊謂觚爲酒器，見於禮經。爲木簡，見於漢急就章。則謂爲簡屬者，秦、漢之後之稱，非孔子所謂也。」論語釋故亦謂木簡爲觚之名起於秦、漢，孔子所謂觚當是酒器。姑録之以備一義。

【餘論】黄氏後案：集注有木簡名觚之説，先儒謂以簡爲觚，起於秦、漢以後，當以觚爲酒器也。不觚之歎有數説，鹽鐵論殊路篇引此經而申之曰：「故人事加則爲宗廟器，否則厮養之爨材。」潛夫論相列篇云：「觚而弗琢不成於器。」是勉人自砥礪也。皇疏引王肅云：「當時沈湎於酒，故曰不觚。」王意蓋謂古器各有取義，觚之爲言寡，不寡則謂之不觚也。皇疏又引褚仲都曰：「作觚而不用觚法，觚終不成；猶爲政而不用政法，豈成哉？」此同何注。陳用之謂夫子歎其名存而實亡也，注中程、范説同。趙鹿泉謂觚體本方，比人之耿介，夫子之歎不觚，亦世道喜圜惡方之一端也。

此木軒四書説：洪慶善云：「古者獻以爵，酬以觚，此夫子因獻酬之際有所感也。」此言得之。蓋不必正當獻酬時發此歎，必目擊此器，人皆名曰觚，實乃非觚，故因而歎之。論語所記夫子之言，在當時皆有根因，今雖不可得知，要當默識之爾。

○宰我問曰：「仁者，雖告之曰『井有仁焉』，其從之也？」子曰：「何爲其然也？君子可逝也，不可陷也；可欺也，不可罔也。」

【考異】七經考文補遺：古本「雖」作「縱」。皇本作「井有仁者焉其從之也」，「也」作「與」。張南軒本改正文爲「人」字。四書辨證：陸采冶城客論：「『井有仁焉』之『仁』是『人』字，以字音致誤。」陳善捫蝨新語：「古人多假借用字，『井有仁焉』，竊謂當作『人』。」四書駁異曰：「大是確論，與集注劉聘君語相符。」黄氏後案：皇本作「井有仁者焉」，晉語「善人在患，不救不祥」，此意可通。校勘記曰：「案孔注云『有仁人墮井』，則『仁』下當有『者』字。」朱子從邢本而用劉說。仁、人二字古多互用，如詩「先祖匪人」，「人」當作「仁」。本草杏仁、桃仁等字，古本作「人」也。天文本論語校勘記：古本、足利本、唐本、津藩本、正平本「仁」下有「者」字。

按：論語述要言：「仁者志在救人，今有一救人機會在井中，即井有仁也。不言有人，人自在其中。」此説最爲得之。有人墮井，常事也。若必分别仁人惡人，則義太迂僻，故集注不從。

【集解】孔曰：「宰我以爲仁者必濟人於患難，故問有仁人墮井，將自投下從而出之不乎。欲極觀仁者憂樂之所至也。逝，往也。言君子可使之往視耳，不肯自投從之也。」馬曰：「可欺者，可使往也。不可罔者，不可得誣罔，令自投下也。」

【唐以前古注】皇疏：或問曰：「仁人救物，一切無偏，何不但云井中有人，而必云有仁者耶？若唯救仁者，則非仁人墮井，則仁人所不救乎？」答曰：「仁者能好人能惡人，其雖惻隱濟物，若聞惡人墮井亦不往也。」又引李充云：欲極言仁，設云救井爲仁便當從不耶。故夫子答曰：「何爲其然也？」言何至如此。是君子之人，若於道理宜爾，身猶可亡，故云可逝。逝，往也。若理有不可，不宜陷於不知，故云不可誣罔令投下也。君子不逆詐，故可以闇昧欺。大德居正，故不可以非道罔也。

【集注】劉聘君曰：「有仁之仁當作人。」今從之。從，謂隨之於井而救之也。宰我信道不篤，而憂爲仁之陷害，故有此問。逝，謂使之往救。陷，謂陷之於井。欺，謂誑之以理之所有。罔，謂昧之以理之所無。蓋身在井上乃可以救井中之人，若從之於井，則不復能救之矣。此理甚明，人所易曉。仁者雖切於救人，而不私其身，然不應如此之愚也。

【別解】羣經平議：宰我之意，蓋謂仁者勇於爲仁。設也於井之中而有仁焉，其亦從之否乎。孔注仁人墮井之說，殊有未安。「出」字經文所無，且投下從之又安能出之？宰我居言語之科，不應失言如是。皇侃因孔云「仁人墮井」，遂於經文「仁」下增「者」字，未足據也。孔以可逝爲可使往視，其義迂曲。逝當讀爲折。周易大有釋文曰：「晢，陸本作逝，虞作折。」是逝與折古通用。君子殺身成仁則有之矣，故可得而摧折，然不可以非理陷害之，故可折不可陷。

【餘論】黄氏後案：宰我爲此問者，以井中人喻罹於憂危之人，見仁人之所宜救者在此。天下事固有不救而疑於忍，欲盡力救之而一身之陷害有不可知者。喻言從井，欲觀仁者之何以處此也。或謂從井不復能救，聖門言語才胡昧此而有問乎？式三謂從井救人是喻辭。古今任俠之士，輕身患難，或瀕危而得幸，或人得全而己已殞，或人己俱殞而無益，是從井救人之類也。

【發明】論語或問：問：往視而井實有人，則如之何？曰：蘇氏之説，所以處於輕重緩急之間者密矣。蘇氏云：「拯溺，仁者之所必爲也。殺其身無益於人，仁者之所必不爲也。惟君父在險，則臣子有從之之道，然猶挾其具，不徒從也。事迫而無具，雖徒從可也。其餘則使人拯之，要以窮力所至。」

○子曰：「君子博學於文，約之以禮，亦可以弗畔矣夫。」

【考異】釋文：一本無「君子」字，兩得。馮登府異文考證引後漢范升傳亦無「君子」字。

【音讀】義門讀書記：約，漢人讀曰要。

【考證】經義雜記：既言君子不嫌其違畔於道，後顏淵篇此章再見，正本皆無「君子」字，據釋文知此處係衍文。後漢書范升傳：孔子曰：「博學約之，弗叛矣夫。」夫學而不約，必叛道也。顏淵曰：「博我以文，約我以禮。」孔子可謂知教，顏淵可謂善學矣。論語述何：文，六藝之文。禮貫乎六藝，故董生云：「春秋者，禮義之大宗也。」其事則齊桓、晉文，其文則史，可謂博矣。君子約之以禮義，繼周以俟百世，非畔也。」論語稽求篇：博、約是兩事，文、禮是兩物，然與「博我以文，約我以禮」不同，何也？彼之博約，是以文禮博約回；此之博約，是以禮約文，以約約博也。博在文，約文又在禮也。先教諭嘗曰：「解經須識字。」於文，於此文也。約之，即約此文也。之者，此也。以禮，則謂用禮來約之。以也者，用也。故後漢范升傳引孔子曰：「博而約之，弗叛矣夫。」又曰：「夫學而不約，必叛道也。」以博而約作一句，又以博而不約反一句，知夫子語意原自如此，即從來説書者亦只如此。劉氏正義：「畔」即「叛」字，唐石經初刻作「叛」，後磨改。説文：「叛，反也。畔，田界也。」義異。經典多叚「畔」爲「叛」。左昭二十一年經：「宋華亥、向寧、華定自陳入于宋南里以叛。」公羊經作「畔」。

【集解】鄭曰：「弗畔，不違道也。」

【唐以前古注】論語筆解：韓曰：「畔，當讀如偏畔之畔。弗偏，則得中道。」

【集注】約，要也。畔，背也。君子學欲其博，故於文無不考；守欲其要，故其動必以禮。如此，則可以不背於道矣。

【别解】羣經平議：畔者，言畔喭也。博學於文，約之以禮，則自無畔喭之患矣。先進篇「由也喭」，鄭注曰：「子路之行失於畔喭。」正義曰：「舊注作『吸喭』。字書：『吸喭，失容也。』言子路性剛，常吸喭失於禮容也。今本『吸』作『畔』。王弼云：『剛猛也。』」據此，則畔喭爲剛猛而無禮容，合言之曰畔喭，分言之則或曰畔，或曰喭矣。

【餘論】日知録：君子博學於文，自身而至於家國天下，制之爲度數，發之爲音容，莫非文也。品節斯斯之謂禮。孔子曰：「伯母叔母疏衰，踊不絶地。姑姊妹之大功，踊絶於地。知此者，由文矣哉！由文矣哉！」記曰：「三年之喪，人道之至文者也。」又曰：「禮減而進，以進爲文。樂盈而反，以反爲文。」傳曰：「文明以止，人文也。」觀乎人文以化成天下，故曰：「文王既沒，文不在茲乎？」而謚法：「經緯天地曰文。」與弟子之學詩、書、六藝之文有深淺之不同矣。朱子文集（答張仁叔）：約之以禮，禮字作理字看不得，正是持守有節文處。

按：孔子一生言禮不言理，後來理學家凡論語中禮字均硬作理字解，不知朱子已早見及此，故特著之。

此木軒四書說：約之以禮，謂視聽言動皆收束入規矩準繩，一於禮則約矣。約非大本大原，渾然一理之謂也。博文約禮，皆下學事，故曰可以弗畔。論語經正録：約、要均有結束義，亦均有儉少義，故二字可轉相訓。「久要不忘平生之言。」孔注：「久要，舊約也。」書禹貢「五百里要服」，疏：「要者，約束之義。」以約訓要，故朱子解此章亦以要訓約。皇侃疏：「約，束也。言君子廣學六籍之文，又用禮自約束，能如此者，亦可得不違背於道理。」朱子語類：「幹録：此約字與顔子所言約字皆合作約束之意耳。」或問云：「二者之訓不異，其義亦同，皆爲約束之意。」據此，則朱子從古訓，以要訓約，作平聲讀，爲束義。而作去聲讀者，非朱子之意明矣。又案之字指君子之身言，亦本朱子。語類幹録云「顔子『博我以文，約我以禮』，既連著兩我字，而此章之字亦但指其人而言，非指所學之文而言」是也。

按：王船山云：「博文約禮是一齊事，原不可分今昔，如讀書時正襟危坐不散不亂，即此博文，即此便是約禮。而孝弟謹信，汎愛親仁，行有餘力，則以學文，緩急之序，尤自不誣，原不待前已博而今始約也。」黄式三亦云：「約之以禮，謂行其所學，必節之以禮也。君子多識前言往行，非以爲口耳之資，固孜孜然欲法古人之所爲也。讀諸子雜説，衡以先王之禮，可否定而始行，即詩、書所載，必以禮準之，知其淺深醇駁之殊，始可以力行不惑，於道乃不背也。」並引曲禮「道德仁義，非禮不成」，荀子「學始乎誦經，終乎讀禮」爲證，均以之字指文言，與毛西河之説相同。今以爲指君子之身，似誤，不得以其語出朱子而必爲之廻護也。

○子見南子，子路不説。夫子矢之曰：「予所否者，天厭之！天厭之！」

【音讀】釋文：否，鄭玄、繆播方有反，不也。王弼、李克備鄙反。厭，於琰反，又於艷反。史記孔子世家作「予所不者」。論衡問孔篇作「予所鄙者」，説文：「我所爲鄙陋者，天厭殺我。有卧厭不悟者，謂此爲天所厭耶？案諸卧厭不悟，未必皆鄙陋也。」讀厭爲魘。羣經音辨：「厭，一音於頰切，塞也。」引論語此語爲證。七經考文：古本「厭」作「壓」。張横渠論語説與欒氏略同。

按：否有不及否泰之二訓，厭有厭棄及壓魘之三音。孔云：「我見南子，所不爲求行治道者，願天厭棄我。」此一義也。鄭氏汝諧亦作不解，云：「靈公、南子相與爲無道，而天未厭絶之，予其厭絶之乎？予之所不可者，與天同心也。」此又一義也。邢疏從備鄙音，引欒肇曰：「見南子者，時不獲已，猶文王之拘羑里也。天厭之者，言我之否屈乃天命所厭也。」韓李筆解亦云：「否當爲否泰之否，厭當爲厭亂之亂，言天將厭此亂世而終豈泰吾道乎。」至論衡問孔篇直作「予所鄙者」，言我所爲鄙陋者，天厭殺我，語尤粗率不近事理。惟欒肇説稍可，然於子路不説意不能針對，故集注皆不取之。論語稽求篇據史記世家以「否」字作「不」字，蓋不者，不見也。此詞例與項羽傳「不者，吾屬將爲所虜」正同。論語稽謂厭如「叔孫豹夢天厭」之厭，讀爲壓，比較有據。此等處止可闕疑，孔説是也。

【考證】史記孔子世家：南子使人謂孔子曰：「四方之君不辱，欲與寡君爲兄弟者，必見寡小君。寡小君願見。」孔子辭謝，不得已而見之。孔子入門，北面稽首。夫人在絺帷中再拜，環珮玉聲璆然。孔子曰：「吾鄉爲弗見，見之禮答焉。」子路不説。孔子矢之曰：「予所不者，天厭之！天厭之！」家語：靈公與南子同載，孔子載副車，招摇過市。衛人歌之曰：「同車者色耶，從車者德耶。」法言五百篇：或問：「聖人有詘乎？」曰：「有。」曰：「焉詘乎？」曰：「仲尼於南子，所不欲見也。於陽虎，所不欲敬也。見所不見，敬所不敬，不詘如何？」論語後録：坊記曰：「陽侯殺繆侯而竊其夫人，故大饗廢夫人之禮。」孔叢子：「平原君問子高曰：『吾聞子之先君親見衛夫人南子，信有之乎？』答曰：『先君在衛，衛君問軍旅焉，拒而不答。問不已，攝駕而去。衛君請見，猶不能終，何夫人之能覿乎？』古者大享，夫人與焉，於時禮義雖廢，猶有行之者，意衛君夫人享夫子，夫子亦弗獲已矣。」此孔叢子之説，必有所據，不得以後世依託之書廢之也。

按：據此，孔子實有見南子事。孫奕示兒編以南子爲南蒯者誤也。晉書夏統傳：「子路見夏南，憤恚而忼愾。」是其誤不始於孫奕也。甚後何孟春餘冬序、陳絳金罍子、焦氏筆乘、顧起元説略皆宗其説，近人魏晉之椒園文輯更暢言之，以本書之崔子及孟子、楊子、墨子，證南蒯亦可稱子。惟以傳考之，昭公十二年蒯叛，孔子年方二十有二；子路小孔子九歲，年方十三，於情事皆不可通矣。玆不取。

四書釋地三續：集注：「所，誓辭也，如云『所不與崔慶』者之類。」因思僖二十四年「所不與舅氏同心者，有如白水」，文十三年「所不歸爾帑者，有如河」，宣十七年「所不此報，無能涉河」，襄十九年「所不嗣事於齊者，有如河」，二十三年「所不請於君焚丹書者，有如日」，二十五年「嬰所不唯忠於君利社稷者是與，有如上帝」，昭三十一年「己所能見夫人者，有如河」，定三年「余所有濟漢而南者，有若大川」，六年「所不以爲中軍司馬者，有如先君」，哀十四年「所不殺子者，有如陳宗」，又「所難子者，上有天，下有先君」，皆有所字，足徵其確。但何以用所字未解，曰所指物之辭。余欲易此注曰：所指物之辭，凡誓辭皆有。

經義雜記：太史公自言，弟子籍出孔氏古文，則所采論語當是古論作「不」，或通借爲「否」，鄭康成、繆播訓爲不，與世家文合。凡古人誓多云「所不」，左傳僖二十四年：「重耳曰：『所不與舅氏同心者，有如白水。』」可證。子云予所不者，此記者約略之辭，「所不」下當日更有誓辭。

論語稽求篇：夫子矢之，舊多不解，孔安國亦以爲此是疑文。即舊注解矢作誓，此必無之理。天下原無暗曖之事，況聖人所行，無不可以告人者，又況與門弟子語，何所不易白，而必出于是。且矢之訓誓，別無考據，惟盤庚有「出矢言」句，是直言非誓言也。正義引蔡謨曰：「矢，陳也。」夫子爲子路陳天命也。此即詩「矢歌」，左傳「矢魚」之訓。祇陳者，下告上之詞，如皐陶「陳謨」，離騷「叩重華陳詞」，皆鋪張言之，謂之布告。見南子何事，夫子與弟子語何等，乃用此告體？且先煩記者鄭重記一句，大不合。按釋名云：「矢，指也。」說文云：「否者，不也。」當其時夫子以手指天而曰吾敢不見哉，不則天將厭我矣。言南子方得天也。故史記世家記此事，于「夫子矢之」下，直曰「予所不者」，竟以否字作不字，不必訓詁。蓋不者，不見也。此詞例與項羽傳「不者，吾屬將爲所虜」正同，是明明白文，並無拗曲，千古疑義皆可豁然。陔餘叢考：論語惟「子見南子」一章最不可解。聖賢師弟之間，相知有素，子路豈以夫子見此淫亂之人爲足以相浼而愠於心？即以此相疑，夫子亦何必設誓以自表白，類乎兒女之詛呪者。楊用修謂：「矢者，直告之也。否者，否塞也。謂子之道不行，乃天棄之也。」其說似較勝。按此說本史記索隱，謂天厭之者，言我之屈否乃天命所厭也。則固不自用修始矣。然用修謂子路以孔子既不仕衞，不當又見其小君，是以不悦，則夫子之以否塞曉之者，又覺針鋒不接。竊意子路之不悦與「在陳愠見，君子亦有窮乎」之意正同，以爲吾夫子不見用於世，至不得已作如此委曲遷就，以冀萬一之遇，不覺憤悒侘傺，形於辭色。子乃直告之曰：予之否塞於遇，實是天棄之而無可如何矣。如此解似覺神氣相貫。

按：爾雅釋言：「矢，誓也。」周易虞翻注：「矢，誓也。」矢古誓字，集注不誤。邢疏引蔡謨云：「矢，陳也。」曹之升四書摭餘説據釋名云：「矢，指也。」皆不可從。

【集解】孔安國等以爲南子者，衛靈公夫人，淫亂，而靈公惑之。孔子見之者，欲因而説靈公使行治道。矢，誓也。子路不説，故夫子誓之。行道既非婦人之事，而弟子不説，與之祝誓，義可疑焉。

按：劉氏正義云：「皇本作『孔安國曰：舊以南子者』，邢本同。釋文載集解本皆作『等以爲南子者』是舊爲等之譌。臧氏庸拜經日記謂『孔安國』下不當有曰字。孔安國等以爲者，首舉孔以該馬、鄭、包、周諸儒之義。行道以下四句，乃何氏語。以道國章集解引包、馬説，又云『義疑，故兩存』證之，可見此校極確，今依以訂正。」

邢疏：此誓辭也。予，我也。否，不也。厭，棄也。言我見南子，所不爲求行治道者，願天厭棄我。再言之者，重其誓，欲使信之也。

按：皇疏云：「若有不善之事，則天當厭塞我道也。」邢疏多本皇疏，獨此條與之立異。其訓否作不，本史記。改不善之事爲求行治道，最合夫子口氣。惟「厭」與「壓」同，考文引古本正作「壓」。説文：「壓，笮也。」禮記「畏厭溺」，左氏傳「將以厭衆」，皆壓字。天厭之，或當時有此語。邢疏訓爲棄，失之。

【唐以前古注】釋文引鄭注：矢，誓也。否，不也。裴駰史記集解及邢疏引欒肇云：見南子者，時不獲已，猶文王之拘羑里也。天厭之者，言我之否屈乃天命所厭也。皇疏引繆播云：應物而不擇者，道也。兼濟而不辭者，聖也。靈公無道，蒸庶困窮，鍾救於夫子。物困不可以不救，理鍾不可以不應，應救之道，必明有路，路由南子，故尼父見之。涅而不緇，則處污不辱；無可無不可，故兼濟而不辭，以道觀之，未有可猜也。賢者守節，怪之宜也。或以亦發孔子之答以曉衆也。否，不也。言體聖而不爲聖者之事，天其厭塞此道耶。又引蔡謨云：矢，陳也。尚書叙曰：「皐陶矢厥謀也。」春秋經曰：「公矢魚于棠。」皆是也。夫子爲子路矢陳天命，非誓也。又引李充云：男女之别，國之大節。聖人，明義教正内外者也，而乃廢常違禮，見淫亂之婦人者，必以權道有由而然。子路不悦，固其宜也。夫道消運否，則聖人亦否。故曰：「予所否者，天厭之！天厭之！」厭亦否也。明聖人與天地同其否泰耳，豈區區自明於子路而已。又引王弼云：案本傳孔子不得已而見南子，猶文王拘羑里，蓋天命之窮會也。子路以君子宜防患辱，是以不悦也。否泰有命，我之所屈不用於世者，乃天命厭之，非人事所免也。重言之者，所以誓其言也。論語筆解：韓曰：「矢，陳也。否當爲否泰之否，厭當爲厭亂之亂，孔失之矣。爲誓，非也。後儒因以爲誓，又以厭爲擫，益失之矣。吾謂仲尼見衛君任南子之用事，乃陳衛之政理。告子路云：予道否不得行，汝不須不悦也。天將厭此亂世而終，豈泰吾道乎？」

【集注】南子，衛靈公之夫人，有淫行。孔子至衛，南子請見，孔子辭謝，不得已而見之。蓋古者仕於其國，有見其小君之禮。而子路以見此淫亂之人爲辱，故不説。矢，誓也，所誓辭也。如云

「所不與崔慶」者之類。否，謂不合於禮，不由於道也。厭，棄絶也。聖人道大德全，無可不可，其見惡人固謂在我有可見之禮，則彼之不善，我何與焉？然此豈子路所能測哉，故重言以誓之，欲其姑信此而深思以得之也。

【別解】王崧説緯謂：當在出公輒時。輒之立，南子主之。趙鞅納蒯聵于戚，與之争國，恐其位不固，欲用孔子以鎮服人心，故子路有衛君待子爲政之言。南子知孔子無爲輒意，乃以聘饗之禮請見，意欲孔子爲輒也。子路以與前言正名之旨相反，故不悦。夫子則怒而矢之，謂予如不正名，必獲天誅。

按：史記叙此文下即云：「居衛月餘，靈公與夫人同車，使孔子爲次乘，招摇過市。孔子醜之，去衛。」則此見明在靈公時。潘維城謂此夫子自陳反乎衛，二至衛事也，在定公十四年。江氏永鄉黨圖考繫此事在孔子五十七歲，其非衛輒時可知，王氏説甚誕，不足據。

【餘論】論語意原：有道則存，無道則亡，天之道也。靈公、南子相與爲無道，而天未厭絶之，予其敢厭絶之乎？予之所不可者，與天同心也。四書釋地：見南子，禮之所有，故可以久則久；爲次乘，禮之所無，故可以速則速。雖然，孔子去魯，爲女樂也，而以膰肉去。孔子去衛，爲次乘也，而以問陳行。皆不欲昭其君之惡，而以微罪行，義之盡仁之至也。劉氏正義：南子雖淫亂，然有知人之明，故於蘧伯玉、孔子皆特致敬。其請見孔子，非無欲用孔子之意，子路亦疑夫子此見爲將詘身行道，而於心不説。正猶公山弗擾、佛肸召，子欲往，子路皆不説之比。

非因南子淫亂而有此疑也。夫子知子路不説，故告以予若固執不見，則必觸南子之怒而厭我矣。天即指南子。夫子言人而不仁，疾之已甚爲亂。孟子亦言仲尼不爲已甚。可知聖人達節，非俗情所能測矣。呂氏春秋貴因篇：「孔子道彌子瑕見釐夫人，因也。」釐夫人即南子。淮南子泰族訓：「孔子欲行王道，東西南北，七十説而無所偶，故因衛夫人彌子瑕而欲通其道。」鹽鐵論論儒篇：「孔子適衛，因嬖臣彌子瑕以見衛夫人。」此皆當時所傳陋説，以夫子爲詭道求仕。不經之談，敢於侮聖矣。四書改錯：古並無仕于其國見其小君之禮，遍考諸禮文及漢、晉、唐諸儒言禮者，亦並無此説，驚怪甚久。及觀大全載朱氏或問，竟自言是於禮無所見，則明白杜撰矣。然且曰：「穀梁子以爲大夫不見其夫人，而何休獨有郊迎執贄之説，不知何所考也。」按此是莊二十四年「哀姜始至，大夫宗婦入覿」之傳，係初迎夫人，大夫宗婦行覿至禮，與見禮無涉。士有相見禮，而諸侯大夫見禮則絶無可考，又且宗婦覿至，大夫不覿至，諸儒聚訟，三傳尚不合。今以覿禮爲見禮，以大夫之婦入覿爲大夫入覿，則覿禮見禮總亂矣。乃又曰：「記云『陽侯殺繆侯而竊其夫人，故大饗廢夫人之禮』，疑大夫見夫人之禮亦已久矣，靈公、南子特舉行耳。」考古無男女相見之禮，惟祭則主婦獻尸，尸酢主婦，謂之交爵。非祭則否。故坊記云：「非祭，男女不交爵。」且交爵亦並非相見，即助祭卿大夫亦並不因此妄行見禮。若夫人初至，則娶婦迎婦，大夫職掌，然亦不見。即至日行覿禮，大夫之婦名宗婦，捧贄入覿，而大夫終不與。春秋經稱大夫宗婦覿用幣，謂大夫之宗婦以覿禮入，非謂大夫亦同入也。至諸侯大饗，夫人出行裸獻禮，亦同姓諸侯有之，異姓即否。故禮正義謂「王饗諸侯及諸侯自相饗，必同姓則后夫人親獻，異姓則使人攝獻。自繆侯、陽侯以同姓而遭此變後，凡同姓亦攝獻。」是男女無相見禮，無覿禮，祇有交爵饗獻二禮。又張文麓曰：「史記南子使告孔子，謂『四方君子不辱，欲與寡君爲兄弟者，必見寡小君』，此與儀封人請見何異？正以無典禮可引據也；有則據禮以要之，子路、夫子俱無辭矣。至大夫覿幣，惟何休、杜預皆有是說，孔仲達即非之，謂禮無此文。況穀梁傳原云『大夫不見其夫人』，後世儒説又何如傳文之足據乎？」

【發明】四書集編：居亂國見惡人，惟聖人爲可。蓋聖人道大德宏，可以轉亂而爲治，化惡而爲善。孔子於南子則見之，於陽貨亦見之，而公山弗擾、佛肸之召皆欲往焉。若大賢以下，則危邦不入，亂邦不居，小人則遠之，蓋就之未必能有濟，或以自污焉。故子路仕孔悝，不得其死；冉求仕季氏，無能改於其德；顔子、閔子終身不仕，蓋以此也。子路不説者，蓋以己之力量觀聖人也。

○子曰：「中庸之爲德也，其至矣乎！民鮮久矣。」

【考異】風俗通義過譽：孔子稱：「大哉！中庸之爲德。其至矣乎！」周禮師氏注引文亦無「也」字。

【考證】黄氏後案：禮中庸正義曰：「按鄭目録云：『名曰中庸者，以其記中和之爲用也。庸，用也。』此一解也。鄭君於「君子中庸」注云：「庸，常也。」何解亦同。庸爲經常之義，程子不易之訓本此，又一解也。朱子有平常之訓，許益之云：「平是平正，常是常久。後漢書胡廣傳：『天下中庸有胡公。贊曰：胡公庸庸。』」與朱子義蓋不同也。宋季諸儒誤認中爲含胡苟且不分善惡之意，詳見朱子皇極辨。劉氏正義：說文：「庸，用也。」凡事所可常用，故庸又爲常。洪氏震煊中庸說：「鄭君目録云：『名曰中庸者，以其記中和之爲用也。庸，用也。』注『君子中庸』云：『庸，常也。用中爲常道也。』二説相輔而成。不得過不及謂之中，所常行謂之庸。常行者即常用是也。故讚舜之大智曰：『執其兩端，用其中於民。』用中即中庸之義是也。古訓以庸爲常，非平常之謂也。庸德之行，庸言之謹。鄭君亦注云：『庸猶常也。言德常行也，言常謹也。』證諸易文言曰『庸言之信，庸行之謹』，九家注云：『庸，常也。謂言常以信，行常以謹。』荀子不苟篇曰：『庸言必信之，庸行必慎之。』楊倞注云：『庸，常也。謂言常信，行常慎。故下文反之曰：言無常信，行無常貞，惟利所在，無所不傾者，是則可謂小人矣。』此皆以常訓庸者也。爾雅釋詁曰：『典、彝、法、則、刑、範、矩、庸、恒、律、戛、職、秩，常也。』書篇或以典名，或以範名。禮篇或以法名，或以庸名，其義一也。」案執中始於堯之咨舜，舜亦以命禹。其後湯執中，立賢無方。至周官大司樂以「中、和、祇、庸、孝、友」爲六德，知用中之道，百王所同矣。夫子言中庸之旨，多箸易傳。所謂中行，行即庸也。所謂時，即時中也。時中則能和，和乃爲人所可常行，故有子言禮之用，和爲貴。而子思作中庸，益發明其説曰：「喜怒哀樂之未發謂之中，發而皆中節謂之和。中也者，天下之大本也。和也者，天下之達道也。致中和，天地位焉，萬物育焉。」明中庸之爲德，皆人所可常用。而極其功能，至於位育。蓋盡己之性以盡人之性，盡人之性以盡物之性，盡物之性，則可以贊天地之化育，所謂成己以成物者。如此，故夫子贊爲至德。周官師氏「一曰至德」，鄭注：「至德，中和之德，覆燾持載含宏者也。」下引論語此文。四書翼注：子思之所引，即夫子此章之言。但彼是自著一書，闡明道術，意在過不及氣禀習俗之偏。此則夫子衝口而出，專重世教衰，民不興行，言凡人日用常行之事，如孝弟忠信之類，行得恰好謂之中庸之德。至字只言其至當不易，若説到至高至精，無以復加，則民鮮能之固其宜也，又何用慨歎哉？孫奕示兒篇：「民鮮久矣」，言中庸之德非極至難能之事，斯民之所日用常行者也。然行之者能暫而不能久，故曰「民鮮久矣」。舊注以「久矣」連讀，訓爲非適今，不如此之有味也。

按：中庸「人皆曰予智，擇乎中庸，而不能朞月守也」，即「民鮮久矣」注脚。中庸篇：「子曰：『中庸其至矣乎！民鮮能久矣。』」鄭注：「鮮，罕也。言中庸爲道至美，顧人罕能久行。」鄭意謂當時民亦能行，但不能久行，與此注異。

【集解】庸，常也。中和可常行之德也。世亂，先王之道廢，民鮮能行此道久矣，非適今也。

【集注】中者，無過不及之名也。庸，平常也。至，極也。鮮，少也。言民鮮此德，今已久矣。

【發明】汪烜四書詮義：大抵叔季之民不及中者恒多，而過中者蓋寡。然教衰澤斬之後，處士横議，每過爲詭異以震驚流俗，而欺世盜名。則異端邪詖之説，又必過中者之所爲。過中之害，其視不及者爲尤甚也。夫子言此，其亦有憂患也夫。

○子貢曰：「如有博施於民而能濟衆，何如？可謂仁乎？」子曰：「何事於仁！必也聖乎！堯舜其猶病諸！

【考異】皇本「如有博施於民」，「有」作「能」，「濟衆」下有「者」字。三國志鍾繇傳：子貢問：「能濟民，可謂仁乎？」

【音讀】白虎通聖人篇引論語曰：「聖乎堯、舜其猶病諸。」以「聖乎」連「堯舜」爲句，恐非。

【考證】四書改錯：鄉飲酒義曰：「東方者春，春之爲言，蠢也。産萬物者，聖也。南方者夏，夏之爲言，假也。假者，大也，養而大之，仁也。」則内聖外王總以仁及萬物爲言，禮所云「天子之立也，嚮仁而左聖」，以是也。然則仁與聖皆推心之恕以長養萬物，淺深一體。祇春爲生之本而夏爲養之本，養祇遂生，而春爲資生之源，長養不窮，故聖進於仁。劉氏正義：仁訓愛，聖訓通。並見説文，爲最初之誼。通之爲言，無疑滯也，無阻礙也。是故通乎天地陰陽柔剛之道，而後可以事天察地。通乎人仁義之道，而後可以成己以成物。若我於理義有未能明曉，我於人有未能格被，是即我之疑滯阻礙而有所不通矣。如此者，以之自治則行事乖戾，以之治人則多所拂逆。桀、紂、盜跖之行無惡不作，然推究其失，祇是不通已極耳。

【集解】孔曰：「君能廣施恩惠濟民於患難，堯、舜至聖，猶病其難也。」

【集注】博，廣也。仁以理言，通乎上下。聖以地言，則造其極之名也。乎者，疑而未定之辭。病，心有所不足也。言此何止於仁，必也聖人能之乎。則雖堯、舜之聖，其心猶有所不足於此也。以是求仁，愈難而愈遠矣。

夫仁者，己欲立而立人，己欲達而達人。能近取譬，可謂仁之方也已。」

【考異】唐書張玄素傳引末句無「也」字。

【考證】孼經室集論仁篇：孔子論人，以聖爲第一，仁即次之。仁固甚難能矣，聖仁孔子皆謙不敢當。子貢視仁過高，誤入聖域，故孔子分別聖字，將仁字論之曰：所謂仁者，己之身欲立孝道，亦必使人立孝道，所謂「不匱錫類」也。己欲達德行，亦必使人達德行，所謂「愛人以德」也。又曰：爲之不厭，己立己達也。誨人不倦，立人達人也。立者，如「三十而立」之立。達者，如「在邦必達，在家必達」之達。

【集解】孔曰：「更爲子貢説仁者之行。方，道也。但能近取譬於己，皆恕己所欲而施之於人。」

【唐以前古注】後漢班彪傳注引鄭注：方，猶道也。

【集注】以己及人，仁者之心也。於此觀之，可以見天理之周流而無間矣。狀仁之體，莫切於此。譬，諭也。方，術也。近取諸身，以己所欲，譬之他人，知其所欲亦猶是也。然後推其所欲以及乎人，則恕之事而仁之術也。於此勉焉，則有以勝其人欲之私，而全其天理之公矣。程子曰：「醫書以手足痿痹爲不仁，此言最善名狀。仁者以天地萬物爲一體，莫非己也。認得爲己，何所不至；若不屬己，自與己不相干，如手足之不仁，氣已不貫，皆不屬己。故博施濟衆，乃聖人之功用。仁至難言，故止曰：『己欲立而立人，己欲達而達人，能近取譬，可謂仁之方也已。』欲令如是觀仁，可以得仁之體。」又曰：「論語言堯、舜其猶病諸者二，夫博施者，豈非聖人之所欲？然必五十乃衣帛，七十乃食肉，聖人之心非不欲少者亦衣帛食肉也，顧其養有所不贍爾。此病其施之不博也。濟衆者，豈非聖人之所欲？然治不過九州，聖人非不欲四海之外亦兼濟也，顧其治有所不及爾。此病其濟之不衆也。推此以求修己以安百姓，則爲病可知。苟以吾治已足，則便不是聖人。」呂氏曰：「子貢有志於仁，徒事高遠，未知其方。孔子教以於己取之，庶近而可入。是乃爲仁之方，雖博施濟衆亦由此進。」

【餘論】四書改錯：博施濟衆不是馳騖高遠，即此聖道仁道一貫忠恕之極至處。祇聖道該忠恕，而由仁達聖，則必從强恕求仁，以馴至乎聖。此即子貢終身行恕之終事也。大凡聖道貴博濟，必由盡己性盡人性以至於位天地育萬物，並非馳騖，故大學明德必至親民，中庸成己必至成物，論語修己必至安人安百姓，孟子獨善其身必至兼善天下，即學記記學自九年大成後，忽接曰：「夫然後足以化民易俗，近者悦服，而遠者懷之。」夫聖道未成，亦必先力推忠恕，而後可以成聖學。而乃以子貢爲徒事高遠，此可謂知道知學者乎？取譬非借境，即大學絜矩，中庸不願勿施，孟子强恕而行中事。此聖道一貫，聖學一言，而終身行實地指出。子貢之繼曾子而聞道，全在此也。朱氏於忠恕一貫，則曰借盡己推己之目以著明之。而於此則又引呂氏説，謂徒事高遠，不知近取。則視施濟求仁爲兩截事矣。又謂雖博施濟衆亦由此進，則視施濟近取爲各一邊事矣。然且自爲説曰：「能近取譬，如釋氏説，如標月指月，雖不在指上，亦欲隨指見月，須恁地始得。」是仍作借境觀矣。夫忠恕是借，此又借乎？是於聖道一貫、聖學之一言而終身行全未曉也，宜乎以施濟爲高遠也。

【發明】王船山讀四書大全説：子貢説博施濟衆太輕易，夫子知其實不稱名。不知所謂博衆者，有量耶？無量耶？子貢大端以有量言博衆，亦非果如程子所謂不五十而帛，不七十而肉，九州四海之外皆兼濟之。但既云博云衆，則自是無有涯量，浸令能濟萬人，可謂衆矣。而萬人之外，豈便不如此萬人者之當濟，則子貢所謂博者非博，衆者非衆，徒侈其名而無實矣。故夫子正其名實，以實子貢之所虛，而極其量曰「必也聖乎！堯、舜其猶病諸」，則所謂博施濟衆者，必聖人之或能與堯、舜之猶病而後足以當此。儻非堯、舜之所猶病，則亦不足以爲博施濟衆矣。

李光地論語劄記：子貢以仁之用言此必有德有位者，故雖堯、舜猶病。若學者坐而言此，則非切己功夫，故夫子以仁者之心求仁之方告之。然亦非全無用處，老吾老以及人之老，幼吾幼以及人之幼，舉斯心而加彼，老者安之，少者懷之，隨其分以及人，此自崇高富貴至士庶皆可行者，顧不取必於其博與衆耳。

黄氏後案：夫子以行仁之方，不論大小廣陿。天子之仁，厚諸夏而薄四裔；諸侯之仁，厚境内而薄諸夏；遞而推於卿大夫之仁，一介士之仁，凡己之所不得辭者，即施濟之所及。仁者之於人，分有所不得辭，情有所不容遏，相感以欲而嫥責於己焉，所謂能近取譬也。

論語稽：子貢從廣遠處言仁，夫子從切近處言仁。子貢之言願大難償，故堯、舜猶病。夫子之言則推己及人，只在盡己之心，由近及遠，能立達一人則仁及一人，能立達千萬人則仁及千萬人，何病之有？「能近」二句指出下手所在。方如治病之方，言近取諸己以譬人，即爲仁之方也。

按：儒家之所謂仁，即佛氏之慈悲。特彼教之布施往往過中，至有捨身以餧虎者。儒家則否，但就耳目之所聞見、心力之所能及者爲之，最爲淺近易行，與上章中庸鮮能之旨相應。朱子以圓覺經隨指見月之理解能取譬，是朱子並不諱談禪。後來紛紛闢佛者，皆坐門户之見太深而信道不篤故也。程伯子以立達與近取作一統説，朱子舊亦依程子，後以立人達人與近取分作兩段，似不如從舊爲安。

論語集釋卷十三

述而上

○子曰：「述而不作，信而好古，竊比於我老彭。」

【音讀】履齋示兒編：大有卦「匪其彭」，陸音步郎反，子夏作旁。老彭，當讀「匪其彭」之彭，音旁，側也。欲自比於老子之側，蓋謙詞也。翟氏考異：大戴虞戴德篇記孔子之言曰：「昔商老彭及仲傀政之教，大夫官之教，士技之教，庶人揚則抑，抑則揚，綴以德行，不任以言。」此最足明聖人竊比之意，故朱子云「老彭見大戴禮」，孫氏強生異端，穿鑿無理。

【考證】四書稗疏：先儒謂老彭爲二人。老，老聃。彭，彭鏗。乃彭鏗他不經見，唯漢藝文志有彭祖御女術，則一淫邪之方士耳。集注據大戴禮商彭祖、仲傀之教，人謂爲殷之賢者。考仲傀即仲虺，萊朱也。老彭在其前，皆成湯時人。而子曰我老彭，親之之詞，必覿面相授受者矣。按老聃亦曰太史儋，聃、儋、彭音蓋相近，古人質樸，命名或有音而無字，後人傳聞，隨以字加之，則老彭即問禮之老子矣。禮記稱「吾聞諸老聃」，聃蓋多識前言往行以立教者。五千言中稱古不一，而曰「執古之道，御今之有」，則其好古而善述可見矣。特其志意有偏，故莊、列之徒得緣飾而爲異端。當夫子之時，固未汎濫，以親相質問，而稱道之，又何疑焉。

趙翼陔餘叢考：論語「竊比老彭」，諸家注釋不一。包咸曰：「老彭，商賢大夫。」正義謂「即莊子所謂彭祖也」。王弼曰：「老，老聃。彭，彭祖也。」按彭祖封於彭城，以久壽見稱，則老彭即彭祖明矣。邢昺疏：「一云即老子也。」此其説蓋據世本、史記。世本云：「彭祖姓籛名鏗，在商爲守藏史，在周爲柱下史。」而史記老子傳曰：「周守藏室之史也。」又張湯傳：「老子爲柱下史。」以是參證，知其爲一人也。按彭祖之述古不經見，而孔子嘗問禮於老聃。又孔子答曾子問，動云「聞諸老聃」，可見論語述古之老彭，即禮記問禮之老聃。而或者謂彭祖在殷已極老壽，何由復至春秋時？彭則籛鏗，聃則李耳，既爲一人，何以兩稱？且彭國滅於殷末，聃名見於周末，若果一人，則相距數百年中，何以不經見？殊不知彭祖爲顓頊玄孫陸終第三子，事見風俗通。而屈原天問云：「彭鏗斟雉帝何饗？」王逸注：「謂彭祖以雉羹進堯而堯饗之也。」又論語疏亦謂堯時封於彭城，是堯時已在禹、臯之列，彼可以自唐歷虞、夏而至殷，獨不可自殷歷周乎？若以鏗、耳名各不同爲疑，古人原有一人數名而錯見者。虞翻云：「彭祖名翦。」則又不特名鏗也。太史儋見秦獻公言周、秦離合之説，史遷謂儋即老子也，則又不特名耳矣，安在籛不可李而鏗不可耳乎？且史記索隱引商容以舌視老子，老子悟舌以虛存，齒以剛亡。商容殷紂時人，而以舌悟老子，是殷末已稱老子也。老子内傳云：「武王時爲柱下史。」是周初已爲史官也。臨海廟有周成王饗彭祖三事鼎，鼎足篆東澗二字，是成王時或猶稱彭祖也。幽王時三川震，伯陽甫曰周將亡。唐固謂伯陽甫即柱下史老子，王弼亦謂伯陽甫姓李名耳謚聃，周守藏室之史也。是又見於西周之末矣。玉清經云：「老子以周平王時見衰，遂去。」是又見於東周之初矣。又安在數百年中絶不經見乎？然則合諸書以觀，彭、聃一人確有明證，此公直自陶唐時迄於周末入關，爲關令尹喜著道德五千言而去，莫知所終。史記所稱百六十餘歲，或二百餘歲，神仙傳所稱七百六十七歲，八百三十八年，及張守節所稱歷十二王歷三十一王，論語疏所云壽七百歲者，猶第各就所傳而分記之，實未嘗統計其年壽也。或又曰：唐荊川云：「莊生以吐故納新、熊經鳥伸歸之彭祖，而不及老子。其論老子聞風於古之道術，又絶不及長生吐納事，明其各自爲一家也。今云一人，何以操術之不同乎？」曰：不然，方其爲彭祖也，精意於養生治身，服水精，餐雲母。神仙傳述其言曰：「服藥百裹，不如獨卧。」近世道家修煉，實本於此。人徒以五千言中無此術，遂謂道家者流僞托於老子，而不知正其始之所有事也。及爲老子，則涵茹道德，淹貫典禮，「猶龍」之歎，且駸駸乎有儒者氣象矣。不寧惟是，後漢書襄楷傳：「老子入西域爲浮屠，天神遺以好女，堅却不受。曰：『此但革囊盛血耳。』」又齊書顧歡傳記「老子入關之天竺維衛國，乘日精入國王夫人淨妙口中，已而降生，佛道由是具焉。」是又開佛氏法門矣。然則此公方且神奇變化出没於三教之間，迭遷屢變而未有已也。曰：史傳所載彭、聃各著誕生之異，豈有一人而數生者？曰：吾正以其誕生而證之也。風俗通云：「陸終娶鬼方氏女嬇，久孕不育，啓左脅，三人出焉；啓右脅，三人出焉。」彭祖則左脅所出也。而玄妙内篇記老子亦割左腋而生，又顧歡傳所記淨妙之孕亦剖左腋，夫安知非即女嬇剖生一事，而記載者各繫諸傳首，遂分見若三降生耶？書之以俟博雅者。

吳昌宗經注集證：注言老彭不一。包咸曰：「商賢大夫即彭祖也。」王肅曰：「老，老聃。彭，彭祖也。」邢昺曰：「一云即老子。」所據者，世本、史記也。世本云：「姓籛名鏗，在商爲守藏史，在周爲柱下史。」史記云：「周守藏室之史也。」又曰：「老子爲柱下史。」老彭、老子，非一人而何？考諸經傳無彭祖述古之文，而夫子答曾子問，一曰「吾聞諸老聃」，再曰「吾聞諸老聃」，論語竊比之老彭，即禮記問禮之老聃，初非二人，斷可知矣。然而應世之跡，忽然殊異，在堯時則爲顓頊之玄孫，歷虞、夏至商末而往流沙，年八百而壽未終，史所謂「受封彭城，商末世而滅」者是也。既而復出於周世爲柱下史，見周之衰，復出關往流沙，史記云百有六十歲，或二百歲者是也。吾夫子於述古則曰老彭，於問禮則曰老聃，一人而兩稱之，所以志也。此文之互見者也。

黄氏後案：作者，剏人所未知。述者，昔有之而今晦之，爲之祖述以明之也。包注「祖述」，邢本作「但述」，宜從皇本。我，注云「親之之詞」，申之者云：「夫子殷後，故稱殷大夫爲我。此學殷禮時言也。」或曰：「竊比於我者，老彭也。我，孔子自謂我竊比於老彭，倒其文耳。」或曰：「中説魏相篇有『竊比我於仲舒』之語，或王仲淹所據本於、我二字互倒也。」老彭或曰一人，或曰二人，漢書古今人表有老彭，呂氏春秋執一篇「彭祖以壽終」，高注：「彭祖，殷賢大夫。」又引此經以證，是亦指爲一人是也。釋文引鄭君注：「老，老聃。彭，彭祖。」禮曾子問「古者師行節」，正義引鄭君此注云：「老聃，周之太史。」則以老聃周史，彭祖商史，是二人也。漢書敘傳：「幽通賦：『若允彭而偕老兮，訴來哲以通情。』」是亦以老、彭爲二人。邢疏引王輔嗣説，亦云二人。則老爲老聃無疑，彭祖無所考。潛夫論讚學篇：「顓頊師老彭，孔子師老聃。」是以老彭爲顓頊時人。嚴鐵橋引鄭語注、史記楚世家索隱，謂彭祖國名，即大彭，夏、商爲方伯，唐、虞封國，傳數十世，八百歲而滅於商。論語之老彭不知何人。樸學齋札記：案史記云：「老子，周守藏室之史也。」索隱曰：「周藏書室之史。」蓋老、彭二人爲商、周之史官，而老在彭前者，孔子於老子有親炙之義，且以尊周史也。世本以爲一人，傳聞之誕耳。太史主傳述舊聞，此言當爲修春秋而發。故孟子云：「其文則史，其義則丘竊取之矣。」即竊比之義。班固幽通賦「若允彭而偕老兮」，顔注：「謂彭祖、老聃。」同鄭義也。論語集注補正述疏：或曰漢博陵太守孔彪碑云：「述而不作，彭祖賦詩。」由彼言，「述而不作，信而好古」，斯彭祖所賦之詩也，孔子述焉。果爲詩乎？今無由稽也。雖漢碑，敢信之歟？

按：老彭有二人一人之二説，以主一人者較爲多數。然彭祖雖壽，斷無歷唐、虞、夏、商尚存之理，此如堯時有善射者曰羿，而夏有窮之君亦名羿；黄帝時有巫咸，而夏、商均有巫咸。蓋古人不嫌重名，壽必稱彭，猶之射必稱羿，巫必稱咸也。包咸注：「老彭，殷賢大夫。」蓋即本之大戴禮，最爲有據，故集注取之。後來彭祖、老聃諸説解釋愈詳，愈多窒礙，此集注之所以不可輕議也。

【集解】包曰：「老彭，殷賢大夫，好述古事。我若老彭，祖述之耳。」

【唐以前古注】釋文引鄭注：老，老聃。彭，彭祖。曾子問正義引鄭注：老聃，周之大史，未知所出。邢疏引王弼云：老是老聃，彭是彭祖。老子者，楚苦縣厲鄉曲仁里人也，姓老氏，名耳，字伯陽，謚曰聃，周守藏之史也。皇疏：述者，傳於舊章也。作者，新制作禮樂也。孔子曰：言我但傳述舊章而不新制禮樂也。夫得制禮樂者，必須德位兼並，德爲聖人，尊爲天子者也。所以然者，制作禮樂必使天下行之。若有德無位，既非天下之主，而天下不畏，則禮樂不行；若有位無德，雖爲天下之主而天下不服，則禮樂不行，故必須並兼者也。孔子是有德無位，故述而不作也。老彭，彭祖也，年八百歲，故曰老彭也。老彭亦有德無位，但述而不作，信而好古。孔子欲自比之而謙不敢灼然，故曰竊比也。筆解：李曰：「下文子曰：『甚矣吾衰也，久矣吾不復夢見周公。』是制禮作樂，慕周公所爲，豈若老彭述古事而已。顯非謙詞，蓋歎當世鄙俗，竊以我比老彭，無足稱爾。」

【集注】述，傳舊而已。作，則創始也。故作非聖人不能，而述則賢者可及。竊比，尊之之辭。我，親之之辭。老彭，商賢大夫，見大戴禮，蓋信古而傳述者也。孔子刪詩、書，定禮、樂，贊周易，修春秋，皆傳先王之舊而未嘗有所作也，故其自言如此。蓋不惟不敢當作者之聖，而亦不敢顯然自附於古之賢人，蓋其德愈盛而心愈下，不自知其詞之謙也。然當是時作者略備，夫子蓋集羣聖之大成而折衷之，其事雖述，而功則倍於作矣。此又不可不知也。

【餘論】呂希哲雜記（困學紀聞注引）：老子曰：「古之善爲道者，非以明民，將以愚之。」記曰：

「明明德於天下。」老子曰：「報怨以德。」孔子曰：「以直報怨，以德報德。」老子曰：「知不知上，不知知病。」孔子曰：「知之爲知之，不知爲不知。」蓋孔子未嘗師老子也。　困學紀聞：龜山曰：「老氏以自然爲宗，謂之不作可也。」朱文公曰：「以曾子問言禮證之，述而不作，信而好古，皆可見。」蓋聃周之史官，掌國之典籍，三皇五帝之書，故能述古事而信好之，如五千言。或古有是語而傳之，列子引黄帝書，即谷神不死章也。聃雖知禮，謂行之反以多事，故欲滅絶之。禮運「謀用是作，兵由是起」，亦有此意。　致堂曰：「仲尼問禮，或以證舊聞；或以絶滅禮樂之故，振而作之，使於問答之際有啓發，非以爲師也。」　丹鉛總録：慎案佛經三教論曰：「五千文者，容成所説，老子爲尹談，蓋述而不作。」又按莊子引容成氏曰：「除日無歲，無外無内。」則容成氏固有書矣，老子述而不作，此其明證。　焦氏筆乘：邵堯夫曰：「孔子贊易自伏羲，祖三皇也。序書自堯、舜，宗五帝也。删詩自商湯，子三王也。修春秋自魯隱，孫五霸也。」蓋六籍雖舊，而一經刊定，萬世與日月並懸，其事雖述，而功倍於作，豈虚言哉！　老彭，王輔嗣、楊中立皆以爲老聃也。三教論云：「五千文容成所説，老爲尹談，述而不作。」則老彭之爲老子，其説古矣。　宋翔鳳論語發微：老子曰：「聖人處無爲之事，行不言之教。」無爲而有事，不言而有教，非居敬而何？　又曰：「聖人抱一爲天下式。」一者，誠也。誠爲敬，故抱一即居敬。　又曰：「兵者不祥之器，非君子之器。」即「軍旅之事，未之學也」。　又曰：「聖人無常心，以百姓心爲心。」又曰：「善建者不拔，善包者不脱。子孫祭祀不輟，修之於身，其德乃真。修之於家，其德乃餘。修之於鄉，其德乃長。修之於國，其德乃豐。修之於天下，其德乃普。」即「修己以安百姓」，非獨任清虛者之所及也。其書二篇，屢稱聖人，即「述而不作」也。又曰：「執古之道，以御今之有，能知古始，是謂道紀。」此「信而好古」也。又曰：「象帝之先。」又曰：「大上下知有之。」曰帝之先，曰大上，此推乎古而益遠者也。又曰：論語不曰彭老而曰老彭者，以老子有親炙之義，且尊周史也。至三朝記稱商老彭者，以老子雖生周代，而所傳之學則歸藏之學，故歸之於商，尤信而好古之明徵也。

按：宋氏發明老子之學是也。惟其論孔子贊易多取歸藏，小戴所録七十子之記，皆爲殷禮，則語涉臆斷，故無取焉。

【發明】陳櫟四書發明：信而好古乃述而不作之本。夫子自謂好古敏以求之，又謂不如某之好學。惟能篤於信道，所以深好古道；惟篤信好古，所以惟述古而不敢自我作古焉。芮長恤匏瓜録：今人性分與古人同，古人所能爲，皆我之所當爲者也。不好古，則聾於前言，昧於往行，師心而已。好而不信，慕其人，難其事，不惟以古人爲不可幾及，且將曰古之人亦未必果若是其神奇敻絶也。信不及，故行不盡，此今人所以遠遜於古人也。

○子曰：「默而識之，學而不厭，誨人不倦，何有於我哉？」

【考異】釋文：「默」俗作「嘿」。五經文字：「默」與「嘿」同，經典通爲語默字。

【集解】鄭曰：「人無有是行於我，我獨有之也。」

按：劉氏正義云：「注有譌文，當以『行』字句絶，『我』字重衍。鄭謂他人無是行，夫子乃獨有之。與上篇『爲國乎何有』、『於從政乎何有』，何有皆爲不難也。」

【唐以前古注】皇疏引李充云：言人若有此三行者，復何有貴於我乎。斯勸學敦誨誘之辭也。

【集注】識，記也。默識，謂不言而存諸心也。一説識，知也，不言而心解也。前説近是。何有於我，言何者能有於我也。三者已非聖人之極至，而猶不敢當，則謙而又謙之辭也。

【别解一】四書辨疑：以此章爲夫子之謙，義無可取。謙其學而不厭，以爲己所不能，則是自謂厭於學矣。謙其誨人不倦，以爲己所不能，則是自謂倦於誨矣。既言厭學，又言倦誨，則是聖人不以勉進後學爲心，而無憂世之念也。下章却便説「學之不講，是吾憂也」，語意翻覆，何其如此之速耶？夫子屢曾自言「好古敏以求之者」，「不如丘之好學也」，「我叩其兩端而竭焉」，「吾無隱乎爾」，若此類者，皆以學與誨爲己任，未嘗謙而不居也。況又有若聖與仁章「抑爲之不厭，誨人不倦，則可謂云爾已矣」之一段，足爲明證。彼以學誨爲己之所有，此以學誨爲己之所無，聖人之言必不自相乖戾以至於此。於，猶如也。蓋言能此三事，何有如我者哉。此與「不如丘之好學也」意最相類，皆所以勉人進學也。

【别解二】論語竢質：孔子嘗曰：「多見而識之，知之次。」又嘗曰：「若聖與仁，則吾豈敢？抑爲之不厭，誨人不倦，則可謂云爾已矣。」此言「何有於我」，蓋謂此三者夫人能之，何足云有於我哉。伊川曰：「何有於我哉，勉學者當如是也。」此説意是。子罕篇亦有是言，誼同此。

【别解三】梁氏旁證：翁覃溪曰：「上論中兩『何有於我』，蓋因時人推尊夫子，以爲道德高深，不可窺測，故夫子自言我之爲人不過如是，有何道德於我哉。朱子謂『何者能有於我』，乃用劉原父說，其義亦可通。惟夫子以不厭不倦自居，與門弟子言之屢矣，至是又忽辭而不居；且喪事不敢不勉，乃承當之辭，亦非可遜謝也，殊不可解耳。」論語稽：孟子引夫子與子貢言「我學不厭而教不倦」，此篇若聖與仁章「抑爲之不厭，誨人不倦」，是夫子固以學不厭誨不倦自任者，而何至無因爲是謙而又謙之辭乎？然謂人無是行，惟我獨有，則又近誇大，尤非聖人語氣。此蓋當時不知聖人，謂必有人之所不能有，故夫子言我生平不過默而識之，學而不厭，誨人不倦耳，此外亦何有於我哉。似爲得之。

按：宦氏之說本於袁枚，與翁覃溪說同，比較合理。蓋如集解則近於誇大，如集注則近於作僞，二者均不可從。以上諸說皆爲救濟此失，而於經文仍不免增改之處，仍覺未安。朱子語類云：「此必因人稱聖人有此，聖人以謙辭承之，後來記者却失上面一節，只做聖人自話記耳。」孟子公孫丑篇：「子貢問於孔子曰：『夫子聖矣乎？』孔子曰：『聖則吾不能，我學不厭而教不倦也。』子貢曰：『學不厭，知也。教不倦，仁也。仁且知，夫子既聖矣。』」觀彼文，則學不厭教不倦乃夫子所自任。何有於我，乃辭聖仁不敢居之也。何有於我，言二者之外我無所有也。此解最爲得之。黄氏後案云：「何有，不難詞。全經通例，經中所言『何有』皆不難之詞。」果爾，殊令人難於索解耳。此等處止宜闕疑。

【發明】讀四書大全說：聖學説識，釋氏亦説識。達磨九年面壁，亦是知識後存識事。故默而識之，聖人亦然，釋氏亦然，朱子亦然，象山亦然，分別不盡在此。魯岡或問：天體本默，不默必不能識，爲人之學，如何理會得天理？大知如孔子，志學時便見得大段如此，故先從默入，默則稽諸古，問諸人，慎諸思，體諸事，皆默也。本體無聲無臭，故孔子始終惟默。子思之闇，得夫子之默也。

按：困學紀聞：「默而識之，朱子謂不言而存諸心，恐學者流於異端也。」船山謂祇於識不識争生孰，不於默不默争淺深。稼書亦重言識而不言默，皆懲明季講學之失。讀古人書，胸中先横有防異端流弊之見，其得古人之意亦僅矣。況此章識字非知識之識，乃博聞强識之識，應讀志音，當然重在默不在識。魯岡先從默入之言，最爲得之。

焦氏筆乘：孔子言默而識之，非默於口也，默於心也。默於心者，言思路斷，心行處滅，而豁然有契焉，以無情契之也。以無情契之，猶其以無言契之也，故命之曰默。夫有所學則厭，默識以爲學，學不厭矣。有所誨則倦，默識以爲誨，誨不倦矣。有非默也，故曰「何有於我哉」。雖然，真能默識者，即有亦未嘗不無，此又未易以有無論也。又云：孔子言：「默而識之，學而不厭，誨人不倦，何有於我哉？」又言：「出則事公卿，入則事父兄，喪事不敢不勉，不爲酒困，何有於我哉？」學也，誨人也，事父兄公卿與勉喪事謹酒德也，皆聖人日用之常，因物付物之應迹耳，而其心則一無有也。古先生書云：「乃至無有少法可得，是名菩提。」令孔子而有少法可得，何以爲默識耶？　反身録：默識是入道第一義。默則不尚言説，識則體認本面。認得本面，原無聲無臭，原於穆不已，自然無容擬議，自然終日乾乾，操存罔懈，何厭之有？以此自勵，即以此勵人，視人猶己，何倦之有？此方是鞭辟著裏，盡性至命之聖學。　又云：默而識之，謂沈潛自認識，得天命本體，自己真面目，即天然一念，不由人力安排，湛定澄寂，能爲形體主宰者是也。識得此，便是先立其大，便是識仁。孔門之學以仁爲宗，及門諸子終日孜孜，惟務求仁。程伯子謂學者先須識仁，識得此理，以誠敬存之，即學而不厭也。羅豫章令李延平静中看喜怒哀樂未發氣象，而延平教學者默坐澄心，體認天理。陳白沙亦言静中養出端倪。皆本於此，乃聖學真脈也。　又云：問：學所以求識，本體則當下便是，如何還説學，還説不厭？曰：識得本體，若不繼之以操存，則本體自本體。夫惟繼之學，斯緝熙無已，所謂識得本體好做工夫，做得工夫方纔不失本體，夫是之謂仁。

○子曰：「德之不修，學之不講，聞義不能徙，不善不能改，是吾憂也。」

【考異】皇本修、講、徙、改下各有「也」字。　七經考文補遺：一本作「聞義不能從」。　天文本論語校勘記：唐本、津藩本、正平本「徙」作「從」，每句末均有「也」字。

【音讀】汪中經義知新記：講字古音媾，修、講一韻，徙、改一韻。

【集解】孔曰：「夫子常以此四者爲憂。」

【唐以前古注】北堂書鈔藝文部四引鄭注云：夫子常以爲憂也。

按：此孔所襲。

【集注】尹氏曰：「德必修而後成，學必講而後明，見善能徙，改過不吝，此四者，日新之要也。苟未能之，聖人猶憂，況學者乎？」

【餘論】朱子語類：修德是本，爲要修德，故講學，徙義、改過即修德之目。又云：須先理會孝弟忠信等事，然後就此講學。述學：講，習也。習，肄也。古之爲教也以四術，書則讀之，詩、樂同物，誦之歌之，弦之舞之，揖讓周旋，是以行禮。故其習之也，恒與人共之。學而時習之，有朋自遠方來，所謂君子以朋友講習也。學人習之，其師則從而告之。記曰：「小學正學干，大胥贊之。籥師學戈，籥師丞贊之。春誦夏弦，大師詔之。瞽宗秋學禮，執禮者詔之。冬讀書，典書者詔之。」曰學曰贊曰詔，必皆有言，故於文講從言。孔子適宋，與弟子習禮大樹下。魯諸儒講禮鄉飲大射于孔子冢，皆講學也。禮樂不可斯須去身，故孔子憂學之不講。

【發明】此木軒四書説：「樂以忘憂」，憂字與「不堪其憂」、「仁者不憂」、「君子不憂不懼」之憂同，乃人心之私憂也。此憂字與「君子有終身之憂」同，即「君子存之」注所謂「戰兢惕厲」。聖賢之所以爲聖賢者，全在乎此。

○子之燕居，申申如也，夭夭如也。

【考異】釋文：「『燕』，鄭本作『宴』。」後漢書仇覽傳注引論語「子之宴居」。論語古訓：一切經音義云：「宴，石經爲古文『燕』。」是「燕」爲古文，「宴」爲今文。臧在東曰：「鄭所注魯論是今文，故作『宴』。」漢書叙傳：「夭夭伸伸」，師古注曰：「論語稱『孔子燕居，伸伸如也，夭夭如也』。」

張揖廣雅：妖妖、申申，容也。

【考證】胡紹勳四書拾義（論語正義引）：漢書萬石君傳「子孫勝冠者在側，雖燕必冠，申申如也」。師古注云：「申申，整勑之貌。」此經記者先言申申，後言夭夭，猶鄉黨先言踧踖，後言與與也。申申言其敬，夭夭言其和。馬注申申亦訓和舒，失之矣。讀書叢録：申，古作「伸」。儀禮士相見禮「君子欠伸」，鄭注：「志倦則欠，體倦則伸。」説文：「夭，屈也。」言燕居之時，其容體屈伸如意。

論語述何：燕居，謂不仕之時。申申，謂施教也。夭夭如，謂弟子昭若發矇，有如時雨化之也。禮仲尼燕居篇其一端矣。

黄氏後案：燕，猶閒也。居，坐也。禮仲尼燕居：「子張、子貢、言游侍。子曰：『居。』」居亦言坐也。今蹲踞字古祇用居，居有坐義也。詳見十七篇。申申如狀其躬之直，夭夭如狀其躬之稍俯也。此記聖人徒坐之容，合伸屈觀之而見其得中也。説文：「夭，屈也。」段氏以詩隰有萇楚傳、桃夭傳皆謂「物初長可觀也」。物初長者尚屈而未申，此文上句謂其申，下句謂其屈。洪筠軒曰：「燕居之時，其容體可以屈伸如意。」式三以此言坐容。

【集解】馬曰：「申申、夭夭，和舒之貌。」

【唐以前古注】皇疏引孫綽云：燕居無事，故云心内夷和外舒暢者也。

【集注】燕居，閒暇無事之時。楊氏曰：「申申，其容舒也。夭夭，其色愉也。」

○子曰：「甚矣吾衰也！久矣吾不復夢見周公！」

【考異】釋文：本或無「復」字，非。　經義雜記：集解載孔注云：「孔子衰老，不復夢見周公。」據陸氏所見本，知經無「復」字，乃後人援注所增，以經云「久矣吾不夢見」，明先時曾夢見，故注云「不復夢見」，復字正釋「久矣」字。陸氏反以無「復」字爲非，不審之至。　讀書叢録：文選劉琨重贈盧諶詩：「吾衰久矣夫，何其不夢周？」劉所見本亦當無「復」字。

【音讀】經讀考異：近讀從「吾衰也」爲句，「久矣」連下讀爲一句。考此「甚矣」作一讀，「吾衰也久矣」作一讀，「吾不復夢見周公」作一讀。呂氏春秋博志篇注引論語曰：「吾衰久矣，吾不復夢見周公。」「吾衰」下較今文少「也」字，實以「吾衰」作句首，不連「甚矣」爲讀。黄山谷答王彦周書引孔子曰：「吾不復夢見周公。」不以「久矣」連此句讀，亦可爲證。　翟氏考異：劉越石重贈盧諶詩：「吾衰久矣夫，何其不夢周？」呂覽不苟論高注引論語「吾衰久矣」，張子正蒙亦引語「吾衰也久矣」，楊龜山作資聖院記亦云「甚矣夫吾衰久矣」，至李絳論朋黨、李善注西征賦、陳襄與孫運使書引「吾不復夢見周公」，則皆無「久矣」二字。「久矣」字連上爲句，舊人讀多如是。朱子以二字改屬下，其讀蓋本于致堂胡氏。　朱子語類：據文勢，「甚矣吾衰也」是一句，「久矣吾不復夢見周公」是一句。

【考證】呂氏春秋博志篇：蓋聞孔子、墨翟晝日諷誦習業，夜親見文王、周公旦而問焉。用志如此其精也，何事而不達？何爲而不成？故曰精而熟之，鬼將告之。非鬼告之也，精而熟之也。

潛夫論夢列篇：凡夢有直有象，有精有想，有人有感，有時有反，有病有性。孔子生於亂世，日思周公之德，夜即夢之，此謂意精之夢也。論語稽：周禮夢有六：一正夢，二噩夢，三思夢，四寤夢，五喜夢，六懼夢。列子云：「六者，神所交也。」王昭禹云：「思夢若孔子之夢見周公。」則是孔子往者思爲東周，故夢寐之間得見周公。及道久不行而行年已老，無復此志，其平日既樂天知命，淡然無欲，故寢時亦心神安泰，無復有夢。此亦一身昔盛今衰之驗也。

【集解】孔曰：「孔子老衰，不復夢見周公，明盛時夢見周公，欲行其道也。」

【唐以前古注】皇疏：夫聖人行教，既須得德位兼並，若不爲人主，則必爲佐相。聖而君相者，周公是也，雖不九五而得制禮作樂，道化流行。孔子乃不敢期於天位，亦猶願放乎周公，故年少之日，恆存慕發夢；及至年齒衰朽，非唯道教不行，抑亦不復夢見，所以知己德衰，而發衰久矣，即歎不夢之徵也。又引李充云：聖人無想，何夢之有？蓋傷周德之日衰，哀道教之不行，故寄慨於不夢，發歎於鳳鳥也。

【集注】孔子盛時志欲行周公之道，故夢寐之間如或見之。至其老而不能行也，則無復是心而亦無復是夢矣，故因此而自歎其衰之甚也。

【餘論】朱子語類：問：夢恐涉於心動否？曰：夜之夢，猶寢之思也。思亦心之動處，但無邪思可矣。夢得其正何害？此木軒四書說：孔穎達云：「莊子意在無爲，欲令静寂無事，不有思慮，故云聖人無夢。但聖人雖異人者神明，同人者五情。五情既同，焉得無夢？故禮記文王有九齡之夢，尚書有武王夢協之言。」案孔君此論精矣。然聖人豈特不能無夢而已，聖人五情懇惻，倍萬恒常，其夢亦自異於人人。周公之見，其精誠之極乎？

【發明】胡炳文四書通：祇孔子之夢，亦見孔子無意、必、固、我處。大抵夢最可驗人之心，世之人有老而不能無功名之夢者，其心有所執著而未化也。嶺雲軒瑣記：北人不夢乘船，南人不夢騎馬。有夢淫人者，不犯其所親。有夢毆人者，不陵其所長。而且夢中之性情言笑，弗異生平。可見夢雖幻境，莫非由塵根感觸而生者。善學者不惟勤勉所行，尤當檢省所夢。若所夢見不得天地鬼神，是真見不得天地鬼神，不當以幻境自恕。昔賢有夢人寄椒，偶思取用，醒而自恨其欺者是也。

○子曰：「志於道，據於德，依於仁，游於藝。」

【考異】魏書崔光傳引「志」上有「士」字。唐石經「游」字作「遊」。魏書高允等傳論「依仁遊藝」，亦作「遊」。

【集解】志，慕也。道不可體，故志之而已。據，杖也。德有成形，故可據。依，倚也。仁者功施於人，故可依。藝，六藝也。不足據依，故曰游。

【集注】志者，心之所之之謂。道，則人倫日用之間所當行者是也。知此而心必之焉，則所適者正而無他歧之惑矣。據者，執守之意。德，則行道而有得於心者也。得之於心而守之不失，則終始惟一而有日新之功矣。依者，不違之謂。仁，則私欲盡去而心德之全也。功夫至此而無終食之違，則存養之熟無適而非天理之流行矣。游者，玩物適情之謂。藝，則禮樂之文，射御書數之法，皆至理所寓而日用之不可闕者也。朝夕游焉以博其義理之趣，則應務有餘，而心亦無所放矣。

【餘論】四書恒解：喫緊在志、據、依三字。人孰無志，而不志道則已失爲人之理。志者，專一向往也。果志於道矣，則凡立心言行必求合理，而日用倫常便不敢怠肆，必日有所得矣。於此加持守之功，凡得一善即拳拳服膺，而不善者亦必改可知矣。據之如據城池自固，以爲己有，勿使或失，即中庸固執意也。固執之久，始而勉强，繼而自然，久久天理純熟。仁即我之所以爲生，一息不能離，如依物而立，失之則傾。學至此，幾於成矣。但其功夫次第，非明師不授，非有志不立，非恒久不成。夫子當時爲門人言，而後世罕有深造者，則影響支離，不一而足矣。黄氏後案：周官之法，教萬民以藝，養國子以藝，黨正之所校比，州長之所考勸，鄉大夫之所察以賓興，皆以藝。宫正之會什伍，諸子之進退游倅，亦莫不以藝。士固有滯於藝而不聞道者，要未有不通於藝而遽高語道德者，此實學之所以出也。今六藝之學微，其中易於復古而濟於時務者，則有如射御與數；其復古甚難者，則有如樂；而猶可考正是非釐定得失者，五禮與六書耳。禮之大綱爲五，尊卑際會之節，親疏隆衰之分。先王本諸性情制爲度數，既使之犂然各當於人心，而無過不及之差。細而起居出入之微，亦有所持循，使人莊敬日强，而非僻之心無自入。學者高言志道、據德、依仁，而不亟亟於禮，其能不違道賊德而大遠乎仁也邪？六書之法，上下指事，日月象形，江河形聲，武信會意，四者爲古昔字體所由製，聲音所由分；考老轉注，令長假借，二者爲古昔用字同異之辨，而包括詁訓之全。學者不留心於此，臧氏玉林所謂「不識字何以讀書，不通詁訓何以明經」也。古之識字者曰：「反正爲乏，皿蟲爲蠱，止戈爲武。」理義莫精於是。後人以冥悟爲仁，以虛無爲道，以清淨爲德，離訓詁文字而言理義，弊遂至於此。君子博學無方，六藝之學皆宜徧歷以知之，故曰游於藝。論語經正録：慶源以下解先後之序皆以全章四項言，以爲遊藝在依仁之後。船山據總注辨之，謂志道、據德、依仁，有先後而無輕重。志道、據德、依仁之與游藝，有輕重而無先後。詳繹内注，據德依仁皆承上節説，下「游藝」注則云「日用之不可缺者」，獨無承上依仁之意，船山可謂善於讀注矣。依仁而後藝可游，或問中已有此説，固非始於慶源。案之事實，不如集注之精塙也。許白雲曰：「游藝即志道據德之方，而防其違仁之隙。」又曰：「游藝與上三者不可全然作兩段看。」已先船山而言之矣。

【發明】反身録：志道則爲道德之士，志藝則爲技藝之人，故志不可不慎也，是以學莫先於辨志。古之所謂藝，如禮樂射御書數，皆日用而不可缺者，然古人不以是爲志，必體立而後用行。今之所謂藝，詩文字畫而已，究何關於日用耶？或問楓山何不爲詩文？楓山笑曰：「末技耳，予弗暇也。」莊渠先生答唐應德書曰：「聞開門授徒，無乃省事中又添却一事。誰始爲舉業作俑，不知耗了人多少精神，心中添了多少葛藤蔓説，縱斬絶之，猶恐牽纏，況可引惹乎？朱子謂舉業是一厄，詩文是一厄，簿書是一厄。只此三厄，埋没了天下多少人才，願應德卓乎萬物之表，莫以此等攖心。若謂此是正業，是指尋花問柳與力穡同也。」按先生此書言言警切，辨志者不可不知。

○子曰：「自行束脩以上，吾未嘗無誨焉。」

【考異】釋文：魯讀誨爲悔，今從古。

【考證】四書賸言：束脩是贄見薄物，其見於經傳者甚衆，皆泛以大夫士出境聘問之禮爲言。若孔叢子言「子思居貧，或致樽酒束脩」，此猶是偶然餽遺之節。至北史儒林傳「馮偉門徒束脩，一毫不受」，則直指教學事矣。又隋書劉炫傳「後進質疑受業，不遠千里，然嗇于財不行束脩者，未嘗有所教誨，時人以此少之」，則直與論語「未嘗無誨」作相反語。又唐六典「國子生初入學，置束帛一篚、酒一壺、脩一案爲束脩之禮」，則分束帛與脩爲二，然亦是教學贄物。近儒以漢後史書多有束修字，作約束修飭解，如鹽鐵論桑弘羊曰「臣結髮束修」，元和詔鄭均「束修安貧」，三國魏桓範薦管寧「束修其躬」類，遂謂束修不是物，歷引諸束修詞以爲辨。夫天下詞字相同者多有，龍星不必是龍，王良又不必是星，必欲强同之，謬矣。試誦本文有「行」字，又有「以上」字，若束脩其躬，何必又行？躬自束脩，何能將之而上乎？羣經義證：後漢書延篤傳注引鄭此注，伏湛傳注同，此以年計之，一解也。後漢書和帝紀「束脩良吏」，胡廣傳「使束脩守善，有所勸仰」，劉般傳「太守薦般束脩至行，爲諸侯師」，注：「束脩，謂謹束脩潔也。」鄭均、馮衍傳云云。此以行義計之，一解也。曲禮正義、檀弓、少儀、穀梁傳云云。漢書朱邑傳「束脩之餽」，論語筆解引説者謂束爲束帛，脩爲脩脯。此以贄言之，又一解也。黄氏後案：自行束脩以上，謂年十五以上能行束帶脩飾之禮。鄭君注如此，漢時相傳之師説也。後漢伏湛傳「杜詩薦湛自行束脩，訖無毁玷」，注：「自行束脩，謂年十五以上。」延篤傳曰「吾自束脩以來」，注：「束脩，謂束帶修飾。鄭玄注論語曰：『謂年十五以上也。』」今疏本申孔注，異於鄭君。然書秦誓孔疏引孔注論語，以束脩爲束帶脩飾，爲某傳束脩一介臣之證，是孔、鄭注同。蓋年十五以上，束帶脩飾以就外傳，鄭君與孔義可合也。曲禮「童子委摯而退」，疏曰：「童子之摯悉用束脩。故論語孔子云：『自行束脩以上，則吾未嘗無誨焉。』是謂童子也。」此又一説。後漢和帝紀「詔曰束脩良吏」，鄧后紀云「故能束脩不觸羅網」，鄭均傳「均束脩安貧」，馮衍傳「圭璧其行，束脩其心」，劉般傳「束脩至行，爲諸侯師」，李注訓爲「謹束脩潔」，孔氏示兒編據之爲潔己以進之義，此又一説。經學卮言：漢書王莽傳「自初束脩」，伏湛傳「自行束脩，迄無毁玷」，延篤傳云云，蓋並同鄭解，是言成童以上皆教誨之也。若馮衍傳「圭璧其行，束脩其心」，鄭均傳「束脩安貧」，則爲約束脩飾之意，與魯論悔字得相合，是子言從能束脩以來，内省常若不足，故所行未嘗無悔也。然既定依古文作誨，自當以十脡脯爲正解，疏引少儀、穀梁傳文乃明證矣。

【集解】孔曰：「言人能奉禮，自行束脩以上，則皆教誨之。」

【唐以前古注】後漢書延篤傳注引鄭注：「束脩，謂年十五以上也。」皇疏引江熙云：見其翘然向善思益也。古以贄見，脩，脯也。孔注雖不云脩是脯，而意亦不得離脯也。筆解：韓曰：「説者謂束爲束帛，脩爲羞脯。人能奉束脩於吾，則皆教誨之。此義失也。吾謂以束脩爲束羞則然矣，行吾而教之，非也。仲尼言小子洒掃進退束脩末事，但能勤行此小者，則吾必教誨其大者。」

【集注】脩，脯也。十脡爲束。古者相見必執贄以爲禮，束脩其至薄者。蓋人之有生，同具此理，故聖人之於人，無不欲其入於善。但不知來學則無往教之禮，苟以禮來，則無不有以教之也。

【別解一】包慎言温故録：案魯論則束脩不謂脯脡。易曰：「悔吝者，言乎其小疵也。」又曰：「震无咎者，存乎悔。」聖人戒慎恐懼，省察維嚴，故時覺其有悔。自行束脩以上，謂自知謹飭砥礪而學日以漸進也。恐人以束脩即可無悔，故言未嘗無悔以曉之。

按：劉寶楠云：「魯論義不著，包説但以意測。易繫辭傳『慢藏誨盜』，釋文引虞作『悔』，二字同音叚借，疑魯論義與古同，叚悔字爲之。鄭以古論義明，故定從誨也。」

【別解二】陔餘叢考：漢書光武詔卓茂曰：「前密令卓茂束身自脩，執節誠固。」鄧后紀有云：「故能束脩不觸羅網。」注以「約束脩整」釋之。又鄭均「束脩安貧，恭儉節整」，馮衍傳「圭璧其行，束脩其心」，劉般傳「太守薦般束脩至行」，皆以整束修飭爲訓。即以之釋論語「自行束脩以上」，謂能飭躬者皆可教也，於義亦通。

【別解三】論語偶記：邢疏引檀弓、少儀、穀梁傳所云束脩，但言賜人問人，不言爲贄。脯脩是婦人相見之物，男子無之。嘗以爲疑，及見鄭注，謂「年十五以上」，恍悟邢疏之謬。蓋古人稱束脩有指束身修行言者，列女傳秋胡婦云「束髮脩身」，鹽鐵論桑弘羊曰「臣結髮束脩，得宿衞」，後漢延篤傳曰「且吾自束脩以來」，馬援、杜詩二傳又並以束脩爲年十五，俱是鄭注佐證。書傳云「十五入小學」，殆行束脩時矣。

【別解四】樸學齋札記：禮曲禮云「童子委摯而退」者，童子見先生或尋朋友，既未成人，不敢與主人相授，受拜抗之儀，但奠委其摯於地而自退避之，然童子之摯悉用束脩也。故論語「自行束脩以上，吾未嘗無誨」，是謂童子也。

【餘論】四書詮義：大道爲公，夫子豈不欲盡天下人而誨之？而不知來學，則聖人亦不能强也。自行束脩以上，未嘗無誨焉，公之至也。

○子曰：「不憤不啓，不悱不發。舉一隅不以三隅反，則不復也。」

【考異】史記世家述此章文無「不悱不發」四字。何異孫十一經問對：此宜合上爲一章，「不憤」上「子曰」字當是衍文。蜀石經「舉一隅」下有「而示之」三字。皇本有「而示之」三字，「不復」上有「吾」字。七經考文：足利本作「示之」，少「而」字。文選西京賦注引論語曰「舉一隅而示之」。天文本論語校勘記：古本、唐本、津藩本、正平本「隅」下有「而示之」三字，唯天文本作「舉一隅示之」。讀書叢録：集解鄭注「説則舉一隅以語之」，似鄭本亦有「而示之」三字。論語古訓：文選西京賦李注引亦有「而示之」三字，可見古本皆然也。

按：「舉一隅下」應有「而示之」三字，後來傳寫錯落，似應加入。

【考證】論語後録：説文解字無「悱」字，鄭康成言口悱悱，疑即佛字。玉篇云：「佛，意不舒治也。」義近。劉氏正義：方言：「憤，盈也。」説文：「憤，懣也。」二訓義同。人於學有所不知不明，而仰而思之，則必興其志氣，作其精神，故其心憤憤然也。下篇夫子言「發憤忘食」，謂憤於心也。文選嘯賦注引字書曰：「悱，心誦也。」「誦」疑作「痛」。方言：「菲，惄悵也。」「菲」與「悱」同，廣雅釋詁作「悲」。説文無「悱」字，新附據鄭注補。或疑「悱」字即説文「悲」字，當得之。玉篇：「悱，口悱悱。」此本鄭訓。學記曰「時觀而弗語，存其心也」，注云：「使之悱悱憤憤，然後啓發也。」記又云：「力不能問，然後語之。」力不能問，故口悱悱也。當心憤憤口悱悱時，已是用力於思而未得其義，乃後啓發爲説之，使人知思之宜深，不敢不專心致志也。

【集解】鄭曰：「孔子與人言，必待其人心憤憤，口悱悱，乃後啓發爲説之，如此則識思之深也。説則舉一隅以語之，其人不思其類，則不復重教之。」

【集注】憤者，心求通而未得之意。悱者，口欲言而未能之貌。啓，謂開其意。發，謂達其辭。物之有四隅者，舉一可知其三。反者，還以相證之義。復，再告也。上章已言聖人誨人不倦之意，因并記此，欲學者勉於用力以爲受教之地也。

○子食於有喪者之側，未嘗飽也。

【考異】禮記檀弓記此文無「子」字「有」字。馮椅論語解曰：檀弓記此，蓋古禮然也。是書所記禮儀多合禮經，當時不行而夫子舉行之，故門人以度之耳。

【集解】喪者哀戚，飽食於其側，是無惻隱之心。

【集注】臨喪哀，不能甘也。

○子於是日哭，則不歌。

【考異】釋文：舊以爲別章，今宜合前章。皇本「是日」下有「也」字。論衡感類篇引有「也」字。禮記曲禮上篇：哭日不歌。又檀弓篇：弔於人，是日不樂。

【音讀】經讀考異：舊讀「哭」字屬上「是日」爲句，據鄭志，臨碩難曰：「孔子哭則不歌，是出何經？」「論語曰：『子於是日，哭則不歌。』謂一日之中云云。」玩鄭所答，明以「是日」絶句。又臨碩問亦言哭則不歌，益可爲證。翟氏考異：據義疏本、論衡感類篇引「是日」下有「也」字，則「哭」字當連下讀，與曲禮正合。

【考證】論語稽求篇：二節皆見檀弓，一曰：「食於喪者之側，未嘗飽也。」一曰：「弔於人，是日不樂。」皆與論語文同。雖不實署夫子名，但禮經出于七十子之徒，多引夫子事，此即以夫子之事爲禮者，特「不樂」樂字即作樂之樂，與歌字同，不音洛字。若云餘哀未忘，則音洛矣。然餘哀未忘，猶是注不歌之由，固是無礙。

【集解】一日之中，或歌或哭，是褻於禮容。

按：皇本脱此注，以此章連上章，而以上章之注繫於後，與釋文所見本不合。

【集注】哭，謂弔哭。一日之内餘哀未忘，自不能歌也。

【餘論】四書近指：哀樂皆情也，聖人中節焉而已。然樂可以驟哀，哀不可以驟樂，故不能歌，此中有天則焉。黄氏後案：哭則不歌，非歌則不哭，注言「餘哀未忘」是。

○子謂顔淵曰：「用之則行，舍之則藏，惟我與爾有是夫。」

【考異】史記弟子傳「舍」字作「捨」。唐、宋石經「惟」皆作「唯」。後漢書蔡邕傳「用之則行聖訓也，舍之則藏至順也」，注曰：「論語孔子曰：『用則行，舍則藏。』」翟氏考異：按史文本與經合，注者引經，反略去兩字，此等處不解前人之意，或者所據他論別歟？

【集解】孔曰：「言可行則行，可止則止，惟我與顔淵同耳。」

【唐以前古注】皇疏引孫綽云：聖人德合於天地，用契於四時，不自昏於聖明，不獨曜於幽夜。顔齊其度，故動止無違，所以影附日月，絶塵於游、賜也。又引江熙云：聖作則賢人佐，天地閉則聖人隱，用則行舍則藏也。唯我與爾有是分者，非聖無以盡賢也。

【集注】尹氏曰：「用舍無與於己，行藏安於所遇，命不足道也。顔子幾於聖人，故亦能之。」

【餘論】黄氏後案：易言知進退存亡者惟聖人，自非樂天知命者，未能及此矣。而顔子獨見許焉，其學足以達天也。尹彦明言中人以下宜爲之説命，聖人祇有義理。程叔子大賞之。朱子申尹説，謂中人之情，俟事之不得成，方委之於命，所謂不得已而委之命也。聖人不問命，祇看理義何如。注引尹説即此意。式三謂庸俗之言命，與聖賢之言命迥然不同。庸人以智術之不能挽者爲命，聖賢以禮義之可得不可得爲命，而以智力挽之者謂之不受命。以禮義之順逆卜世運之盛衰，此正夫子之樂天知命而爲聖之時者。以數命與性命分爲二，而有命不足道之説，是淺言命也。朱子於「子罕言」注云「命之理微」，與此注異。故語録正淳問尹氏子罕言章説，亦曰尹氏命字之説誤。

子路曰：「子行三軍，則誰與？」

【音讀】釋文：「與」如字，皇音餘。翟氏考異：集解孔氏曰：「爲當唯與己俱。」此讀與如字也。皇氏義疏曰：「子路意必當與己，己有勇故也。故問則誰與之。」是亦以與字解義爲俱。別附許居士一説，別解與爲許，均未嘗讀作餘音。陸氏謂皇音餘，豈皇氏又有別著異讀耶？義疏久淪海國，近方從市舶購到，其中或有被竄，亦未可知。東塾讀書記：今世所傳皇疏不盡真也。「子行三軍則誰與」，釋文云：「誰與，皇音餘。」今本皇疏云：「若行三軍必當與己，己有勇故也，故問則誰與之。」此則讀與字上聲，不合於釋文，蓋皇疏殘闕，而足利本妄補之也。

按：此條孫頤谷讀書脞録已疑之。

【集解】孔曰：「大國三軍。子路見孔子獨美顔淵，以爲己勇，至於夫子爲三軍將，亦當唯與己俱，故發此問。」

【唐以前古注】皇疏引繆播云：聖教軌物，各應其求，隨長短以抑引，隨志分以誘導，使歸於會通，合乎道中，以故剛勇者屈以優柔，儉弱者厲以求及。由之性也，以勇爲累，常恐有失其分，覓功衒世，故因題目於回，舉三軍以倒問，將以叩道訓，陶染情性。故夫子應以篤誨，以示厥中也。　又引沈居士云：若子路不平，與顏淵而尚其勇，鄙昧也已甚。孔子以之比暴虎馮河，陷之於惡，實爲太深。余以爲子路聞孔子許顏之遠，悦而慕之，自恨己才之近，惟强而已，故問子行三軍則誰與，言必與許己也，言許己以麤近也。故夫子因慰而廣之，言若在軍如暴虎馮河，則可賤而不取，謂世之麤勇也。若懼而能謀，抑亦在賢之次流，謂子路也。如此三軍，則不獨麤近也。

【集注】萬二千五百人爲軍，大國三軍。子路見孔子獨美顏淵，自負其勇，意夫子若行三軍，必與己同。

【發明】周宗建論語商（四書困勉録引）：大抵聖賢經世之學與心性之學不作兩橛，故以此出處則舒卷無心，絶不著些豪意見。以此任事，則鋒穎消除，絶不露一豪意氣。子路三軍一問，色相熾然，故夫子把經世大機局點化之，亦正欲其體認到裏面去也。臨事二語，此是千古聖人兢兢業業之心腸。

子曰：「暴虎馮河，死而無悔者，吾不與也。必也臨事而懼，好謀而成者也。」

【考異】釋文：「馮」，字亦作「憑」。　皇本作「憑」。

【考證】論語後録：古淜與仌同音，馮字从仌，淜字从朋，皆古音正，故通之。暴虎馮河，蓋當時有此語。詩云「不敢暴虎，不敢馮河」，又曰「袒裼暴虎」，易曰「用馮河」，皆是。文穎説：「冀州人凡水大小皆謂之河。夫子兖人也，兖、冀人聲相近。」　戴望論語注：王者行師，以全取勝，不以輕敵爲上。傳曰：「善爲國者不師，善師者不陳，善陳者不戰，善戰者不死，善死者不亡。」 論語補疏：此文無注，邢疏以成爲成功，義殊不了。成，猶定也，定即決也。三國志郭嘉傳：「嘉北見袁紹，謂紹謀臣辛評、郭圖曰：『袁公多端寡要，好謀無決，欲與共濟天下，大難矣。』」好謀無決即是好謀無成。好謀而成，即是好謀而能決也。 羣經平議：成當讀爲誠，詩我行其野篇「成不以富」，論語顏淵篇引作「誠不以富」，是成與誠古通用也。行軍之事固不可無謀，然陰謀詭計又非聖人所與也，故曰「好謀而誠」。懼與誠，行軍之要矣。

【集解】孔曰：「暴虎，徒搏。馮河，徒涉。」

【集注】暴虎，徒搏。馮河，徒涉。懼，謂敬其事。成，謂成其謀。言此皆以抑其勇而教之，然行師之要實不外此，子路蓋不知也。

【餘論】四書改錯：行三軍非細事，自神農伐補遂，黄帝伐蚩尤而後，行軍皆聖帝明王之所不免。故易於師卦曰：「開國承家。」又曰：「可以王矣。」未嘗卑也。況臨事而懼，正夫子慎戰之意。好謀而成，正夫子我戰則克之意。是夫子明白告語，並不貶抑，而讀其書者反從而鄙夷之，可乎？

【發明】黄氏後案：趙充國攻羌，以遠斥候爲務，行必爲戰備，止必堅營壁，尤能持重愛士卒，先計而後戰，此所謂臨事而懼者。嘗謂李廣之不擊刁斗，程不識之行伍整嚴，孰得孰失，於懼不懼判之矣。

○子曰：「富而可求也，雖執鞭之士，吾亦爲之。如不可求，從吾所好。」

【考異】史記伯夷傳引作「富貴如可求」。韓詩外傳一卷、説苑立節篇、周禮條狼氏注、後漢書蔡邕傳注、郭京周易舉正、徐堅初學記引此皆無「也」字。文選注引凡數處，亦皆無「也」字。釋文：「鞭」，或作硬，音吾孟反，非也。「吾亦爲之」，一本作「吾爲之矣」。鹽鐵論貧富章引作「雖執鞭之事」。説苑立節篇引作「富而不可求」，皇本「如不可求」，「求」下有「者」字。

按：鄭注「富貴不可求而得之」，恐「富」下當有「貴」字，故史記直引作「富貴如可求」，蓋出古論。「而」與「如」義通。

【考證】論語後録：執鞭有二義，周禮秋官「條狼氏下士八人」，其職云：「掌執鞭以趨辟，王出入則八人夾道，公六人，侯伯四人，子男二人。」此一義也。地官司市「入則胥執鞭度守門」，此一義也。以求富之言例之，或從地官爲長。

【集解】鄭曰：「富貴不可求而得者也，當修德以得之。若於道可求者，雖執鞭之賤職，我亦爲之。」孔曰：「所好者，古人之道。」

【唐以前古注】皇疏引繆協云：袁氏曰：「執鞭，君之御士，亦有禄位於朝也。」

【集注】執鞭賤者之事，設言富若可求，則雖身爲賤役以求之，亦所不辭。然有命焉，非求之可得也，則安於義理而已矣，何必徒取辱哉。蘇氏曰：「聖人未嘗有意於求富也，豈問其可不可哉。

爲此語者，特以明其決不可求爾。」楊氏曰：「君子非惡富貴而不求，以其在天，無可求之道也。」

【别解一】四書辨疑：蘇氏過高之論，不近人情。富與貴人皆欲之，聖人但無固求之意，正在論其可與不可，擇而處之也。不義而富且貴，君子惡之，非惡富貴也，惡其取之不以其道也。古之所謂富貴者，禄與位而已。貴以位言，富以禄言。富而可求，以禄言也。執鞭，謂下位也。蓋言君子出處當審度事宜，穀禄之富，於己合義，雖其職位卑下，亦必爲之。故夫子之於乘田委吏亦所不鄙。苟不合義，雖其爵位高大，亦必不爲。故夫子之於季、孟之間亦所不顧也。伊川曰：「富貴人之所欲也，苟於義可求，雖屈己可也；如義不可求，寧貧賤以守其志也。」論語補疏：易傳稱「崇高莫大乎富貴」，富貴非聖人所諱言也，但有可求不可求耳。不可求，所謂「不以其道得之」也。苟以其道得之，何不可求之有？孟子言：「非其道，一簞食不可受於人。如以道，則舜受堯之天下不以爲泰。」正與此章之指相發明。非道以求富貴，鄙夫也。必屏富貴不言，並其可求者而亦諱之，此堅瓠之謂，聖人所不取也。「而」與「如」通，而可求即如可求。如可求則爲之，如不可求則不爲，聖人之言明白誠實如此。若以富而可求爲設言之虚語，此滑稽者所爲，曾以是擬孔子乎？

【别解二】論語發微：周官太宰：「禄以馭其富。」三代以上，未有不仕而能富者，故官愈尊則禄愈厚，求富即干禄也。富而可求，謂其時可仕，則出而求禄。孔子爲委吏乘田，其職與執鞭之仕同也。不可求，爲時不可仕。孔子世家言：「定公五年，陽虎囚季桓子。季氏亦僭於公室，陪臣執國政。是以魯自大夫以下皆僭離於正道，故孔子不仕，退而修詩、書、禮、樂。弟子彌衆，至自遠方，莫不受業焉。」此孔子不仕，謂不可求。修詩、書、禮、樂，爲從吾所好。孔子自述出處之際，故以兩吾字明之。黄氏後案：此辨道之可不可也。道苟不枉，身屈何傷？若求富而必有害於道，是不可求矣。所以自遂其好道之心，而不以彼易此也。

【餘論】論語或問：程子可求不可求，皆決於義。謝、楊可求不可求，皆決於命。至於張子、尹、吕則以可求者爲義，而不可求者爲命。三説不同。然愚意以謝、楊之説爲未安也。蓋此本設言以明富之不可求，故有執鞭之説。若曰命可求，則寧屈己以求之，則是實有此意矣，豈聖人之心哉？曰聖人言義而不言命，則奈何其言此也？曰言義而不言命者，聖賢之事也；其或爲人言，則隨其高下而設教有不同者，如曰「死生有命，富貴在天」，「求之有道，得之有命」者，夫豈皆不言命乎？魏國韓忠獻公有言「貴賤貧富自有定分，枉道以求，徒喪所守」，蓋得此章之意。中人以下，其於義理有未能安者，以是曉之，庶其易知而有信耳。

【發明】顔氏家訓：君子當守道崇德，蓄價待時。爵禄不登，信由天命。須求趨競，不顧羞慙，比較材能，斟量功伐，厲色揚聲，東怨西怒，或有劫持宰相瑕疵而獲酬謝，或有喧聒時人視聽求見發遣，以此得官，謂爲才力，何異盜食致飽，竊衣取温哉？世見躁競得官者，便爲弗索何獲。不知時運之來，不索亦至也。見静退未遇者，便爲弗爲胡成。不知風雲不與，徒求無益也。凡不求而自得，求而不得者，焉可勝算乎？嶺雲軒瑣記：無聖賢欲仕之心，而徒求青紫之榮、鼎鐘之奉者，古今來項背相望也。余閒居每嘗誦孟子書「欲貴者，人之同心也」一章而三復之，覺如置身千仞，天風冷冷，翛然自得之樂有不可思議者。

○子之所慎：齊、戰、疾。

【集解】孔曰：「此三者，人所不能慎，而夫子獨能慎之。」

【集注】齊之爲言，齊也。將祭而齊其思慮之不齊者，以交於神明也。誠之至與不至，神之饗與不饗，皆決於此。戰則衆之死生、國之存亡繫焉，疾又吾身之所以死生存亡者，皆不可以不謹也。

【餘論】論語集注補正述疏：今日治疾者必原乎内經，其書雖秦、漢間人成之也，而所稱黄帝與歧伯言者，其義通微，必有傳之先秦古書者矣。神農本草經亦然也。周官云「外史掌三皇、五帝之書」，斯古書所傳也。孔子好古，必博求之矣。經云「多識於鳥獸草木之名」，亦學詩之餘也。而孔子不敢言知醫也，經云：「康子饋藥，拜而受之，曰：『丘未達，不敢嘗。』」其慎疾之道歟？　劉氏正義：韓詩外傳八：「傳曰：『居處齊則色姝，食飲齊則氣珍，言語齊則信聽，思齊則成，志齊則盈。五者齊，斯神居之。』」並言慎齊之事也。説文云：「戰，鬥也。」慎戰，謂臨事而懼，好謀而成也。禮器云：「子曰：『我戰則克，祭則受福，蓋得其道。』」此之謂也。慎疾者，所以守身也。金匱要略言：「人有疾當慎養，苦酸辛甘不遺，形體有衰，雖在經絡，無由入其腠理。」即此義也。　潘氏集箋：鄉黨篇：「齊必有明衣布。齊必變食，居必遷坐。」慎齊也。本篇子路曰：「子行三軍則誰與？」子曰：「暴虎馮河，死而無悔者，吾不與也。必也臨事而懼，好謀而成者也。」慎戰也。鄉黨篇：「康子饋藥，拜而受之，曰：『丘未達，不敢嘗。』」慎疾也。

○子在齊聞韶，三月不知肉味，曰：「不圖爲樂之至於斯也。」

【考異】史記世家：與齊太史語樂，聞韶音，學之，三月不知肉味。皇本「聞韶」下有「樂」字。程子遺書：聖人不凝滯于物，安有韶樂雖美，直至三月不知肉味者乎？「三月」字誤，當是「音」字。又説曰：「三月」乃「音」字誤分爲二也。朱子或問：問：程子改「三月」爲「音」字如何？曰：以史記考之，則習之三月而忘肉味也。既有「音」字，又自有「三月」字，則非文之誤矣。又語録曰：史記「三月」上有「學之」二字，「三月」當點句，蓋是學韶樂三月，非三月之久不知肉味也。十一經問對：史記上有「音」字，下有「學之」二字，一説「三月」是「音」字，此義爲長，「學之」二字可無也。史記辨惑：司馬遷意其太久，遂加「學之」二字。經有疑義，闕之可也，以意增損可乎？四書辨疑：以「三月」二字併一，却爲牽强。「聞韶」下亦不須更有「音」字。王滹南曰：「或言月爲日字之誤。」皆可不必，當姑闕之。四書改錯：大全載程子謂「三月」是「音」字之誤，則「音」字亦本史記「聞韶音」語。然史記下文仍云「學之三月」，則「三月」與「音」字各出，非形誤矣。釋文：「爲」，本或爲「嫣」，音居危反，非。翟氏考異：王肅似讀爲爲嫣，因謂嫣氏樂宜在陳而不圖至齊。天文本論語校勘記：古本、足利本、唐本、正平本「韶」下有「樂」字。

按：四書考異云：「三月謂音字誤本韓退之説，程子遵之。今檢韓公本書未見此條。」考邵博聞見後録述韓李筆解「三月」字作「音」，趙希弁讀書附志亦云韓公筆解以「三月」爲「音」，是筆解原有此條，今本缺佚。史記儒林傳「孔子適齊聞韶，三月不知肉味」，説苑修文篇文正與此同。古人説時久遠稱三年，近稱三月，其例甚多，如「回也三月不違仁」，亦安得謂真九十日乎？（説見汪中述學）增改字句反屬多事。

【音讀】經讀考異：近讀從「韶」字絶句，考此宜以「子在齊」爲讀，與「子在陳」同例。下文「聞韶三月」當作一句，史記孔子世家「聞韶音，學之三月」，正以聞韶屬三月爲義。湛淵静語：此章諸家説不一，皆不若以「子在齊」爲一句，「聞韶三月」爲一句，「不知肉味」爲一句，義自明白。張達善點本：「在齊」句，「聞韶」句，「三月」一讀。

【考證】漢書禮樂志：春秋時，陳公子完奔齊。陳，舜之後，招樂存焉，故孔子適齊聞招。江氏孔子年譜：昭公二十五年奔齊，魯亂。孔子三十六歲適齊，則聞韶當在是時也。説苑修文篇：孔子至齊郭門之外，遇一嬰兒挈一壺，相與俱行，其視精，其心正，其行端。孔子謂御曰：「趣驅之！趣驅之！」韶音方作。孔子至彼，聞韶，三月不知肉味。故樂非獨以自樂也，又以樂人；非獨以自正也，又以正人。大矣哉！爲此樂者，不圖爲樂至於此。黄氏後案：「子在齊」句與「子在陳」同例，見武氏經讀考異。「聞韶」句，「三月」句，夫子以魯亂適齊，力不能請觀古樂，即請觀之而未能久。三月者，古人習樂之常期也。文王世子云：「春誦夏弦。」誦以樂語，弦以樂音，必經時而畢。漢博士爲文帝作王制云：「春秋教以禮、樂，冬夏教以詩、書。」唐書選舉志：「諸生治經皆限以歲月，未終經者無易業。」皆存遺意。則齊人習韶之久，夫子與聞之，遂學之，周注是也。史記言夫子學琴師襄，頻請益。夫子始告以習其曲未得其數，繼告以未得其志，終告以未得其人。當聞韶之候，契虞帝九成之功，訂有司數傳之失，必有同於此者。好古敏求，學而不厭，俱於忘肉味中見之矣。斯，斯韶也。不圖爲樂至於如斯，韶之美，前此未得其美也。尚書言簫韶九成，獸舞鳳儀。季札論韶天幬地載。夫子契之已久，然事非親習焉，徒以考尋典故想象髣髴，自爲有得，雖聖人不能，故歎不圖至斯於三月後也。梁氏旁證：王注似即因爲嬀樂宜在陳而不圖至齊，蔡仲覺論語集說、鄭汝諧論語意原皆據此謂舜後爲陳，自敬仲奔齊，久專齊政，以揖遜之樂而作於僭竊之國，故聞而憂感之深，至於三月不知肉味。孫氏示兒編意亦略同。然史記明云「學之三月」，邢疏亦云：「不圖爲樂之至於斯，美之甚也。」故集注據之。劉氏正義：史記孔子世家言：「孔子年三十五，昭公奔於齊，魯亂。孔子適齊，與齊太師語樂，聞韶音云云。」江氏永鄉黨圖考敘此適齊爲孔子三十六歲，三十七歲自齊反魯。漢書禮樂志：「夫樂本情性，浹肌膚而藏骨髓。雖經乎千載，其遺風餘烈，尚猶不絕。至春秋時，陳公子完奔齊。陳，舜之後，招樂存焉。故孔子適齊聞招，三月不知肉味，曰：『不圖爲樂之至於斯。』美之甚也。」以「不圖」句爲美，義勝此注。

【集解】周生曰：「孔子在齊，聞習韶樂之盛美，故忽忘於肉味。」王曰：「爲，作也。不圖作韶樂至於此。此，齊也。」

【唐以前古注】皇疏引范甯云：夫韶乃大舜盡善之樂，齊，諸侯也，何得有之乎？曰陳，舜之後也，樂在陳，陳敬仲竊以奔齊，故得僭之也。又引江熙云：和璧與瓦礫齊貫，卞子所以惆悵。虞韶與鄭、衛比響，仲尼所以永歎。彌時忘味，何性情之深也？

【集注】史記「三月」上有「學之」二字。不知肉味，蓋心一於是而不及乎他也。曰不意舜之作樂至於如此之美，則有以極其情文之備而不覺其歎息之深也。蓋非聖人不足以及此。

【別解】論語集説：韶，舜樂也。三月，言其久也。舜之後爲陳，自陳敬仲奔齊，其後久專齊政。至景公時，陳氏代齊之形已成矣。夫子在齊聞韶，三月不知肉味，蓋憂感之深也。曰「不圖爲樂之至於斯」，斯者，指齊而言也。韶本揖遜之樂，今乃至於齊之國，其殆傷今思古，故發爲此歎與？

升菴全集：古注相傳謂不意齊之作樂至此耳，蓋舜爲君，夔典樂，則其盛宜也。君非舜，工非夔，而忽見於齊廷，詫齊也，非詫舜也。此一説也。或曰齊之田氏乃舜裔，舜以揖遜有天下，而田恒乃弑其君，故孔子聞韶而歎曰：不意盛德之後而乃篡弑乎？有所感也。此又一説也。

包慎言温故録：嬀，陳姓。夫子蓋知齊之將爲陳氏，故聞樂而深痛太公、丁公之不血食也。

【餘論】朱子語類：三月，蓋學韶樂三月耳，非三月之久不知肉味也。又問：心不在焉，食而不知其味，是心不得其正也。夫子聞韶，何故三月不知肉味？曰：所思之事大，而飲食不足以奪其志也。且如「發憤忘食」，「吾嘗終日不食」，皆非常事，以其所憤所思之大，自不能忘也。論語述何：此章述樂而獨取韶樂，則韶舞之意也。樂經雖亡，修堯、舜、三代之禮，則有以致太平之瑞應。不然，韶樂雖存，何足救齊之亂哉？論語劄記：爲樂未是指韶，斯字乃指韶，蓋曰爲樂者多矣，不意至於斯之盡善又盡美，似較得神吻。不是夫子平日全然不知舜樂，而至此駭歎之深也。

○冉有曰：「夫子爲衛君乎？」子貢曰：「諾，吾將問之。」

【考異】釋文：一本無「將」字。

【考證】論語偶談：春秋諱内不諱外，許止、趙盾猶顯加以弒逆，豈有輒拒父而不大書爲天下後世戒者？哀三年經書「齊國夏、衛石曼姑帥師圍戚」，是時蒯聵在戚，而曼姑固輒所遣，乃書法轉以齊主兵，而於輒無專辭。推尋其故，以晉失德而虐，諸侯因之，衛靈、齊景、魯定三國同謀叛晉，趙鞅又遷衛貢實晉陽以絶彼往來，於是衛亦合二國援朝歌以抗鞅。是則晉、衛爲仇，幾於勢不兩立，而蒯聵乃背父而奔依之，會靈死，鞅遂借納聵以潛師伐喪。蓋聵惑於納己之言，不悟鞅之意在襲衛。衛之拒固靈公之志，亦宗社之計，不得不然，雖聵在軍，而其爲拒晉非拒父，不惟當時諒之，即聖人亦諒之。特不能去位自全，此則輒之自陷於逆耳。四書賸言：夫子爲衛君，不知如何爲法。據公羊傳，衛輒之立，受命靈公。古立國典禮不以父命廢王父命，輒之拒聵，遵王父命也，可爲也。據左傳，則衛靈、齊景、魯定同盟伐晉，而晉乘衛靈初死，用陽貨計挾蒯聵以伐衛喪。則伐喪當拒，借納君以報宿怨，其意叵測，又當拒。且晉所怨者，靈也，靈甫在殯，而報怨者已在境，雖非蒯聵，亦定無拱手而聽之者，是不可不拒。況晉爲齊、魯、衛三國所共仇，衛雖欲平，齊、魯安得而平之？則又不得不拒。故當時衛人無有不以拒晉爲能事者，此又可爲也。據此二義，而夫子在衛原有似乎爲衛君者，然但爲其拒晉，不爲其拒父也。何以見其爲拒晉？觀夫子春秋書「晉趙鞅帥師納衛世子蒯聵于戚」，又書「齊國夏、衛石曼姑帥師圍戚」，以爲晉伐衛而齊、衛拒之，並不及衛君，此爲其拒晉也。何以知不爲拒父？夷、齊兄弟尚求仁，而謂父可與抗乎？此不爲拒父也。然則爲公輒者，可以知所自處矣。若公羊之説，則輒並不受祖命，靈命子郢，未嘗命公輒，夫子爲衛君全不在此。劉氏正義：左定十四年傳言衛靈公太子蒯聵得罪君夫人南子，出奔宋。哀二年夏，靈公卒。夫人曰：「命公子郢爲太子，君命也。」對曰：「郢異於他子。且君没於吾手，若有之，郢必聞之。且亡人之子輒在。」乃立輒。又經書：「六月乙亥，晉趙鞅帥師納衛世子蒯聵于戚。三年春，齊國夏、衛石曼姑帥師圍戚。」此蒯聵出奔及輒立拒父始末也。公羊傳：「晉趙鞅帥師納衛世子蒯聵于戚。戚者何？衛之邑也。曷爲不言入于衛？父有子，子不得有父也。齊國夏曷爲與衛石曼姑帥師圍戚？伯討也。此其爲伯討奈何？曼姑受命乎靈公而立輒，以曼姑之義，爲固可以拒之也。輒者曷爲者也？蒯聵之子也。然則曷爲不立蒯聵而立輒？蒯聵爲無道，靈公逐蒯聵而立輒。然則輒之義可以立乎？曰可。其可奈何？不以父命辭王父命，以王父命辭父命，是父之行乎子也。不以家事辭王事，以王事辭家事，是上之行乎下也。」穀梁傳：「晉趙鞅帥師納衛世子蒯聵于戚。納者，内弗受也。何用弗受也？以輒不受也，以輒不受父之命，受之王父也。信父而辭王父，則是不尊王父也。其弗受，以尊王父也。」二傳所言，自是衛人當日所據之義。鄭依爲説，故此注言靈公逐蒯聵，又言立孫輒也。周人之法，無適子者立適孫。聵負罪出亡，已絶於衛，故輒得申王父之命。當時臣民安之，大國助之，而夫子亦且爲公養之仕，故冉有疑夫子爲衛君也。夫子於哀六年自楚反衛，爲衛輒四年，此問當在其時。

【集解】鄭曰：「爲猶助也。衛君者，謂輒也。衛靈公逐太子蒯聵，公薨而立孫輒。後晉趙鞅納蒯聵於戚，衛石曼姑帥師圍之。故問其意助輒不乎。」

【唐以前古注】皇疏引江熙云：夫子在衛受輒賓主，悠悠者或疑爲之，故問也。

【集注】爲，猶助也。衛君，出公輒也。靈公逐其世子蒯聵，公薨，而國人立蒯聵之子輒，於是晉納蒯聵而輒拒之。時孔子居衛，衛人以蒯聵得罪於父，而輒嫡孫當立，故冉有疑而問之。諾，應辭也。

【餘論】論語述何：春秋絶蒯聵之出奔，又不與其入衛，而與石曼姑、齊國夏以伯討。辭於靈公曰「卒月葬」，無危文，於輒無立文，似得爲衛輒，故冉有、子貢、子路皆疑焉。輒於王法得立，不得拒父，爲輒之義，當不爲喪主而奉以避位。蒯聵之罪已成於出奔，又挾晉亂臣而欲篡衛，天子不能討，齊、衛不能拒，輒之勢求仁而不得仁矣。其禍啟於靈公，故夫子不爲也。時夫子居衛，有公養之仕，故冉子疑焉，子貢曰「夫子不爲」，二賢謀爲夫子反魯地矣。黄氏後案：蒯聵得罪，集注爲是。近儒從劉原父説，云蒯聵無殺母事，左傳所言由南子之黨成其獄，故經兩書衛世子蒯聵。信如是，聖門高弟復何待疑？

入，曰：「伯夷、叔齊何人也？」曰：「古之賢人也。」曰：「怨乎？」曰：「求仁而得仁，又何怨？」出，曰：「夫子不爲也。」

【考異】皇本、高麗本作「子曰古之賢人也」，又「何怨」下有「乎」字。九經古義：「古之賢人也」，古本作「賢仁」，故鄭注云：「孔子以伯夷、叔齊爲賢且仁。」徐彦云：「古之賢仁也，言古之賢士且有仁行。」若作「仁」字，如此解之。若作「人」字，不勞解也。經學卮言：本作「仁」者，似誤會鄭注句意而妄改。鄭則統「求仁而得仁」兩句言之耳。韓非子曰：「伯夷之賢與其稱仁。」亦同此意。劉氏正義：鄭注乃隱括「古之賢人也」、「求仁而得仁」二句義，非本作「賢仁」。阮元論語校勘記：左氏哀三年傳正義、史記伯夷列傳索隱、文選江淹雜體詩注引並有「乎」字，疑古本如此。天文本論語校勘記：古本、足利本、唐本、津藩本、正平本「曰」上有「子」字，「怨」下有「乎」字。

【考證】羣經識小：公羊傳：「不以父命辭王父命，以王父命辭父命，是父之行乎子也。」至漢雋不疑猶引此以斷衛太子之事，則在春秋時可知。然蒯聵之廢宜也，輒之立亦宜也。以靈公而廢蒯聵，蒯聵無辭；以輒而拒蒯聵，則輒將何以爲心矣？此「怨乎」一問最爲深切也。

【集解】孔曰：「夷、齊讓國遠去，終於餓死，故問怨乎。以讓爲仁，豈怨乎？」鄭曰：「父子争國，惡行也。孔子以伯夷、叔齊爲賢且仁，故知不助衛君明矣。」

【唐以前古注】筆解：韓曰：「上篇云『伯夷、叔齊不念舊惡，怨是用希。』此言君子雖惡不怨也。又下篇云：『不降其志，不辱其身，伯夷、叔齊歟？我則異於是，無可無不可。』吾嘗疑三處言夷、齊各不同，吾謂此段義稱賢且仁者，蓋欲止冉有爲衛君而已。」李曰：「聖人之言無定體，臨事制宜，孟軻論之最詳，曰：『伯夷，聖之清者也。伊尹，聖之任者也。柳下惠，聖之和者也。孔子，聖之時者也。時行則行，時止則止。』大抵仲尼與時偕行，與時偕極，無可無不可，是其旨也。其餘稱賢且仁，誠非定論。」

【集注】伯夷、叔齊，孤竹君之二子。其父將死，遺命立叔齊。父卒，叔齊遜伯夷，伯夷曰：「父命也。」遂逃去。叔齊亦不立而逃之，國人立其中子。其後武王伐紂，夷、齊扣馬而諫。武王滅商，夷、齊恥食周粟，去隱於首陽山，遂餓而死。怨，猶悔也。君子居是邦不非其大夫，況其君乎？故子貢不斥衛君，而以夷、齊爲問。夫子告之如此，則其不爲衛君可知矣。蓋伯夷以父命爲尊，叔齊以天倫爲重，其遜國也，皆求所以合乎天理之正，而即乎人心之安，既而各得其志焉。則視棄其國猶敝蹝爾，何怨之有？若衛輒之據國拒父而唯恐失之，其不可同年而語明矣。

【餘論】論語意原：輒之立，非靈公命也。有公子郢在，足以君其國，輒當委國而逃。而乃據其國以抗其父，其得罪於夷、齊也大矣。以夷、齊之窮猶不怨，輒之去國，非至於夷、齊之窮也，何爲而不去哉？　論語稽求篇：從來但以父子争國與兄弟讓國相比較，雖常人猶知之，何待由、賜？蓋齊受父命，輒受王父命，輒未嘗異齊也。夷遵父命，聵不遵父命，是聵實異於夷也。夷讓齊亦讓，是讓當在聵也。聵争輒亦争，是争不先在輒也。況叔齊之讓，祇重私親；衛君之争，實爲國事。親不敵王，家不廢國，萬一夷、齊並去而二人相對，惟恐國事之或誤，而稍有怨心，則必爲衛君，而不謂其並無怨也。如此，則二賢之問耑鋒對而解悟捷，然且二賢終不去衛，一爲之使而一爲之殉，則當時之爲輒而拒聵爲何如者，況衛人也？　四書翼注：此章惟古注疏得其實解，而意不明暢，特申明之。按何晏集解據鄭康成説云：「爲，助也。衛靈公逐世子蒯聵。公薨，立孫輒。晉趙鞅納蒯聵於戚，衛石曼姑帥師圍戚，故問其意助輒否乎？」又據孔安國云：「夷、齊讓國遠去，終於餓死，故問怨耶。以讓爲仁，豈有怨乎？」合孔、鄭二家，得其要領矣。蓋晉定公時世卿擅國，厚責賄於衛，衛靈叛之，從齊景公伐晉，晉趙鞅忿甚，遂伐衛，與盟於鄟澤，使成何、涉佗辱衛公，捘手及腕，衛遂與晉絶。後雖殺涉佗以謝過，衛不顧也。魯哀二年四月丙子，衛靈公薨。六月乙酉，趙鞅納蒯聵入于戚，相拒止六十日，刦蒯聵爲質，將滅衛以報夙憤也。此時公子郢當立，此人賢且智，逆覩此事決不肯立。此時則衛不得不立輒矣，立輒則蒯聵知衛之國即其國，不肯爲趙鞅所愚，既入戚，即居戚，不復入於衛矣。此時衛人皆以立輒可以安蒯聵而拒趙鞅爲得策，輒亦得以柴立中央，俾南子、蒯聵不互相戕害，以爲詬病於諸侯，故國人多爲之。春秋之時，晉惠居秦，子圉在國；鄭成居晉，子髠頑在國；邾子居吴，子革在國，往往有之。蒯聵居戚，衛輒在國，即其事，非其子拒父也。是年八月，趙鞅移圍戚之師與鄭人戰于鐵，獲勝而歸矣。齊景公挾其争霸舊憾，使卿國夏與衛大夫石曼姑圍戚，其意欲逐蒯聵以取勝於趙鞅，陷蒯聵父子於不義者，皆此人也。是爲魯哀公之三年春。此時子貢、冉有正在衛，迨秋則季桓子卒，季康子召冉有歸魯矣。二子之問，正在石曼姑圍戚時，故曰古注得其實也。夫以齊之强，率二國之師圍戚，不能有加於蒯聵，得安然居戚者十餘年，自是輒爲戚禦侮，齊景所以廢然而返，不再興兵。此時蒯聵與輒本無嫌隙，但所處各非其地，名不正耳。以恒情論之，相忍可以爲國，若以伯夷、叔齊之賢處之，則固有道矣。乃貪國而懼禍，徘徊於騎虎不得中下之勢，違心害理，律以不仁，何所逃罪耶？惟必罪其據國拒父，則事蹟不符。南子未死，蒯聵本不敢歸，觀其魯哀十六年反國告於天王，猶曰蒯聵得罪於君父君母，是則蒯聵本以南子爲母，有所顧忌，既不敢殺南子被弑母之名，則居戚不入衛，乃其隱情。至魯哀十六年，距衛靈公之死已十七年，南子必老且死矣，所以通孔妃入國，輒亦速駕而奔魯，乃不數月蒯聵仍召輒爲太子，是輒於蒯聵並無有西内刼遷、南城禁錮之事。父子如初，兩無慚色，可知保國立輒之舉，以理以勢，不得不然。公羊傳云：「父可有子，子不得有父。」穀梁傳云：「得以王父命辭父命。」老儒冒昧附會之詞。雋不疑爲京兆尹，收捕僞衛太子，恐衆心不同，乃云蒯聵出奔，衛輒不納，春秋是之。春秋何嘗有此一筆？權詞以安衆耳。後儒不察事蹟本末，以子路食其禄爲不知義。夫子路果不知義。夫子何不教之，乃立視其陷於不義而且哭之慟哉？

【發明】楊名時論語劄記：太史公以伯夷之窮餓疑天道，不知伯夷之饑乃其所以求仁，正見世變而道不變。當其時伯夷若肯歸周，周固將高爵厚禄以待之矣。伯夷求仁而棄爵禄，此正忠孝天性之所以常存，人心所賴以不死耳。論語經正録：齊節初曰：「父子也兄弟也君臣也，人之倫也，而三才之所以立也。」二子之交讓也，所失者國，而所得者父子兄弟之紀。其非武王而餓以死也，所失者身，而所得者君臣之義。是皆脱然有見於富貴貧賤死生之外，而一毫私己不與焉，謂非仁乎？冉求有見於伯夷之仁，必有見夫輒之不仁；知夷、齊於人紀爲有功，必知輒爲名教之所不容。

○子曰：「飯疏食飲水，曲肱而枕之，樂亦在其中矣。不義而富且貴，於我如浮雲。」

【考異】釋文：「疏」，本或作「蔬」。食如字，一音嗣。皇本作「蔬」。太平御覽述亦作「蔬」。翟氏考異：詩「彼疏斯粺」箋云：「疏，麤也，謂糲米也。」禮「主人辭以疏」，一訓菜食。周禮「聚斂疏材」，釋文但云「菜也」。疏兼有麤菜二義，故孔氏解此爲菜食，朱子注爲麤飯。憲問篇「飯疏食」亦二義得兼，其字皆可通作「蔬」也。若鄉黨與孟子萬章所云「雖疏食菜羹」，疏與菜既對舉，則似難加草矣。而本仍多作「蔬」字，得非傳寫譌耶？後漢書劉般傳注：引孔子曰：「不義而富，於我如浮雲。」無「且貴」二字。

【音讀】四書辨證：枕字，字書有上去二聲，皆訓薦首物。左傳「晏子枕尸而哭」，枕，音義之鴆反。易坎卦「險且枕」，本義：「枕，倚着之意。針甚反。」皆讀去聲，此章與同。黄陶菴文，閻百詩讖其錯認上聲。而南史劉遴之嘗墮車折臂，周捨戲之曰：「雖復並坐可横，正恐陋巷無枕。」則誤讀已久矣。

【考證】論語後録：疏食，粗糲之食也。儀禮喪服傳云：「既虞，食疏食飲水。既練，食菜果，飯素食。」注：「疏，猶麤也。」麤即粗字。説文解字云：「粗，疏也。」鄭以粗釋疏，許以疏訓粗，明疏即粗矣。粗字从米，米之疏者曰粗。既虞疏食，既練素食，虞深而練淺，是疏食深而素食淺矣。詩召旻「彼疏斯粺」，箋云：「疏，麤，謂糲米也。」米之率，糲十，粺九，鑿八，侍御七。九章算術：「粟一石，糲米六斗。舂米一斗，爲粺九升，又去爲鑿八升，又爲侍御七升。」故疏爲最粗。程瑶田九穀考：凡經言疏食者，稷食也。稷形大，故得疏稱。論語「疏食菜羹」，玉藻「稷食菜羹」，二經皆與菜羹並舉，則疏、稷一物可知。疏言其形，稷舉其名也。故玉藻曰：「朔月四簋，子卯稷食。」四簋者，黍稷稻粱也。稷食者，不食稻粱黍也。諸侯日食粱稻各一簋，食其美者也。朔月四簋，增以黍稷，豐之也。忌日食稷者，貶之，飯疏食也。是故居喪者疏食，蓋不食稻粱黍。論語曰：「食夫稻，於女安乎？」是居喪者不食稻也。喪大記曰：「君食之，大夫父之友食之，不辟粱肉。」是居喪者不食粱也。檀弓：「知悼子在堂，斯其爲子卯也大矣。」子卯稷食，是居喪者黍亦不食也。不食稻粱黍，則所食者稷而已，故曰疏食者，稷食也。又云：左氏内、外傳之麤即疏食之疏。一日，有冀州人在武邑坐言其鄉俗食以棗爲主，輔之以麥，其賤者則輔之以高粱，去是而又北，則以高粱爲主矣。余曰：「高粱賤乎？」曰：「此吾北方之粗糧也。諸穀去皮皆云細，至高粱雖舂之揚之，止謂之麤糧耳。」此足證余考定之不繆。劉氏正義：說文云：「飯，食也。疏，粗也。粗，疏也。」詩召旻「彼疏斯粺」，鄭箋：「疏，麤也，謂糲米也。」段氏玉裁說文注云：「糲米與粺米校則糲爲粗，國語『食粗衣惡』是也。稷與黍稻粱校，則稷爲粗，喪服傳『食疏食』，注『疏猶麤也』是也。」案論語一二言疏食，皆謂糲米，亦當兼稷言之。稷，今之高粱。北方用爲常食，比粱黍爲賤也。釋文云：「疏，本又作蔬。」皇本作「蔬」，因孔注致誤。說文云：「枕，卧所薦首者。」樂亦在其中者，言貧賤中自有樂也。吕氏春秋慎人篇：「古之得道者，窮亦樂，達亦樂，所樂非窮達也，道得於此，則窮達一也。爲寒暑風雨之序矣。」斯其義也。

【集解】孔曰：「疏食，菜食。肱，臂也。孔子以此爲樂。」鄭曰：「富貴而不以義者，於我如浮雲，非己之有也。」

按：說文無「蔬」字，疑古菜食之字亦作「疏」。禮記月令云「有能取疏食」，注「菜曰疏」是也。疏爲菜之通名，然凡言疏食似應就米説。鄉黨與孟子萬章皆云「雖疏食菜羹」，疏與菜對舉，豈得又言菜食乎？故集注定以爲麤飯也。孔注當誤。

【唐以前古注】皇疏：此明孔子食無求飽，居無求安也。孔子食於菜食而飲水，無重肴方丈。肘前曰臂，肘後曰肱，通亦曰臂。言孔子眠曲臂而枕之，不錦衾角枕也。富與貴是人之所欲，不以其道得之，不處也。不義而富貴，於我如天之浮雲也。所以然者，言浮雲自在天，與我何相關；如不義之富貴，與我亦不相關也。

【集注】飯，食之也。疏食，粗飯也。聖人之心渾然天理，雖處困極而樂亦無不在焉。其視不義之富貴，如浮雲之無有，漠然無所動於其中也。

【餘論】論語或問：夫子言此蓋即當時所處，以明其樂之未嘗不在乎此而無所慕於彼耳。且曰亦在其中，則與顏子之不改者又有間矣。必曰不義而富貴視如浮雲，則是以義得之者，視之亦無以異於疏食飲水，而其樂亦無以加爾。記者列此以繼衛君之事，其亦不無意乎？讀四書大全説：聖人所以安於疏水曲肱者，以樂爲之骨子，此非蕩然一無罣礙可知已。使但無欲則無得，無得則無喪，如是以爲樂，則貧賤之得此也易，富貴之得此也難。必將如莊子所稱王倪、支父之流，雖義富義貴亦辭之惟恐不夙矣。此是聖學極至處，亦是聖學異端皂白溝分處。

又曰：朱子「即當時所處」一語諦當精切，讀者須先從此著眼，則更不差謬。雙峯云：「樂在富貴中見得不分曉，在貧賤方別出。」語亦近似。然要似夫子設爲此貧境以驗樂，則於聖人於土皆安之道不合矣。夫子此章自是蚤年語，到後爲大夫而不復徒行，則居食亦必相稱，既非虛設一貧以驗樂，亦無事追昔日之貧而憶其曾樂於彼，作在富貴而思貧賤願外之想也。樂不逐物，不因事，然必與事物相麗。事物未接，則所謂喜怒哀樂之未發，豈但以月好風清日長山靜身心泰順而爲之欣暢也乎？既以左宜右有逢源而不踰矩爲樂，則所用者廣而所藏者益舒，是樂者，固君子處義富義貴之恒也，故曰「樂亦在其中」。言亦則當富貴而樂亦審矣。聖人之於土皆安者，於我皆真，富貴貧賤兩無礙其發生流行之大用，故曰樂亦在中，貧賤無殊於富貴也。此雙峰之語所以似是而非。如云使在富貴，則君子之行乎富貴者可以不言樂，而惟貧賤亦然，乃以見性情之和、天理之順無往不在，而聖賢之樂，周偏給足，當境自現，亦可見矣。如此斯爲得之。

論語述何：此因上章而類記之。不義之富貴不特蒯聵與輒也，即石曼姑之受命於靈公，皆不義也。際可之仕，公養之仕，誠不如疏水曲肱矣。黄氏後案：樂在其中，與顏子不改其樂有別。彼云其樂是顏子樂道之樂，此言樂在其中，謂貧賤之中亦有可樂。凡經言在其中者，事不能盡然而舉其能然者也。

【發明】朱子語類：樂亦在其中，此樂與貧富自不相干，是別有樂處。如氣壯之人，遇熱不畏，遇寒亦不畏，若氣虚則必爲所動矣。焦氏筆乘：疏水曲肱，簞瓢陋巷，孔、顏之阨窮抑已甚矣。一則曰樂在其中，一則曰不改其樂，此豈勉强以蘄勝之哉。勉强不可以言樂，勉强不可以持久，則孔、顏之爲樂必有以也。周茂叔嘗令二程尋孔、顏樂處，非求之孔、顏，求諸己而已矣。或曰：吾方憂之冲冲也，何樂之可尋？曰：但諦觀憂來何方，作何形相，所依既不立，能依何得生？當體全空，豁然無礙，則轉憂爲樂，在瞬息間耳。

論語集釋卷十四

述而下

○子曰：「加我數年，五十以學易，可以無大過矣。」

【考異】史記孔子世家「加」作「假」。　風俗通義窮通篇亦引作「假」。　釋文：魯讀「易」爲「亦」，今從古。　湛淵静語：五十以學易，至皆雅言也，恐只當作一章分兩節。蓋「五十以學易，可以無大過矣，子所雅言」，此夫子所常言，作一節。至於「詩、書、執禮，皆雅言也」，皆所常言，作一節。

【音讀】經讀考異：案此凡三讀，朱子集注「五十作卒」，則以「年」字絶句。邢氏疏「加我數年方至五十，謂四十七時也」，則又以「五十」絶句。釋文：「魯讀易爲亦。」是以「學」字斷句。「易」又作「亦」字爲訓，當云「亦可以無大過矣」爲句。

【考證】李治敬齋古今黈：論語「五十以學易」，爲未學易時語，史記所載則作十翼後語，不必改「五十」字作「卒」。　論語稽求篇：按「加我數年」見史記，何平叔謂夫子「五十知天命，易窮理盡性以至於命，以知命之年讀至命之書」，恰是五十。正義謂「加數年方至五十，指四十七時」，乾鑿度謂「五十正夫子受圖之年」，此皆過鑿無理。史記「孔子六十八贊易」，漢儒林傳「孔子晚年好易」，不知好易、贊易非學易時也。幼習六藝，便當學易，何況五十？五十先學易而七十復好易贊易，未爲不可。不然，夫子序書删詩定禮皆在六十八時，謂前此于詩、書、禮並未嘗學可乎？按六藝之名自昔有之，不始夫子，故劉氏七略中有六藝略，即古六經也。六經以禮、樂、詩、書、春秋爲五學，而易則總該六藝之首，無時不學，故漢儒以易比天地，五經比五行。藝文志所云「易與天地爲終始，五學猶五行之更遞用事」是也。但古之學者自十五入大學後，三年而通一藝，三五十五年，至三十而五經已立。五經立則五學已具，嗣此可以仕矣。故四十五十爲强仕服官之時，非爲學時也。夫子三十五即游仕齊、魯間，五十而爲中都宰。未至五十，則游仕之餘猶思學易，所謂易則無時不學者，蓋思借此入官之年爲窮經之年，故曰假，曰借，曰五十，此鑿鑿不可易者。若六十以後，則夫子是時將五學六藝俱自爲删定，繼往聖以開來哲，何止于學？古者五十以後不復親學，故養老之禮以五十始，如五十養鄉，六十養國；五十異粻，六十宿肉；五十杖家，六十杖鄉；五十不從力政，六十不與服戎；五十而爵，六十不親學；是四十五十本親學與養老一大界限，故曰：「四十五十而無聞焉，斯亦不足畏也已。」蓋五十以前尚可爲學，五十以後無復學理，所謂「六十不親學」，明明指定也。

劉氏正義：孔子世家：「孔子晚而喜易，序彖、繫、象、説卦、文言。讀易，韋編三絶。曰：『假我數年，若是，我於易則彬彬矣。』」彼文作「假」，風俗通義窮通篇引論語亦作「假」。春秋桓元年「鄭伯以璧假許田」，史記十二諸侯年表作「以璧加魯易許田」，是加、假通也。夫子五十前得易，冀以五十時學之，明易廣大悉備，未可遽學之也。及晚年贊易既竟，復述從前假我數年之言，故曰：「假我數年，若是，我於易則彬彬矣。」若是者，竟事之辭，言惟假年乃彬彬也。世家與論語所述不在一時，解者多失之。

按：論語除魯論、齊論、古論三家之外並無別本，安得復有異字爲劉元城所見者？好改經傳，此宋儒通病，不可爲訓。然朱子所以有此疑者，亦自有故。考史記假年學易，世家敘於哀公十一年孔子歸魯之後，是時孔子年已六十有八。後人求其說而不得，不得已止有改經以遷就事實。除朱子改「五十」作「卒」之外，尚有數說。一、羣經平議「五十」疑「吾」字之誤。蓋吾字漫漶，僅存其上半，則成五字，後人乃又加十字以補之耳。二、十一經問對有先儒以「五十」字誤，欲從史記九十以學易之語，改「五十」爲「九十」者。三、惠棟論語古義據王肅詩傳云：古五字如七，改「五十」爲「七十」者。之數說者，雖皆有一得之長，而仍不免竄亂經文之病。竊以爲五十以學者，即「蘧伯玉行年五十，而知四十九年之非」意也。「亦可以無大過矣」者，即「欲寡其過」意也。世家將論語隨意編入，其先後不足爲據。宦氏論語稽以孔子此言當在四十二歲以後，自齊返魯，退修詩、書、禮、樂時語，最爲得之。實無改「五十」作「卒」之必要也。觀次章詩、書、執禮及門類記，益信斯說之有徵矣。

論語足徵記：史記世家：「孔子年四十三，而季氏强僭，其臣陽貨作亂專政，故孔子不仕，而退修詩、書、禮、樂。弟子彌衆。」其言正足與此章及下雅言章相證明。口授弟子，故須言；修而理之，故其言須雅。方以詩、書、執禮爲事，故未暇學易，而學易必俟之年五十也。人之壽數不可豫知，故言「加我數年」。數年者，自四十三至五十也。集解曰：「易窮理盡性以至於命，年五十而知天命，以知命之年讀至命之書，故可以無大過。」此言甚爲膠固。五十而知天命乃孔子七十後追述之辭，窮理盡性以至於命亦晚年贊易之辭，未至五十，焉知是年知命？又焉知他年贊易有至命之言耶？集注言劉聘君見元城劉忠定公自言嘗讀他論，「加」作「假」，「五十」作「卒」。「卒」與「五十」字相似而誤分。信北宋之異本，而改自唐以前相傳之古經，所謂郢書燕説矣。其云是時孔子年已幾七十矣，特據世家，贊易在六十八歲之後耳。毛奇齡稽求篇曰：「經曰學易，而注以贊易當之，將謂贊易以前夫子必不當學易耶？」此言是也。論語稽：此孔子四十二歲以後，自齊返魯，退修詩、書、禮、樂時語也。蓋詩、書、禮、樂之修，非數年之功不可。因詩、書、禮、樂而思及易，情之常也。方修詩、書、禮、樂而未暇及易，理之常也。彼曰修而此曰學，自人言之則曰修，自夫子自言則謙之曰學也。或難之曰：四十以後未爲老，乃言加我數年，若唯恐年盡然，何也？曰：「加」作「假」，則似乎恐年之盡矣。今依本義解之。若曰加數年之期至五十歲，我於詩、書、禮、樂已卒業，於以學易，則更有以明乎吉凶消長之理，而可以無大過矣云云。何疑之有？此解皇疏有之，惟曰爾時孔子四十五六；正義亦有之，惟曰四十七；而皆未能引證。即毛氏亦此意，惟所引所解均未的當耳。論語訓：四十不惑，知聖人有可成之道，但恐年促，故未至五十而皇皇也。時陽虎亂，孔子年四十三，始不欲仕，其後作春秋擬易象爲之。

【集解】易窮理盡性，以至於命。年五十而知天命，以知命之年讀至命之書，故可以無大過矣。

【唐以前古注】皇疏：當孔子爾時年已四十五六，故云「加我數年，五十而學易」也。所以必五十而學易者，人年五十，是知命之年也。易有大演之數五十，是窮理盡命之書，故五十而學易也。又引王弼云：易以幾神爲教，顔淵庶幾有過而改，然則窮神研幾可以無過，明易道深妙，戒過明訓，微言精粹，熟習然後存義也。又引王朗云：鄙意以爲易蓋先聖之精義，後聖無間然者也。是以孔子即而因之，少而誦習，恒以爲務。稱五十而學者，明重易之至，故令學者專精於此書，雖老不可以廢倦也。

按：皇疏此釋語最精諦，爲本章正解，故特著之。

【集注】劉聘君見元城劉忠定公，自言嘗讀他論，「加」作「假」，「五十」作「卒」。蓋加、假聲相近而誤讀，卒與五十字相似而誤分也。愚按此章之言史記作「假我數年，若是，我於易則彬彬矣」，「加」正作「假」，而無「五十」字。蓋是時孔子年已幾七十矣，五十字誤無疑也。學易則明乎吉凶消長之理，進退存亡之道，故可以無大過。蓋聖人深見易道之無窮，而言此以教人，使知其不可不學，而又不可以易而學也。

【别解一】田藝蘅留青日札：易乾鑿度云：「孔子占易得旅，息志停讀，五十究作十翼。」此言五十，即乾鑿度之五十也。孫淮海近語：非以五十之年學易，是以五十之理數學易也。大衍之數五十，河圖中之所虚也。惟五與十，參天兩地而倚數，合參與兩成五，衍之成十。五者，十其五。十者，五其十。參伍錯綜而易之理數盡於此矣。戴望論語注：「加」當言「假」，假之言暇。時子尚周流四方，故言暇我數年也。五十者，天地之數，大衍所從生。用五用十以學易，謂錯綜變化以求之也。易説曰：「易一陰一陽，合而爲十五之謂道。陽變七之九，陰變八之六，亦合於十五。則彖變之數若一。陽動而進變七之九，象其氣之息也。陰動而退變八之六，象其氣之消也。故大一取其數以行，九宫、四正、四維皆合於十五，五音、六律、七宿由此作焉。大過於消息爲十月卦，陽伏陰中，上下皆陰。故雜卦曰：『大過，顛也。』顛則陽息，萬物死。聖人使陽升陰降，由復出震，自臨而泰，盈乾生井，終既濟，定六位，正王度，見可不遇大過之世也。」

【别解二】九經古義：魯論「易」爲「亦」，君子愛日以學，及時而成，五十以學，斯爲晚矣。然秉燭之明，尚可寡過，此聖人之謙辭也。惠棟經典釋文校語：外黄令高彪碑「恬虚守約，五十以斆」，此從魯論「亦」字連下讀也。學音效，約音要。

按：魯讀不謂學易，與世家不合。陳鱣曰：「世家云孔子晚而喜易云云，是作『學易』爲得，故鄭定從古也。」近人多有主此説者，皆好奇之過。

【别解三】龔元玠十三經客難：先儒句讀未明，當五一讀，十一讀，言或五或十，以所加年言。

【别解四】黄氏後案：可無大過，依史記説指贊易之無差，何解同。程叔子曰：「孔子時學易者支離，易道不明，故期之五十然後贊易，則學易者可以無大過。」意亦同。贊易不能不寬其期也，以下「雅言」例之，此爲正義。

按：邢疏云：「漢書儒林傳云：『孔子蓋晚而好易，讀之韋編三絶，而爲之傳。』是孔子讀易之事也。言孔子以知天命終始之年，讀窮理盡性以至於命之書，則能避凶之吉而無過咎。」仍解爲一身之過。皇疏亦同。是否何平叔原意，不可知也。黄氏之意以易理至深，非有數年之功，且須在五十以後，方可下筆纂述，始無差錯，蓋即五十以前不可輕言著述之意也。與一己之寡過無涉，説頗新穎。可備一義。

【餘論】論語集説：加，增也。夫子時未五十也，學易則窮理盡性以至於命，故可以無過。然夫子豈必至是而始學易，亦豈必至是而始無大過耶？觀五十而知天命之語，則曰學易，曰無大過，皆謙辭耳。　四書辨疑：以五十爲卒，卒以學易，不成文理。注文準史記爲斷，謂無五十字，是時孔子年幾七十。語録言孔子欲贊易，故發此語。王滹南曰：「經無贊易之文，何爲而知爲是時語乎？」此言甚當。注又言：「學易則明乎消長吉凶之理、進退存亡之道，故可以無大過。」予謂若以此章爲孔子七十時所言，假我數年以學易，則又期在七十以後。然孔子七十三而卒，直有大過一世矣。只從五十字説，亦有五十年大過，小過則又不論也，何足爲聖人乎？孔子天縱生知，不應晚年方始學易也。五十、七十義皆不通。又有説學易爲修易，過爲易書散亂者。復有説學易而失之無所不至，孔子憂之，故託以戒人者。皆爲曲説。此章之義，本不易知，姑當置之以待後之君子。　姚配中周易學（劉氏正義引）：文王爻辭惟九三言人事，傳則言行言學言進修，无在非學也。象曰：「君子以自强不息。」子蓋三致意焉。子曰：「五十以學易。」而於每卦象傳必曰以。以者，學之謂也。又曰：學易，學爲聖也。非徒趨吉避凶已也。有天地即有易，既作易而天地之道著，天下之理得，聖之所以爲聖，求諸易而可知矣。

【發明】四書通：易占辭於吉凶悔吝之外，屢以无咎言之，大要祇欲人無過，故曰无咎者，善補過也。悔則過能改而至於吉，吝則過不改而至於凶。使人皆知學易，則可以無大過，此夫子教人之深意也。　方東樹儀衛軒遺書：夫子自言學易可以無過，過對中言，非對正言。文言所稱「不失其正」，此正即中也，即此無過之義。嘗論君子未有不正者，但儒者學聖人之道，徒正不及中，中又或不能純粹以精，必在於明辨晢。明辨晢非極深研幾不能，故欲假年學易以研之也。大凡有過皆偏於分數有餘言，若不及則不可名爲過。大賢以上不患不及，恒患其過，故孔子學易，欲明於吉凶消長之理，進退存亡之道，而不失其中正耳。吉凶消長之理，天運也。進退存亡之道，人事也。明乎此，是爲知天知人，合天人而察其幾，以允協於中而無過，是乃聖人所蘄無過之精微也。然非平日學易，究時位之異，知變化之情，其孰能與於斯？

○子所雅言，詩、書、執禮，皆雅言也。

【音讀】羣經平議：論語文法簡質，此章既云「子所雅言」，又云「皆雅言也」，於文似複，蓋由經師失其讀矣。此當以「詩、書」斷句，言孔子誦詩讀書無不正言其音也。「執禮」二字自爲句，屬下讀。執禮，謂執禮事也。周官大史曰：「凡射事，執其禮事。」禮記雜記曰：「女雖未許嫁，年二十而笄禮之，婦人執其禮。」皆執禮之證也。孔子執禮之時，苟有所言，如鄉黨所記「賓不顧矣」之類，皆正言其音，不雜以方言俗語。故曰「執禮皆雅言也」。詩、書或誦讀或教授，弟子若執禮，自爲一事，故别言之耳。

【考證】困學紀聞：石林解「執禮」云：「猶執射執御之執。」記曰：「秋學禮，執禮者詔之。」蓋古者謂持禮書以治人者，皆曰執。周官太史：「大祭祀，宿之日，讀禮書。祭之日，執書以次位常。凡射事，執其禮事。」此禮之見於書者也。

按：宋史藝文志「葉夢得論語釋言」，朱氏經義考云「未見」，而附載前釋以宅爲擇及此條於後，蓋其説之僅存者。

論語駢枝：雅言，正言也。鄭謂正言其音，得之。但以爲詩、書不諱，臨文不諱，則非是。執，猶掌也。執禮，謂詔相禮事。文王世子曰「秋學禮，執禮者詔之」，雜記曰「女雖未許嫁，年二十而笄禮之，婦人執其禮」是也。夫子生長於魯，不能不魯語，惟誦詩讀書執禮三者，必正言其音。昔周公著爾雅一篇，釋古今之異言，通方俗之殊語。劉熙釋名曰：「爾，昵也。昵，近也。雅，義也。義，正也。」五方之言不同，皆以近正爲主也。張晏漢書注亦云：「爾，近也。雅，正也。」後人解近正，云或以近而取正，或以爲近於正道，皆非也。上古聖人正名百物，以顯法象，别品類，統人情，壹道術。名定而實辨，言協而志通。其後事爲踵起，象數滋生，積漸增加，隨時遷變。王者就一世之所宜而斟酌損益之，以爲憲法，所謂雅也。然而五方之俗，不能强同。或意同而言異，或言同而聲異。綜集謠俗，釋以雅言，比物連類，使相附近，故曰爾雅。詩之有風、雅也亦然。王都之音最正，故以雅名。列國之音不盡正，故以風名。先邶、鄘、衛者，殷之舊都也。次王者，東都也。其餘或先封而次在後，或後封而次在前，或國小而有詩，或國大而無詩，大抵皆以聲音之遠近離合爲之甄敍矣。王之所以撫邦國諸侯者，七歲屬象胥，諭言語，協辭命，九歲屬瞽史，諭書名，聽聲音。正於王朝，達於諸侯之國，是爲雅言。雅之爲言，夏也。孫卿榮辱篇云：「越人安越，楚人安楚，君子安雅，非知能材性然也。是注錯習俗之節異也。」又儒效篇云：「居楚而楚，居越而越，居夏而夏，是非天性也，積靡使然也。」然則雅、夏古字通。　論語發微：記曰：「爾雅以觀於古，足以辨言矣。」詁者，古言，詩、書、禮皆有古言。爾雅二十篇首以釋詁、釋言、釋訓三篇，其餘皆由是推之，所謂雅言也。此爾雅出於周公、孔子之明證也。六書之次，指事、象形、會意，文字之本體明著而易曉；諧聲、轉注、假借，文字之施用萬變而不窮者也。故有諧聲，則詩、書、禮可習其讀；轉注，則詩、書、禮可陳其義；假借，則詩、書、禮可筆之書，而一以雅言爲斷。蓋詩、書爲古人之言與事，固必以雅言。若禮則行於當時，宜可通乎流俗者。而孔子皆以雅言陳之，故曰「執禮皆雅言也」。是三者爲夫子之文章，弟子所共聞，故必以雅言明，若易、春秋則性與天道不可得聞，故爾雅亦不釋也。　翟氏考異：文王世子「執禮者詔之」，此執禮文之再見者也。周禮、太史「大祭祀，戒宿之日讀禮書，祭之日執書以次位常。大會同朝覲，以書協禮事，將幣之日執書以詔王」，此執禮事之詳著於經者也。古者學禮行禮皆有詔贊者爲之宣導，使無失錯，若今之贊禮官，其書若今之儀注。於此而不正其言，恐事亦失正，故子必雅言也。曲禮「臨文不諱」，正義：「臨文，謂執禮文行事時也。」文者，禮節文。執文即是執禮，所云不諱，亦猶雅言意也。蓋不諱者，如區有去求、羌于二音，臨文時當唱去求，不以諱丘而唱羌于也。雅言者，如齊謂得爲登，吴謂善爲伊。燕閒晤語，不妨各操土風，執禮則必合中夏雅音也。

劉氏正義：周室西都，當以西都音爲正。平王東遷，下同列國，不能以其音正乎天下，故降而稱「風」，而西都之雅音固未盡廢也。夫子凡讀易及詩、書、執禮，皆用雅言，然後辭義明達，故鄭以爲「義全」也。後世人作詩用官韻，又居官臨民必説官話，即雅言矣。

【集解】孔曰：「雅言，正言也。」鄭曰：「讀先王典法，必正言其音，然後義全，故不可有所諱也。禮不誦，故言執也。」

【唐以前古注】皇疏引顧歡云：夫引網尋綱，振裘提領，正言此三則靡典不統矣。　筆解：韓曰：「音作言，字之誤也。傳寫因注云雅音正言，遂誤爾。」

【集注】雅，常也。執，守也。詩以理情性，書以道政事，禮以謹節文，皆切於日用之實，故常言之。禮獨言執者，以人所執守而言，非徒誦説而已也。

按：雅者，俗之反，無訓常者。經有爾雅，詩有小雅、大雅，皆訓正言。程子經説：「世俗之言，失正者多矣。如吴、楚失於輕，韓、魏失於重，既通于衆，君子正其甚者，不能盡違也。」是程子亦依古注。朱子解論語多從師説，獨此條與之相背，何也？

【別解】陸深傳疑録：「執」本「埶」字，埶、藝古字通。執禮之文無再見，況子不語怪力亂神，與此章互相發，各是四字。古稱六經謂之六藝，此之雅言，或是詩、書、禮、樂，蓋樂亦一藝也。

按：翟氏考異：「陸深謂執、藝古通，雖本自徐氏新修字義，而古文執作執，藝作埶，或省作秇，兩形頗不同。」陸氏之説非也。

【餘論】論語稽求篇：孔安國曰：「雅言，正言也。」正言者，謂端其音聲，審其句讀，莊重而出之。與恒俗迥別。謂之莊語，亦謂之雅語，詩、書固如是，即所執之禮文亦如是。此與祭遵雅歌、卜式雅行、袁粲雅步、何武傳雅拜一類。鄭康成謂「讀先王典法，必正言其音，然後義全，故不可有所避諱」，此第舉雅言中字音一節耳。若孔氏所云正言，不止于是。又正義謂舉此三者則六藝可知，此又轉推之言。論語補疏：此與上「五十學易」當是一章，如「子路無宿諾」之例。記者因孔子有學易無大過之言，以此申明之，子所雅言，四字指易，乃不獨易也，於詩於書於執禮皆雅言也。論語之文最爲簡妙，上既言子所雅言，下不必又贅複一語。玩「皆」字正從易連類之詞，雅即爾雅之雅，文王、周公繫易多用假借轉注以爲引申，孔子以聲音訓詁贊之，故爲雅言。孔子贊易，似不同於説詩説書説禮。不知同一聲音訓詁之所發明，贊易與説詩、書、禮同是雅言，非有異也。論語偶記：子所雅言不及樂何也？蓋樂在詩、禮之中矣。其不及易、春秋何也？學記曰：「大學之教也，時教必有正業。」朱子謂古者惟習詩、書、禮、樂，如易則掌於太卜，春秋則掌於史官，學者兼通之，不是正業。又考孔子世家：「孔子以詩、書、禮、樂教，弟子蓋三千焉。」此遵樂正四術之常法。至及門高業弟子，方授以易、春秋，故身通六蓺者僅七十二人，則易象、春秋，孔子不輕以教人，若外此雜説，更所不語矣。

○葉公問孔子於子路，子路不對。

【考異】唐石經「葉」字變體作「𦯀」。第十三篇問政、直躬兩章倣此。張世南游宦紀聞：「今牒葉、棄字皆去世而從云，因唐太宗諱也。世之與云形相近。」

【考證】漢書地理志：南陽郡葉，楚葉公邑，有長城號方城。水經汝水注：醴泉逕葉縣故城北。春秋成十五年許遷于葉者也。楚盛周衰，控霸南土，欲争强中國，多築列城於北方，以逼華夏，故號此城爲萬城。「萬」或作「方」字。四書釋地續：葉故城距今南陽府葉縣二十里，中有沈諸梁祠，有方城山。春秋大事表：楚遷許于葉。王子勝曰：「葉在楚方城外之蔽也。」楚子乃使遷許于析，而更以葉封沈諸梁，號曰葉公。今河南南陽府葉縣南三十里有古葉城。日知録：左傳自王卿以下無稱公者，惟楚有之。其君已僭爲王，則臣亦僭爲公。孔聖年譜：如葉時年六十二。

【集解】孔曰：「葉公名諸梁，楚大夫。食采于葉，僭稱公。不對者，未知所以答也。」

【唐以前古注】皇疏引江熙云：葉公見夫子數應聘而不遇，尚以其問近，故不答也。葉公唯知執政之貴，不識天下復有遠勝，故欲令子路抗明素業，無嫌於時，得以清波濯彼穢心也。

【集注】葉公，楚葉縣尹沈諸梁，字子高，僭稱公也。葉公不知孔子必有非所問而問者，故子路不對，抑亦以聖人之德實有未易名言者與？

【餘論】羣經識小：葉公是楚國第一流人物，賢智素著，觀其定白公之亂，已得大凡。此問孔子於子路，斷不可唐突葉公爲門外漢也。集注後一説最是，觀夫子之言自見。四書翼注：葉公問孔子，問中自有言語。此人楚之良臣，必知敬孔子。但聖道高妙，子路特難措詞耳。亦集注後一説意也。

子曰：「女奚不曰：『其爲人也，發憤忘食，樂以忘憂，不知老之將至云爾。』」

【考異】皇本、高麗本「至」下有「也」字。史記孔子世家引作「孔子聞之曰由何不對曰」，「其爲人也」下有「學道不厭誨人不倦」句。

【唐以前古注】皇疏引李充云：凡觀諸問聖師於弟子者，諮道也則稱而近之，誣德也必揚而抑之，未有默然而不答者也。疑葉公問之，欲致之爲政，子路知夫子之不可屈，故未詳其説耳。夫子乃抗論儒業，大明其志，使如此之徒絶望於覬覦，不亦宏而廣乎。

【集注】未得則發憤而忘食，已得則樂之而忘憂，以是二者俛焉日有孳孳而不知年數之不足，但自言其好學之篤耳。然深味之，則見其全體至極純亦不已之妙，有非聖人不能及者。蓋凡夫子之自言類如此，學者宜致思焉。

【餘論】論語述何：上章言易、詩、書、禮，此謂作春秋也。吴、楚猾夏，亂賊接踵，所以憤也。春秋成而樂堯、舜之知我，蓋又在莫年矣。

【發明】焦氏筆乘：楊敬仲曰：「孔子但言憤，不言所憤者何。但言樂，不言所樂者何。而繼之曰不知老之將至，嗚呼至矣！子曰：『吾有知乎哉？無知也。』今孔子而有知，其憤樂當不能以終日，況老其身乎？人心即道，無體無方，其變化云爲，如水鏡之畢照而非動也，如四時之錯行而非爲也。世以其無不覺也，名曰心而實非有可指可執之物也。以其無不通也，名曰道而實非有可指可執之象也。肫肫浩浩，非思非爲，無始終，無生死，無古今，故不知老之將至，嗚呼至矣！文王之不識不知，顏子之如愚，子思之無聲無臭，孟子之聖不可知，皆一轍耳。」反身錄：常人之發憤不過爲功名富貴而已，未得則發憤以圖，既得則意遂而樂，憤樂無異而所以憤樂則異，能於所以處自奮自拔，其庶乎？

○子曰：「我非生而知之者，好古，敏以求之者也。」

【考異】皇本「以」上有「而」字。天文本論語校勘記：古本、足利本、唐本、津藩本、正平本「以」作「而」。

【集解】鄭曰：「言此者，勸人學。」

【集注】生而知之者，氣質清明，義理昭著，不待學而知也。敏，速也，謂汲汲也。尹氏曰：「孔子以生知之聖，每云好學者，非惟勉人也。蓋生而可知者，義理爾。若夫禮樂名物古今事變，亦必待學而後有以驗其實也。」

【餘論】論語稽：夫子當日即有聖人之稱，然時人所謂聖者，第在多聞多知、博物强識、不待師學傳授而無所不知，故震驚之也。不知夫子雖生知之聖，而亦未嘗不藉學以成之。其不居生知者，謙辭。其言好古敏求者，亦自明其功力之實也。

○子不語怪、力、亂、神。

【考異】漢書郊祀志引論語説曰：「子不語怪、神。」

【考證】七經小傳：語讀如「吾語女」之語，人有挾怪力亂神來問者，皆不語之。黄氏後案：詩公劉傳：「論難曰語。」禮雜記「言而不語」，注：「言，言己事也。爲人説曰語。」此不語謂不與人辨詰也。

【集解】王曰：「怪，怪異也。力，謂若奡盪舟，烏獲舉千鈞之屬。亂，謂臣弒君，子弒父。神，謂鬼神之事。或無益於教化，或所不忍言。」

【唐以前古注】皇疏：發端曰言，答述曰語。此云不語，謂不通答耳，非云不言也。或通云：「怪力是一事，亂神是一事，都不言此二事也。」故李充曰：「力不由理，斯怪力也。神不由正，斯亂神也。怪力亂神，有興於邪，無益於教，故不言也。」

【集注】怪異勇力悖亂之事，非理之正，固聖人所不語。鬼神造化之迹，雖非不正，然非窮理之至，有未易明者，故亦不輕以語人也。謝氏曰：「聖人語常而不語怪，語德而不語力，語治而不語亂，語人而不語神。」

按：困學紀聞：「上蔡此四語本王无咎之説。」无咎，嘉祐二年進士，曾鞏之妹夫，從王安石游最久。書録解題別集類：「王直講集十五卷，天台縣令南城王无咎補之撰。」即其人也。

【餘論】顧況廣異記序曰：欲觀天人之際、變化之兆、吉凶之源，聖不可知，神不可測，其有干元氣，汩五行，聖人所以示怪力亂神禮樂刑政，著明大道以糾之。古文示字如今文不字，儒者不本其意，云子不語，非觀象設教之本也。

按：改「不」爲「示」，已開後儒竄亂經文强經就我風氣，故特著之。

四書辨證：孔子於春秋記災異戰伐簒弑之事，其不得已而及之者，必有訓戒焉。於易、禮言鬼神者亦詳，蓋論其理以曉當世之惑，非若世人之侈談而反以惑人也。凡答述曰語，此謂尋常時人雖論及，子亦不語之。如南宮适問羿、奡而不答，衞靈公問陳，孔文子訪攻，太叔疾皆不對之類是。吕氏春秋慎大覽：「孔子之勁舉國門之關而不肯以力聞。」顔氏家訓戒武篇同，此亦子不語力之一證。

【發明】陳埴木鐘集：問：孔子所不語，而春秋所紀皆悖亂非常之事。曰：春秋經世之大法，所以懼亂臣賊子，當以實書。論語講學之格言，所以正天典民彝，故所不語。劉氏正義：書傳言夫子辨木石水土諸怪及防風氏骨節、專車之屬，皆是因人問答之，非自爲語之也。至日食地震山崩之類，皆是災變，與怪不同，故春秋紀之獨詳，欲以深戒人君當修德力政，不諱言之矣。

○**子曰：「三人行，必有我師焉：擇其善者而從之，其不善者而改之。」**

【考異】釋文：「我三人行」，一本無「我」字。「必得我師」，本或作「必有」。集解何晏解文

「三人」上有「我」字。皇本、唐石經本皆作「我三人行必得我師焉」。晁公武郡齋讀書志：蜀石經「三人行必有我師焉」上又有「我師」。翟氏考異：唐石經及義疏皆與釋文正合，蜀石經又有「我師」，疑晁氏但言又有「我」字，傳寫者譌「字」字爲「師」。若云「我師三人行」，則于文義不通。天文本論語校勘記：古本、足利本、唐本、津藩本、正平本「三人行」上有「我」字。史記世家「有」作「得」。穀梁傳僖公二十七年，范甯注曰：我三人行，必有我師。漢書武帝紀元朔元年詔曰：三人並行，厥有我師。晉書禮志、潛夫論引文與今本同。馮登府異文考證：案何注、邢疏並云言「我三人行」，穀梁范注亦云「我三人行」。至「有」作「得」，史記世家亦如此。阮氏論語校勘記：觀何晏自注及邢昺疏並云「言我三人行」，即朱子集注亦云「三人同行，其一我也」，當以皇本爲是。

【集解】言我三人行，本無賢德，擇善從之，不善改之，故無常師。

按：劉寶楠云：「注似以行爲言行之行。三人之行，本無賢愚，其有善有不善者，皆隨事所見，擇而從之改之，非謂一人善一人不善也。既從其善，即是我師，於義亦可通也。」

【唐以前古注】皇疏：此明人生處世則宜更相進益，雖三人同行，必推勝而引劣，故必有師也。有勝者則諮受自益，故云擇善而從之也。有劣者則以善引之，故云其不善者而改之。然善與不善，既就一人上爲語也。人不圓足，故取善改惡亦更相師改之義也。又引王朗云：於時道消俗薄，鮮能崇賢尚勝，故託斯言以厲之。夫三人之行，猶或有師，況四海之內，何求而不應哉？縱能尚賢而或滯於一方者，又未盡善也。故曰：「擇其善者而從之，其不善者而改之。」或問：何不二人，必云三人也？答曰：二人則彼此自好，各言我是。若有三人，則恒一人見二人之有是非明也。

【集注】三人同行，其一我也。彼二人者一善一惡，則我從其善而改其惡焉，是二人者皆我師也。

【別解】論語後録：子産曰：「其所善者，吾則行之；其所惡者，吾則改之；是吾師也。」此云善不善當作是解，非謂三人中有善不善也。

按：子産語見左襄三十一年傳，如錢説，是善與不善謂人以我爲善不善也。我並彼爲三人，若彼二人以我爲善我則從之，二人以我爲不善我則改之。是彼二人皆爲吾師。書洪範云：「三人占，則從二人之言。」此之謂也。亦通。

【餘論】四書辨疑：師者，人之尊稱。惟其善堪爲人軌範者，可以此名歸之。惡如惡臭之可惡者亦謂之師。善亦吾師，惡亦吾師，此黄冠衲子之言，聖人談話中豈容有此？唐明皇問韓幹畫馬以誰爲師？對曰：「廄中之馬皆臣師也。」林氏引之以證此説。其所論者甚似，究其實則不然。馬之壯健老弱肥瘦黑白，畫之者皆從本真依倣模寫，無論美惡，期皆似之，故言廄中之馬皆師也。經所言者，擇其善者從，其不善者改而不從，與其依樣畫馬豈可同論也哉？果言善惡皆我師，則天下之人皆爲師矣，何必專指三人？亦不須臾言必有也。三人取其數少而言，必有二字於三人中又有所擇也。三人行必有我師焉者，言其只三人行其間，亦必有可爲師法者，擇其善者而從之，其不善者而改之者，非謂擇其一人全善者從之，一人全惡者改之也。但就各人行事中擇其事之善處從之，其不善處改之，不求備於一人也。全德之人世不常有，若直須擇定事事全善之人然後從之，於普天下終身求之未必可得，三人中豈能必有也？止當隨其各有之善從而師之，甲有一善則從甲之一善，乙有一善則從乙之一善，舜取諸人以爲善，亦此道也。由是言之，三人行必有我師，信不誣矣。

按：此章三説各不相同，當以集解爲正，錢氏解次之，集注爲下。

○子曰：「天生德於予，桓魋其如予何？」

【考證】史記世家：孔子與弟子習禮大樹下，桓魋欲殺孔子，拔其樹。弟子曰：「可以速矣。」孔子云云。　十二諸侯年表：「魯哀公三年，孔子過宋，桓魋惡之。」宋世家與表同。　論語後録：説文無「魋」字，漢書西南夷西粤朝鮮傳有「椎結」，史記作「魋結」，是「椎」正字，「魋」別字。

按：世家云：「是歲魯定公卒。」爲定十五年。宋世家則以孔子過宋在宋景二十五年，當魯哀三年，與十二諸侯年表同。陳世家以孔子至陳在湣公六年，當魯定十四年。傳聞異辭，未知孰是。　江氏年譜繫於定公十四年，時孔子五十七歲。

【集解】包曰：「桓魋，宋司馬黎也。天生德於予者，謂授我以聖性也。德合天地，吉而無不利，故曰其如予何也。」

【唐以前古注】皇疏引江熙云：小人爲惡，以理喻之則愈凶强，晏待之則更自處，亦猶匡人聞文王之德而兵解也。

【集注】桓魋，宋司馬向魋也，出於桓公，故又稱桓氏。魋欲害孔子，孔子言天既賦我以如是之德，則桓魋其奈我何。言必不能違天害己。

【發明】論語或問：聖賢之臨患難，有爲不自必之辭者，有爲自必之辭者，隨事而發，固有所不同也。爲不自必之辭，孔子之於公伯寮，孟子之於臧倉是也。其爲自必之辭，則孔子於桓魋、匡人是也。以文考之，則彼曰「其如命何」，此曰「其如予何」，固不同矣。以事考之，則寮、倉之爲譖愬，利害不過廢興行止之間，其說之行世固有是理矣，聖賢豈得而自必哉？至於桓魋、匡人，直欲加害於孔子，則聖人固有以知其決無是理也。故孔子皆以自必之辭處之，言各有當，不可以此而廢彼也。曰：聖人之自必如此，而又微服以過宋，何也？曰：程子論之詳矣。然案史記：「孔子過宋，與弟子習禮大樹之下，桓魋伐其樹，孔子去之。弟子曰：『可以速矣。』子曰：『天生德於予，桓魋其如予何？』遂之鄭。」疑孔子即遭伐樹之厄，遂微服而去之，弟子欲其速行，而孔子告以此語也。蓋聖人雖知其不能害己，然避患亦未嘗不深，避患雖深，而處之未嘗不閒暇也。所謂竝行而不悖者，學者宜深玩於斯焉。

○子曰：「二三子以我爲隱乎？吾無隱乎爾。吾無行而不與二三子者，是丘也。」

【考異】皇本「以我爲隱乎」，「隱」下有「子」字，「吾無行」，「行」上有「所」字。

【考證】趙佑温故録：乎爾，與詩之「俟我於著乎而」、孟子「然而無有乎爾」、「則亦無有乎爾」俱齊、魯問語辭。四書約旨：爾是虚字，若作實字，指二三子，反侵無不與二三子意。羣經平議：包注於「丘」下增「心」字，非經旨也。「吾無行而不與二三子者是丘也」，十三字作一句讀。「是」當爲「視」，釋名釋姿容曰：「視，是也。」視與是義本相通，故古書或叚「是」爲「視」。荀子解蔽篇「是其庭可以搏鼠」，楊倞注曰：「是蓋當爲視。」此其證也。孔子言「吾無行而不與二三子者視丘也」，正申明「吾無隱乎爾」之意。

【集解】包曰：「二三子，謂諸弟子。聖人智廣道深，弟子學之不能及，以爲有所隱匿，故解之也，我所爲無不與爾共之者，是某之心也。」

【集注】諸弟子以夫子之道高深不可幾及，故疑其有隱，而不知聖人作止語默無非教也，故夫子以此言曉之。與，猶示也。

【餘論】論語述何：易本隱以之顯，春秋推見至隱，不足以至隱者不著也。其事與文則衆著其義，二三子皆身通之，故曰無行不與。四書辨證：集注言無往不與，行字本虚看。而包注則曰我之所爲無不與爾共之，行字則實看。駁異曰：「答問引解醒編云：『無隱章獨提出一行字，蓋以躬行望二三子也。若言語上求，只是口耳之末。此與天何言哉時行物生之意同。』」又約旨曰：「吕云二三子疑團從過求高遠來，過求高遠從實地少工夫來，着一行字，正從實地指出他可學處。人知與字對針隱字，而不知向行字討取着實處，則與字尚涉虚无。」

【發明】高攀龍高子遺書：門人非疑聖人有隱而不以誨人，是認聖人人倫日用是一事，神化性命是一事，謂聖人所可見者非其至也，其至處則隱而不可見也。如是則忽略現前，懸慕高遠，故聖人提醒之如此。反身録：夫子以行示範，而門人惟言是求，故自明其無隱之實以警之，與「天何言哉」之意同。又曰：師之於及門，有言教有身教，言教固所以教其行，然不若身教之得於觀感者尤深。夫子而後，若曾子之於公明宣，亦其次也。公明宣及曾子之門，見曾子居庭，親在，叱咤之聲未嘗至於犬馬。説之而學。見曾子之應賓客，恭儉而不懈惰。説之而學。見曾子之居朝廷嚴，臨下而不毁傷。説之而學。故不言之教，不從耳入而從心受，根於心，斯見於行矣。

〇子以四教：文、行、忠、信。

【考證】義門讀書記：小學先行而後文，弟子章是也。大學先文而後行，此章是也。劉攽公是弟子記：文，所謂文學也。行，所謂德行也。政事主忠，言語主信。

【集解】四者有形質，可舉以教。

【唐以前古注】皇疏引李充曰：其典籍辭義謂之文，孝悌恭睦謂之行，爲人臣則忠，與朋友則信，此四者，教之所先也。故以文發其蒙，行以積其德，忠以立其節，信以全其終也。

【集注】程子曰：「教人以學文修行而存忠信也。忠信，本也。」

【餘論】四書辨疑：行爲所行諸善之總稱，忠與信特行中之兩事。存忠信便是修行，修行則存忠信在其中矣。既言修行，又言而存忠信，義不可解。古今諸儒解之者多矣，皆未免爲牽强。王滹南曰：「夫文之與行固爲二物，至於忠信特行中之兩端耳，又何別爲二教乎？讀論語者聖人本意固須詳味，疑則闕之。若夫弟子之所誌，雖指稱聖人，亦當慎取，不必盡信也。」此蓋謂弟子不善記也，所論極當，可以決千古之疑。或曰：「若作行言政文，對四科而言，似爲有理，恐傳寫有差。」今不可考。

【發明】論語集注考證：文行忠信，此夫子教人先後淺深之序也。文者，詩、書、六藝之文，所以考聖賢之成法，識事理之當然，蓋先教以知之也。知而後能行，知之固將以行之也，故進之於行。既知之又能行之矣，然存心之未實，則知或務於誇博而行或出於矯僞，故又進之以忠信。忠發於心而信周於外，程子謂發己自盡爲忠，循物無違謂信。天下固有存心忠實，而於事物未能盡循而無違者，故又以信終之。至於信，則事事皆得其實而用無不當矣。此夫子教人先後淺深之序，有此四節也。困學紀聞：四教以文爲先，自博而約。四科以文爲後，自本而末。四書訓義：聖教不明，而務實者固陋而爲鄉黨自好之士，務博者浮薄而爲記誦辭章之儒。舍其心而求之文行，則無本而日流於僞；略文行而專求之心，則虚寂而不適於用。然後信聖人之教大中至正，不可得而損益也。

○子曰：「聖人，吾不得而見之矣；得見君子者，斯可矣。」

【集解】疾世無明君。

【唐以前古注】皇疏：孔子歎世無賢聖也。言吾已不能見世有聖人，若得見有君子之行，則亦可矣，言世亦無此也。然君子之稱，上通聖人，下至片善。今此上云不見聖，下云得見君子，則知此之君子，賢人以下也。又引王弼云：此爲聖人與君子異也。然德足君物，皆稱君子，亦有德者之通稱也。

【集注】聖人，神明不測之號。君子，才德出衆之名。

【餘論】劉氏正義：大戴禮五義篇：「所謂聖人者，知通乎大道，應變而不窮，能測萬物之情性者也。」是言聖人無所不通，能成己成物也。禮記哀公問篇：「子曰：『君子者，人之成名也。』」韓詩外傳：「言行多當，未安愉也。知慮多當，未周密也。是篤厚君子未及聖人也。」此聖人、君子之分也。

子曰：「善人，吾不得而見之矣；得見有恒者，斯可矣。

【考異】毛詩賓之初筵正義：論語曰：「聖人，吾不得而見之；得見君子者，斯可矣。」又曰：「善人，吾不得而見之；得見有恒者，斯可矣。」

按：據此，知「善人」以下古本别爲一章，故加「又曰」二字以别之。或曰：兩加「子曰」者，言非一時也。

【考證】困學紀聞：善人，周公所謂吉士也。有恒，周公所謂常人也。論語訓：上言君，此言師，故更端言之。

【唐以前古注】皇疏：此所言指賢人以下也。言世道流喪，吾復不得善人也。有恒，謂雖不能作善而守常不爲惡者也。言爾時非唯無作片善者，亦無直置不爲惡者，故亦不得見也。

【集注】「子曰」字疑衍文。恒，常久之意。張子曰：「有恒者不貳其心，善人者志於仁而無惡。」

按：此章聖人、君子、善人、有恒，何平叔指當時天子諸侯言之，所謂「上無明天子，下無賢方伯」也。自皇侃作義疏，即已不用其説，不獨集注爲然。然如「善人爲邦百年」之類，仍當以地位言之，舊説究不可廢也。

亡而爲有，虚而爲盈，約而爲泰，難乎有恒矣。」

【考異】釋文：亡如字，一音無。此舊爲别章，今宜與前章合。後漢紀引作「無」。

按：盧氏文弨考證謂釋文所云爲後人校語。

【集解】孔曰：「難可名之爲有常。」

【唐以前古注】皇疏：此目不恒之人也。亡，無也。當時澆亂，人皆誇張，指無爲有，説虚作盈，家貧約而外詐奢泰，皆與恒反，故云難乎有恒矣。又引江熙云：言世人負情反實，逐波流遷，若影無持係索，此有恒難也。

【集注】三者皆虚夸之事。凡若此者，必不能守其常也。

【發明】張伯行困學録：爲泰爲盈爲有，不過外面矯飾於一時，豈有能常泰常盈常有之理。此聞人之取而違，鄉愿之似而非，又何恒之足云，故曰「難乎有恒」。嶺雲軒瑣記：世人事事止圖好看，曾不旋踵而不好看者來，並前之好看授人以口實。不若未經好看者之不覺其有不好看也。即時至而不能自悔，亦勿庸過費心力以張之可矣。

按：圖好看俗語謂顧面子，「亡而爲有」三句即所謂顧面子也。凡顧面子之人其始不過爲喜作僞之僞君子，其終必流爲無忌憚之真小人，烏能有恒？

○子釣而不綱，弋不射宿。

【考異】十一經問對：問：「綱」字不是「網」字乎？對曰：朱子之説正作「網」字解，知當來不是「網」字乎？　太平御覽述論語上題「子曰」字。

【考證】經義述聞：「綱」乃「網」之譌，謂不用網罟也。劉氏正義：王氏引之謂「綱」爲「網」譌，此不解綱制，欲改經字也。釋文：「綱音剛，鄭本同。」綱字本可不音，陸氏之意，亦恐人誤作「網」矣。

黄氏後案：綱有二説，皇疏：「釣一竿屬一鉤而取魚也。綱者作大綱横遮于廣水而羅列多鉤，著之以取魚也。」皇疏申孔注，是。據邢疏，細網爲羅，以繩爲大綱，以羅屬著綱，横絶流而取魚。集注本之。弋有三説，見皇疏。一云古人以細繩係丸而彈，謂爲繳射也。一云取一杖，長一二尺許，以長繩係此杖而横颺以取鳥，謂爲繳射也。其一鄭君注周禮司弓矢云：「結繳于矢謂之矰。」司弓矢又云：「田弋充籠箙，矢其矰矢。」注云：「籠，竹箙也。矰矢不在箙，爲其相繞亂，將用乃共之也。」集注從鄭君説。

物茂卿論語徵：天子諸侯爲祭及賓客則狩，豈無虞人之供，而躬自爲之，所以敬也。狩之事大，而非士所得爲，故爲祭及賓客則釣弋，蓋在禮所必然焉。古者貴禮不貴財，不欲必獲，故在天子諸侯則三驅，在士則不綱不射宿。

【集解】孔曰：「釣者，一竿釣也。綱者，爲大綱以横絶流，以繳繫釣羅屬著綱也。弋，繳射也。宿，宿鳥也。」

【唐以前古注】皇疏：或云不取老宿之鳥也。宿鳥能生伏，故不取也。此通不及夜也。又引孫綽云：殺理不可頓去，故禁綱而存釣也。又引繆協云：將令物生有路，人殺有節，所以易其生而難其殺也。御覽八百三十四引鄭注云：綱，謂爲大索横流屬釣。

【集注】綱，以大繩屬綱，絶流而漁者也。弋，以生絲繫矢而射也。宿，宿鳥。洪氏曰：「孔子少貧賤，爲養與祭或不得已而釣弋，如獵較是也。然盡物取之，出其不意，亦不爲也。此可見仁人之本心矣。待物如此，待人可知。小者如此，大者可知。」

【發明】四書訓義：以萬物養人者，天地自然之利，故釣也弋也不廢也。釣不必得而綱則竭取，弋勞於得而射宿可以命中。不盡取者，不傷吾仁。不貪於多得而棄其易獲者，不損吾義。曲全萬物而無必得之心，豈非理之不遺於微而心之無往不安者乎？黄氏後案：後儒求深者，謂夫子仁心非不欲不釣弋，特以賓祭爲之。此儒釋參合之言也。諸横生盡以養從生，文王之言也。羊豕之類養而不愛，孟子之言也。魚鳥本可取之物，不綱不射宿，取物以節而已。取物以節，遂其生即遂其性矣，此至誠之所以盡物性也。

○子曰：「蓋有不知而作之者，我無是也。多聞，擇其善者而從之；多見而識之；

知之次也。」

【考異】馮氏論語解：桑柔詩「予豈不知而作」，古有此成語。七經考文補遺：「而作之者」，無「而」字。高麗本「知之次也」無「之」字。白虎通禮樂篇：孔子有言：「吾聞擇其善者而從之，多見而識之也。」漢書溝洫志贊：孔子曰：「多聞而志之，知之次也。」

【考證】劉氏正義：公羊哀十四年傳：「春秋何以始乎隱？祖之所逮聞也。所見異辭，所聞異辭，所傳聞異辭。」春秋繁露楚莊王篇：「春秋分十二世以爲三等，有見，有聞，有傳聞。有見三世，有聞四世，有傳聞五世。故哀、定、昭，君子之所見也。襄、成、宣、文，君子之所聞也。僖、閔、莊、桓、隱，君子之所傳聞也。」此夫子修春秋，證之於所聞所見者也。又夫子言夏、殷之禮皆能言之，但以文獻不足，不敢徵之。此可見聖人慎審之意。漢書朱雲傳贊：「世傳朱雲言過其實，蓋有不知而作之者，我無是也。」謂世人傳述雲事多失實，則爲不知而作。作是作述，解者或爲作事，誤也。

【集解】包曰：「時人多有穿鑿妄作篇籍者，故云然也。」孔曰：「如此者，次於生知之者也。」

【唐以前古注】皇疏：不知而作，謂妄作穿鑿爲異端也。時蓋多有爲此者，故孔子曰：我無是不知而作之事也。人居世間，若有耳多所聞，則擇善者從之者也；若目多所見，則識録也。多見不云擇善者，與上互文，亦從可知也。若多聞擇善，多見録善，此雖非生知，亦是生知之者次也。

【集注】不知而作，不知其理而妄作也。孔子自言未嘗妄作，蓋亦謙辭，然亦可見其無所不知也。

知之者也。

識，記也。所從不可不擇記，則善惡皆當存之以備參考。如此者雖未能實知其理，亦可以次於

按：集注此解本極明白，因塞進二理字，遂多語病。李威嘗言腐説、偏見、勝心、大言四者，乃道學家之通病。信然！

【餘論】朱子語類：問：作是述作，或是凡所作事？曰：衹是作事。四書改錯：包咸注此，謂時人有穿鑿妄作篇籍者，故云，然則指定是作文。且又春秋時異學争出，著書滿天下，各行其説，故言此示戒，正與篇首「述而不作」作字相爲發明。若作事，則尚幹辦，崇有爲，與知慮聞見不合。此作字從來無解作事者，觀漢朱雲傳贊云：「世傳朱雲言過其實，蓋有不知而作之者，我無是也。」則實指作文矣。四書辨疑：不知其理而妄作，此説誠是。楊、墨之徒皆其妄作者也，已於述而不作章備論之矣。兩章可以互相發明。但注文以孔子自言未嘗妄作爲謙辭，未曉其説。「躬行君子，則吾未之有得」，「若聖與仁，則吾豈敢」，此誠孔子之謙辭，謙其美而不居也。妄作非美事也，孔子自言我無是也，正是鄙其妄作而以不妄作自居，何謙之有？

黄氏後案：言知之次者，次於作者之聖也。作者創人所未知，擇之識之者述古今人之所已知。不知而作者，不能擇多識多，臆創之而害於理者也。集注以知之次爲未能實知其理，未知其理，安可謂能擇能識？此注之誤也。

【發明】焦氏筆乘：子曰：「知之爲知之，不知爲不知，是知也。」又曰：「多聞，擇其善者而從

之；多見而識之，知之次也。」即其言而並觀之，則學之所重輕見矣。奈何文滅質博，溺心者衆也？淮南子曰：「精神已越於外而事復返之，是失之於本而求之於末也。蔽其元光而求知於耳目，是釋其昭昭而道其冥冥也。」噫！世之言學而不蹈此者幾希。反身録：多聞善言，多見善行，藉聞見以爲知，亦可以助我之鑑衡，而動作不至於妄。然去真知則有間矣，故曰知之次也。知聞見擇識爲知之次，則知真知矣。真知非從外來，人所自具，寂而能照，感而遂通，廓然大公，物來順應，心思言動，莫非天則，未嘗自私用智，雖作非作，夫所謂真知非他，即吾心一念靈明是也。天之所以與我，與之以此也。耳非此無以聞，目非此無以見，所聞所見非此無以擇，無以識，此實聞見擇識之主，而司乎聞見擇識者也。即多聞多見擇之識之，亦惟藉以致此，非便以多聞多見擇之識之爲主也。知此則知真知，真則動不妄，即妄亦易覺。所貴乎知者，在知其不善之動而已，此作聖之真脈也。

○互鄉難與言，童子見，門人惑。

【音讀】梁氏旁證：邢疏引琳公云：「此『互鄉難與言童子見』八字通爲一句，言此鄉有一童子難與言，是非一鄉皆難與言也。」梁玉繩曰：「此解似勝鄭注。十室之邑必有忠信，豈有一鄉之人皆難與言者？」

【考證】困學紀聞：王無咎云：「鹿邑之外有互鄉城，邑人相傳謂互鄉童子見孔子者，此處也。前代因立互鄉縣，其城猶存。」四書釋地續補云：互鄉所在者頗多，獨王伯厚引王無咎云云，其城猶存。余謂州縣建置，事關朝廷，名雖或革，跡猶可尋。因檢新、舊唐書、杜氏通典、隋地理志，鹿邑名縣始隋開皇十八年，此後未見有析置互鄉事。雖伯厚語，恐未足憑。金仁山曰：「寰宇記徐州沛縣合鄉故城，古互鄉之地。蓋孔子云難與言者。」按徐州距魯近，論語互鄉應指此。若今河南鹿邑縣，則遠矣。陳士元論語類考：寰宇記載徐州沛縣合鄉故城，互鄉之地。一統志謂互鄉在河南陳州商水縣。二説不同。沛在春秋時爲宋地，商水乃陳地，夫子嘗過陳、宋，未知孰是。劉氏正義：互鄉不知所在。元和郡縣志謂滕縣東二十三里有合鄉故城，即互鄉。顧氏祖禹方輿紀要謂在今嶧縣西北，當即滕縣東之合鄉。又太平寰宇記：「徐州沛縣：陳州項城縣北一里並有互鄉。」又明一統志謂在陳州商水縣。方氏以智通雅謂：「互，鄉名，古廧里，今在睢州。」諸説不同。　瞥記：王伯厚引王無咎，謂互鄉在亳州鹿邑縣。閻百詩四書釋地續以爲未足憑。案寰宇記引劉芳徐州記云：「合鄉即古互鄉，孔子所謂難與言者。」考漢志合鄉縣屬東海，顧氏方輿紀要曰：「合鄉城在嶧縣西北，古之互鄉也。」寰宇記又謂互鄉在陳州項城縣北一里，恐非。　四書辨證：寰宇記：「隋開皇十八年改武平爲鹿邑，取故鹿邑城爲名，春秋時鳴鹿地。」亦無互鄉之説。水經注曰：「渦水東逕鹿邑城北，世謂之虎鄉城。」或因互、虎聲近而誤耳。又寰宇記：「彭城沛縣有合鄉故城，古牙鄉之地。劉芳徐州記以爲即古之互鄉，論語言難與言者。又陳州項城縣互鄉城在縣城北一里，古老傳云互鄉地，論語童子見即此。」樂史兩存其説。觀下司敗與言恐一時事，陳州互鄉較確。　論語後録：互之言午，午者，牾也。互鄉猶寢丘耳。論語竢質：「互讀與午同。午，牾也。互鄉之人性多牾，難與之言，故鄉得互名。」

【集解】鄭曰：「互鄉，鄉名也。其鄉人言語自專，不達時宜。而有童子來見孔子，門人怪孔子見之。」

【集注】互鄉，鄉名。其人習於不善，難與言善。惑者，疑夫子不當見之也。

子曰：「與其進也，不與其退也，唯何甚？人潔己以進，與其潔也，不保其往也。」

【考異】唐石經、宋石經兩「潔」字皆作「絜」。託名黄憲天禄閣外史適晉篇引文「不保」作「焉保」。後漢書郭太等傳注引孔子曰：人潔己以進，與其進，不保其往。南軒論語解：「子謂其進之志則善，與其進而志善，不與其退而不善也。若於志善之時，以其退而不善而拒之，則何甚也。又反覆言之，謂凡人潔己以進，則當與其潔耳，固不可保其往也。」林希元四書存疑曰：「依南軒說之，則非錯簡。」四書駁異：學殖解曰：「吾與其進而來見，不與退而爲不善也，吾何爲已甚也？人能潔己以進，吾與其潔也，安保往日之不善也？」十四字自不錯。

【集解】孔曰：「教誨之道，與其進，不與其退。怪我見此童子，惡惡一何甚也。」鄭曰：「往，猶去也。人虚己自潔而來，當與之進，亦何能保其去後之行也。」

【唐以前古注】皇疏引顧歡云：往，謂前日之行也。夫人之爲行，未必可一，或有始無終，或先迷後得。故教誨之道，潔則與之，往日行非我所保也。

【集注】疑此章有錯簡。「人潔」至「往也」十四字當在「與其進也」之前。潔，修治也。與，許也。往，前日也。言人潔己而來，但許其能自潔耳，固不能保其前日所爲之善惡也。但許其進而來見耳，非許其既退而爲不善也。蓋不追其既往，不逆其將來，以是心至斯受之耳。「唯」字上下疑又有闕文，大抵亦不爲已甚之意。

【餘論】困學紀聞：闕黨之童，游聖門者也。夫子抑其躁，是以知心之易放。互鄉之童，難與言者也，夫子與其進，是以知習之可移。論語述何：春秋，列國進乎禮義者與之，退則因而貶之。此其義也。諸侯卿大夫所行多過惡，而有一節可以立法，聖人所不遺，亦其義也。

○子曰：「仁遠乎哉？我欲仁，斯仁至矣。」

【考異】後漢書列女傳：班昭女誡曰：「古人有言：『仁遠乎哉？我欲仁，而仁斯至矣。』」潛夫論德化篇亦作「仁斯至矣。」

【集解】包曰：「仁道不遠，行之則至是也。」

【唐以前古注】皇疏引江熙云：復禮一日，天下歸仁，是仁至近也。

【集注】仁者，心之德，非在外也。放而不求，故有以爲遠者。反而求之，則即此而在矣，夫豈遠哉？

【發明】筆乘：「仁遠乎哉？我欲仁，斯仁至矣。」此孔氏頓門也。欲即是仁，非欲外更有仁。欲即是至，非欲外更有至。當體而空，觸事成覺，非頓門而何？

○陳司敗問：「昭公知禮乎？」孔子曰：「知禮。」

【考異】皇本「曰」上有「對」字。

【考證】左傳：「楚子西曰：『臣歸死於司敗。』」又宣四年傳：「楚箴尹克黄自拘於司敗」，杜注云：「陳、楚名司寇爲司敗也。」　四書稗疏：集注云：「司敗，司寇。」然敗之爲言，伐也，則主征伐，蓋司馬之職也。乃陳爲虞後，修天子之事守，世用虞禮，官仍舜典。舜命皋陶作士，而以蠻夷猾夏寇賊姦宄屬之。九官别無典兵者，則虞制司馬、司寇合爲一官，而陳因之。猶宋之有司城，一用殷禮而非周官耳。　九經古義：古陳、田字通，故以爲齊大夫。

按：司敗或以爲人名，或以爲官名，或以爲齊人，或以爲陳人。集注從孔不從鄭是也。主齊人説者，以爲陳是時已滅於楚，雖復封之，夷於九縣，所謂「陳、蔡不羹」也，安能自通上國爲楚所使？余考孔子於定公十四年自鄭至陳，居三歲，復於哀二年自衛如陳，皆在陳侯稠時，屢主司城貞子家。司敗之問，蓋孔子在陳時也。司敗之官惟陳、楚有之，其爲陳人無疑。

【集解】孔曰：「司敗，官名。陳大夫。昭公，魯昭公。」

【唐以前古注】釋文引鄭注云：司敗，人名，齊大夫。

【集注】陳，國名。司敗，官名，即司寇也。昭公，魯君，名稠。習於威儀之節，當時以爲知禮，故司敗以爲問，而孔子答之如此。

孔子退，揖巫馬期而進之，曰：「吾聞君子不黨，君子亦黨乎？君取於吴，爲同姓，謂之吴孟子。君而知禮，孰不知禮？」

【考異】皇本「取」作「娶」，「進之」作「進也」。釋文亦作「娶」。史記弟子傳、吕氏春秋「期」皆作「旗」。翟氏考異：巫馬子名施。説文云：「施，旗貌。」齊欒施、鄭豐施皆字子旗。古人爲字，使人聞其字而知其名，率多如此。此當以「旗」爲正，「期」字通借。天文本論語校勘記：正平本無「君子亦黨乎」句。

【考證】九經古義：仲尼弟子列傳云：「巫馬施字子旗。」吕氏春秋亦云「巫馬旗」，今論語作「期」，孔安國注云：「弟子名施。」案説文云：「施，旗貌。齊欒施字子旗，知施者旗也。」古人名字相配，故白虎通云：「聞名即知其字，聞字即知其名。」古旌旗字無作期者，當从史記作旗。劉氏正義：巫馬者，以官爲氏。周官有巫馬，掌養疾馬而乘治之是也。仲尼弟子列傳：「巫馬施字子旗，少孔子三十歲。」漢書古今人表及吕氏春秋具備覽亦作巫馬旗。此文作「期」者，梁氏玉繩人表考云：「説文：『施，旗也。』故齊欒施字子旗。」而期與旗古通。左昭十三年『令尹子旗』，楚語下作『子期』。定四年『子期』，吕覽高誘注作『子旗』。戰國策『中期推琴』，史魏世家作『中旗』，皆其驗也。」案鄭豐施亦字子旗，見左昭十六年傳注。「旗」本字，凡作「期」皆叚借也。鄭目録云：「魯人。」家語弟子解則云陳人。論語竢質：巫馬，官名，於周官屬夏官。先世居是官，因以爲氏也。「君取於吴，爲同姓，謂之吴孟子」者，禮記坊記：「子云：『取妻不取同姓，以厚别也。故買妾不知其姓則卜之，以此坊民，魯春秋猶去夫人之姓曰吴，其死曰孟子卒。』」注：「吴，大伯之後，魯同姓也。昭公取焉，去姬曰吴而已，至其死亦略云孟子卒，不書夫人某氏薨。孟子蓋其字。」論語後録：此所云春秋，即不修春秋也。司敗蓋據此而言。周之制，同姓百世婚姻不通。昭公取吴不告于天子，天子亦不命之，故雜記曰：「夫人之不命於天子，自魯昭公始也。」

【集解】孔曰：「巫馬期，弟子，名施。相助匿非曰黨。魯、吴俱姬姓，禮，同姓不婚，而君取之，當稱吴姬，諱曰孟子。」

【集注】巫馬姓，期字，孔子弟子，名施。司敗揖而進之也。相助匿非曰黨。禮不娶同姓，而魯與吴皆姬姓，謂之吴孟子者，諱之，使若宋女子姓者然。

巫馬期以告。子曰：「丘也幸，苟有過，人必知之。」

【集解】孔曰：「以司敗之言告也。諱國惡，禮也。聖人道閎，故受以爲過。」

【唐以前古注】皇疏引繆協云：諱則非諱，斯誠然矣。若受以爲過，則所以諱者又以明矣，亦非諱也。向司敗之問則詭言以爲諱，今巫馬師徒將明其義，故向之言爲合禮也。苟曰合禮則不爲黨矣，今若不受爲過，則何禮之有乎？

【集注】孔子不可自謂諱君之惡，又不可以娶同姓爲知禮，故受以爲過而不辭。

【餘論】論語述何：春秋於孟子不書逆女，不書薨葬，於卒也不書吴孟子，諱文也。陳司敗若問昭公取同姓可爲知禮乎？則夫子不答也。　四書釋地又續補：少讀陳大士「君取於吴」二句文云：「於是一國之中有吴孟子號矣。孟子，昭公所自爲稱也。吴則非昭公所自爲稱也。」後讀孔穎達疏左傳：「論語謂之吴孟子，蓋時人常言。」疏坊記：「謂之吴孟子，是當時之言有稱吴也。」乃知陳大士文本此。予尤愛疏「魯春秋猶去夫人之姓曰吴」，云：「春秋無此文。坊記云然者，禮，夫人初至必書於策。若娶齊女，則曰夫人姜氏至自齊；娶宋女，則曰夫人子氏至自宋。此孟子初至時，亦當書曰夫人姬氏至自吴。同姓不得稱姬，舊史所書，蓋直云夫人至自吴，是去夫人之姓，直書曰吴而已。仲尼修春秋，以犯禮明著，全削其文，故經今無其事。」加以死但書曰孟子卒，則吴之一字當日不出自昭公口決矣。　又云：同姓之婚，如周語鄶由叔妘、聃由鄭姬，及左傳襄二十三年晉嫁女於吴，二十五年崔武子取棠姜，二十八年慶舍妻盧蒲癸，昭元年晉有四姬皆是。春秋于孟子以隱辭書之，豈所以深責秉禮之魯歟？按毛西河亦謂魯止稱孟子，當時故加以吴字，其曰謂之者，謂魯人謂之也。此與坊記所云「猶去其姓而曰吴」同意。若謂昭公自諱使若宋女，則昭公未嘗加吴字，正與閻氏説合。

四書翼注：魯昭公娶吴之事不見於春秋，或襄公在時已結婚，或即位後憚季氏之强，遠娶於吴以求繫援，皆不可知。至魯哀公十二年，春秋書「孟子卒」。左傳言：「昭公娶吴，故不書姓。死不赴，若不稱夫人。不反哭，故不言葬小君。」陳是時已滅於楚，雖復封之，夷於九縣，所謂「陳、蔡不羹」也，安能自通上國，爲楚所使？特時值是事，故意暴昭公之短以諂季氏，無行之尤者也。臣不可貶君，自無答不知禮之理，然使不答，即墜其局矣。亟答之曰知禮，挫其氣也。陳司敗知夫子見其肺肝，不敢措辭，揖巫馬期以洩其忿。使夫子别致一辭以自表其失言，又墜其局矣。惟欣然曰「丘也幸」，則司敗之技窮。使知君臣大倫根於天性，昭公失國，一再傳矣，孔子猶樂爲之任過，則季氏恐鷹鸇之逐鳥雀，不敢動於惡矣。

○子與人歌而善，必使反之，而後和之。

【考異】史記世家：使人歌善，則使復之，然後和之。

【集解】樂其善，故使重歌而後自和之。

【唐以前古注】皇疏引衛瓘云：禮無不答，歌以和，相答也。其善乃當和，音不相反，故今更爲歌，然後和也。

【集注】反，復也。必使復歌者，欲得其詳而取其善也。而後和之者，喜得其詳而與其善也。此見聖人氣象從容，誠意懇至，而其謙遜審密不掩人善又如此。

【餘論】四書近指：聲比於琴瑟謂之歌。史記云：「詩三百篇，夫子皆絃歌之，以求合韶、武、雅、頌之音。」　劉氏正義：如孫此説，是與人歌爲教弟子樂也。合韶、武、雅、頌，則善矣。

○子曰：「文莫吾猶人也，躬行君子，則吾未之有得。」

【考異】皇本、高麗本「得」下有「也」字。

【音讀】論語詳解：「文」字斷句。

【集解】莫，無也。文無者，猶俗言文不也。文不吾猶人者，言凡文皆不勝於人也。孔曰：「身爲君子，己未能也。」

【唐以前古注】楊慎丹鉛總録引欒肇論語駁云：燕、齊謂勉强爲文莫。

【集注】莫，疑辭。猶人言不能過人而尚可以及人。未之有得，則全未有得。皆自謙之辭。而足以見言行之難易緩急，欲人之勉其實也。

【别解一】論語駢枝：丹鉛録引晉欒肇論語駁曰：「燕、齊謂勉强爲文莫。」又方言曰：「侔莫，强也。北燕之外郊凡勞而相勉，若言努力者，謂之侔莫。」案説文：「忞，强也。慔，勉也。」忞讀若旻，「文莫」即「忞慔」假借字也。廣雅亦云：「文，勉也。」黽勉、密勿、蠠没、文莫皆一聲之轉。文莫行仁義也，躬行君子由仁義行也。劉氏正義：案淮南子繆稱訓「猶未之莫與」，高誘注：「莫，勉之也。」亦是借「莫」爲「慔」。夫子謙不敢居安行，而以勉强而行自承，猶之言學不敢居生知，而以學知自承也。

【别解二】胡紹勳四書拾義以莫訓定，屬下「吾猶人也」爲句，引詩「求民之莫」爲據。

【别解三】經義述聞：「莫」蓋「其」之誤，言文辭吾其猶人也，上下相應。猶左傳「其將積聚也」，其與也相應也。

○子曰：「若聖與仁，則吾豈敢？抑爲之不厭，誨人不倦，則可謂云爾已矣。」公西華曰：「正唯弟子不能學也。」

【考異】釋文：魯讀正爲誠，今從古。湛淵静語：子曰：「文莫吾猶人也，躬行君子，則吾未之有得。」此夫子謙辭，至「若聖與仁，則吾豈敢」，亦夫子謙辭。上有「若」字，下有兩「則吾」，似是一章，蓋多一「子曰」爾。　四書辨疑：章首疑有闕文。　晁氏謂當時有稱夫子聖且仁者，其説良是。

【考證】論語補疏：聖者，通也。　大戴禮四代篇云：「聖知之華也。」聖與仁即知與仁。　羣經平議：聖與仁，猶言智與仁也。　子貢曰：「學不厭，智也。教不倦，仁也。」蓋諸弟子之稱夫子如此。孔子聞之而不敢居仁智之名，故曰：「若聖與仁，則吾豈敢？抑爲之不厭，誨人不倦，則可謂云爾已矣。」聖與智古通稱，故臧武仲多智，時人謂之聖人。　禮記鄉飲酒義曰：「仁義接，賓主有事，俎豆有數，曰聖。聖立而將之以敬，曰禮。」大戴記盛德篇曰：「宗伯之官以成仁，司馬之官以成聖，司寇之官以成義，司空之官以成禮。」其所謂聖即智也，故與仁義禮並列，猶言仁義禮智也。後世但知大而化之之謂聖，而古義湮矣。　胡紹勳四書拾義：「爾」當作「尒」。　説文云：「尒，詞之必然也。」經傳「尒」字後人皆改作「爾」。　廣雅釋詁云爲有，正此經確詁。　云爾即有此之詞。若孟子「是何足與言仁義也云爾」，趙注以爲絶語之辭，爾當讀如字，與論語異。「薄乎云爾」亦然。

【集解】孔曰：「孔子謙不敢自名仁聖也。」馬曰：「正如所言，弟子猶不能學，況仁聖乎？」

【集注】此亦夫子之謙辭也。聖者，大而化之。仁則心德之全而人道之備也。爲之，謂爲仁聖之道。誨人，亦謂以此教人也。然不厭不倦，非己有之則不能，所以弟子不能學也。　晁氏曰：當時有稱夫子聖且仁者，以故夫子辭之。苟辭之而已焉，則無以進天下之材，率天下之善，將使聖與仁爲虚器，而人終莫能至矣。故夫子雖不居仁聖，而必以爲之不厭、誨人不倦自處也。可謂云爾已矣者，無他之辭也。公西華仰而歎之，其亦深知夫子之意矣。

按：四書纂疏：「晁氏名説之，清豐人。」考宋史列傳，字以道，濟州鉅野人，晁補之之從弟也。

【餘論】論語集注考證：王文憲云：「學不厭，誨不倦，前章方言何有於我，此章乃曰則可謂云爾，學者當思。」履祥案：前章自省之辭，此章必因人之問。子貢問夫子聖矣乎，其下答辭與此章類。故晁氏之説以爲有稱夫子聖且仁者，而夫子辭之如此。四書賸言：「若聖與仁」，予以六經解之。鄉飲酒義曰：「東方者春，春之爲言，蠢也，産萬物者也，聖也。南方者夏，夏之爲言，假也，假者，大也，養而大之，仁也。」則内聖外王，總以仁及萬物爲言。聖仁者，明德而新民，成己而成物者也。禮所云「天子之立也，嚮仁而左聖」，正以是也。然則學不厭、教不倦，亦學爲聖仁，教爲聖仁，以仁心及物而進于聖已矣，何一詣焉？博施濟衆，子貢以爲仁人之事，而夫子以爲聖人之事，亦謂仁與聖皆推心之恕以長養萬物，淺與深總一體者。蓋春爲養之本，故以聖當之。夏爲養之末，故反以仁當之。六經解聖仁無兩義，人之學聖仁、教聖仁亦無兩事，所謂一貫在忠恕，如此而已。

○子疾病，子路請禱。子曰：「有諸？」子路對曰：「有之；誄曰：『禱爾于上下神祇。』」子曰：「丘之禱久矣。」

【考異】舊無「病」字。釋文曰：「『子疾』，一本云『子疾病』，皇本同，鄭本無『病』字。」周禮大祝疏引作「孔子病」。皇本「禱久矣」，「禱」下有「之」字。翟氏考異：集解於子罕篇始釋病，則此有「病」字非。又按孔注云：「某禱之久矣。」繹文則舊本宜有下「之」字。

【考證】説文：讄，禱也。論語云：「讄曰：『禱爾於上下神祇。』」或不省作「讄」。周禮小宗伯「禱于上下神示」，鄭康成注引「讄曰：『禱爾于上下神祇』」。又大祝「作六辭，其六曰誄」，鄭注曰：「誄，謂積纍生時德行以錫之命。」論語集注考證：古本論語元作「讄」，説文所引是也。其作「誄」者，則哀死而述行以謚之之辭。同是力軌反，而義不同。必開元、長興史書之誤，集注偶未之考爾。其稱「讄曰」，必自有一書，如大祝所掌六祝六辭之類。翟氏考異：按説文及玉篇、廣韻等書誄、讄皆各爲訓，至毛晃增修韻略始言讄與誄同。據周禮小宗伯、大祝二注不同，大祝注直以論語所稱爲誄，是當鄭氏時已兩文並傳。考證謂必開元、長興時誤，誣之矣。論語後案：誄，説文引此作「讄」，或作「讄」，累功德以求福也。段氏注曰：「讄，施于生者以求福。誄，施于死者以作謚。」論語之「誄」字當作「讄」，集注誤也。

按：論語述要云：「時夫子方生，子路斷不引哀死之誄以答，『誄』當作『讄』無疑也。」蓋宋人不講六書，王伯厚引慈湖、蒙齋説古「孝」字只是「學」字，錢大昕以爲：「古文學从爻，孝从老，判然兩字，豈可傅會爲一？宋人不講六書，故有此謬説。淹貫如伯厚且然，何況朱子？」考春秋傳「孔子卒，哀公誄之」，或曰：誄，論語所「誄曰禱爾於上下神祇」。賈疏曰：「生人有疾，亦累列其德行而爲辭，故引論語文以相續。」以六辭之誄讀如論語之誄，是溷謟於誄之始歟？其誤不始於朱子也。劉寶楠以爲當是古魯文異，亦可備一説。

太平御覽引莊子（困學紀聞引）：孔子病，子貢出卜。孔子曰：「吾坐席不敢先，居處若齋，飲食若祭，吾卜之久矣。」翟氏考異：此條爲今本莊子所無，蓋即論語事，而易子路爲子貢，易禱爲卜耳。莊周所傳孔子言行已不得其真，此更未知果周言否。論衡感虛篇引此云：聖人修身正行，素禱之日久，天地鬼神知其無罪，故曰禱久矣。

【集解】包曰：「禱，禱請於鬼神也。」周曰：「有諸，言有此禱請於鬼神之事乎。」孔曰：「子路失指也。誄，禱篇名。孔子素行合於神明，故曰某之禱久矣。」

【唐以前古注】皇疏引欒肇云：案説者徒謂無過可謝，故止子路之請，不謂上下神祇非所宜禱也。在禮天子祭天地，諸侯祈山川，大夫奉宗廟，此禮祀典之常也。然則禱爾于上下神祇，乃天子禱天地之辭也，子路以聖人動應天命，欲假禮祈福二靈。孔子不許，直言絶之也。曰「丘禱久矣」，此豈其辭乎？欲卒舊之辭也。自知無過可謝而云「丘之禱久矣」，豈其辭乎？在聖行無違，凡庸所知也。子路豈誣夫子於神明哉？以爲祈福自不主以謝過爲名也。若以行合神明無所禱請，是聖人無禱請之禮，夫如是，知禮典之言棄，金縢之義廢矣。

【集注】禱，謂禱於鬼神。有諸，問有此理否。誄者，哀死而述其行之辭也。上下謂天地，天曰神，地曰祇。禱者，悔過遷善以祈神之佑也。無其理則不必禱。既曰有之，則聖人未嘗有過，無善可遷，其素行固已合於神明，故曰某之禱久矣。又士喪禮「疾病行禱五祀」，蓋臣子迫切之至情有不能自已者，初不請於病者而後禱也。故孔子之於子路不直拒之，而但告以無所事禱之意。

【餘論】吴嘉賓論語説（劉氏正義引）：父兄病而子弟禱，此不當使病者知也。周公之册祝自以爲功，雖祝史皆命之使勿敢言，况請之乎？子路之請禱，欲聖人之致齊，以取必於鬼神也。

【發明】論語或問：或問：行禱五祀，著於禮經，今子路請之而夫子不從，何也？曰：以理言之，則聖人之言盡矣。以事言之，則禱者臣子至情迫切之所爲，非病者之所與聞也。病而與聞於禱，則是不安其死而諂於鬼神，以苟須臾之生，君子豈爲是哉？曰：然則聖言乃不及此，而直以爲無事於禱，何也？曰：是蓋有難言者。然以理言，則既兼舉之矣。蓋祈禱卜筮之屬，皆聖人之所作。至於夫子，而後教人一決諸理，而不屑屑於冥漠不可知之間。其所以建立人極之功，於是爲備，觀諸易之十翼亦可見矣。尹會一讀書筆記：天地神明，臨之在上，質之在旁。身心、性情、作止、語默，無時無處而不悔過遷善，是乃平時之所以爲禱，不待疾病而後然也。聖人之言，至爲切實，勿徒作拒子路之辭觀。論語稽：子路嘗問生死鬼神，蓋有以見生死之理，天人一致。故夫子問「有諸」，而直對曰「有之」也。其述誄詞，上曰神屬天，下曰祇屬地，上下之中有人，人戴天履地，豈有不能感通者？然不知感通在平日，不在臨時。若平日德不足以感通，有疾乃求神祇，則不惟誣神祇，且自誣矣。夫子自言禱久，固以素行之合於神明，亦可見禱祠之不必事矣。

○子曰：「奢則不孫，儉則固。與其不孫也，寧固。」

【考異】皇本「孫」作「遜」，下同。漢書董仲舒傳、後漢書馬融傳、又王暢傳注、説苑權謀篇、顔氏家訓治家篇、太平御覽人事部皆引文「孫」字作「遜」。翟氏考異：憲問篇「危行言孫」，「幼而不孫弟」，衛靈公「孫以出之」，陽貨「不孫爲勇」，「近之不孫」，皇本皆作「遜」。據書「五品不遜」，及遜志、遜荒，並是「遜」字，則「遜」亦經典所用。

【集解】孔曰：「俱失之，奢不如儉。奢則僭上，儉不及禮。固，陋也。」

【唐以前古注】皇疏：二事乃俱爲失。若不遜陵物，物必害之，頃覆之期，俄頃可待。若止復固陋，誠爲不逮，而物所不侵。故與其不遜，寧爲固陋也。

【集注】孫，順也。固，陋也。奢儉俱失中，而奢之害大。晁氏曰：「不得已而救時之弊也。」

【發明】此木軒四書説：聖人意在惡不孫，注言救時之弊者，當時如舞佾歌雝皆不孫之事也。其實奢之害大，自是一定之理，不論風尚如何。故曰「國儉示之禮」，不言國儉示之奢也。

○子曰：「君子坦蕩蕩，小人長戚戚。」

【考異】釋文曰：魯讀蕩爲湯，今從古。

按：劉氏正義：「詩宛丘『子之湯兮』，毛傳：『湯，蕩也。』王逸楚辭章句引作『蕩』。二字音義本同，故鄭仍從古。」陳氏啓源曰：「『蕩蕩』當作『潒潒』。説文平坦義當作惕，狂放義當作像，廣大義當作潒。蕩本水名，與此之義俱無涉。今愓、慯、潒三字俱不用，以一蕩字總其義，此俗之譌也。」

【考證】論語後案：「戚戚」即詩之「蹙蹙」，爲縮小之貌。説文無「蹙」字，凡經典戚與蹙訓憂者，皆以「慼」爲正字。訓迫促者，以「戚」爲正字，即戚近義之引申。此戚戚當訓迫縮，與蕩蕩反對也。

按：戚戚訓迫縮自是的訓。宋儒不明訓詁，故有此誤。然古注已云「長戚戚，多憂懼貌也」，是其誤亦不始於集注也。

【集解】鄭曰：「坦蕩蕩，寬廣貌。長戚戚，多憂懼貌。」

【唐以前古注】皇疏引江熙云：君子坦爾夷任，蕩然無私。小人馳兢於榮利，耿介於得失，故長爲愁府也。

【集注】坦，平也。蕩蕩，寬廣貌。程子曰：「君子循理，故常舒泰。小人役於物，故多憂戚。」

【發明】反身録：問：君子坦蕩蕩。曰：能俯仰無愧，便是坦蕩蕩。能持敬謹獨，方能俯仰無愧。問：持敬以謹其獨，固致坦之要，而獨之當謹者，其詳亦可聞乎？曰：獨之當謹者非一，而名利之念尤爲喫緊。千病萬病，咸從此起，只不爲名牽，不爲利役，便俯仰無愧，便坦蕩自得。小人不爲名牽，便爲利役，未得患得，既得患失，便是長戚戚。魯岡或問：君子處窮通得喪，何以獨蕩蕩而不戚戚？曰：窮通得喪可以大言，可以小言。小處沾滯，大處可知。一絲未忘，難言蕩蕩。其所以異於二氏之空幻者，仁智也。如用一物，非不珍重愛惜，却又成敗聽之。如受一託，非不盡心竭力，却又離合聽之。唯得時不喜，故喪時不憂。張伯行困學録：君子坦蕩蕩，祇是樂天知命而已。此木軒四書説：小人長戚戚，何必王巨君、李林甫一輩，受此極惡，謂當懲創乎？惡惡不如惡臭，好善不如好色，難終身行善亦近名目，彼其戚戚之根故自在。聖人發言之旨，似應在此也。

○子温而厲，威而不猛，恭而安。

【考異】釋文説：一本「子」作「子曰」，「厲」作「例」。皇本作「君子」，「威」下無「而」字。翟氏考異：依釋文，則皇本作「君子温而厲」，今所見侃義疏但與監本同文，未有「君」字，此是海國中傳寫脱漏。後子張篇君子有三變章，義疏曰：「所以前卷云『君子温而厲』也。」可爲其脱漏之確證。三國吴志步騭傳引論語「恭」句處「威」句前。

按：此章依皇疏原本（非今皇本），當作「子曰君子温而厲威而不猛恭而安」，然不如今文義長。

【唐以前古注】皇疏引王弼云：温者不厲，厲者不温，威者必猛，不猛者不威，恭則不安，安者不恭，此對反之常名也。若夫温而能厲，威而不猛，恭而能安，斯不可名之理全矣。故至和之調，五味不形；大成之樂，五聲不分；中和備質，五材無名也。

【集注】厲，嚴肅也。人之德行本無不備，而氣質所賦鮮有不偏。惟聖人全體渾然，陰陽合德，故其中和之氣見於容貌之間者如此。門人熟察而詳記之，亦可見其用心之密矣。抑非知足以知聖人而善言德行者不能記，故程子以爲曾子之言，學者所宜反復而玩味也。

【發明】嶺雲軒瑣記：讀古人書，執着印板説話，如何是仁，如何是義，全無是處。又曰：存誠主敬，久成道學家套語矣。須知二者不可作意以求。心苟常存，不期誠而自誠。心果有主，不期敬而自敬。宋儒有十年後纔去得一矜字者，有十五年學個恭而安不成者，皆悮甚。朱子曰：「但得心存便是敬，勿於存外更加功。」是爲得之。李光地論語劄記：温者，春生之氣。威者，秋肅之氣。恭者，内温外肅，陰陽合德之氣也。三句就一時想像亦可，然亦有迭見者。蓋喜怒哀樂，聖與人同，當其喜則温之氣形，當其怒則威之氣形，及乎喜怒未發，則恭之意常在也。又推出一安字，則見其一出乎至誠而無勉彊，深體而默識之，則知聖人與天地相似。

論語集釋卷十五

泰伯上

○子曰："泰伯，其可謂至德也已矣。三以天下讓，民無得而稱焉。"

【考異】史記吴太伯世家贊："孔子言太伯可謂至德矣。""泰"字作"太"。漢書地理志引文"泰"亦作"太"，"德"字作"惠"。論語釋文："得"，本亦作"德"。後漢書丁鴻傳論："孔子曰：『泰伯三以天下讓，民無德而稱之焉。』"有"之"字。論語後録：易小畜"尚德載"，虞仲翔本作"尚得載"。周禮大卜"三曰咸陟"，注："陟之言得，讀若王德狄人之德。"史記項羽本紀"吾爲若德"，漢書作"吾爲公得"，是"得"與"德"古字通也。經義雜記：集解引王肅云"無得而稱"，是王本作"得"，後漢書丁鴻傳論引作"無德"，李注云："論語載孔子之言也。"又引鄭注"無德而稱焉"，是鄭本作"德"，釋文所見，蓋即鄭本。王肅好與鄭難，故改其義。按：據以上所引諸書，知得、德古通。然論語後録引延篤云："泰伯三讓，人無德而稱。"是又古本作"德"之一證。蓋古人"得"與"德"通用，猶之"仁"與"人"通，此古書常見之例，不足異也。

【考證】韓詩外傳：大王亶甫有子曰太伯、仲雍、季歷。歷有子曰昌。太伯知大王賢昌而欲季爲後也，太伯去之吴。大王將死，謂曰：「我死，汝往讓兩兄。彼即不來，汝有義而安。」大王薨，季之吴告伯仲，伯仲從季而歸。羣臣欲伯之立季，季又讓。伯謂仲曰：「今羣臣欲我立季，季又讓，何以處之？」仲曰：「刑有所謂矣，要於扶微者，可以立季。」季遂立，而養文王，文王果受命而王。孔子曰：「太伯獨見，王季獨知。伯見父志，季知父心。故大王、太伯、王季可謂見始知終而能承志矣。」　吴越春秋：古公病將卒，令季歷三讓國於泰伯，而三讓不受，故云「泰伯三以天下讓」。　又云：古公卒，泰伯、仲雍歸。赴喪畢，還荆蠻，國民君而事之，自號爲句吴。　論衡四諱篇：昔太伯見王季有聖子文王，知大王意欲立之，入吴采藥，斷髮文身，以隨吴俗。大王薨，太伯還，王季避主，太伯再讓，王季不聽。三讓，曰：「吾之吴、越，吴、越之俗斷髮文身。吾刑餘之人，不可爲宗廟社稷之主。」王季知不可，權而受之。　公是弟子記：深甫曰：「泰伯讓一國而曰讓天下，何也？」劉子曰：「唯至德者能以百里王天下，是亦讓天下矣。」　讀四書叢説：詩言太王「實始翦商」，其意以爲周之所以滅商者，自此基之爾，非必謂太王即有翦商之謀也。蓋古公之遷邠，人從之如歸市。而吴越春秋云：「古公居三月，成城郭。一年，成邑。二年，成都。」而民五倍其初，彷彿帝舜氣象。」則德化及於民，其勢有不可遏者。但古公遷岐在殷王小乙之末年，不久而高宗立，傳説爲相，中興，在位五十九年。次祖庚立，七祀。次祖甲，二十八祀，文王生。書稱祖甲之享國三十有三年，自遷岐至文王生之年已九十七年，古公壽百二十歲，後不知的於何年卒，計在文王生一二年之後。則古公始終正居商令王有道之世，翦商之志何自而生邪？文王生有聖瑞，故古公曰：「我後世當有興者，其在昌乎？」泰伯知欲立季歷以傳昌，乃亡。史之可見者如此。蓋古公但言興者其在昌，未見有翦商之意。觀知欲立季歷之言，則亦未嘗明言立季歷。所謂知，正於「其在昌乎」一言知其意爾。其讓國也固爲至德，而季歷之後世遂有天下，天命既欲興周，其始也非季歷，則國固泰伯之國，而泰伯之後有周矣，故曰以天下讓。夫子就成事上論其讓也。止讓國而非天下，故民無得而稱。惟太王始不明言立季歷，乃泰伯因其在昌一言，暗知太王之意，託採藥而去，亦無讓國之迹，所以民尤無得而稱，所以爲德之至也。

崔東壁考信録：集注「太王欲傳季歷以及昌」，其説本之史記。史記但載太王云「我世當有興者，其在昌乎」，未嘗有太王欲翦商之説也。朱子從而增之，金仁山駁之是也。而後儒猶云云者，無他，震於孔子至德之稱，以爲避弟之節小，存商之義大，故不肯舍彼而就此耳。夫太王之事，詩、孟子言之詳矣。詩云：「古公亶父，來朝走馬。率西水滸，至於岐下。」孟子曰：「太王居邠，狄人侵之，去之岐山之下居焉。」太王流離播遷之不暇，而暇謀商乎？詩云：「天作高山，太王荒之。」又云：「帝省其山，柞棫斯拔，松柏斯兑。帝作邦作對，自太伯、王季。」孟子曰：「文王以百里。」是太王雖遷岐，而生聚猶未衆，田野猶未闢。至於王季，始啓山林。文王然後蕃盛，而疆宇猶僅百里也。太王之世，周安得日彊大哉？且使太王如果彊大，則何不恢復故土，逐獯鬻於塞外，以雪社稷之恥，乃反晏然不以爲事，而欲伐天下之共主，是司馬錯之所不爲也，太王豈爲之乎？記曰：「君子素其位而行，不願乎其外。」古之帝王皆非有心於得天下者也，天與之，人歸之，不得已而受之耳。南河、陽城之避，不待言矣。即鳴條、牧野，亦如是而已。受球受共以後，三分有二之餘，但使桀、紂之惡未甚，猶不肯伐之也。況太王新造之邦，蕞爾之土乎？且太王天下之仁主也，當其在邠也，獯鬻無故侵之而猶不與之角，事之不免而遂去之，太王之心亦可見矣。烏有喘息甫定，而欲翦商者哉？今論者但欲表泰伯之忠貞，遂不惜誣太王以覬覦；但取其論之正大，遂不復顧其事之渺茫，過矣。凡己所有而以與人曰讓，人以所有與己而已不受則不曰讓，而猶或謂之讓，未有以不肯無故奪人所有而亦謂之讓者。天下，商素有之天下也，於周何與焉？而泰伯得以讓之乎？然則非但時勢之不符也，即文理以難通矣。由是言之，泰伯自讓王季耳，與商初無涉也。曰然則詩何以稱太王翦商，傳何以言泰伯不從，論語何以與文王皆謂之至德也？曰：孟子曰：「説詩者不以文害辭，不以辭害意。」況閟宮一詩，語尤夸誕。僖公乞師於楚以伐齊，爲楚戍衞，又會楚於薄於宋。而此篇反謂之「荆、舒是懲，則莫我敢承」，其敍現在之事，猶誣如此，況追敍數百年以前之事，烏在可信以爲實邪？左傳之文，史記嘗采之矣。晉世家云：「泰伯亡去，是以不嗣。」以不從爲亡去，是所謂不從者，謂不從太王在岐耳，非有他也。杜氏始有不從父命之言，然云不從父命，俱讓適吳，未見其爲翦商之命也。微子去之，箕子爲之奴，比干諫而死，三人之行不同也，而孔子曰「殷有三仁焉」。泰伯之與文王，何必同爲一事，然後同謂之至德乎？

按：二程、謝、楊諸家皆主讓周，朱子初亦從之，乃於集注歷改而主讓商何也？蓋此章癥結在天下二字，主讓周者，其説可分爲三種，一、龜山謂泰伯亡如荆蠻，以讓季歷，是時周未有天下也。然文王之興，本由太王，謂泰伯以天下讓者，蓋推本言之。二、伊川以爲立文王則道被天下，故泰伯以天下之故而讓之。三、歸熙甫則以爲國與天下，常言之通稱。近人鄭浩所著論語述要力伸朱説，謂：「孔子不輕以至德許人，此章之外，僅見於文之服事殷。書始唐、虞，堯、舜禪讓者也。春秋始隱公，隱志在讓桓者也。夫子大義微言，歷歷可見。立千古之大坊，防後世之篡亂，至明顯也。」所論不爲無見。惟左傳所云泰伯不從，史公以亡去爲不從，其義甚明。杜氏誤以不從父命爲解，而後儒遂傅會魯頌之文，謂太王有翦商之志，泰伯不從。此則宋儒師心自用之失，不能曲爲諱也。

【集解】王曰：「泰伯，周太王之長子，次弟仲雍，少弟季歷。季歷賢，又生聖子文王昌。昌必有天下，故泰伯以天下三讓於王季。其讓隱，故無得而稱言之者，所以爲至德也。」

【唐以前古注】論語正義引鄭注云：泰伯，周太王之長子，次子仲雍，次子季歷。太王見季歷賢，又生文王，有聖人表，故欲立之，而未有命。太王疾，泰伯因適吴、越采藥，太王没而不返，季歷爲喪主，一讓也。季歷赴之，不來奔喪，二讓也。免喪之後，遂斷髮文身，三讓也。三讓之美，皆隱蔽不著，故人無得而稱焉。　皇疏：少弟季歷，生子文王昌。昌有聖人德。泰伯知昌必有天位，但升天位者必須階漸，若從庶人而起，則爲不易。太王是諸侯，已是太王長子，長子後應傳國。今欲令昌取王位有漸，故讓國而去，令季歷傳之也。或問曰：泰伯若堪有天下，則不應讓人；若人有天下，則泰伯復無天下可讓。今云三以天下讓，其事如何？或通云：泰伯實應傳諸侯，今讓者，諸侯位耳。而云讓天下者，是爲天下而讓，今即之有階，故云天下也。然仲雍亦隨泰伯而隱，不稱仲雍者，國位在泰伯，泰伯讓，是導仁軌也；仲雍隨，是揚其波也。又引范甯云：泰，重大之稱也。伯，長也。泰伯，周太王之元子，故號泰伯。其德宏遠，故曰至也。三以天下讓有二釋，一曰：泰伯少弟季歷，生子文王昌。昌有聖德。泰伯知其必有天下，故欲必傳國於季歷，以及文王。因太王病，託採藥於吳、越不返。太王薨而季歷立，一讓也。季歷薨而文王立，二讓也。文王薨而武王立，於此遂有天下，是爲三讓也。又一云：太王病，而託採藥出，生不事之以禮，一讓也。太王薨，而不返，使季歷主喪，死不葬之以禮，二讓也。斷髮文身，示不可用，使季歷主祭禮，不祭之以禮，三讓也。詭道合權，隱而不彰，故民無得而稱，乃大德也。又引繆協云：泰伯三讓之，所爲者季歷、文、武三人，而王道成，是三以天下讓也。其讓之跡詭，當時莫能知，故無以稱焉，可謂至德也。

【集注】泰伯，周太王之長子。至德，謂德之至極無以復加者也。三讓，謂固遜也。無得而稱，其遜隱微，無迹可見也。蓋太王三子：長泰伯，次仲雍，次季歷。太王之時，商道寖衰，而周日彊大。季歷又生子昌，有聖德。太王因有翦商之志，而泰伯不從，太王遂欲傳位季歷以及昌。泰伯知之，即與仲雍逃之荆蠻，於是太王乃立季歷，傳國至昌，而三分天下有其二，是爲文王。文王崩，子發立，遂克商而有天下，是謂武王。夫以泰伯之德，當商、周之際，固足以朝諸侯有天下矣。乃棄不取而又泯其迹焉，則其德之至極爲何如哉。蓋其心即夷、齊扣馬之心，而事之難處有甚焉者，宜夫子之歎息而贊美之也。泰伯不從事見春秋傳。

按：論語經正録評之云：「朱子一生精力在四書章句，至於文義偶有未協處，固不必過爲迴護，致成門户之見。此章集注，金仁山辨之，先戆思先生亦云：『集注特沿史記之文，洗刷未淨，其病尤在添一志字，有似處心積慮陰謀人國者之所爲。』黄勉齋云：『朱子晚年改論語集注，至關雎章而止。則此章之注，固亦未爲定論也。』」

【餘論】論語或問：或問：何以言三讓之爲固讓也？曰：古人辭讓，以三爲節。一辭爲禮辭，再辭爲固辭，三辭爲終辭。故古注至是但言三讓而不解其目也。今必求其事以實之，則亦無所據矣。曰：何以言其讓於隱微之中也？曰：泰伯之讓，無揖遜授受之迹，人但見其逃去不返而已，不知其讓也。知其讓者，見其讓國而已，而不知所以使文武有天下者實由於此，則是以天下讓也。曰：其爲至德何也？曰：讓之爲德既美矣，至於三，則其讓誠矣。以天下讓，則其所讓大矣。而又能隱晦其迹，使民無得而稱焉，則其讓也非有爲名之累矣。此其德所以爲至極而不可以有加也。曰：太王有廢長立少之意，非禮也。泰伯又探其邪志而成之，至於父死不赴，傷毁髮膚，皆非賢者之事。就使必於讓國而爲之，則亦過而不合於中庸之德矣，其爲至德何邪？曰：太王之欲立賢子聖孫，爲其道足以濟天下，而非有愛憎之間利欲之私也。是以泰伯去之而不爲狷，王季受之而不爲貪。父死不赴，傷毁髮膚，而不爲不孝。蓋處君臣父子之變，而不失乎中庸。此所以爲至德也。其與魯隱公、吴季子之事蓋不同矣。日知録：今將稱泰伯之德，而先以莽、操之志加諸太王，豈夫子立言之意哉？朱子作論語或問，不取翦商之説，而蔡仲默傳書武成曰：「太王雖未始有翦商之志，而始得民心，王業之成，實基於此。」仲默，朱子之門人，可謂善於匡朱子之失者矣。四書釋地：集注莫不善於太王有翦商之志，而泰伯不從，讓主君臣立説者。余取歸熙甫泰伯論，爲之删竄，以正之曰：辭取之際，惟聖人爲能盡乎天下之至情。何也？伯夷、叔齊，天下之義士也。伯夷順其父之志而以國與其弟，然終於叔齊之不敢受，則是其父之志終不遂矣。夫家人父子之間，豈無幾微見於顔色，必待君終無適嗣之日，相與蹇裳去之，民將得因而稱之，故聖人以爲賢人而已。至泰伯則不然，不讓於傳位之日，而於採藥之時，是蓋有伯夷之心，而無其迹，然後可以行伯夷之事，遂伯夷之心。古今之讓，從未有曲而盡如此焉者，此夫子所以深歎其不可及也。蓋太王之欲傳歷及昌也，非如晉獻、漢高徒少子之是愛也，亦非爲昌之終必翦商，爲數世後伏革除之謀也。不過曰代有殊德，天下將長享其福云爾。是固爲天下之公心也。使泰伯知其意而猶與之並立於此，太王賢者，即心爲天下，而終以長幼之節不忍言，吾即明言而公讓之，弟亦將終爲叔齊而不忍受，是亦夷之終不獲遂其父志而已矣。夫父有志而吾順而成之，且如是其曲而盡也。世之説者不深晰其父子之情，而彊謂其全君臣之義。夫弟於商獨非君臣，而乃以蔑義之事推而付之也乎？且又何以爲傳之者地乎？而子乃曰至德乎？夫德莫先於孝，先意承志，孝子之事也。故泰伯之所爲，乃匹夫匹婦之爲當然者。夫惟匹夫匹婦以爲當然，是天下之至情也，而非聖人則固不能盡也。四書辨疑：太王之時，商猶未有罪惡貫盈如紂之君。太王不問有無可伐之理，但因己之國勢彊大，及其孫有聖德，遽欲翦滅天下之主，非仁人也。又爲世子不從，即欲奪其位與餘者，雖中才之人亦所不爲，而謂太王爲之乎？况文王猶方百里起，則文王以前，周亦未嘗彊大也。太王爲狄人所侵，遷之於岐山之下，以小避大，免患而已，而又容有翦商之志乎？詩稱「實始翦商」者，本言周之興起，以至斷商而有天下，原其所致之由，實自太王修德保民爲始。蓋以王業所自而言，非謂太王實始親爲翦商之計也。且更置此勿論，就如注文所言，纔有其志，事猶未行，父子之間，何遽相違以至於此？太王果爲此事欲廢其子，泰伯果爲此事棄父而去，可謂父不父子不子，何至德之有哉？推其事情，只是泰伯見商道寖衰，憫生民之困，知文王聖德，足使天下被其澤，故欲讓其位於王季，以及文王。太王却是重長幼之序，不許泰伯之請，如此則泰伯之逃爲有理矣。纂疏引語録之説曰：「泰伯只見太王有翦商之志，自是不合他意，便掉了去。」又言：「到此顧𠠌不得父子之情。」嗚呼！人倫所重，莫重於父。以子事父，不合他意，便掉了去，是無父子。以此爲教，將如後世何？楊名時論語劄記：讓商之説，謂泰伯一立，則天下即歸泰伯，將欲辭之而不能。故早見及此，而讓而不居，是延商祚及百年者，皆泰伯忠貞之所留。夫懼己之德澤及民，恐天與人歸，致失臣節，似揆之舜、禹、文王之事，有未必然者。且既即侯位，而盡其忠貞，如文王之事殷，豈害臣節？此讓商之説或有未安也。至讓周之説，則曰泰伯欲遂父志，再傳可成王業。泥天下二字取解。以當日之事勢及聖人之立心推之，尤多未合。玩夫子本意，祇稱其能讓國於弟，以成父志，而其遜隱微，無迹可見。上以全其父之慈，下以成其弟之友，視伯夷之讓，尤爲盡善，故稱之爲至德，見其能全天倫而不傷耳。因周後有天下，故云以天下讓，特據已然而言，非泰伯知文王將有天下而讓以成之也。

【發明】反身録：爲善不近名，方是真善。否則縱善蓋天下，可法可傳，有爲之爲，君子弗貴，以其非真也。或曰：人只要力行好事，一時雖不求人知，天下後世終有知之者。曰：力行好事，亦惟行其心之所安，當然而然耳。後世之知與不知，非所望也。若爲天下後世終必知之而力行，終是有爲而爲，非當然而然也。而身後之名果足以潤枯骨乎？泰伯惟行其心之所安，是以不存形迹。其後季札之避位辭封，安於延陵，高風偉節，儀表千古，淵源遠矣。劉氏正義：古之以天下讓者，莫大於堯、舜，莫難於泰伯，及周之服事。若禹雖傳世，而其始亦是讓，故弟子記此篇以論泰伯始，以論堯、舜、文王及禹終也。

○子曰：「恭而無禮則勞，慎而無禮則葸，勇而無禮則亂，直而無禮則絞。」

【考異】文選魏都賦「誰勁捷而無諰」，注引論語此文爲證，云：「諰與葸同。」

【考證】禮記仲尼燕居：子曰：「敬而不中禮謂之野，恭而不中禮謂之給，勇而不中禮謂之逆。」　黄氏後案：「葸」作「諰」爲正，鰓、葸、諰，經及子史通用字，説文所無。荀子曰：「諰諰然常恐天下之一合而軋己也。」漢書引荀子「諰」作「鰓」，注：「蘇林曰：『讀如慎而無禮則葸之葸，懼貌也。』」　劉氏正義：廣雅釋言：「葸，慎也。」王氏念孫疏證：「大戴禮曾子立事云：『人言善而色葸焉，近於不說其言。』荀子議兵篇：『諰諰然常恐天下之一合而軋己也。』漢書刑法志作『鰓』，蘇林注云：『鰓音慎而無禮則葸之葸。鰓鰓，懼貌也。』王延壽魯靈光殿賦云：『心㹥㹥而發悸。』並字異而義同。」

【集解】葸，畏懼之貌，言慎而不以禮節之，則常畏懼。馬曰：「絞，絞刺也。」

【唐以前古注】釋文引鄭注云：葸，慤質貌。絞，急也。　筆解：韓曰：「王注云：『不以禮節之。』吾謂禮者，制中者也。不及，則爲勞爲葸。過，則爲亂爲絞。絞，確也。」李曰：「上篇云『禮之用和爲貴』，『不以禮節之，亦不可行』，此言發而皆中節，謂之和也。今言恭必企而近禮，不可太過，大抵取其制中而已乎。」

【集注】葸，畏懼貌。絞，急切也。無禮則無節文，故有四者之弊。

【別解】論語訓：言治民在端本也。恭，供給敬事也，若課農桑興水利之事，無禮節之，則勞民也。慎，謂卑約省事。「葸」一作「㹥」，「獡」之異文，驚不附人也。勇於行則民亦好勇，故易亂。好直繩則民不堪，如束繩爲絞也。

按：此章就治民說，與下章方有連絡，亦備一義。

君子篤於親，則民興於仁；故舊不遺，則民不偷。」

【考異】吴棫論語續解：以下乃曾子之言也。論語集說：此章與上文不相蒙，今從武夷吴氏說自爲一章。君子，謂在上之人也。篤，厚也。興，起也。偷，薄也。篤於親，不遺故舊，盡吾人道之當然耳，非爲欲動民而若此也。仁義之心，人皆有之，上行而下傚，自然民化而德厚矣。四書辨疑：兩節文勢事理皆不相類，分此自作一章，實爲愜當。而以爲曾子之言，却是過慮。此無言者姓名，蓋闕文耳。漢書平帝紀元始五年詔引上二句，師古注曰：「此論語載孔子之辭也。」禮記少儀注、齊語正月之朝篇注俱引下二句，題「孔子曰」字。翟氏考異：鄭康成、韋宏嗣、顏師古皆指實此爲孔子辭，吴氏以屬曾子，出自臆斷，恐不足據。梁氏旁證：吴說見吴棫論語續解。此兩節文勢事理皆不相類，張子「人道知所先後」，解亦未明實，不如分作兩章爲愜。但吴氏必以爲曾子之言，亦似臆斷。漢書平帝紀元始五年詔引上二句，顏注云：「此論語載孔子之辭。」禮記少儀注、齊語正月之朝篇注俱引下二句，題「孔子曰」，皆有明證，不應憑空斷爲曾子之言也。

【集解】包曰：「興，起也。君能厚於親屬，不忘遺其故舊，行之美者也，則民皆化之，起爲仁厚之行，不偷薄也。」

【集注】君子，謂在上之人也。興，起也。偷，薄也。張子曰：「人道知所先後，則恭不勞，慎不葸，勇不亂，直不絞，民化而德厚矣。」吴氏曰：「『君子』以下當自爲一章，乃曾子之言也。」愚按此一節與上文不相蒙，而與首篇慎終追遠之意相類，吴說近是。

【餘論】論語集注補正述疏：此當自爲一章，其言則者二，與上文言則者四，蓋文似同而實不同。其言君子者，尤明其別也。吴氏以爲曾子之言，則因下章記曾子云爾，無徵文也。禮少儀鄭注、齊語韋注引下二句者，皆稱「孔子曰」而引之，然疑則傳疑，今不質言矣。釋詁云：「篤，厚也。」釋言云：「興，起也。」大學云：「一家仁，一國興仁。」故曰：「孝者，所以事君也。弟者，所以事長也。慈者，所以使衆也。」蓋孝弟慈皆篤於親之仁也。禮緇衣云：「上好仁，則下之爲仁争先人。」蓋皆以是興也。包氏云：「君能厚於親屬，不遺忘其故舊，則民起爲仁厚之行，不偷薄也。」「偷」與「媮」通。説文云：「媮，薄也。」荀子云：「去其故鄉，事君而達，卒遇故人，曾無舊言，吾鄙之。」鄙其非君子表民也。詩谷風云：「將恐將懼，寘予于懷。將安將樂，棄予如遺。」明民之偷也。故谷風序云：「天下俗薄，朋友道絶也。」詩伐木云：「民之失德，乾餱以愆。」明今有酒，則宜燕朋友故舊也。故伐木序云：「不遺故舊，則民德歸厚矣。」由是言之，三代而下，東漢民俗其興於仁而不偷者乎？非漢君子爲之先乎？光武帝初起時，兄伯升爲更始所害。光武懼更始，不敢顯其悲戚，每獨居，輒不御酒肉，枕席有涕泣處，此其篤於親也。嚴光少與光武同遊學，及光武即位，引光論舊，因共偃卧，光以足加帝腹上。明日，太史奏客星犯御座甚急。帝笑曰：「朕故人嚴子陵共卧耳。」此其故舊不遺也。漢君子於是乎可風，此東漢民俗所由美也，今漢書可考也。

按：此宜别爲一章，簡氏之説是也。

○曾子有疾，召門弟子曰：「啓予足！啓予手！詩云：『戰戰兢兢，如臨深淵，如履薄冰。』而今而後，吾知免夫！小子！」

【考異】説文解字引論語曰：跢予之足。論衡四諱篇引作「開予足開予手。」文選嘆逝賦注引作「起予足起予手。」魏書崔光傳：「曾子有云：『人之將死，其言也善。啓予手！啓予足！而今而後，吾知免夫！』」兩章辭相雜爲一，又以「啓手」句置「啓足」上。王氏詩考曰：左傳引詩「戰戰矜矜」。呂氏慎大覽引周書曰：若臨深淵，若履薄冰。大戴禮曾子疾病篇：曾子曰：「與小人處，如履薄冰，每履而下，幾何而不陷乎哉？」陳龍川集與應仲實書引文，「今」上無「而」字。翟氏考異：嘆逝賦「啓四體而深悼」，本屬「啓」字，注引經文作「起」，疑誤。説文所引，據序説蓋古壁文。論衡則避漢景帝諱也。又僖公二十二年，臧文仲引此；宣公十六年，羊舌職引此，均同詩文作「兢兢」，王氏或所見別，今不可知。又云：呂覽以小旻詩爲周書，若誤謬甚。前人指摘此等，謂可據以提咸陽市金，然恐未能也。説苑政理篇：「成王問政於尹逸。逸對曰：『如臨深淵，如履薄冰。』王曰：『懼哉？』對曰：『四海之内，善之則畜也，不善則讎也，若何其無懼也。』」呂氏離俗覽別引「善之則畜」二語，亦云周書，是説苑所録尹逸一節乃全本周書文矣。漢志，周書有七十一篇，云「是孔子所論百篇之餘」，今傳孔晁注本惟六十篇，篇中復多脱誤。當七十一篇完具時，其中自有尹逸對成王語，而呂氏兩引之耳。

【考證】劉氏正義：説文：「⿱𢼄目，視也。」廣雅釋詁同。王氏念孫疏證引此文，謂「啓」與「⿱𢼄目」同，此亦得備一解。蓋恐以疾致有毁傷，故使視之也。孝經云：「身體髮膚，受之父母，不敢毁傷。」大戴禮曾子大孝篇：「樂正子春下堂而傷其足，傷瘳，數月不出，猶有憂色。門弟子問曰：『夫子傷足，瘳矣，數月不出，猶有憂色，何也？』樂正子春曰：『吾聞之曾子，曾子聞諸夫子曰：「天之所生，地之所養，人爲大矣。父母全而生之，子全而歸之，可謂孝矣。不虧其體，可謂全矣。」故君子頃步之不敢忘也。今予忘夫孝之道矣，予是以有憂色。』又曰：『一舉足不敢忘父母，故道而不徑，舟而不游，不敢以先父母之遺體行殆也。』」皆言不敢毁傷也。潘氏集箋：禮記檀弓云：「曾子寢疾病，樂正子春坐于堂下，曾元、曾申坐于足，童子隅坐而執燭。」下即記曾子易簀而没事。鄭注：「樂正子春，曾參弟子。」則在召門弟子後明矣，子春其即所召之一人乎？維城案：曾子弟子，子張篇有陽膚，孟子離婁篇有沈猶行，萬章篇有公明高，禮記祭義篇有公明儀，注皆以爲曾子弟子。漢書藝文志：「曾子十八篇。」王應麟考證云：「隋、唐志二卷。參與弟子公明儀、樂正子春、單居離、曾元、曾華之徒，論述立身孝行之要，天地萬物之理。」則曾子弟子又有單居離矣。而史記吴起傳云：「吴起者，衛人也。好用兵，嘗學於曾子。」陸德明經典釋文注解傳述人，於春秋云：「左丘明作傳以授曾申，申傳衛人吴起。」蓋本劉向别録，當屬經師舊説，則起乃曾申弟子，非曾參弟子也。檀弓：「穆公之母卒，使人問於曾子曰：『如之何？』對曰：『申也問諸申之父曰：哭泣之哀，齊斬之情，饘粥之食，自天子達。』」故鄭注以此曾子爲曾參之子名申，亦曾申稱曾子之一證，不得以史記云起學於曾子，謂起亦在此門弟子中也。梁氏旁證：曾子立事篇云：「君子見利思辱，見惡思詬，嗜欲思恥，忿怒思患，君子終身守此戰戰也。」又曰：「君子出言鄂鄂，行身戰戰。」又曰：「昔者天子日旦思其四海之內，戰戰惟恐不能乂也。諸侯日旦思其四封之內，戰戰惟恐失損之也。大夫士日旦思其官，戰戰惟恐不能勝也。庶人日旦思其事，戰戰惟恐刑罰之至也。是故臨事而栗者，鮮不濟矣。」又疾病篇云：「與小人處，如履薄冰，每履而下，幾何而不陷乎哉。」蓋曾子之學，終身皆主戒懼，故曾子十篇與論語、孝經皆可相爲表裏也。

【集解】鄭曰：「啓，開也。曾子以爲受身體於父母，不敢毁傷，故使弟子開衾而視之也。」孔曰：「言此詩者，喻己常誠慎，恐有所毁傷也。」周曰：「乃今日後，我自知免於患難矣。小子，弟子也。呼之者欲使聽識其言。」

按：後漢書崔駰傳注引鄭此注有「父母全而生之，亦當全而歸之」二句。就義測之，當在「受身體於父母」句下。

【集注】啓，開也。曾子平日以爲身體受於父母，不敢毁傷，故於此使弟子開其衾而視之。詩，小旻之篇。戰戰，恐懼。兢兢，戒謹。臨淵恐墜，履冰恐陷也。曾子以其所保之全示門人，而言其所以保之之難如此，至於將死而後知其得免於毁傷也。小子，門人也。語畢而又呼之，以致反復丁寧之意，其警之也深矣。程子曰：「君子曰終，小人曰死。君子保其身，以没爲終其事也。故曾子以全歸爲免矣。」

【餘論】四書辨疑：君子曰終，小人曰死。此檀弓所記子張臨終語申祥之言，而程子取之，注文又引用之，恐皆未當也。死乃生之對，死生人所常言，凡言死者，豈皆小人邪？書言「舜陟方乃死」，孔子謂顏淵「不幸短命死矣」，若謂小人曰死，則舜與顏淵皆爲小人矣。「朝聞道，夕死可矣」，可以死，可以無死，若皆以爲小人之事可乎？子張之言非定論也。

【發明】反身録：孝以保身爲本。身體髮膚受之父母，不敢毁傷，故曾子啓手足以免於毁傷爲幸。然修身乃所以保身，手不舉非義，足不蹈非禮，循理盡道，方是不毁傷之實。平日戰兢恪守，固是不毁傷，即不幸而遇大難臨大節，如伯奇、孝己、伯邑考、申生死於孝，關龍逢、文天祥之身首異處，比干剖心，孫揆鋸身，方孝孺、鐵鉉、景清、黄子澄、練子寧諸公寸寸磔裂，死於忠，亦是保身不毁傷。若舍修身而言不毁傷，則孔光、胡廣、蘇味道之模棱取容，褚淵、馮道及明末諸臣之臨難苟免，亦可謂保身矣。虧體辱親，其爲毁傷，孰大於是？又曰：保身全在修身，而修身須是存心。心存則不亂，臨大事而不亂，方足以任大事；臨生死而不亂，方足以了生死。

○曾子有疾，孟敬子問之。

【考異】宋石經作「孟欽子」。

【考證】檀弓：「悼公之喪，季昭子問孟敬子：『爲君何食？』敬子曰：『食粥，天下之達禮。然吾三臣不能居公室，四方畢聞，若勉而爲瘠，則吾能之而不欲也，我則食食。』」鄭注：「敬子，武伯之子，名捷。」

【集解】馬曰：「孟敬子，魯大夫仲孫捷。」

【集注】孟敬子，魯大夫仲孫氏，名捷。問之者，問其疾也。

曾子言曰：「鳥之將死，其鳴也哀。人之將死，其言也善。

【考證】四書釋地又續：毛傳：「直言曰言，論難曰語。」穎達疏：「直言曰言，謂一人自言。答難曰語，謂二人相對。」以知論語注兩改「直」爲「自」亦有本。但宜注于「寢不言」之下，不宜注于「曾子言曰」下。注曾子言爲自言，似孟敬子來問疾，曾子曾不照顧之矣。曾子以捷，魯卿也，徑告以君子修身爲政之道，不及病勢云何。其實人將死，言也善，已疾之不可爲亦具見焉，言之無不周徧如此。

【集解】包曰：「欲戒敬子，言我將死，言善可用。」

【唐以前古注】皇疏引李充云：人之所以貴於禽獸者，以其慎終始在困不撓也。禽獸之將死，不遑擇音，唯吐窘急之聲。人若將死，而不思令終之言，唯哀懼而已者，何以别於禽獸乎？是以君子之將終也，必正存道，不忘格言，臨死易簣，困不違禮。辨禮三德，大加明訓，斯可謂善言也。或問曰：不直云曾子而云言曰，何也？答曰：欲重曾子臨終言善之可録，故特云言也。

【集注】言，自言也。鳥畏死，故鳴哀。人窮反本，故言善。此曾子之謙辭，欲敬子知其所言之善而識之也。

君子所貴乎道者三：動容貌，斯遠暴慢矣；正顏色，斯近信矣；出辭氣，斯遠鄙倍矣。籩豆之事，則有司存。」

【考異】説苑修文篇：曾子有疾，孟儀往問之。曾子曰：「鳥之將死，必有悲聲。君子集大辟，必有順辭。禮有三，儀知之乎？君子修禮以立志，則貪欲之心不來；思禮以修身，則怠惰慢易之節不至；修禮以仁義，則忿争暴亂之辭遠。若夫置樽俎列豆籩，此有司之事也，君子雖不能可也。」

按：此即論語事而傳述異辭，不若聖門載筆之簡易。

鹽鐵論鍼石篇：丞相史曰：「聞諸鄭長孫曰：『正君子顏色，則遠暴嫚；出辭氣，則遠鄙倍矣。』」　翟氏考異：漢藝文志道家有鄭長者一篇，六國時人，其書中或嘗述曾子此語，丞相史就彼稱引，不更究語之源，故云聞諸鄭耳。長孫、長者當有一差。

【考證】劉氏正義：古有容禮，晉羊舌大夫爲和容，漢天下郡國有容史，又魯徐生善爲頌，後有張氏亦善焉。頌即容也，亦散文兼貌言之也。顏色者，説文以顏謂眉目之間，色謂凡見於面也。辭氣者，辭謂言語，氣謂鼻息出入，若「聲容静，氣容肅」是也。卿大夫容貌顏色辭氣之禮，曲禮、玉藻及賈子容經言之詳矣。邢疏云：「人之相接，先見容貌，次觀顏色，次交言語，故三者相次而言也。」案禮記冠義云：「禮義之始，在於正容體，齊顏色，順辭令。容體正，顏色齊，辭令順，而後禮義備。」表記云：「是故君子貌足畏也，色足憚也，言足信也。」大戴禮四代云：「蓋人有可知者焉，貌色聲衆有美焉，必有美質在其中者矣；貌色聲衆有惡焉，必有惡質在其中者矣。」是容貌顏色辭氣皆道所發見之處，故君子謹之。子夏言君子三變，望之儼然，謂容貌也；即之也温，謂顏色也；聽其言也厲，謂辭氣也。又韓詩外傳：「故望而宜爲人君者，容也。近而可信者，色也。發而安中者，言也。久而可觀者，行也。故君子容色天下儀象而望之，不假言而知宜爲人君者。」並與此文義相發。

【集解】鄭曰：「此道，謂禮也。動容貌，能濟濟蹌蹌，則人不敢暴慢之也。正顏色，能矜莊嚴栗，則人不敢欺詐之也。出辭氣，能順而説，則無惡戾之言入於耳也。」包曰：「籩豆之事，則有司存。敬子忽大務小，故又戒之以此也。籩豆，禮器。」

【唐以前古注】皇疏引顏延之云：動容則人敬其儀，故暴慢息也。正色則人達其誠，信者立也。出辭則人樂其義，故鄙倍絶也。又引繆協云：曾子謙，不以遠理自喻。且敬子近人，故以常言語悟之，冀其必悟也。别通曰：「籩豆，禮器，可以致敬於宗廟者。言人能如上三貴，則祝史陳信無愧辭，故有司所存，籩豆而已。」

【集注】貴，猶重也。容貌，舉一身而言。暴，粗厲也。慢，放肆也。信，實也。正顏色而近信，則非色莊也。辭，言語。氣，聲氣也。鄙，凡陋也。「倍」與「背」同，謂背理也。籩，竹豆。豆，木豆。言道雖無所不在，然君子所重者在此三事而已，是皆修身之要，爲政之本，學者所當操存省察，而不可有造次顛沛之違者也。若夫籩豆之事，器數之末，道之全體固無不昄，然其分則有司之守，而非君子之所重矣。

【别解】讀書脞録：蕭山徐鯤云：「後漢書崔琦傳：『百官外内，各有司存。』文選頭陀寺碑文：『庀徒揆日，各有司存。』翫其文義，皆當以司存二字連讀。故晉書職官志序云：『咸樹司存，各題標準。』又桓沖傳云：『臣司存閫外，輒隨宜處分。』北齊儒林傳敘云：『齊氏司存，或失其守。』益可以證矣。」

按：劉寶楠曰：「此訓在爲察，故司存二字連讀。自漢後儒者孳生之義，非其朔也。」下子路篇「先有司」，堯曰篇「謂之有司」，則「有司」兩字連讀無疑，孫説非也。

【餘論】朱子語類：問先生舊解以三者爲修身之驗，爲政之本，非其平日莊敬誠實，存省之功積之有素，則不能也。專做效驗説。後改本以驗爲要，「非其」以下改爲「學者所當操存省察，而不可有造次頃刻之違者也」，如此則功夫在動、正、出三字，而不可以效驗言矣。疑動、正、出三字不可以爲做功夫。曰：此三字雖非做功夫，然便是做功夫處。如著衣喫飯，雖非做功夫，然便是做功夫處。此意所争，祇是絲髮之間，要人自認得。黄氏後案：遠暴慢、近信、遠鄙倍，據鄭君注指民言。在上者能重禮，則一動一正一出民必以禮應也。據朱子注，則身自遠之自近之也。近信者，喜怒無所矯飾也。注云「操存省察」，申之者云：「静則操存，動則省察。」據金吉甫説，孔門論學，未嘗懸空説，存養容貌言色無時不然，故此動正出即存養之地，暴慢信鄙倍即省察之目，遠與近即所貴乎道之功。學者正當察其孰暴孰慢孰信孰鄙孰倍，而即遠之近之。若夫從容中禮，則異時成德之事也。

【發明】朱公遷四書通旨：此持敬之功，貫乎動静而言之。孔子言出門使民，存養之意多。曾子言所貴者三，省察之意多。二章皆即其氣象之中，而見其功夫之所在。若正其衣冠，尊其瞻視，中庸之「齊明盛服，非禮不動」，則又專以功夫言，而氣象因可見也。讀四書大全説：三斯字作現成説，而以爲存省之驗者，朱子蓋嘗作此解矣。然而集注不爾者，以謂作現成説，則是動容周旋中禮，自然發現之光輝，既非曾子言所貴乎道言遠言近之義。若謂三者爲化迹，而道之所貴，别有存主之地，則所謂存主者，豈離鈎三寸，别有金鱗邪？此正聖學異端一大界限。聖賢學問，縱教聖不可知，亦只是一實。舍吾耳目口體動静語默而别求根本，抑踐此形形色色而别立一至貴者，此惟釋氏爲然爾。

按：敬子爲人，證之檀弓，其舉動任情，出言鄙倍。曾子亦知其不可教，特因其問疾而來，尚有一綫好賢之誠，故以將死之言先明己意，而後正言以告之，仁之至，義之盡也。所言必係對症下藥，蓋敬子承屢朝奢僭之後，容貌顔色辭氣之間多不中禮，且察察爲明，近於苛細，故以此教之，即孟子所謂不屑之教誨也。後儒乃以爲修身之要，爲政之本，失其旨矣。宋儒解經，每有過深之弊，此又不可不知也。

○曾子曰：「以能問於不能，以多問於寡；有若無，實若虚，犯而不校，昔者吾友嘗從事於斯矣。」

【考異】開成石經「校」作「挍」。論語後録：作「挍」是俗誤從手旁。史通序傳篇引作「吾之先友」。唐書孔穎達傳：「帝問：『孔子稱以能問於不能，以多問於寡；有若無，實若虛。何謂也？』」以曾子爲孔子。周必大二老堂雜誌：此曾子之言也，唐太宗乃謂孔子所稱，以問孔穎達。對曰：「此聖人教人謙耳。」一時君臣之問對，史氏之筆削，皆不正之，而直以曾子爲聖人何也？翟氏考異：舊唐書太宗問穎達但云論語，穎達之對則曰：「聖人設教，欲人謙光。」並問辭云孔子，乃新書改文之失。

【音讀】何邵公論語義：「隱十年春王二月，公會齊侯、鄭伯于中丘。」解詁曰：「月者，隱前爲鄭所獲，今始與相見，故危録内，明君子當犯而不校也。」樾謹案徐彦疏曰：「謂校接之交，不謂爲報也。」然則何氏讀校爲交，與包注異。

【集解】包曰：「校，報也。言見侵犯而不報也。」馬曰：「友謂顔淵。」

【唐以前古注】皇疏引殷仲堪云：能問不能，多問於寡，或疑其負實德之跡，似乎爲教而然。余以爲外假謙虛黄中之道，沖而用之，每事必然。夫推情在於忘賢，故自處若不足。處物以賢善，故期善於不能。因斯而言，乃虛中之素懷，處物之誠心，何言於爲教哉？犯而不校者，其亦居物以非乎，推誠之理然也。非不争事也，應物之跡異矣，其爲中虛一也。又引江熙云：稱吾友，言己所未能也。

【集注】校，計校也。友，馬氏以爲顔淵是也。顔子之心，惟知義理之無窮，不見物我之有間，故能如此。

謝氏曰：「不知有餘在己，不足在人，不必得爲在己，失爲在人，非幾於無我者不能也。」

【餘論】困學紀聞：以能問於不能，以多問於寡，有若無，實若虚，犯而不校：顔子和風慶雲之氣象也。富貴不能淫，貧賤不能移，威武不能屈，孟子泰山巖巖之氣象也。

【發明】王龍溪全集（困勉録引）：顔子嘗自立於無過之地，未嘗獲罪於人。人自犯之，始可言不校。今人以非理加人，人以非理答我，此乃報施之恒，烏得謂之犯？正須自反以求其所未至，故有孟子之自反，然後可進於顔子之不校。

反身録：顔子以能問不能，若無若虚，與物無競，非其心同太虚，安能如是？在顔子實不自知，而曾子以是稱之，則曾子所養可知矣。今學者居恒動言人當學顔子之所學，試切己自反，果若無若虚，物我無間，惟善是咨，怡然不校乎？

張伯行困學録：問：程子言孟子才高，學之無可依據，人須學顔子之學，則入聖人爲近，有用力處，是如何？曰：夫子告以視聽言動，則請事斯語；誘以博文約禮，則欲罷不能，是何等力量？得一善則拳拳服膺，是何等持守？不遷怒不貳過，是何等克治？以能問於不能，以多問於寡，有若無，實若虚，犯而不校，是何等氣度？學者能於此處求之，則顔子之學可得矣，亦可以學顔子之所學矣。

嶺雲軒瑣記：唐一菴先生與門人講「犯而不校」云：「今人但知顔子不校難及，不知一犯字學他不來。」問：「何説？」曰：「顔子持己應物，決不得罪於人，故人有不是加他，方説得是犯。若我輩人有不是加來，必是自取，何曾是犯。」以此知先生克己工夫不可及，而能如此講書者鮮矣。又云：犯而不校，非但以待同儕，於我下之人亦當如此。蓋校心生於客氣，惟平情以正之可也。

○曾子曰：「可以託六尺之孤，可以寄百里之命，臨大節而不可奪也：君子人與？君子人也。」

【考異】潘氏集箋：託，玉篇人部：「侂，恥各切。侂，寄也。」下引此文作「侂」。經義雜記：說文人部：「侂，寄也。从人，厇聲。厇，古文宅。」言部：「託，寄也。从言，乇聲。」二字音義本同。然據玉篇所引，則論語舊是「侂」字，蓋从言者以言託寄之，从人者以人侂寄之，義各不同。今从言，蓋通借字。顧野王所見古本作「侂」，與說文合。舊文無「人」字，釋文曰：「君子也，一本作『君子人』也。」論語古訓：皇、邢本皆有「人」字。潘氏集箋：拜經日記曰：「皇疏言爲臣能受託幼寄命，又臨大節不回，此是君子人與也。再言君子，美之深也。案此釋經上句作『君子人與』，下句作『君子也』，無『人』字。又引繆協，讀『君子人與君子也』七字爲句，君子人者，言此爲君子一流人，所謂齊同乎君子之道者也。君子也者，有德者之定名，毅然稱之爲君子而無疑也。亦上有『人』字，下無『人』字。今本下文亦衍，皇疏標起止同。又釋文大書『人與』二字，注云：『音餘。』又大書『君子也』三字，注云：『一本作君子人也。』然則陸德明本上有『人』字，下無『人』字，其所見本已同今本矣。」

【考證】吴昌宗四書經注集證：周禮地官鄉大夫之職：「國中自七尺以及六十，野自六尺以及六十有五，皆征之。」韓詩外傳云：「國中二十行役。」則七尺者二十也。其升降皆五年，則六尺者十五也。孟子五尺之童乃十歲也。四書釋地三續：周禮鄉大夫之職有「六尺」字，賈疏謂年十五，而鄭注論語增「以下」二字妙。蓋寄託者何必定十五歲？即十四十三亦可。春風堂隨筆：古以二歲半爲一尺，五尺是十二歲以上，十五歲則稱六尺。

【集解】孔曰：「六尺之孤，幼少之君也。寄命，攝君之政令也。」何曰：「大節者，安國家定社稷也。不可奪者，不可傾奪之也。」

【唐以前古注】邢疏引鄭注云：六尺之孤，年十五已下。皇疏引繆協云：夫能託六尺於其臣，寄顧命於其下，而我無二心，彼無二節，授任而不失人，受任而不可奪，故必齊同乎君子之道，審契而要終者也。非君子之人與君子者，孰能要其終而均其致乎？

【集注】其才可以輔幼君，攝國政，其節至於死生之際而不可奪，可謂君子矣。與，疑辭。也，決辭。設爲問答，所以深著其必然也。

【餘論】朱子語類：才節兼全，方謂之君子。無其才而徒有其節，雖死何益。如受託孤之責，己雖無欺之之心，却被人欺。受百里之寄，己雖無竊之之心，却被人竊。亦是己不能受人之託受人之寄矣。伊川說：「君子者，才德出衆之名。孔子曰：『君子不器。』既曰君子，須事事理會得方可。」

按：託孤寄命，大節不奪，古惟伊尹、周公、諸葛亮之流足以當之。若文天祥、史可法諸君，雖心竭力盡，繼之以死，而終於君亡國破。則雖時數之不齊，而究於可託可寄之義有間矣。聖門論人未嘗不才德並重，朱子非不知之，而其後議論乃偏重德行而薄事功何也？

【發明】反身録：不遇盤根錯節，無以別利器。不遇重大關節，無以別操守。居恒談節義，論成敗，人孰不能？一遇小小利害，神移色沮，隕其生平者多矣？惟遺大投艱，百折不回，既濟厥事，又全所守，非才品兼優之君子其孰能之？

○曾子曰：「士不可以不弘毅，任重而道遠。仁以爲己任，不亦重乎？死而後已，不亦遠乎？」

【考異】後漢書祭遵傳注引孔子曰：「仁以爲己任，不亦重乎？死而後已，不亦遠乎？」又張衡傳注引論語：「孔子曰：『死而後已，不亦遠乎？』」俱以曾子爲孔子。文選思玄賦注引「死而後已，不亦遠乎」，亦題「子曰」字。晁補之雞肋集：楊景芬墓志引「任重而道遠」至「不亦遠乎」，亦題「孔子曰」字。

按：古人著書，全憑記憶，引書出論語，則以爲孔子，而不知其誤也。此類甚多，附識於此。或曰論語古亦稱孔子，如今人稱道德經爲老子，南華真經爲莊子之類，亦可備一説。

【集解】包曰：「弘，大也。毅，强而能決斷也。士弘毅，然後能負重任致遠路也。」孔曰：「以仁爲己任，重莫重焉。死而後已，遠莫遠焉。」

【集注】弘，寬廣也。毅，强忍也。非弘不能勝其重，非毅無以致其遠。仁者人心之全德，而必欲以身體而力行之，可謂重矣。一息尚存，此志不容少懈，可謂遠矣。

【餘論】李光地論語劄記：前文連記曾子數章，以盡於此。合而觀之，以能問於不能章是弘，可以託六尺之孤章是毅，但其根本則在戰戰兢兢以存心，而用力於容貌顏色辭氣之際而已。蓋心彌小則德彌宏，行彌謹則守彌固。易之大過，任天下之重者也，而以藉用白茅爲基。大壯，極君子之剛者也，而以非禮弗履自勝。故朱子之告陳同甫曰：「臨深履薄，斂然於規矩準繩之中，而其自任以天下之重者，雖賁、育不能奪也。」可謂得曾子之傳者矣。楊名時論語劄記：傳聖人之道者，顏、曾二子。「有疾」五章記曾子語而舉其稱述顏子者，則希賢以希聖之塗徑在兹矣。首記曾子臨殁所示戰兢危懼之旨，次及病革所舉容貌顏色辭氣之重，所謂戰兢危懼者，即在此三貴間而已。籩豆之事，凡涉於文具法制之末者，皆其類也。此即君子不多之旨。孟子「諸侯之禮未學，班爵禄之類，祇聞其略」，不害爲傳道之大賢也。虚受者進學之不已，忘怒者己私之净盡，驗之於日用容止之際，察之於性情度量之間，而所謂於聖道庶乎者可得矣。輔主庇民扶危定傾之業，豈有外於此邪？皆一敬之所操存涵養，使無虧其天德之純者，非以仁爲己任者能之乎？約之於方寸者此仁，布之於民物者亦此仁，與静虚寂滅能敬而無義者懸殊矣。死而後已，而全而受者，至此乃全而歸矣。故學之節次，知恥近勇其始也，莊敬日彊其中也，存順殁寧其終也。是在善法曾子者。抑論君子者，定之於託孤寄命，臨大節而不可奪之時，而其平日所從事，乃在於去暴慢，消鄙倍，根心生色，不驕不争，有以養而成之。雖欲頃刻之不戰兢惕厲而可得乎？暴慢鄙倍不信之盡蠲，驕吝忿争之盡去，則於夫子之温良恭儉讓者幾矣。

【發明】黄氏後案：蘇子由臣事策引此經而申之曰：「天下之不公，足以敗天下之至剛。而天下之不剛，亦足以破天下之至公。二者相與並行。」蘇説亦是毅非强忍。見後篇勝重致遠，名兼宏毅，以毅爲致遠，亦失也。仁以爲己任，猶孟子所謂「自任以天下之重」也。後漢書荀彧傳論曰：「誠仁爲己任，期紓民於倉卒也。」三國志邴原傳注：「孔融以書喻原，云：『仁爲己任，授手援溺，振民於難。』」古人言仁兼德業，不輕事功也。論語稽：弘毅以器識言，重遠以事功言。蓋必有此器識，而後能建此事功也。士之義推十合一，通古今而任事者也。由士而大夫，由大夫而卿相，而君，皆由士推而上之。禮表記篇：「子曰：『仁之爲器重，其爲道遠。舉者莫能勝也，行者莫能致也。』」在常人視天下事無與於己，而士則任天下事如己事，倘非弘毅，何以勝之？

○子曰：「興於詩，

【集解】包曰：「興，起也，言修身當先學詩也。」

【唐以前古注】皇疏引江熙云：覽古人之志，可起發其志也。

【集注】興，起也。詩本性情，有邪有正，其爲言既易知，而吟詠之間，抑揚反覆，其感人又易入。故學者之初，所以興起其好善惡惡之心而不能自已者，必如此而得之。

【餘論】論語集注述要：「興於詩」句，集注曰：「詩有邪有正。」曰：「興起其好善惡惡之心。」嘗竊疑之，古人歌詩舞蹈，自初學即以習之，春秋教以禮、樂，冬夏教以詩、書，固自周初遠古而來也。集注所謂詩有善有惡者，當指國風諸淫詩言。此等詩考其年代，不過入春秋後始有之，古人列於學宫，原無此等之詩。以先王所以不教之淫詩而爲加入學課，曰恐學者知勸善不知懲惡，知夫子必不然矣。然而三百篇中明明有淫詩何也？曰淫詩惟風有之。風者，天子命輶軒之所採，欲以知其國政俗之善惡而加奬懲者，故善惡並陳，而備存於册府。其不善者流於民間誠有之，頒之學宫則未聞。孟子曰：「王者之迹熄而詩亡，詩亡然後春秋作。」是入春秋後已爲詩亡之時，則并存於册府而無有也。故知論語所謂學詩，所謂興於詩，必除諸淫詩外指其正者而言。其諸淫詩，當如天子採録，備以知其美惡得失，非即以其宣淫之語，端人正士所不樂聞者，令諸學者朝夕諷誦，噪聒於先生長者之前也。其學詩而有所興，乃詩之教孝者可以興於孝，教貞者可以興於貞，興於善則惡不期遠而自遠，非必學淫詩始可以懲淫也。學淫詩而懲淫，學之成者或能之。初學知識初開，血氣未定，導以淫詩，直如教猱升木，勸之云耳，何懲之有？大學之「上老老則民興孝，上長長則民興弟。一家仁，一國興仁。一家讓，一國興讓」，皆言以此感者以此應，無有言以邪感以正應者。興之爲義，因感發力之大，沁入於不自知，奮起於不自已之謂，是惟詩歌爲最宜，教者宜如何慎重選擇。因世多誤解，特詳辨之。

黄氏後案：以聖門之學詩言之，於邱隅黄鳥之緜蠻而惕人之知止，於妻子兄弟之和合而喜親之能順，於高山景行而思好仁之心，於諸姑伯姊而思尊親之序者，夫子也。於倩盼素絢而知禮之後，於切磋琢磨而知學之進，卜氏、端木氏也。於鳶飛魚躍而知化之及於物，於衣錦尚絅而知文之惡其箸者，子思也。推之坊記言睦族讓貴齒，大學言治國平天下，皆引詩以爲證，亦夫子之教也。

立於禮，

【考證】潘氏集箋：季氏篇「不學禮，無以立」，堯曰篇「不知禮，無以立也」，則立必於禮也。

【集解】包曰：「禮者，所以立身也。」

【集注】禮以恭敬辭遜爲本，而有節文度數之詳，可以固人肌膚之會、筋骸之束，故學者之中，所以能卓然自立而不爲事物之所摇奪者，必於此而得之。

成於樂。」

【集解】包曰：「樂所以成性。」

【唐以前古注】皇疏引王弼云：言有爲政之次序也。夫喜懼哀樂，民之自然，感應而動，則發乎聲歌，所以陳詩採謡，以知民志。風既見其風，則損益基焉，故因俗立制，以達其禮也。矯俗檢刑，民心未化，故必感以聲樂，以和神也。若不採民詩，則無以觀風；風乖俗異，則禮無所立；禮若不設，則樂無所樂；樂非則禮，則功無所濟，故三體相扶而用有先後也。筆解：韓曰：「三者皆起於詩而已，先儒略之，遂惑於二矣。」李曰：「詩者，起於吟咏性情者也。發乎情，是起於詩也。止乎禮義，是立於禮也。删詩而樂正雅、頌，是成於樂也。三經一原也，退之得之矣。」

【集注】樂有五聲十二律，更唱迭和，以爲歌舞。八音之節，可以養人之性情，而蕩滌其邪穢，消融其渣滓，故學者之終，所以至於義精仁熟而自和順於道德者，必於此而得之，是學之成也。

【餘論】四書翼注：興詩立禮易曉，成於樂之理甚微。蓋古人之教，以樂爲第一大事。舜教胄子，欲其直温寬簡，不過取必於依永和聲數語。太史公樂書謂：「聞宫音使人温舒而廣大，聞商音使人方正而好義，聞角聲使人惻隱而愛人，聞徵聲使人好善而樂施，聞羽聲使人整齊而好禮。」此自古相傳之語。周官大司樂教國中子弟，一曰樂德，中、和、祗、庸、孝、友。一曰樂語，興、道、諷、誦、言、語。一曰樂舞，即六代之樂。樂師、小胥分掌之。俾學其俯仰疾徐周旋進退起訖之節，勞其筋骨，使不至怠惰廢弛；束其血脈，使不至猛厲憤起。今人不習其事，與之語亦莫能知也。集注「蕩滌其邪穢」，指淫心不生，此句亦易曉。「消融其渣滓」，指傲氣不作，此養到事，非得力於樂不能矣。論語傳注：詩之爲義，有興而感觸，有比而肖似，有賦而直陳，有風而曲寫人情，有雅而正陳道義，有頌而形容功德。説之故言之，言之不足，故長言之；長言之不足，故嗟嘆之，學之而振奮之心、勉進之行油然興矣，是興於詩。恭敬辭讓，禮之實也。動容周旋，禮之文也。朝廟、家庭、車輿、衣服、宫室、飲食、冠昏、喪祭，禮之事也。事有宜適，物有節文，學之而德性以定，身世有準，可執可行，無所揺奪，是立於禮。論倫無患，樂之情也；欣喜歡愛，樂之官也；手之舞之，足之蹈之，天地之命，中和之紀，學之則易直子諒之心生，易直子諒之心生，則樂；樂則安，安則久，久則天，天則神，是成於樂。

○子曰：「民可使由之，不可使知之。」

【考異】經義雜記：書堯典正義引六藝論云：「若堯知命在舜，舜知命在禹，猶求於羣臣，舉於側陋，上下交讓，務在服人。孔子曰：『人可使由之，不可使知之。』此之謂也。」與此注義同，皆言愚者不可使盡知本末也。疑鄭注魯論本作「人可使由之」，六藝論引同，故注云「務使人從之」，不作「民」字。潘氏集箋：「民」之作「人」，當是仲達避唐諱，非必魯論異文也。春秋繁露深察名號篇云：「民者，瞑也。」民之號取之瞑也。書多士序「遷頑民」，鄭注：「民，無知之稱。」荀子禮論「外是民也」，楊倞注：「民，泯無知者。」皆足證不可使知之義。

【集解】由，用也。可使用而不可使知者，百姓能日用而不能知。

【唐以前古注】禮記喪服傳疏引鄭注：民，冥也，其見人道遠。由，從也。言王者設教，務使人從之。若皆知其本末，則愚者或輕而不行。後漢書方術傳注引鄭注：云：爲政以德，則各得其性，天下日用而不知，故曰可使由之。若爲政以刑，則防民之爲奸，民知有防而爲奸彌巧，故曰不可使知之。言爲政當以德，民由之而已；不可用刑，民知其術也。皇疏引張憑

【集注】民可使之由於是理之當然，而不能使之知其所以然也。程子曰：「聖人設教，非不欲家喻而户曉也。然不能使之知，但能使之由之爾。若曰聖人不使民知，則是後世朝四暮三之術也。豈聖人之心乎？」

【别解一】淩鳴喈論語解義：此章承上章「詩禮樂」言，謂詩禮樂可使民由之，不可使知之。

劉氏正義：上章是夫子教弟子之法，此民亦指弟子。孔子世家言：「孔子以詩、書、禮、樂教，弟子蓋三千焉，身通六藝者七十有二人。」身通六藝，則能興能立能成者也。其能興能立能成，是由夫子教之，故大戴禮言其事云：「説之以義而視諸體也。」此則可使知之者也。自七十二人之外，凡未能通六藝者，夫子亦以詩、書、禮、樂教之，則此所謂可使由之，不可使知之之民也。謂之民者，荀子王制篇：「雖王公士大夫之子孫，不能屬於禮義，則歸之庶人。」庶人即民也。

按：此説以民指弟子，終覺未安。愚謂孟子盡心篇：「孟子曰：『行之而不著焉，習矣而不察焉，終身由之而不知其道者，衆也。』」衆謂庸凡之衆，即此所謂民也，可謂此章確詁。紛紛異説，俱可不必。

【别解二】論語稽：對於民，其可者使其自由之，而所不可者亦使知之。或曰：與論所可者，則使共由之。其不可者，亦使共知之。均可備一説。

按：趙佑温故録云：「民性皆善，故可使由之。民性本愚，故不可使知之。王者爲治但在議道自己，制法宜民，則自無不順。若必事事家喻户曉，日事其語言文字之力，非惟勢有所不給，而天下且於是多故矣，故曰不可。」其言至爲明顯，毫無流弊。集注將「不可」改爲「不能」，本煞費苦心。而程子之言，意在爲聖人迴護。殊不知聖言俟諸百世而不惑，刻意周旋，反爲多事也。

【餘論】論語傳注：顔習齋先生曰：「此治民之定法也。修道立教，使民率由乎三綱五常之路，則會其有極，歸其有極，此可使者也。至於三綱五常之具於心性，原於天命，使家喻而户曉之，則離析其耳目，惑蕩其心思，此不可使知也。後儒聖學失傳，乃謂不能使之知，非不使之知，於是争尋使知之術，而學術治道俱壞矣。」劉開論語補注：非常之原，黎民懼焉。及臻厥成，天下晏如也。聖人利物濟世，其創法制宜，用權行道，要使吾民行之有裨而已，固不能使之曉吾意也。易曰：「通其變，使民不倦。神而化之，使民宜之。」當其時，民無有不由者也，然豈能識其故乎？盤庚遷殷，民皆不欲，盤庚決意行之，誥諭再三，而民始勉强以從其後，卒相與安之。此可由不可知之明驗也。子産治鄭，都鄙有章，鄭民始怨而後德之。故使之行其事可也，而欲使明其事則勢有不能。是不可知者，即其所可由者也。若如集注以可由爲理之當然，語類以使之由之爲教以人倫之事，則大不然。人倫日用之道，豈唯使民由之，並當使民知之。古者飲射讀法原使民習其事而知其理，孟子云：「謹庠序之教，申之以孝弟之義。」故民出則負耒，入則横經。由之則欲使知之，知之悉，則由之豈不更善？先王之時，婦人孺子皆知禮義，教使然也。以此爲由，何不可知之有？至於以理之所以然爲不可使之知，則是學者且不得聞，何況於民？其不可使亦不待言矣。

○子曰：「好勇疾貧，亂也。人而不仁，疾之已甚，亂也。」

【考異】論衡問孔篇「而」作「之」。

【集解】包曰：「好勇之人而患疾己貧賤者，必將爲亂。」孔曰：「疾惡太甚，亦使其爲亂。」

【唐以前古注】後漢書郭泰傳注引鄭注：不仁之人，當以風化之。若疾之甚，是益使爲亂也。

皇疏引繆協云：好勇則剛武，疾貧則多怨，以多怨之人習於武事，是使之爲亂也。

【集注】好勇而不安分，則必作亂。惡不仁之人而使之無所容，則必致亂。二者之心善惡雖殊，然其生亂則一也。

【餘論】黄氏後案：張思叔以亂爲自亂其心，亦備一說。後漢書張儉傳論云：「終嬰疾甚之亂。」范蔚宗以後漢黨錮之禍起于疾惡之已甚也，是古説亦指世亂言，欲治世者平其心。論語述何：春秋於畔盗則誅之，於吴、楚則先治小惡，不爲已甚，此其義也。此木軒四書説：知好勇疾貧者之易於作亂，則亟當思所以處之。知疾不仁已甚者之必將致亂，則亦當思所以處之。立言之意，皆爲主持世道之人而發。

【發明】讀四書叢説：人而不仁，疾之已甚，而致亂，蓋教君子當知時審勢也。不仁者固所當惡，大學所謂「迸諸四夷，不與同中國」，可謂甚矣，理之正也，蓋時可爲而勢足以制之，何憂其生亂。若處非其時，而勢不能誅討，徒疾惡之，則鮮有不致亂者，漢之宦者是已。君子非不惡之，不得時與勢，禍徧及於君子之身，而國竝以亡，唐之末路亦類是也。聖人之言，其旨遠哉！

論語集釋卷十六

泰伯下

○子曰：「如有周公之才之美，使驕且吝，其餘不足觀也已。」

【考異】顏氏家訓治家篇引文「如有」作「雖有」。皇本「使」上有「設」字，「已」下有「矣」字。

【考證】韓詩外傳：周公踐天子之位七年，布衣之士所贄而師者十人，所友見者十二人，窮巷白屋所先見者四十九人，時進善百人，教士千人，官朝者萬人。當此之時，誡使周公驕而且吝，則天下賢士至者寡矣。成王封伯禽於魯，周公誡之曰：「往矣！子無以魯國驕士。吾，文王之子，武王之弟，成王之叔父也。又相天子，吾於天下亦不輕矣。然一沐三握髮，一飯三吐哺，猶恐失天下之士。吾聞德行寬裕，守之以恭者榮；土地廣大，守之以儉者安；禄位尊盛，守之以卑者貴；人衆兵强，守之以畏者勝；聰明睿智，守之以愚者善；博聞强記，守之以淺者智。夫此六者，皆謙德也。」九經古義：周書寤敬篇：「周公曰：『不驕不悋，時乃無敵。』」此周公生平之學，所以裕制作之原也。夫子因反其語，以誡後世之爲人臣者。論語偶談：周書寤敬篇：「周公曰：『不驕不悋，時乃無敵。』悋即吝也。緣公平日有此言，故特現公身爲恃才者說法。

【集解】孔曰：「周公者，周公旦。」

【唐以前古注】皇疏引王弼云：人之才美如周公，設使驕悋，其餘無可觀者，言才美以驕悋棄也。況驕悋者必無周公才美乎？設無設有，以其驕悋之鄙也。

【集注】才美，謂智能技藝之美。驕，矜夸。吝，鄙嗇也。程子曰：「此甚言驕吝之不可也。蓋有周公之德，則自無驕吝。若但有周公之才而驕吝焉，亦不足觀矣。」又曰：「驕氣盈，吝氣歉。」愚謂驕吝雖有盈歉之殊，然其勢常相因。蓋驕者吝之枝葉，吝者驕之本根，故嘗驗之天下之人，未有驕而不吝，吝而不驕者也。

【餘論】四書辨疑：程子說「驕氣盈，吝氣歉」，其說誠是。盈與歉勢正相反，無遞互相因之理。而注文以爲雖有盈歉之殊，然其勢常相因。又謂驕爲枝葉，吝爲本根。皆是硬説，誠未見有自然之理也。驕與吝元是兩種，實非同體之物。今以吝鄙慳嗇爲本根，却生驕矜奢侈之枝葉，豈通論乎？吝與「出納之吝」之吝字義同。蓋矜己傲物謂之驕，慳利嗇財謂之吝。驕則從於奢，吝則從於儉，此皆眼前事，不難辨也。注言驗之天下之人，未有驕而不吝、吝而不驕者，此言正是未嘗真實驗之於人也。石崇、王愷之驕矜，未嘗聞其有吝也。王戎、和嶠之吝嗇，未嘗聞其有驕也。雖然，人之氣禀，萬有不同，驕吝之中，又有差等，非可一例言之也。試於天下人中以實驗之，大抵驕而不吝、吝而不驕者多，驕吝兼有者少。既已矜己傲物，而又慳利嗇財，此之謂使驕且吝，比之一於驕一於吝者尤爲可鄙。其餘雖有才美，皆不足觀也已。劉開論語補注：周公之才即書所謂「能多才多藝」之才，其美自不待言。使有其才之美而既驕且吝，則才不足有爲，大本已失，其餘所行之事，雖有小善，亦不足觀矣。天下才美之人，豈無一端之稍善，但驕吝則不能進德，德既無見，餘行何足觀焉？如此而其餘之義始有着落也。程子云：「但有周公之才而驕吝焉，亦不足觀。」是其餘二字可以無用，反不如後儒謂「才美驕吝，其才即無可觀」更爲直捷矣，而聖人之言不成贅文哉？若以驕吝則才爲其餘事，故不足觀，尤爲無理。聖人以德爲主，材藝本其餘者，何待驕吝之後，而始爲餘事乎？黄氏後案：古有以德稱才者，如易天地人爲三才；左傳「高陽氏才子齊聖廣淵，明允篤誠，高辛氏才子忠肅共懿，宣慈惠和」是也。有才德分言者，如左傳「酆舒有三儁才。怙其儁才，而不以茂德，兹益罪也」是也。周公之才，依書金縢篇，周公自稱多材多藝，才亦不甚重，與此經合。范氏淳夫必謂此才即德，非也。

○子曰：「三年學，不至於穀，不易得也。」

【考異】皇本「也」下有「已」字。天文本論語校勘記：古本、足利本、唐本、津藩本、正平本「不易得也」下有「已」字。

【音讀】釋文：穀，公豆反。孔云：「善也。」易，孫音亦，鄭音以豉反。集解孔氏讀穀如爾雅釋詁「彀綝」之彀。胡寅論語詳説：以「至」爲「志」，則其義益精，或聲同而字誤也。朱子或問：此處解不一，作「志」稍通耳。集注考證：或疑「至」當訓及，朱子不與其説。然圈外取楊氏之説，似亦不及於禄之意。

按：舊注訓穀爲善，義極費解，不如朱注之善。惟改「至」作「志」，乃宋儒好竄亂古經之惡習，不可爲訓。解釋此章當推李塨論語傳注最爲簡明，録之如左：

「學，入大學也。學記『比年入學』，謂每年皆有入學之人也。『中年考校』，謂間一年而考校其道藝也，是三年矣。學古入官之念於兹動矣。乃心專在於學，並不至於穀禄，此其人豈易得哉？至，猶到也。」

論語稽之説稍異，附載於下：「三年言久，非三期也。凡比及三年、宦三年意皆同。穀訓禄，本之爾雅釋言，即憲問章『邦有道穀，邦無道穀』之穀。至，到也。不至於穀，言其心在學不在禄也。」

【考證】胡紹勳四書拾義：周禮鄉大夫職：「三年則大比，考其德行道藝，而興賢者能者。」又：「使民興賢，出使長之。使民興能，入使治之。」州長職：「三年大比，則大考州里。」遂大夫職：「三歲大比，則帥其吏而興甿。」據此，知古者賓興，出使長，入使治，皆用爲鄉遂之吏，可以得禄。此三年，定期也。若有不願小成者，則由司徒升國學。王制：「命鄉論秀士升之司徒，曰選士。司徒論選士之秀者而升之學，曰俊士，升於司徒者不征於鄉，升於學者不征於司徒，曰造士。大樂正論造士之秀者，以告於王，而升諸司馬，曰進士。司馬辨論官材，論進士之賢者以告於王，而定其論。論定然後官之，任官。然後爵之，位定然後禄之。」此爲王朝之官，而當鄉遂大比，志不及此。蓋庶人仕進有二道，可爲選士者，司徒試用之；可爲進士者，司馬能定之。司徒升之國學，其選舉與國子同，小成七年，大成九年，如學記：「比年入學，中年考校。一年視離經辨志，三年視敬業樂羣，五年視博習親師，七年視論學取友，謂之小成。九年知類通達，彊立而不反，謂之大成。」若侯國取士，亦三年一行。射義：「諸侯歲獻貢士於天子」，注云：「三歲而貢士。」據此，知侯國亦三年一取士也。後人躁於仕進，志在干禄，鮮有不安小成者，故曰「不易得」。

四書辨證：三年是考課之期，士苟自課有得，亦易有動於中者。若概言學之久，尚欠分曉。至字不改亦可。君子爲學，義是學境，利非學境，界限最易訛亂。或心下見不真，即自認以爲學境，而渾身全在利鄉。謂之至者，不但身履其地，即心到其鄉，或念頭點點打此經過，亦是至也。孔注：「穀，善也。不可得，言必無也。」論語解曰：「學之久而不至於善，則亦難乎其得之矣。」按二説費解。鄭注周禮司禄云：「禄之言穀。年穀豐乃制禄，亦代耕之義也。」惟此説是。

按：荀子正論：「其至意至闇也。」又云：「是王者之至也。」楊倞注並云：「至當爲志。」古志、至二文通，惟此章「至」字不改亦得，辨證之説是也。

【集解】孔曰：「穀，善也。言人三歲學，不至於善，不可得，言必無也，所以勸人學也。」

【唐以前古注】釋文引鄭注：穀，禄也。皇疏引孫綽云：穀，禄也。云三年學足以通業，可以得禄，雖時不禄，得禄之道也。不易得已者，猶云不易已得也，教勸中人已下也。

按：隸釋漢孔彪碑：「龍德而學，不至於穀。浮游塵埃之外，皭焉汜而不俗。郡將嘉其所履，前後聘召，蓋不得已，乃翻爾束帶。」是訓穀爲禄，本漢儒舊説，而邢疏了不兼採，以廣其書，甚矣其陋也。

【集注】穀，禄也。「至」疑當作「志」。爲學之久而不求禄，如此之人不易得也。

【別解一】南軒論語解：穀者，取其成實之意，故以訓善焉。善者，實也。三年學矣，而不至於善，善之難得也如此。論語集説：穀者，善之實也。學之三年之久，而不至於善，則亦難乎其得之矣。若苟知所以用其力，必有月異而歲不同者。

按：集説之例，凡朱注有改經文者則從南軒，然義實紆曲，仍不可從。

趙佑温故録：三年猶不至善，是至善之難。經言至之不易，所以勉人之遜志時敏也。

按：此説雖與前稍異，然以論語用語例推之，如「邦有道穀，邦無道穀」之類，均作穀禄解，無訓爲善者，故知其誤也。

【別解二】論語訓：三年者，國學考校之期。至，謂入學也。世卿多不恒肄業，故三年不至。世禄世爵，穀易得矣。而無學終敗，仍不易得也。

按：此解以「不至」斷句，亦備一義。

【發明】朱子語類：問：三年學而不至於穀，是無所爲而爲學否？曰：然。馮從吾四書疑思録：祇爲志穀一念，不知忙壞古今多少人。且無論聖學無所爲而爲，即穀之得與不得，豈係於志？人第不思耳。康有爲論語注：蓋學者之大患，在志於利禄。一有此心，即終身務外欲速，其志趣卑污，德心不廣，舉念皆温飽，縈情皆富貴，成就抑可知矣。而人情多爲禄而學，此聖人所由歎也。

○子曰：「篤信好學，守死善道。

【考證】羣經平議：「善道」與「好學」對文，善亦好也。吕氏春秋長攻篇曰「所以善代者乃萬故」，高誘注曰：「善，好也。」然則守死善道，言守之至死而好道不厭也。正義以「善道」連文，增不離二字以成其義，非經旨矣。

【集解】包曰：「言行當常然也。」

【唐以前古注】皇疏：此章教人立身法也。寧爲善而死，不爲惡而生，故云守死善道。

【集注】篤，厚而力也。不篤信則不能好學，然篤信而不好學，則所信或非其正。不守死則不能以善其道，然守死而不足以善其道，則亦徒死而已。蓋守死者，篤信之效；善道者，好學之功。

危邦不入，亂邦不居。天下有道則見，無道則隱。

【考異】後漢書獨行傳：李業嘆曰：「危國不入，亂國不居。」

【集解】包曰：「危邦不入，謂始欲往也。亂邦不居，今欲去也。臣弑君、子弑父，亂也。危者，將亂之兆也。」

【唐以前古注】皇疏：見彼國將危，則不須入仕也。我國已亂，則宜避之不居住也。然亂時不居，則始危時猶居也。危者不入，則亂故宜不入也。

【集注】君子見危授命，則仕危邦者無可去之義，在外則不入可也。亂邦易危，而刑政綱紀紊矣，故潔其身而去之。天下舉一世而言，無道則隱其身而不見也。此惟篤信好學，守死善道者能之。

【發明】反身録：問：列國之時，邦域各別，遇邦危固可以不入，邦亂可以不居。若在一統之世，際危亂奈何？曰：小而郡縣，大而省直，亦邦也。中間豈無彼善於此者乎？故處蜀而罹熷，李巨游之往禍足鑒。入關而獲免，管幼安之見幾可欽。此木軒四書説：危亂之邦，其君相不能用人聽言，雖有扶危定亂之術，無所復施其力，故不入不居，非特爲避禍而已。

邦有道，貧且賤焉，恥也。邦無道，富且貴焉，恥也。」

【考異】潛夫論本政篇引文兩「邦」字俱作「國」。列女傳：柳下惠妻曰：「君子有二恥，國無道而貴，恥也；國有道而賤，恥也。」

【考證】中論爵禄篇：或問：「古之君子貴爵禄與？」曰：「然。」「諸子之書稱爵禄非貴也，資財非富也，何謂乎？」曰：「彼遭世之亂，見貴而有是言，非古也。古之制爵禄也，爵以居有德，禄以養有功。功大者禄厚，德遠者爵尊。功小者其禄薄，德近者其爵卑。是故觀其爵，則別其人之德也；見其禄，則知其人之功也。古之君子貴爵禄者蓋以此也。孔子曰：『邦有道，貧且賤焉，恥也。』文、武之教衰，黜陟之道廢，諸侯僭恣，大夫世禄，爵人不以德，禄人不以功，竊國而貴者有之，竊地而富者有之，姦邪得願，仁賢失志，於是則以富貴相詬病矣。故孔子曰：『邦無道，富且貴焉，恥也。』」

【唐以前古注】皇疏引江熙云：不枉道而事人，何以致無道之寵，所以恥也。夫山林之士，笑朝廷之人束帶立朝，不獲逍遥也。在朝者亦謗山林之士褊厄也。各是其所是，而非其所非。是以夫子兼宏出處之義，明屈伸於當時也。

【集注】世治而無可行之道，世亂而無能守之節，碌碌庸人，不足以爲士矣，可恥之甚也。

【餘論】李光地論語劄記：危邦不入，亂邦不居，是猶有邦之可擇也。若夫天下無邦，則惟有隱遯不出而已，故又言：「天下有道則見，無道則隱。」然可以隱則隱矣，萬一姓名既著，鄉國既知，舉世混濁，莫適之也；父母之邦，不可去也；則惟有固守貧賤，以終其身而已，故又言：「邦有道，貧且賤焉，恥也。邦無道，富且貴焉，恥也。」反覆説來，究歸於安守貧賤而止，故曰「守死善道」也。三段重疊複説，所謂「邦」字、「天下」字皆有意指，不然末段却成贅語。

〇子曰：「不在其位，不謀其政。」

【考異】皇本「政」下有「也」字。

【集解】孔曰：「欲各專一於其職也。」

【集注】程子曰：「不在其位，則不任其事也。若君大夫問而告者則有矣。」

【餘論】四書辨疑：南軒曰：「謀政云者，己往謀之也。若有從吾謀者，則亦有時而可以告之矣。」此與程子之說，於事理皆通。然與經文却不相合，經中本無分別君大夫己往從吾之文。王滹南曰：「又有不待從吾謀，不必君大夫之問，而亦可以謀者，蓋難以言盡也。然則聖人之意果何如？曰：此必有爲之言。豈當世之人有侵官犯成而不知止者，故聖人譏之。或身欲有爲而世不用，因以自解與？是皆不可知。要之非決定之論也。」此說盡之矣，不須別論。此木軒四書說：孔子對哀公祇云舉直錯枉，不說某某當舉，某某當錯，三桓當如何。對景公祇云君君臣臣，父父子子，不說陳氏當如何，公子陽生等當如何。此「不在其位，不謀其政」之義。

【發明】林希元四書存疑：此祇是不相侵越職分之意。謀是謀欲爲之也，故不可。若窮居而思天下之事，艸茅言當世之務，亦可爲出位乎？論語稽：易曰「君子思不出其位」，況謀政乎？非惟無補，且以招禍，此漢、唐、宋、明黨禍之所以爲世戒也。孟子：「位卑而言高，罪也。」中庸：「君子素其位而行，不願乎其外。」又云：「在上位不陵下，在下位不援上。」皆此意也。

○子曰：「師摯之始，關雎之亂，洋洋乎盈耳哉！」

【音讀】黃氏後案：鄭君訓始爲首，而云「首理其亂」，是鄭君以理亂爲亂，八字爲句。劉氏正義：據注義，則「師摯之始關雎之亂」八字爲一句。言正聲既失，師摯獨能識之，而首理其亂。云首理，則他詩亦依次理之可知。今知鄭義不然者，關雎諸詩列於鄉樂，夫子言觀於鄉而知王道之易易，明其時鄉樂尚未失正，不得有鄭、衛亂之，故知鄭義有未合也。

【考證】論語駢枝：始者，樂之始。亂者，樂之終。樂記曰：「始奏以文，復亂以武。」又曰：「再始以著往，復亂以飭歸。」皆以始亂對舉，其義可見。凡樂之大節，有歌有笙，有閒有合，是爲一成。始於升歌，終於合樂，是故升歌謂之始，合樂謂之亂。周禮太師職：「大祭祀，帥瞽登歌。」儀禮燕及大射皆太師升歌。摯爲太師，是以云「師摯之始」也。合樂，周南關雎、葛覃、卷耳、召南鵲巢、采蘩、采蘋凡六篇。而謂之「關雎之亂」者，舉上以該下，猶之言文王之三、鹿鳴之三云爾。升歌言人，合樂言詩，互相備也。洋洋盈耳，總歎之也。自始至終，咸得其條理，而後聲之美盛可見。言始亂，則笙閒在其中矣。孔子反魯正樂，其效如此。趙德四書箋義纂要：儀禮鄉飲酒禮，工鼓瑟而歌鹿鳴、四牡、皇皇者華，然後笙入堂下，磬南北面立，樂南陔、白華、華黍。又閒歌魚麗，笙由庚，歌南有嘉魚，笙崇邱，歌南山有臺，笙由儀，乃合樂，周南關雎、葛覃、卷耳、召南鵲巢、采蘩、采蘋。合樂者，謂堂上有歌瑟，堂下有笙磬，合奏此詩也。邦國燕禮則不歌，笙閒之後，即合鄉樂周南、召南關雎、鵲巢以下六詩。鄉射禮則不歌笙不閒，惟合此六詩而已。蓋以二南者，夫婦之道，生民之本，王化之端。此六篇者，其教之原也，故用之鄉人，用之邦國，必以此而合樂焉，此所謂亂也。而所謂關雎之亂以爲風始者，關雎爲國風之始也。顧夢麟四書說約：案儀禮鄉飲酒禮、鄉射禮、燕禮，樂凡四節，工歌鹿鳴、四牡、皇皇者華，所謂升歌三終也，比歌止瑟，此第一節。笙入堂下，磬南北面立，樂南陔、白華、華黍，所謂笙入三終也，輔笙止磬，此第二節。笙入三終之後，閒歌魚麗，笙由庚，歌南有嘉魚，笙崇邱，歌南山有臺，笙由儀，歌笙相禪，故曰閒，所謂閒歌三終也，此第三節。乃合樂，周南關雎、葛覃、卷耳，召南鵲巢、采蘩、采蘋，則堂上下歌瑟及笙並作，所謂合樂三終也，此第四節。味合樂並作語，似其樂既正之後，至第四節歌關雎始盛，非謂至此猶盛，以終該始之謂也。解亂爲卒，則此第四節處三節之後，是其義矣。韋昭云：「曲終乃更變章亂節，故謂之亂。」則關雎爲四節變更之首，亦可通也。

黃氏後案：史記孔子世家「關雎之亂，以爲風始」，正義曰：「亂，理也。」王氏離騷「亂曰」注亦云：「亂，理也。」孔氏樂記「復亂以飭歸」疏曰：「亂，治也。復，謂舞曲終，舞者復其行位而整治。」又「復亂以武」疏曰：「舞畢反復亂理。欲退之時，擊金鐃而退。」「治亂以相」疏曰：「亂，理也。言治理奏樂之時先擊相。」諸説以理亂曰亂，訓詁無異。國語魯語：「閔馬父曰：『昔正考父校商之名頌十二篇於周太師，以那爲首，其輯之亂曰：自古在昔，先民有作。温恭朝夕，執事有恪。』」韋注：「凡作篇章，義既成，撮其大要以爲亂辭。詩者，歌也，所以節舞者也。如今三節舞矣。曲終乃更變章亂節，故謂之亂。」是韋注亂訓變亂，而爲曲終之名。劉彦和文心雕龍詮賦篇曰：「既履端于倡始，亦歸餘于總亂。序以建言，亂以理篇。那之卒章，閔馬稱亂。故知殷人輯頌，楚人理賦，斯並鴻裁之寰域，雅文之樞轄也。」劉意亂訓理亂，而爲終篇之名。顔氏漢書揚雄傳甘泉賦「亂曰」注與劉正同。集注「亂，樂之卒章」，正本諸説。亂既曲終之名，關雎自成一曲，何以總名曰亂？朱子究無定説。金吉甫考證云：「辭以卒章爲亂，樂以終爲亂。此統言周南之樂，自關雎而終於麟趾也。」此别一義。近解以合樂爲亂，趙鐵峰、顧麟士有此説，亦非朱子本解。

按：「亂」字之説不一。史記云：「關雎之亂，以爲風始。」此訓治亂之亂。史遷以關雎爲刺亂之詩，故曰：「周道缺，詩人本之衽席，關雎作。」又曰：「周室衰而關雎作。」魯詩、韓詩説皆同。然「洋洋盈耳」乃贊歎之辭，若云刺亂，何洋洋之有？此説非也。朱注訓樂之卒章，毛奇齡引張文檒曰：「春秋傳，那詩以末章『自古在昔』六句爲亂，爲卒章，武詩以末『耆定爾功』一句四字爲卒章，則關雎當以末四句爲卒章。」此一説也，於義較合。然關雎一詩僅二十句，以云洋洋盈耳之盛，似猶未協。清代學者多主合樂之説，而莫詳於淩氏廷堪之禮經釋例。程氏廷祚論語説亦主之，固不獨劉氏台拱及趙鐵峰、顧麟士諸人也。

【集解】鄭曰：「師摯，魯太師之名。始，猶首也。周道衰微，鄭、衛之音作，正樂廢而失節。魯太師摯識關雎之聲而首理其亂者，洋洋盈耳，聽而美之。」

【集注】師摯，魯樂師名摯也。亂，樂之卒章也。史記曰：「關雎之亂，以爲風始。」洋洋，美盛意。孔子自衛反魯而正樂，適師摯在官之初，故樂之美盛如此。

【別解一】經學卮言：始者，師摯在官之時，雅、頌尚未失所，自初奏迄以終亂，合樂關雎，洋洋盡美。今自師摯適齊，此音不可得聞矣，故追而歎之。

【別解二】羣經義證：魯、齊、韓三家皆以關雎爲康王政衰之詩。揚子：「周康王之時，頌聲作乎下，關雎作乎上，習治也。習治則傷始亂也。」論衡謝短篇：「周衰而詩作，蓋康王時也。康王德缺于房，大臣刺晏，故詩作。」晉書司馬彪傳云：「春秋不修，則孔子理之。關雎之亂，則師摯修之。」是春秋託始惠、隱，詩託始康王，其義一也。

按：以關雎之亂爲傷始亂，與夫子歎美之意不甚相合，以本古義，故存之。

○子曰：「狂而不直，侗而不愿，悾悾而不信，吾不知之矣。」

【考證】劉氏正義：書顧命「在後之侗」，某氏傳：「在文王後之侗稚。」焦氏循補疏以爲「僮」字之叚借。莊子山木篇「侗乎其無識」，釋文：「侗，無知貌。」庚桑楚篇「能侗然乎」，釋文：「三蒼云：『殼直貌。』」「殼」即「愨」省。廣雅釋言：「愿，愨也。」愨，謹義近。後漢書劉瑜傳「臣悾悾推情」，李賢注：「悾悾，誠愨之貌。」廣雅釋訓：「悾悾，誠也。」呂氏春秋下賢篇「空空乎其不爲巧故也」，高誘注：「空空，愨也。巧故，僞詐。」「空空」與「悾悾」同。荀子不苟篇：「君子愚則端愨而法，小人愚則毒賊而亂。」又云：「端愨生通，詐僞生塞，誠信生神，夸誕生惑。」

【集解】孔曰：「狂者進取，宜直也。侗，未成器之人，宜謹愿也。悾悾，愨愨也，宜可信也。言皆與常度反，我不知之。」

【唐以前古注】釋文引鄭注：愿，善也。文選勸進箋注引鄭注：悾悾，誠愨也。皇疏引王弼云：夫推誠訓俗，則民俗自化。求其情僞，則儉心茲應。是以聖人務使民皆歸厚，不以探幽爲明；務使姦僞不興，不以先覺爲賢。故雖明竝日月，猶曰不知也。

【集注】侗，無知貌。愿，謹厚也。悾悾，無能貌。吾不知之者，甚絶之之辭，亦不屑之教誨也。

蘇氏曰：「天之生物，氣質不齊，其中材以下，有是德必有是病，有是病必有是德，故馬之蹏齧者必善走，其不善走者必馴。有是病而無是德，則天下之棄才也。」

【發明】四書近指：中人之資，最懼不自安其本分，而多一作爲，却是自喪其本心。不直、不愿、不信，正坐此病。

○子曰：「學如不及，猶恐失之。」

【集解】學自外入，至熟乃可長久。如不及，猶恐失之耳。

【唐以前古注】皇疏引李充云：學有交勞而無交利，自非天然好樂者，則易爲懈矣。故如懼不及，猶恐失之，況可怠乎？又引繆協云：中正曰學自外來，非夫内足，恒不懈惰，乃得其用。如不及者，已及之。猶恐失者，未失也。言能恐失之，則不失；如不及，則能及也。

【集注】言人之爲學，既如有所不及矣，而其心猶竦然惟恐其或失之，警學者當如是也。程子曰：「學如不及，猶恐失之，不得放過，纔説姑待明日，便不可也。」

【餘論】讀四書大全説：猶恐失之，朱子合上句一氣讀下，意味新巧。二句之義，用心共在一時，而致力則各有方，不可作夾帶解。失者，必其曾得而復失之謂，若心有所期得而不能獲，則可謂之不得，而不可謂之失。且有所期而不能獲，即不及之謂爾。云如不及矣，而猶恐不能得，則文句復而無義。且既以如不及之心力爲學，而猶以不得爲恐，則勢必出於助長而先獲。此二句顯分兩段，如不及者以進其所未得，猶恐失者以保其所已得也。未得者在前而不我親，如追前人而不之及也。已得者執之不固則遺忘之，如己所有而失之也。四書辨疑：一章之義，注文渾説在學之既得之後，程子渾説在學之未得之前。注文專主於温故，程子專主於知新。二家之説義皆不備。黄氏曰：「爲學之勤，若有追逐然，惟恐其不及。用心如此，猶恐果不可及而竟失之也，況可緩乎？」大意與程子之説無異。惟其言頗明白易曉爲優，然亦止是施功於未得之前，專務知新而已。舊疏云：「言學自外入，至熟乃可久長。勤學汲汲如不及，猶恐失之也，何況怠惰而不汲汲者乎？」此説解學如不及在未得之先，解猶恐失之在既得之後，上下兩句相須爲義，知新温故不偏廢也。但其言辭不甚順快，宜與黄氏之文相配爲説。蓋爲學之勤，汲汲然常如有所不及，用心如此，猶恐他日怠於温習而或失之，況其學先怠惰而不汲汲者乎？

按：此章即「日知所無，月無亡所能」之義，朱注既偏於温故，程注又偏於知新，二者蓋兩失之。

【發明】反身録：爲身心性命而學，則學如不及，猶恐失之，君子自强不息之心也。爲富貴利達而學，則學如不及，猶恐失之，鄙夫患得患失之心也。同行異情，人品霄壤。

○子曰：「巍巍乎！舜、禹之有天下也而不與焉。」

【考異】白虎通聖人篇引論語：「巍巍乎！舜、禹之有天下而不與焉。」無「也」字。漢書王莽傳、晉書劉寔傳、論衡語增篇引文，俱無「也」字。

【音讀】汪沆論語集注剩義曰：王莽傳引孔子云云，師古注曰：「舜、禹治天下，委任賢臣，以成其功，而不身親其事也。」此讀與爲預，與集注不同。

【考證】論語稽求篇：言任人致治，不必身預，所謂無爲而治是也。若謂視之若無有，則是老氏無爲之學，非聖治矣。袗衣鼓琴可藐視，天下可藐視耶？漢書王莽傳，太后詔曰：「選忠賢，立四輔，羣下勸職。孔子曰：『舜、禹之有天下也而不與焉。』」晉劉寔作崇讓論有云：「舜、禹有天下不與，謂賢人讓于朝，小人不争于野。以賢才化無事，至道興矣。已仰其成，何與之有？」王充論衡云：「經云上帝引逸，謂虞舜也。舜承安繼治，任賢使能，恭己無爲而天下治。故孔子曰：『巍巍乎！舜、禹之有天下也而不與焉。』」是漢後儒者皆如此説。且此直指任賢使能爲無爲而治之本，正可破王、何西晉老氏虚無之學，觀者審之。黄氏後案：孟子答陳相，上言以不得人爲憂，下言非無所用心，中引此經及下章爲證。而此經下章「舜有臣五人而天下治」，復駢章類敍，則不與者，得人善任，不身親其事也。漢書王莽傳，太后詔曰：「選忠賢，立四輔，羣下勸職。孔子曰：『巍巍乎！舜、禹之有天下而不與焉。』」顔注：「言委任賢臣，以成其功，而不身親其事也。與讀曰豫。」王充論衡語增篇云：「舜承安繼治，任賢使能，恭己無爲而天下治。故孔子曰：『巍巍乎！舜、禹之有天下而不與焉。』」晉劉寔崇讓論曰：「舜、禹有天下而不與，謂賢人讓於朝，小人不争於野，己仰其成，何與之有？」

按：黄式三、毛奇齡據孟子及漢、晉諸家説，以爲不與即無爲之意，言得人善任，不身親其事也。味本文語氣，及下章堯之則天無名、舜、武之五臣十臣類推之，其義較長。集注失之。

【集解】美舜、禹己不與求天下而得之也。巍巍者，高大之稱。

按：劉氏正義云：「魏篡漢得國，託於舜、禹之受禪，故平叔等解此文以不與爲不與求也。魏志明帝紀注引獻帝傳云：『仲尼盛稱堯、舜巍巍蕩蕩之功者，以爲禪代乃大聖之懿事也。』又文帝紀注引魏氏春秋云：『帝升壇禮畢，顧謂羣臣曰：「舜、禹之事，吾知之矣。」』當時援舜、禹以文其奸逆，大約皆以爲不求得之矣。」

【唐以前古注】皇疏：一云：孔子歎己不預見舜、禹之時也。又引王弼云：逢時遇世，莫如舜、禹也。又引江熙云：舜、禹皆禪，有天下之極，故樂盡其善，歎不與並時。蓋感道契在昔，而理屈當今也。

【集注】巍巍，高大之貌。不與，猶言不相關，言其不以位爲樂也。

【別解】論語訓：舜、禹皆不當有天下而有之，既有，亦若無與於舜、禹，言皆堯功也。

【餘論】四書翼注：舜、禹之不與富貴，猶孔、顏之不與疏食簞瓢，心有所在，不暇及也。必兼此義乃備。魯岡或問：巢許見有富貴，恐其沾染，故謝而逃之，潔己而已，未聞君子之大道也。聖人不見有富貴，故入其中而不染，惟藉是盡吾職分所當爲，使天下無不治，而富與貴不與焉。且凡有天下時，平成教養，萬世仰賴之功，亦不過職分内事，又何與焉？所以巍巍也。

【發明】蔡清四書蒙引：一命一爵之榮，猶能盛人之氣，奪人之志。舜、禹以匹夫之身，一旦而享天下之貴，而能處之超然，不以爲樂，若無所與於天下者，此其氣象視尋常人何啻萬倍。巍巍，言其大過人也。若以有其位而遂盛其氣，則自卑小矣。舜、禹亦衹是内重而見外之輕。反身録：人若見得透時，則知有天下原不足與。天下尚然，況區區尋常所有乎？一或縈懷，便爲心累。省身録：凡讀一章書，即宜考驗自己能否。如讀舜、禹有天下而不與，不必驗之天下也，但看目前小名微利，能不動心否；小技小能，能不自恃否。小者不與，則大者可望擴充。如小者不能不與，而曰我異日處富貴不動心，其誰信之乎？

按：省身録，鄢陵蘇源生著。其人與方宗誠同時，純然主敬派理學也。書凡十卷，多門面語，且門户之見甚深。世少傳本。獨此條頗有精采，特録之以存其書。

○子曰：「大哉堯之爲君也！巍巍乎！唯天爲大，唯堯則之。蕩蕩乎！民無能名焉。

【考異】韓李筆解本兩「唯」字皆作「惟」。說苑至公篇、後漢書班固傳注、文選公讌詩注引皆作「惟」。翟氏考異：舊本論語例用「唯」字，孟子用「惟」字。此自當以「唯」爲正。明末刻注疏，上惟从心，下唯从口。今坊本又或上唯从口，下唯从心。兩文並施，誤謬尤甚。

【考證】書堯典曰：「若稽古帝堯」，正義引鄭注：「稽，同。古，天也。言堯能順天而行之，與之同功。」論衡自然篇：堯則天而行，不作功邀名，無爲之化自成。故曰：「蕩蕩乎！民無能名焉。」年五十者擊壤於塗，不能知堯之德，蓋自然之化也。藝文類聚人部四載孔融聖人優劣篇曰：荀愔等以爲聖人俱受乾坤之醇靈，禀天地之和氣，該百王之高善，備九德之淑懿，極鴻源之深閭，窮品物之情曠，蕩出於無垠，沈微淪於無内，器不是周，不充聖極。荀以爲孔子稱「大哉堯之爲君！惟天爲大，唯堯則之」，是爲覆蓋衆聖，最優之明文也。孔以堯作天子九十餘年，政化治於人心，雅頌流於衆聽，是以聲德發聞，遂爲稱首。則易所謂久於其道，而天下化成，百年然後勝殘去殺，必世而後仁者也。故曰「大哉堯之爲君」也。堯之爲聖也，明其聖與衆聖，但以人見稱爲君爾。　日知録：堯、舜、禹皆名也，古未有號，故帝王皆以名紀，臨文不諱也。考之尚書，帝曰「格汝舜」，「格汝禹」，名其臣也。堯崩之後，舜與臣言則曰帝。禹崩之後，五子之歌則曰皇祖。無言堯、舜、禹者，不敢名其君也。

【集解】孔曰：「則，法也。美堯法天而行化也。」包曰：「蕩蕩，廣遠之稱也。言其布德廣遠，民無能識其名焉。」

【唐以前古注】皇疏引王弼云：聖人有則天之德，所以稱「唯堯則之」者，唯堯於時全則天之道也。蕩蕩，無形無名之稱也。夫名所名者，於善有所章，而惠有所存，善惡相須，而名分形焉。若夫大愛無私，惠將安在？至美無偏，名將何生？故則天成化，道同自然，不私其子，而君其臣，惡者自罰，善者自功，功成而不立其譽，罰加而不任其刑，百姓日用而不知所以然，夫又何可名也？　筆解：韓曰：「堯仁如天，不可名狀其高遠，非不識其名也。」

【集注】唯，猶獨也。則，猶準也。蕩蕩，廣遠之稱也。言物之高大莫有過於天者，而獨堯之德能與之準，故其德之廣遠亦如天之不可以言語形容也。

【餘論】論語補疏：謚法「民無能名曰神」，孟子言「聖而不可知之之謂神」。殺之而不怨，利之而不庸，民日遷善而不知爲之者，故君子所過者化，所存者神。不可知，故無能名。無爲而治，故不可知。繫辭傳云：「黄帝、堯、舜氏作，通其變，使民不倦。神而化之，使民宜之。」孔子稱黄帝，「民得其利百年，畏其神百年，用其教百年」。神而化之，故畏其神。堯之無能名，舜之無爲而治，皆神也。「爲政以德，譬如北辰居其所而衆星共之」，包云：「德者無爲。」易之四德爲元亨利貞，天以寒暑日月運行爲道，聖人以元亨利貞運行爲德，用中而不執一，故無爲。無爲，故不可知。不可知，故民無能名。民運行於聖人之元亨利貞，猶衆星運行於天之寒暑日月。民可使由之，不可使知之，故黄帝、堯、舜承伏羲、神農之後，以通變神化，立萬世治天下之法。論語凡言堯、舜，皆發明之也。曰「爲政以德」，曰「恭己正南面」，曰「修己以敬」，此堯、舜所以神通其變，使民不倦，神而化之，使民宜之。此堯、舜所以爲德，即德即神，即神即德。故云「顯道，神德行」，又云「神而明之，存乎其人，默而成之，不言而信，存乎德行」，皆化裁推行之至用也。「民無能名」四字，爲成功文章之本，爲則天之實也。包注尚未詳。

巍巍乎其有成功也，焕乎其有文章！

【考異】詩大雅卷阿「伴奂爾游矣」，正義曰：「奂爲文章。故孔晁引孔子曰：『奂乎其有文章。』」　魏書李崇請修世室明堂表曰：孔子稱「巍巍乎其有成功，郁郁乎其有文章」。　漢書儒林傳、敍傳、論衡齊世篇、陳書文學傳序、唐文粹柳冕答孟判官書引文，「文章」下俱有「也」字。　七經考文：一本「章」下有「也」字。　後漢書馬融傳注引論語：「堯之爲君，焕乎其有文章，巍巍乎其有成功。」上下易置。又馮衍傳注引論語：「惟天爲大，唯堯則之。煥乎其有文章，蕩蕩乎人無能名焉。」牽此語入上節。翟氏考異：別雅云：「劉熊碑『涣乎成功』，論語作『煥』。碑用語文而變火作水。」此説非也。論語「煥乎」乃言文章，彼屬成功。上易涣卦正義云：「大德之人，建功立業，散難釋險，故謂之涣。」則彼自用涣卦之涣，何關於論語乎？

【考證】説文無「煥」字。論語後録：詩「伴奐爾游矣」，傳：「伴奐，廣大有文章也。」毛蓋以廣大釋伴，文章釋奐。是奐與煥同。潘氏集箋：檀弓「美哉奐焉」，正義引王云：「奐，言其文章之貌也。」孔晁亦引孔子云：『奐乎有文章。』」皆用此文。是古本皆作「奐」，不作「煥」，作「煥」非也。劉熊碑「涣乎成功」，「涣」亦借字。劉氏正義：上世人質，歷聖治之，漸知禮義，至堯、舜而後文治以盛。又載籍尚存，故尚書獨載堯以來，自授時外，若親睦平章，作大章之樂。又大戴禮五帝德言堯事云：「黄黼黻衣，丹車白馬，伯夷主禮，龍夔教舞。」皆是立文垂制之略，可考見也。

【集解】功成化隆，高大巍巍也。煥，明也。其立文垂制復著明也。

【集注】成功，事業也。煥，光明之貌。文章，禮樂法度也。堯之德不可名，其可見者此爾。

【餘論】讀四書大全説：成功非巍巍則可名，湯之割正，武之清明是也，有推與也。文章非煥乎則可名，禹貢之敷錫，周官之法度是也，有斷續也。乃凡此者無不在堯所有之中，而終不足以盡堯之所有，意黃、頊以上之天下別有一風氣，而虞、夏、商、周之所以爲君者一皆祖用。堯之成功文章，古必有傳，而今不可考耳。

○舜有臣五人而天下治。

【考異】後漢書曹節傳審忠上書述文「治」作「理」。

【考證】四書釋地又續：益爲皋陶之子，見孔穎達書疏，陸德明音義、邢昺論語疏、張守節秦本紀注並同，不獨曹大家、高誘、鄭康成而已。而集注、書集傳反闕。金仁山曰：「果如是，則當楚滅六與蓼時。伯翳之後嬴姓，若秦若徐若趙見存，何得臧文仲曰『皋陶不祀』乎？明非屬父子。」非也。臧文仲自傷楚强盛，日薦食上國，而爲上國之祖者祀亦廢，非謂皋陶盡無後。何以驗之？皋陶偃姓，羣舒皆偃姓，則自出于皋陶。滅六與蓼，見文五年傳矣，而文十二年不猶有羣舒叛楚乎？或曰：「皋陶偃姓，伯翳嬴姓，將父子異姓乎？」余曰：古者天子建德，因生以賜姓。堯祁姓，丹朱爲其允子，卻貍姓，何父子同姓之有？余因又悟舜五臣功皆高德皆盛，當禹讓于稷、契暨皋陶而不及益，實以益爲皋陶之子也。又云：人皆知堯有壻，不知舜亦有壻。舜謂栢翳曰：「咨爾費，贊禹功。」爾後嗣將大出，乃妻之姚姓之玉女。姚，舜所受姓。玉女見祭統。言玉女者，美言之，君子於玉比德焉，豈他庶姓女所可稱？是益爲舜壻，皋陶與舜爲婚姻，此亦古今所未經拈出者。陔餘叢考：史記伯益佐禹，而秦本紀：「秦之先大業娶女華，生大費，大費佐禹平水土，輔舜馴鳥獸，舜妻以姚之玉女，是曰栢翳。」而不言伯益。是以後人皆以栢翳、伯益爲二人。然使佐大禹平水土者另有栢翳一人，則尚書載之，當與稷、契、皋陶同列。乃尚書所載有伯益無栢翳，而伯益作虞，其職在若上下草木鳥獸，與史記所云馴鳥獸者適相脗合，則史記平水土、馴鳥獸之栢翳即尚書若上下草木鳥獸之伯益無疑。惟史記之大費不見於尚書，胡應麟據汲冢書有費侯伯益之語，則大費乃伯益之封國。史記既云大費即栢翳，而伯益實封於費，可見栢翳即伯益也。又按國語「嬴，栢翳之後也」，韋昭注：「即伯益也。」漢書地理志又曰：「秦之先爲伯益，佐禹治水，爲舜虞官。」則栢翳、伯益之爲一人尤明白可證，蓋「翳」與「益」聲相近之訛也。路史以栢翳、伯益爲二人，謂翳乃少昊後，皋陶之子；益乃高陽之第三子隤敳。金仁山則云：「伯翳即伯益，秦聲以入爲去，故謂益爲翳也。若以栢翳爲皋陶之子，則楚人滅蓼之時，秦方盛於西，臧文仲安得云『皋陶庭堅，不祀忽諸』乎？又以益爲高陽之子，則夏啓時應二百餘歲，禹又何從薦之？」是仁山亦以翳、益爲一人也。

按：益爲皋陶之子與否，二説不同，未知孰是。榕村語録曰：「舜有臣二句亦是夫子語，如微子篇『逸民』節亦然，記者提起作案。不然，此語何來？如今史中論贊尚是此體。」

【集解】孔曰：「禹、稷、契、皋陶、伯益也。」

【集注】五人，禹、稷、契、皋陶、伯益也。

武王曰：「予有亂臣十人。」

【考異】舊文無「臣」字，釋文曰：「『予有亂十人』，本或作『亂臣十人』，非。」唐石經「予有亂十人」，「亂」下後人旁增「臣」字。困學紀聞：論語釋文「予有亂十人」，左傳叔孫穆子亦曰：「武王有亂十人。」劉原父謂子無臣母之理。然本無「臣」字，舊説不必改。四書拾遺：唐石經作「予有亂十人」，而「亂」下旁注「臣」字。陸氏釋文亦作「予有亂十人」，云：「或作『亂臣十人』，非。」又書泰誓中、左昭二十四年劉子引太誓，唐石經並作「予有亂十人」，而旁注「臣」字。惟襄二十八年叔孫穆子曰：「武王有亂十人。」不旁注。羣經義證：三國志注引劉廙别傳廙表論治道、魏略文帝詔、爾雅郭注引並有「臣」字。陳鱣又引中論亡國篇「周有亂臣十人，而四海服」，謂其誤已久。蛾術編：旁注皆後世妄人所添，非唐人之舊。不然，何以論語、尚書並左傳共四處皆同，竟如有意脱落，故爲旁添，弄此狡獪，有是理乎？且鄭玄注十人首文母，緣十亂本無「臣」字，故文母無嫌。劉原父不通經，妄據俗本生疑，改文母爲邑姜，遂有妄人取唐石經四處皆爲填補「臣」字。然尚留襄二十八年一罅，以穆子約太誓文，非引書，故未遭妄人硬攙「臣」字。明古義盡廢，於是汲古閣刻五處皆直作「亂臣」矣。九經古義：釋文及唐石經無「臣」字。陸氏云：「或作『亂臣十人』，非。」後世因晉時所出太誓以益之邪？劉原父遂闢馬、鄭之説，以邑姜易文母，真臆説也。原父又云：「或云古文無『臣』字，如此則不成文。」尤謬，王伯厚已辨之。

【考證】羣經義證：晉語云：「文王度於閎夭而謀於南宫。」韋昭注：「南宫适。」又云：「重之以周、邵、畢、榮。」韋注：「周，周文公。邵，邵康公。畢，畢公。榮，榮公。」閎夭、南宫适又與太顛、散宜生並見書君奭篇，云「有若閎夭，有若散宜生，有若泰顛，有若南宮括。」兩漢刊誤補遺謂太顛、閎夭、散宜生、南宮适，師古謂文王之四友，表於四友後。　又謂「師尚父，此誤也，太顛與師尚父豈異人哉？」書大傳曰：「散宜生、南宮适、閎夭學於太公望，遂見西伯昌於羑里。故孔子曰：『文王得四臣，某亦得四友』。」鄭康成謂周公作君奭，舉虢叔以下五人而不及太公者，太師教文王以大德，周公謙不可以自比。　誤與表同，蓋以太顛、太公望爲一人。　四書改錯：朱注亂臣十人，本馬融注，此當據陶潛羣輔録所載武王十亂有毛公無榮公者爲正。　張文虪曰：「榮公不見經傳，惟國語胥臣云『重之以周、邵、畢、榮』始一及之，然言文王時，非武王時也。若毛公，則武王伐紂時已有毛叔奉明水，及成王顧命，尚與畢公、召公同在卿列。　此即左傳所稱魯、衞、毛、聃者，其名視榮公爲大著矣，且淮南鴻烈解有『武王之佐五人』語，高誘注：『五人謂周、召、吕、畢、毛也。』此正割十人之半以爲言者，是五臣尚及毛，豈十臣而反遺之？」　潘氏集箋：史記齊世家：「太公望，吕尚也。」或謂尚其名，或謂望其名。　又孫子兵法云：「周之興也，吕牙在殷。」則牙亦或是其名，而從未有言太公名顛，安得以書大傳之四臣太公適與太顛相當，遽定爲一人邪？　班表、鄭説是也。　文母，太姒也。　詩卷耳序云：「后妃之志也，又當輔佐君子，求賢審官，知臣下之勤勞。　內有進賢之志，而無險詖私謁之心，朝夕思念，至於憂勤也。」論語發微據此，謂：「此言后妃佐文王之事，至武王時，以佐夫者佐其子。　然依文王世子言，文王九十七而終，武王九十三而終，則武王作太誓時年已八十有五，以二十而嫁計之，太姒當已百餘歲。」按文王世子所記，今文家説也。周書度邑曰：「自發未生，于今六十年。」周本紀同。自武王未生，至克殷僅六十年，則年五十餘耳。周書古文，史記多古文説，故與今文家不同。揆之事理，古文説是。馬、鄭説論語亦古文，故於十亂並數文母。羣經平議：劉原父七經小傳以子無臣母之理，改爲邑姜。王氏困學紀聞據釋文「予有亂十人」，本無「臣」字，謂舊説不必改。竊謂武王誓師，數其佐治之人而並及其母，稱爲予有，縱無「臣」字，於義亦不可通。疑舊説所謂文母者，亦即邑姜也。文母之稱見於周頌雝篇，曰：「既右烈考，亦右文母。」毛傳曰：「烈考，武王也。文母，太姒也。」以子先母，義殊未安。鄭意不以文母爲太姒，馬融毛詩注不傳，疑其解烈考、文母正爲武王、邑姜。後人習于毛詩之説，但知文母之爲太姒，故於此注文母亦以大姒當之。不知馬融於詩自有注，未必其同於毛傳也。

按：解文母爲太姒，不特子無臣母之義，且年齡恐不相及。俞氏諸説是也。北史齊后妃傳論：「神武肇興，齊業武明，追蹤周亂。」武明即神武妻婁氏。似以十亂有邑姜，六朝時已有此説，亦不始於劉原父也。

羣經音辨：孔安國訓亂曰治，説文解亂亦曰治，从乙。乙治之也。經典大抵以亂爲不理。夫理亂之義，善亂相反，而以治訓亂，可惑焉。若以古文尚書考之，以乿、亂字別而近，豈隸古之初，傳寫誤合爲一字，而作治亂二訓，後之諸儒遂不復辨與？　集注考證：古文尚書「德惟乿否」，德、𤔔二字正與集注合。乿字從爪，從糸，從乙。取以手理絲而有條理也。後人𤔔字加乙，與亂相似，故遂誤以「亂」爲「亂」。

【集解】馬曰：「亂，治也。治官者十人，謂周公旦、召公奭、太公望、畢公、榮公、太顛、閎夭、散宜生、南宫适，其一人謂文母。」

按：論語補疏：「官，小臣也。十人，治官者也。馬以官字解臣字，邢疏解作治官之臣，非是。」

【唐以前古注】書太誓正義引鄭注：十人，謂文母、周公、太公、召公、畢公、榮公、太顛、閎夭、散宜生、南宫适也。

【集注】書泰誓之辭。馬氏曰：「亂，治也。十人，謂周公旦、召公奭、太公望、畢公、榮公、太顛、閎夭、散宜生、南宫适，其一人謂文母。劉侍讀以爲子無臣母之義，蓋邑姜也。九人治外，邑姜治内。或曰：「亂本作亂，古治字也。」

孔子曰：「才難，不其然乎？唐、虞之際，於斯爲盛。有婦人焉，九人而已。

【考異】漢書王嘉傳引孔子曰：「材難，不其然與？」又劉向傳贊曰：仲尼稱「材難，不其然與？」北史文苑傳：孔子曰：「才難，不其然也？」程復心四書章圖：此處必有缺誤。看「三分有二」一節，突起無頭，缺文可見。日知録：「予有亂臣十人，同心同德」，陳師誓衆之言，所謂十人，皆身在戎行者。太姒、邑姜自在宫壼之内，必不與軍旅之事，亦不必並數之以足十人之數也。牝雞之晨，惟家之索。方且以用婦人爲紂罪矣，乃周之功業必藉於婦人乎？

此理之不可通。或文字傳寫之誤，闕疑可也。螺江日記續編：餘姚邵在陬云：「衛氏古文作『有殷人焉』，而韓退之直指爲膠鬲，似可從者。但衛氏古文不知見何書，韓退之說論語筆解亦無之。」翟氏考異：陽羨任氏啓運著四書約旨，又謂漢石經作「有殷人焉」，朱子未見石經，故從邢疏本。漢石經文之略見於今者，前四篇與後四篇耳。泰伯篇久悉湮没，任氏獨何從見之耶？此言亦顯無憑據。潘氏集箋：漢石經爲魯論，有經無注，而以爲注殷人謂膠鬲，其謬甚明。雖馬氏所注爲古文，以婦人爲文母，魯論爲今文，古今文不同，似屬可信。然鄭君兼通今文，石經果爲殷人，豈不知婦人之不可通，而必從其師說乎？釋文序録謂鄭就魯論張、包、周之篇章，考之齊、古，爲之注，是經文先當作「殷人」，即從師說爲「婦人」，亦當如釋文所載「傳不習乎」鄭注「魯讀傳爲專，今從古」，「崔子弑齊君」鄭注「魯讀崔爲高，今從古」之例，云：「魯讀婦爲殷，今從古。」今釋文無此文，則漢石經作「殷人」之說不足辨也。

【音讀】經義述聞：自古人才，惟唐、虞之際與此周爲極盛也，八字作一句讀。四書通考：吴氏程曰：「『唐、虞』至『爲盛』當作一句。」

【考證】黄氏後案：古注謂周才盛於唐、虞。唐、虞兩代五人，周一代十人，是周盛也。申朱子注者云：唐、虞盛於周，而夏、商不能及，難也。十人取足於婦人，難也。周十人而以五人爲盛者，蔡介夫謂不計多寡，顧其人物地位何如也。王伯申訓於爲與，言唐、虞與周爲盛也。劉氏正義：唐、虞之際者，際，猶下也，後也。淮南子修務訓「湯旱，以身禱於桑林之際」，太平御覽皇王部七、禮儀部八引作「桑林之下」。又潛夫論遏利篇：「信立於千載之上，而名傳乎百世之際。」是際有下後之義。夫子此言唐、虞之下，至周乃爲盛也。

按：唐、虞之際猶云唐、虞之後，如此則涣然冰釋矣。集注之説非也。

四書辨證：孔注：「唐者，堯號。虞者，舜號。」邢疏：「書傳云：『堯年十六，以唐侯升爲天子，遂以爲號。或謂之陶唐氏。』書曰：『惟彼陶唐。』世本云：『堯爲陶唐氏。』韋昭云：『陶唐皆國名，猶湯稱殷商。』歷檢書傳，未聞帝堯居陶，以陶冠唐，蓋以二字爲名，所謂或單或複也。舜之爲虞，猶禹之爲夏。外傳稱禹氏曰有夏，則如舜氏曰有虞。顓頊以來地爲國號，而舜有天下，號曰有虞，是地名也。王肅云：『虞，地也。』皇甫謐曰：『堯以二女妻舜，封之於虞。今河東太陽山西虞地是也。』則知舜居虞地，以虞爲氏。堯封之虞爲諸侯，及有天下，遂以爲天子之號。」又云：膠鬲，文王舉而薦之殷。武王伐紂，膠鬲至鮪水，謂「西伯之師焉往」，其不在十亂之數可知。況箕子、膠鬲並稱爲紂臣，孟子業有明文耶？吕氏春秋，桓公謂管仲曰：「仲父治外，夫人治内，寡人知終不爲諸侯笑。」唐書，長孫皇后薨。太宗與羣臣曰：「入宫不聞諫戒之聲，朕亡一良輔矣。」足徵「婦」字非訛，邑姜可足十人數也，不得以身在戎行律之。

【集解】孔曰：「唐者，堯號。虞者，舜號。際者，堯、舜交會之間。斯，此也。於此，於周也。言堯、舜交會之間，比於此周，周最盛，多賢才，然尚有一婦人，其餘九人而已。人才難得，豈不然乎？」

【唐以前古注】皇疏：此是才難之證也。唐、虞，堯、舜有天下之號也。際者，謂堯、舜交代之間也。斯，此也，此謂周也。言唐、虞二代交際，共有此五臣，若比於此周，周最爲盛。雖爲盛，尚不滿十人，十人之中，有文母一婦人，爲十人之數，所以是才難也。季彪難曰：「舜之五臣，一聖四賢。八元八凱，十有六人。據左氏明文，或稱齊聖，或云明哲，雖非聖人，抑亦其次也。周公一人可與禹爲對，太公、召公是當稷、契，自畢公以下，恐不及元凱。就復强相攀繼，而數較少，何故唐、虞人士反不如周朝之盛也耶？彪以爲斯，此也，蓋周也。今云『唐、虞之際於此爲盛』，言唐、虞之朝盛於周室。周室雖隆，不及唐、虞，由來尚矣。故曰巍巍蕩蕩，莫之能名。今更謂唐、虞人士不如周室，反易舊義，更生殊說，無乃攻乎異端，有害於正訓乎？」侃案師說曰：「季氏之意極自允會。春秋傳合當堯、舜，但既多才勝周，而孔子唯云兩代有五人者，别有以也。欲盛美周德隆於唐、虞，賢才多乎堯、舜，而猶事殷紂，故特云唐、虞五而周代十也。又明言有婦人者，明周代之盛，匪唯丈夫之才，抑婦人之能匡弼於政化也。」

【集注】稱孔子者，上係武王君臣之際，記者謹之。才難蓋古語，而孔子然之也。才者，德之用也。唐、虞，堯、舜有天下之號。際，交會之間。言周室人才之多，惟唐、虞之際乃盛於此。降自夏、商，皆不能及。然猶但有此數人爾，是才之難得也。

【餘論】四書辨疑：林少穎破此說曰：「子不可臣母，其理誠是。至以邑姜爲臣，又恐未必也。蓋經既無文，年代久遠，不復可知。而九人者，雖不出周、召之徒，亦不可一一如漢儒所定。要之孔子之意，惟論其才難而已。舜臣五人亦然。」王滹南曰：「少穎之論當矣。晦菴於作者七人，知指名者爲鑿，而復惑於此何也？」又曰：「引注以對經文，上言唐、虞之世人才之盛，其下所指人數却是周之人才，上下語意不相承接。蓋際謂唐、虞之邊際，猶言唐、虞之末也。自唐、虞之末，至於斯爲最盛，然有婦人焉，九人而已。」論語刪正（辨證引）：斯，此也，指今時而言。謂唐、虞交會之際，止得五人，而周有十人，是於周爲盛矣。然十人中止得九人，信乎才之難也。説者謂才不論多寡，故謂舜五人盛於周之十人。而下云九人而已，分明論多寡矣，其謬顯然。四書駁異：似不過謂唐、虞際會以來惟此爲最盛，非較之而言唐、虞盛於周，亦非謂周盛於唐、虞也。四書賸言：舊儒謂唐、虞兩代不如一周。於斯爲盛，猶曰於斯爲美。劉開論語補注：人才莫踰乎唐、虞，而實盛於唐、虞之際。五臣之舉，皆堯在位而舜攝政，其時正當唐、虞之交，故子稱之曰際，非有意合而一之以比周也。自唐、虞之際以後，人才於周爲盛，則非夏、商所及。而注以爲周室人才之多，唯唐、虞之際乃盛於此，是有意合唐、虞以比周室，不知唐、虞之才在乎際，不能分之，而又何須合之也。

三分天下有其二，以服事殷。周之德，其可謂至德也已矣？」

【考異】舊文「三」爲「參」。釋文曰：「參，七南反，一音三。本又作『三』。」皇本爲「參」，「周」下無「之」字。天文本論語校勘記：古本、足利本、唐本、津藩本、正平本「周」下無「之」字。後漢書伏湛諫親征疏：參分天下而有其二。文選典引注引論語曰：參分天下有其二。干寶晉紀總論：不暇待參分八百之會用此。後漢書隗囂傳：「昔文王三分，猶服事殷。」又袁術傳：「文王三分天下，猶服事殷。」注引論語亦作「猶服」。後漢紀何進述文亦作「猶服」。史通疑古篇引論語：大哉周之德也。三分天下有其二，猶服事殷。翟氏考異：逸周書太子晉解：「太子言文王三分天下而有其二，服事於商。」知二語非孔子創言之矣。或謂此節宜自爲一章，由周書觀之，疑亦如上例，先舉古書成文，而後記孔子論贊之語，欲別加「孔子曰」字，似宜加于「事殷」下。文王率殷叛國以事紂，乃左傳襄公四年文，應氏誤糾爲一。拜經日記：皇疏本作「參」，云：「參，三也。」後漢書伏湛傳、文選班孟堅典引注並引作「參」，謂唐以前六朝舊本皆作「參」是也。

【考證】四書稗疏：集注謂荆、梁、雍、豫、徐、揚，熊氏謂徐、揚無考。然文王質成虞、芮，虞、芮國在河中，今平陽府境。西伯戡黎，黎今潞安府黎城縣。皆冀州之域。而孟津、牧野固屬豫州，至武王時猶爲殷有，則文王已兼有冀土，而豫州尚多屬紂，則三分者約略言之，非專言六州明矣。九州之域，青、兗、徐、豫小，雍、梁、荆、揚大，非可合三州爲一而三之也。劉氏正義：左襄四年傳：文王帥殷之叛國以事紂，周書程典解：「維三月既生魄，文王率諸侯，撫叛國，而朝聘乎紂。」姚氏配中周易學云：「三分有二，以服事殷。即欲殷有以撫之，此文王之憂患所以獨深也。」

【集解】包曰：「殷紂淫亂，文王爲西伯而有聖德，天下歸周者三分有二，而猶以服事殷，故謂之至德。」

【集注】春秋傳曰：「文王率商之叛國以事紂。」蓋天下歸文王者六州，荆、梁、雍、豫、徐、揚也。惟青、兖、冀尚屬紂耳。范氏曰：「文王之德足以代商，天與之，人歸之，乃不取而服事焉，所以爲至德也。孔子因武王之言而及文王之德，且與泰伯皆以至德稱之，其旨微矣。」或曰：「宜斷『三分』以下，别以『孔子曰』起之，而自爲一章。」

【餘論】四書辨疑：注文與范氏之説，蓋皆以至德爲文王之事。范氏又言「且與泰伯皆以至德稱之，其旨微矣」者，意謂泰伯不欲翦商，文王以服事殷，亦無伐紂之心，故皆稱至德也。此蓋祖襲東坡之説也。東坡曰：「以文王事殷爲至德，則武王非至德明矣。」三説皆有少武王之意，而東坡爲甚。然經中止言周德，本無專稱文王之文，何以知孔子謂武王非至德也？文、武之事殷伐殷，蓋其時有不同，非其心有不同也。南軒曰：「三分天下有其二，以服事殷。非特文王，武王亦然。故統言周之至德，不但曰文王也。蓋紂未爲獨夫，文、武固率天下以事之也。」横渠曰：「使文王未崩，伐紂之事亦不可不爲。」二公所言皆正大之論，不可易也。或曰：「一説斷『三分』以下自作一章。」其説誠是。

【發明】論語集説：論語一書以至德稱者，唯泰伯、文王二人，其旨微矣。泰伯知天下必去商而歸周，故逃之荆蠻而避之。文王三分天下有其二，以服事殷。泰伯、文王均此一心也，此其所以爲至德。四書訓義：建一代之治以定天下者，存乎才。而立遠大之基，以合天心而爲臣民之所咸服者，存乎德。人才難得，故人君不可不以育才爲急。而德未極其至，不可以言德，故君子尤不可不慎修其德也。夫子兩論周事，而知周之所以建卜世之長非偶然矣。

○子曰：「禹，吾無閒然矣。菲飲食而致孝乎鬼神，惡衣服而致美乎黻冕，卑宮室而盡力乎溝洫。禹，吾無閒然矣。」

【考異】七經考文：足利本首句無「矣」字。

【音讀】翟氏考異：古注謂此爲間厠之間，當讀去聲。集注謂無罅隙，似不當更依古讀。

【考證】江永鄉黨圖考：按黻與韍不同，黻是裳上之章，以青與黑之文繡作兩已相背之形。韍是韋蔽膝，左傳「袞冕黻珽」，當作「韍」，乃與下「火龍黼黻」之黻同，作「黻」蓋轉寫之誤耳。若論語「致美乎黻冕」，左傳「晉侯以黻冕命士會」，與冕連文，皆當爲黼黻之黻。故鄭注論語云：「黻是冕服之衣，冕其冠也。」明黻是冕服之章，舉後一章以該他章耳。邢疏既引鄭注，乃解黻爲蔽膝，誤。今集注亦承其誤。論語後録：黻，冕服之章也。古天子十二章，黻最在後。專言黻者，所以該衆章也。春秋左傳曰：「晉侯以黻冕命士會。」士會，卿也。亦言黻者，古黻上下通之。論語發微曰：説文：「市，韠也。」上古衣蔽前而已，市以象之。天子朱市，諸侯赤市，大夫葱衡，从巾，象連帶之形。韍，篆文市，从韋，从犮。説文又曰：「黻，黑與青相次文。从黹犮聲。」按蔽膝之市，當以「市」爲本字，蓋古文如此，篆文改爲「韍」。此及宣十六年左傳假「黻」爲之，毛詩假爲「芾」，白虎通假爲「紼」。故明堂位「有虞氏服黻」，鄭注云：「韍，或作黻。」此黻冕假「黻」爲「韍」，當訓爲蔽膝。詩「赤芾在股」，箋云：「大古蔽膝之象也。冕服謂之芾，其他服謂之韠，以韋爲之。其制上廣一尺，下廣二尺，長三尺，其頸五寸，肩革帶博二寸。」據箋意，知芾專繫冕服言之，故亦言黻冕。宣十六年左傳「以黻冕命士會」，當是希冕而赤韍蔥衡。白虎通有紼冕篇，明堂位「有虞氏服黻，夏后氏山，殷火，周龍章」，注云：「黻，冕服之韠也，舜始作之，以尊祭服，禹、湯至周增以畫文，後王彌飾也。」彌飾即致美之意。舜作韍以尊祭服，故祭服稱韍冕。至十二章之黻，罕與冕並舉。左傳「袞冕韍珽」，亦以冕與韍連言。下又云「火龍黼黻」，則言裳之一章，特「韍」字不假作「黻」耳。鄭云「祭服之衣」，正以黻爲衣蔽前之制，又惟祭名黻，故云然。　劉氏正義：列子楊朱篇：「禹卑宮室，美紱冕。」「紱」與「韍」當是一字。易困九二「朱紱方來」，鄭注：「天子制用朱韍。」是紱即韍無疑也。周官弁師「掌王之五冕」，五冕者，袞冕、鷩冕、毳冕、希冕、玄冕也。諸侯及孤卿大夫之冕，各以其等爲之，而掌其禁令，則大夫以上冠通得稱冕。故説文云：「冕，大夫以上冠也。从冃，免聲。」冃象其上覆。免與俛同。管子小稱篇言禾云：「及其成也，由由乎茲免。」謂禾至成熟下垂，滋益俛也。此免爲俛之義。范甯穀梁傳解云：「冕，謂以木爲幹，衣之以布，上玄下纁，垂旒者也。」白虎通紼冕篇「前俛而後仰，故謂之冕也。」大、小夏侯説，前垂四寸，後垂三寸，則前低於後一寸也。周官弁師疏以爲前低一寸餘，蓋約略言之，未細核耳。叔孫通漢禮器制度云：「冕制皆長尺六寸，廣八寸。天子以下皆同。」應劭漢官儀云：「廣七寸，長八寸。」董巴輿服志云：「廣七寸，長尺二寸。」言人人殊，不知竟孰是也。王制「有虞氏皇而祭，夏后氏收而祭，殷人冔而祭，周人冕而祭」，注云：「皇，冕屬也。」鄭君以皇爲冕，則冔、收亦是冕。毛詩文王傳：「冔，殷冕也。夏后氏曰收，周曰冕。」世本云「胡曹作冕」，注：「胡曹，黄帝臣。」則自古冠通名冕，至夏又別稱收。此文云黻冕者，從舊名之爾。説文：「冠，絭也，所絭髮，弁冕之總名也。」是冠爲首服之大名，冕亦是冠，故注云「冕其冠」也。其字承上句祭服言之，明黻是祭服之衣，冕是祭服之冠也。周官司服云：「王之吉服，祀昊天上帝。」則服大裘而冕，祀五帝亦如之。享先王則袞冕，享先公饗射則鷩冕，祀四望山川則毳冕，祭社稷五祀則希冕，祭羣小祀則玄冕，是冕皆祭服。禹時雖未備有衆制，要冕爲祭服所用矣。弁師云：「掌王之五冕。皆玄冕，朱裏，延紐，五采繅十有二就，皆五采玉十有二，玉笄，朱紘。」此周人之制，當亦依仿古禮爲之。禹之致美，指此類也。

義門讀書記：溝洫二字，即班固溝洫志所本，乃治天下之小水，非指行井田也。

潘氏集箋：説文「洫」下引「乎」作「于」，史記禹本紀引作「致費于溝減」，案減、洫古通。詩文王有聲傳：「減，成溝也。」是其證。盡力作致費，與上致孝、致美一律，疑史公時古文論語有此異本也。

按：溝洫，周禮遂人、匠人之法不同也，包注本匠人。詳見程瑶田遂人匠人溝洫不同考及井田溝洫名義記，以文繁不録。

集箋又云：説文：「閒，隙也。从門月。」段注：「會意也。門開而月入，門有縫而月光可入，皆其意也。」故凡罅隙皆曰閒，小爾雅亦訓隙，又曰非也。方言同後一解。經傳釋詞：然，猶焉也。檀弓曰：「穆公召縣子而問然。」鄭注：「然之言焉也。」論語「禹，吾無閒然矣」，「若由也，不得其死然」，然字並與焉同義。

【集解】孔曰：「孔子推禹功德之盛美，言己不能復閒厠其閒。」馬曰：「菲，薄也。致孝鬼神，祭祀豐潔也。」孔曰：「損其常服，以盛祭服。」包曰：「方里爲井，井間有溝，溝廣深四尺。十里爲成，成間有洫，洫廣深八尺。」

【唐以前古注】邢疏引鄭注：黻，祭服之衣。冕其冠也。皇疏引李充云：夫聖德純粹，無往不備，故堯有則天之號，舜稱無爲而治。又曰：巍巍乎！舜、禹之有天下也而弗與焉。斯則美聖之極名，窮理之高詠矣。至於此章，方復以事跡歎禹者，而豈徒哉？蓋以季主僻王，肆情縱欲，窮奢極侈麗，厚珍膳而簡僞乎享祀，盛纖靡而闕慢乎祭服，崇臺榭而不恤乎農政，是以亡國喪身，莫不由乎此矣。於有國有家者，觀夫禹之所以興也，覽三季之所以亡，可不慎與？

【集注】閒，罅隙也，謂指其罅隙而非議之也。菲，薄也。致孝鬼神，謂享祀豐潔。衣服，常服。黻，蔽膝也，以韋爲之。冕，冠也。皆祭服也。溝洫，田間水道，以正疆界備旱潦者也。或豐或儉，各適其宜，所以無罅隙之可議也。故再言以深美之。楊氏曰：「薄於自奉，而所勤者民之事，所致飾者宗廟朝廷之禮，所謂有天下而不與也，夫何閒然之有？」

【餘論】李氏論語劄記：致孝鬼神，與菲飲食對。致美黻冕，與惡衣服對。盡力溝洫，須知亦是與卑宮室對。當洪水未平，下巢上窟，民不得平土而居之。禹決九川，距四海，使大水有所歸。

然經理終未詳密也，乃復濬畎澮距川，則小水皆有所入，然後四隩既宅，民得安居，是則卑宫室而盡力乎溝洫者。居無求安，而奠萬姓之居是急也。今説此句俱差到爲民謀食上去，不是此章比類文義。論語述何：禹之治水，因鯀之功，致孝之大者也。不自大其事，不自尚其功，故無閒然。黄氏後案：此贊夏后之豐儉合宜，以諷世也。周末衣食宫室俱踰禮制，既失之奢。魯惠公時，史角至魯，其後爲晏嬰、墨翟尚儉之學，而自謂宗師大禹，此又異端之漸啓矣。史記曰：「墨者儉而難遵，要其彊本節用，則人給家足之道也。」

【發明】反身録：學者居處食用，儉約方好。禹之無閒然處，只是菲飲食，惡衣服，卑宫室，功在萬世，居臨天下者且然，況常人乎？故養德當自儉始。近代章楓山先生，官至八座，致仕在家，僅小屋三間，前面待客，後面自居。蔬食粗衣，人所不堪，先生處之裕如。門人化之，莫敢華侈。

論語集釋卷十七

子罕上

○子罕言利與命與仁。

【考異】史記孔子世家引作「子罕與利與命與仁」。史記辨惑：馬遷併以此言爲「與」字，豈傳寫之訛歟？

【集解】罕者，希也。利者，義之和也。命者，天之命也。仁者，行之盛也。寡能及之，故希言也。

【唐以前古注】皇疏：言者，説也。利者，天道元亨，利萬物者也。與者，言語許與之也。命，天命，窮通夭壽之目也。仁者惻隱濟衆，行之盛者也。弟子記孔子爲教化所希言，及所希許與人者也。所以然者，利是元亨利貞之道也，百姓日用而不知，其理玄絶，故孔子希言也。命是人稟天而生，其道難測，又好惡不同，若逆向人説，則傷動人情，故孔子希説與人也。仁是行盛，非中人所能，故亦希説與人也。然希者非都絶之稱，亦有時而言與人也。周易文言是説利之時也。謂伯牛「亡之，命矣夫」，及云「若由也，不得其死然」，是説與人命也。又孟武伯問子路、冉求之屬仁乎，子曰「不知」；及云楚令尹、陳文子「焉得仁」，並是不與人仁也。而云顏回「三月不違仁」，及云管仲「如其仁」，則是説與人仁時也。　筆解：韓曰：「仲尼罕言此三者之人焉，非謂罕言此三者之道也。」

【集注】罕，少也。程子曰：「計利則害義，命之理微，仁之道大，皆夫子所罕言也。」

【别解一】四書辨疑：若以理微道大則罕言，夫子所常言者，豈皆理淺之小道乎？聖人於三者之中所罕言者，惟利耳，命與仁乃所常言。命猶言之有數，至於言仁，寧可數邪？聖人捨仁義而不言，則其所以爲教爲道，化育斯民，洪濟萬物者，果何事也？王滹南曰：「子罕言利一章，説者雖多，皆牽强不通。利者聖人之所言，仁者聖人之所常言，所罕言者，唯命耳。」此亦有識之論。然以命爲罕言，却似未當。如云「五十而知天命」，「匡人其如予何」，「公伯寮其如命何」，「不知命，無以爲君子也」，如此之類，亦豈罕言哉？説者當以子罕言利爲句。與，從也。蓋言夫子罕曾言利，從命從仁而已。史繩祖學齋佔畢：子罕言者，獨利而已。當以此四字爲句作一義。曰命曰仁，皆平日所深與，此當别作一義。與，如「吾與點也」、「吾不與也」等字之義。　康有爲論語注：考之論語，孔子言命仁至多，曰「五十而知天命」，曰「死生有命」，曰「賜不受命」，曰「道之將行也與，命也；道之將廢也與，命也，公伯寮其如命何」，其卒章更大聲疾呼曰：「不知命，無以爲君子。」易言樂天知命，故不憂。窮理盡性，以至于命。子思述之曰：「居易俟命，大德必受命。」孟子述之曰：「得之不得曰有命」，「莫非命也，順受其正」，「知命者不立巖牆之下」，「得之有命，性也有命」。莊子述之曰：「父母豈欲我如是哉？天地豈欲我如是哉？然而至此者，命也夫。」楊子述之爲力命篇，孝經緯述三命曰：「善惡報也。」此爲孔子大義。以令人安處善，樂循理，足以自得，安分無求。常教人者，徵羣經傳，難以悉數。墨子，攻孔子者也，特著非命篇以攻儒。其非儒篇曰：「强執有命以説議曰：壽夭貧富，安危治亂，固有天命，不可損益，窮達賞罰幸否，有極人之知力不能爲焉。羣吏信之，則怠於分職。庶人信之，則怠於從事。不治則亂，農事緩則貧。貧且亂，而儒者以爲道教，是賤天下之人者也。」又曰：「立命緩貧而高浩居，是若人氣鼸鼠藏，而羝羊視，賁彘起，君子笑之，怒曰散人。」公孟篇攻儒亦曰：「貧富壽夭，齰然在天，不可損益。」又曰：「君子必學。」子墨子曰：『教人學而託有命，是猶命人葆而去其冠也。』子墨子謂程子曰：『儒之道足以喪天下四政焉。以命爲有貧富壽夭，治亂安危有極矣，不可損益也。爲上者行之，必不聽治矣。爲下者行之，必不從事矣。此足以喪天下。』程子曰：『甚矣先生之毁儒也。』」儒墨相反相攻，而墨子之攻孔子，以命爲儒者四義之一，則命爲孔子特立第一大義至明矣。若仁，則尤爲孔子特立之義，無往而非言仁者。即論語言仁已四十二章，若以爲罕言，則孔子所多言者爲何也？其説益不可通矣。孔子命仁兩義，千載爲之不明。仁之義尚不可掩，命之義則宋賢怵于此章之義，遂永没孔、孟之大道，今特疏通證明于此。

【别解二】論語補疏：古所謂利，皆以及物言。至春秋時，人第知利己，其能及物遂别爲之義，故孔子贊易，以義釋利，謂古所謂利，今所謂義也。孔子言義，不多言利，故云子罕言利。若言利則必與命並言之，與仁並言之。利與命並言，與仁並言，則利即是義。「子罕言」三字呼應兩「與」字，味其詞意甚明。注以「義之和」釋「利」字，此正是與命與仁之利，爲孔子所言。至以命仁亦子所罕言，孔子固不罕言命、罕言仁矣。徒以利命仁三者不類，乃高置利字以配命仁，不知義之和正子所不罕言者也。論語稱子以四教，子之所慎，子不語，子絶四，下目俱平列。此「子罕言利」爲句，下用兩「與」字，明與諸例爲異。史繩祖學齋佔畢讀兩「與」字爲「吾與點也」之與，謂子所罕言者惟利而已，曰命曰仁，皆平日所深與。此似知注疏之未合，然與點指人之可與，用以指仁，辭不協；用以指命，尤不協也。

【別解三】黄氏後案：説文罕訓網，漢書注罕訓畢者，本義也。經傳中罕訓少者，借字也。罕言之「罕」，借爲軒豁之「軒」，古罕、旰二字通用。左氏春秋經昭公元年「鄭罕虎」，定公十五年「鄭罕達」，公羊經作「軒」。軒有顯豁之義，亦曰軒豁，經史中凡言軒輊、軒昂、軒渠、軒翥，與軒豁之義一也。樂記「致右憲左」，注讀憲爲軒。内則「皆有軒」，注讀軒爲憲。禮中庸「憲憲令德」，詩本作「顯」，罕、軒、憲、顯同桓部，音且同母，此音義所以相通。則罕言者，表顯言之也。自史記外戚世家引「罕言命」，孟子列傳引「罕言利」，解罕爲希，何晏因之。然以利爲希言，於是義利之辨不明。迂腐者斥成敗利鈍之計爲人欲，狂妄者臆倡王霸互用之論矣。以命爲希言，於是理數判爲二。儒者以性命爲不傳之秘，又有命不足道之説，且有以術數言命與穨心聽命之説矣。以仁爲希言，於是儒者謂夫子告諸弟子以爲仁，而本體未嘗言。求其本體，須總核諸書之言仁，讀之數年而悟，而説仁者遂玄之又玄。朱子答吕伯恭書云：「俾學者枉費精神，胡亂揣模，雖有志於求仁，而無以用其力於不可識之物，可慨也。」或曰：「訓罕爲希，先儒有非之者歟？」曰：集解不録孔、包、鄭君諸説，則何氏以前諸説未必盡同何氏。今諸説散亡，獨存何解，罕希之訓，學者無所考證，然疑此者固有之矣。李氏筆解云：「孔子罕言此三者之人，非謂罕言此三者之道。」史長慶學齋佔畢謂子所罕言者利，而許言命，許言仁。焦里堂曰：「子罕言利，若言利則必與命竝言之，與仁竝言之，孔子固不罕言命言仁矣。」武虚谷從皇疏，云：「與者，言語許與人也。以子罕貫下三事。」凡此諸説，皆善啓人疑，而意在求實是者歟？然以諸説攷之，不如訓罕爲軒之明瞭也。

按以上三説，以第一説爲最有力。竊謂解此章者多未了解言字之義。蓋言者，自言也。記者旁窺已久，知夫子於此三者皆罕自言，非謂以此立教也。説者徒見弟子問答多問仁，遂疑命仁爲夫子所常言，實則皆非此章之義也。論語中如「小人喻於利」、「放於利而行」、「君子畏天命」、「不知命無以爲君子」、「我欲仁而仁至」、「當仁不讓於師」之類，出於夫子自言者實屬無幾。大抵言仁稍多，言命次之，言利最少，故以利承罕言之文，而於命於仁則以兩「與」字次第之。阮元論語論仁篇：「孔子言仁者詳矣，曷爲曰罕言也？所謂罕言者，孔子每謙不敢自居於仁，亦不輕以仁許人也。」今案夫子晚始得易，易多言利，而贊易又多言命。中人以下，不可語上，故弟子於易獨無問答之辭。今論語夫子言仁甚多，則又羣弟子記載之力，凡言仁皆詳書之，故未覺其罕言爾。龔元玠十三經客難以從訓與，謂罕言者利，而所從者命仁。皆坐不知自言之非問答，故有此疑耳。

○達巷黨人曰：「大哉孔子！博學而無所成名。」

【考異】史記世家「黨人」下有「童子」二字。

【考證】論語後録：達者，巷黨名。「巷黨」二字連讀。雜記「余從老聃助葬於巷黨」是也。人，孟康謂即項橐。史記作「達巷黨人童子曰」。國策曰：「項橐生七歲，爲孔子師。」康蓋據此。「橐」，淮南子説林訓作「託」。一統志：達巷在滋陽縣西北五里，相傳即達巷黨人所居。翟氏考異：禮曾子問篇：「孔子曰：『昔吾從老聃助葬于巷黨。』」注謂：「巷黨，黨名。」此所云達巷黨或即一地。不然，既云巷，又云黨，不綦詞複乎？史遷謂黨人即項橐，七歲而爲孔子師，故意加童子二字，然不本自正典，不足信。潘氏集箋：淮南子脩務訓、論衡實知篇同。隸釋逢盛碑作「后橐」。新序雜事篇：「齊閭邱卬曰：『秦項橐七歲爲聖人師。』」以項橐爲秦人，此當由甘羅嘗言之，故以爲秦人。漢書董仲舒對策：「臣聞良玉不瑑，資質潤美，不待刻瑑，此亡異於達巷黨人不學而自知也。」孟康注：「人，項橐也。」論語偶記曰：「史記孔子世家稱達巷童子。童子而知聖學之博，正不學自知者。四書考異以爲不本正典不足信，然漢人相傳如此，當必有據。」

按：秦策：「甘羅曰：『項橐七歲爲孔子師。』」新序、淮南子修務訓、論衡實知篇皆同。漢書董仲舒傳：「此亡異於達巷黨人不學而自知。」孟康注：「人，項橐也。」王厚齋謂孟康之説不知所出。論語注疏無之。釋隸載逢盛碑以爲后橐。皇甫謐高士傳亦稱達巷黨人姓項名橐。顏氏家訓以項橐與顏回同爲短折。弘明集亦云：「顏、項夙夭。」故世傳其十歲即亡，然經傳所未見，故集註置之。禮記曾子問：「子曰：『昔者吾從老聃助葬於巷黨。』」其地當在王畿，滋陽今屬兗州府。此出方志附會，未敢信也。文選顏延之皇太子釋奠詩注引嵇康高士傳：「孔子問項橐曰：『居何在？』曰：『萬流屋。』」注曰：「言與萬物同流匹也。」未知何據。

【集解】鄭曰：「達巷者，黨名也。五百家爲黨。此黨人之美孔子博學道藝，不成一名也。」

【唐以前古注】皇疏引王弼云：譬猶和樂出乎八音乎，然八音非其名也。又引江熙云：言其彌貫六流，不可以一藝取名焉，故曰大也。

【集注】達巷，黨名。其人姓名不傳。博學無所成名，蓋美其學之博，而惜其不成一藝之名也。

【餘論】論語補疏：無所成名，即民無能名，所謂「焉不學，無常師」、「無可無不可」也。孔子以民無能名贊堯之則天，故門人援達巷黨人之言以明孔子與堯、舜同。大哉孔子，即大哉堯之爲君。博學無所成名，即蕩蕩乎民無能名。孔子之學即堯、舜之學也。孔子云「吾何執」，篇末云「未可與權」，惟其權所以不執一，而民無能名無閒然也。雖別爲一篇，實與上相承接。論語稽求篇：博學而無所成名，鄭康成謂此邦人之美孔子博學不成一名，故夫子以謙承之，所謂不成一名者，非一技之可名也。故正義曰：「言不以一名止也。」惟不以一名止，則欲執一名無如射御，故夫子謙言執御。其説自明。南史王僧辯爲梁元帝作勸進表，有云：「博學則大哉無所成名。」博學即大，大即無所成名，上下一貫，全無委屈，六季時儒者其説經明晰類如此。

子聞之，謂門弟子曰：「吾何執？執御乎？執射乎？吾執御矣。」

【考異】七經考文補遺：古本作「吾執射乎吾執御」。

【集解】鄭曰：「聞人美之，承以謙也。吾執御者，欲名六藝之卑也。」

【集注】執，專執也。射御皆一藝，而御爲人僕，所執尤卑。言欲使我何所執以成名乎，然則吾將執御矣。聞人譽己，承之以謙也。

【別解】論語訓：曾子問記孔子與老聃助葬於巷黨。彼周京之地，此達巷蓋里名。黨人，黨正下士，稱人也。主鄉飲之禮。孔子歸老爲撰者，因公會相見。稱孔子，知已爲大夫也。惜其不仕，僅傳博學名。門弟子，門人弟子也。弟子受學者，門人在其家執事者，家臣之類。歸老教授，故有門弟子。門弟子别於國子及里塾者。吾何執，言人不用吾，非吾不仕。大夫有馬，其子曰能御未能御。執御，言復仕也。黨正以射選士，孔子已仕，不能復選也。言曾爲大夫，非黨正所能用也。

【發明】李氏論語劄記：聖人之或默或語，無非教者。如此章答語，非姑以謙辭塞黨人之言。蓋汎濫而不精於一，誠學者大病。聖人雖不然，然黨人既有是言，則直受之而已。六藝莫麤於射御，而御較射又麤，學無精麤，而必由麤者始。人之爲學，往往馳心高妙，而有不屑卑近之過，此子游所以薄灑掃應對爲末節，而見譏於子夏也。聞人言而思所執，一則虛受反己，二則教弟子守約務近，非苟爲謙而已也。

○子曰：「麻冕，禮也。今也純，儉，吾從衆。

【音讀】釋文：純，順倫反。絲也。鄭作側基反。黑繒也。　禮記玉藻「大夫純組綬」，鄭注曰：「純當爲緇字，或糸旁才。」正義曰：「鄭讀純爲緇，其例有異。若純文純帛，分明而色不見者，以黑色解之，即讀爲緇。如論語云：『麻冕，禮也。今也純，儉。』稱古用麻，今用純，則絲可知也。以色不見，故讀純爲絲。若色見而絲不見，則不破純字，以義爲絲。昏禮『女次純衣』，注云：『純衣，絲衣。』如此之類是也。」　周禮媒氏「純帛無過五兩」，鄭注曰：「純實緇字也。古緇以才爲聲。」疏曰：「緇以絲爲形，才爲聲，故誤爲純字。但古之緇有二種，其緇布之緇糸旁甾，後不誤，故禮有緇布冠、緇布衣，存古字。若以絲帛之緇，則糸旁才，此字諸處不同。絲理明者即破爲色，此純帛文。祭統『蠶事以爲純服』，論語『麻冕，禮也。今也純，儉』，如此之類，皆絲理自明。」　儀禮士冠禮疏曰：古緇、紂二字並行，若據布爲色者，則爲緇字。據帛爲色者，則爲紂字。但緇布之「緇」多在，本字不誤。紂帛之「紂」如媒氏「純帛」，祭統「純服」，論語「今也純」，俗則多誤爲「純」。　困學紀聞：釋文以鄭爲下音，今讀者乃從上音如字，非也。　經讀考異：近讀「今也純」句，「儉」句，與下文「今拜乎上」句，「泰也」句相對。後漢書陳元傳引孔子曰：「純儉，吾從衆。」以「純儉」字連讀。　梁氏旁證：禮記玉藻正義、儀禮士冠禮正義並引論語「今也純儉」，後漢書陳元上疏亦引作「純儉」，與邢疏同，似皆以「純儉」連讀。而集注改讀，其義益明。

【考證】論語古訓：祭統正義云：「鄭氏之意，凡言純者，其義有二：一絲旁才，是古之緇字。二絲旁屯，是純字。但書文相亂，雖是『緇』字，竝皆作『純』。鄭氏所注，於絲理可知於色不明者即讀爲緇，即論語云『今也純儉』，及此『純服』皆讀爲黑色。若衣色見絲文不明者讀純，以爲絲也。」又按說文：「純，絲也。从糸，屯聲。論語曰：『今也純儉。』」鄭不同許也。潘氏集箋：鄭許不同者，許稱論語古文，鄭讀或從今文耳。儀禮士冠禮疏云：「古緇、純二字並行。若據布爲色者則爲緇字，據帛爲色者則爲純字。但緇布之『緇』多在，本字不誤。純帛之『純』則多誤爲『純』。」以此爲其一。然說文系部無「純」字，祇云：「緇，帛黑色也。」則緇亦何必不指帛者。故鄭讀爲緇，不讀爲純，而猶恐其溷於緇布之緇，故又云黑繒也。劉氏正義：說文：「緇，帛黑色也。」緇本謂黑帛，其後布之黑色者亦得名之。緇、純爲古今字。鄭此注訓黑繒而破讀，止云純當爲緇，是緇可爲帛色，而賈以緇但爲布色，非矣。緣鄭之意，實以「純」字與「純」相似，故讀之。但「純」爲古文，人不經見，故先讀從今字而爲「緇」也。且言緇則爲純已明。祭統「純服」，昏禮及士冠禮「純衣」，注以絲衣解之。雖不破字，亦是讀純，以與他處注文可互見也。宋氏翔鳳發微謂鄭讀緇即緇布冠。然鄭以緇爲黑繒，並無緇布冠之文。且以緇布冠代麻冕，而冕直廢棄不用，豈可通乎？不知宋君何以如此說。又曰：詩都人士云「臺笠緇撮」，毛傳：

「緇撮，緇布冠。」鄭箋：「都人之士，以臺皮爲笠，緇布爲冠。古明王之時，儉且節也。」則緇布冠是冠之儉者。今易之以純，純是黑繒，斷無儉於緇布冠之理。且冕與緇布冠，禮經所載，判然各別，而混而一之，可知作僞者之陋矣。

【集解】孔曰：「冕，緇布冠也。古者績麻三十升布以爲之。純，絲也。絲易成，故從儉。」

【唐以前古注】詩葛覃正義引鄭注：積麻三十升以爲冕。詩都人士正義引鄭注：純讀爲緇。　釋文引鄭注：黑繒也。

【集注】麻冕，緇布冠也。純，絲也。儉，謂省約。緇布冠以三十升布爲之，升八十縷，則其經二千四百縷矣。細密難成，不如用絲之省約。

拜下，禮也。今拜乎上，泰也。雖違衆，吾從下。」

【考證】四書釋地又續：拜而受之，如今之一揖折腰而已。再拜而送之，則兩揖。至拜下之拜，乃再拜稽首也。古者臣與君行禮，再拜稽首于堂下，君辭之，然后升堂，復再拜稽首，故曰升成拜。見燕禮、大射儀、聘禮、公食大夫禮、覲禮及禮記燕義。僖九年，王使宰孔賜齊侯胙。齊侯將下拜。孔曰：「且有後命。天子使孔曰：『以伯舅耋老，加勞，賜一級，無下拜。』」對曰：「天威不違顔咫尺，敢不下拜。」下拜登受。下拜，再拜稽首于堂下也。登，升成拜也。受，受胙也。即其事也。因思此距襄二十二年孔子生僅一百有一年，而以桓公之强，重以天子之寵命，猶且不敢越焉，何一變而徑自拜乎上？冠履倒置，江河日下，可不爲之寒心哉！

按：拜下之禮，見於覲禮、燕禮、大射儀、公食大夫禮、聘禮諸篇，而莫詳於淩次仲之禮經釋例。以文繁不録。

【集解】王曰：「臣之與君行禮者，下拜然後升成禮。時臣驕泰，故於上拜也。今從下，禮之恭也。」

【集注】臣與君行禮，當拜於堂下，君辭之，乃升成拜。泰，驕慢也。

○子絶四：毋意，毋必，毋固，毋我。

【考異】釋文：意如字。或於力反，非。　儀禮士昏禮疏引論語「無必」，又鄉射禮疏引論語孔子云：「君子無必，無固，無我。」既以記者詞爲孔子言，復加「君子」二字，略「毋意」二字。又既夕疏：「君子不必人，意者義取孔子云『無必，無固』之言也。」亦以爲孔子言。其「毋」字三疏皆作「無」。　説文繫傳引孔子曰：「毋固，毋必。」亦謂孔子言，而上下易置。　朱子文集答吴晦叔曰：孔子自無此四者。「毋」即「無」字，古書通用耳。史記孔子世家正作「無」字也。　今本史記與論語同爲「毋」。

【考證】經義述聞：少儀「毋測未至」，注曰：「測，意度也。」毋意，即毋測未至也。　説文段注：意之訓爲測度，爲記。訓測度者，如論語「毋意，毋必」，「不億不信」，「億則屢中」，其字俗作「億」。訓記者，如今云記憶是也，其字俗作「憶」。　劉氏正義：案段、王説同。公羊傳：「伯于陽者何？公子陽生也。子曰：『我乃知之矣。』在側者曰：『子苟知之，何以不革？』曰：『如爾所不知何。』」何休注：「此夫子欲爲後人法，不欲令人妄億錯。」下引此文云云，即是以意爲億度也。釋文：「意如字。或於力反，非。」於力之音，亦是讀億，陸不當以爲非也。論語足徵記：集注：「意，私意也。我，私己也。」案私意必由己，私己即是意，二義有何分別？意當讀爲「不億不信」之億。吕氏春秋任數篇：「孔子曰：『所信者，目也，而目猶不可信。所恃者，心也，而心猶不足恃。』」此毋億之義也。史記孔子世家：「孔子在位聽訟，文辭有可與人共者，弗獨有也。」春秋繁露：「孔子爲魯司寇，斷獄，屯屯與衆共之，不敢自專。」此毋我之義也。以孔子之事證孔子之義，異乎以空言説經也。論語後録：「不億不信」，是謂毋意。「言必信，行必果，硜硜然小人哉」，是謂毋必。「疾固也」，是謂毋固。「何有於我哉」，「則我豈敢」，是謂毋我。

【集解】以道爲度，故不任意也。用之則行，舍之則藏，故無專必也。無可無不可，故無固行也。述古而不自作，處羣萃而不自異，惟道是從，故不有其身也。

【唐以前古注】皇疏引顏延之云：謂絶人四者也。皇疏：或問曰：「孔子或拒孺悲，或天生德於予，何得云無必無我乎？」答曰：「聖人作教應幾，不可一準。今爲其跡涉兹地，爲物所嫌，恐心實如此，故正明絶此四以見本地也。」筆解：韓曰：「此非仲尼自言，蓋弟子記師行事。其實子絶二而已，吾謂無任意即是無專必也，無固行即是無有己身也。」

【集注】絶，無之盡者。「毋」，史記作「無」是也。意，私意也。必，期必也。固，執滯也。我，私己也。四者相爲終始，起於意，遂於必，留於固，而成於我也。蓋意必常在事前，固我常在事後，至於我又生意，則物欲牽引，循環不窮矣。

【别解一】論語意原：子之所絶者，非意必固我也，絶其毋也。禁止之心絶，則化矣。

按：此解最勝，恰合聖人地位。蓋僅絶意必固我，此賢者能之。惟聖人乃能并絶其毋。姑以佛學明之，能不起念固是上乘功夫，然以念遣念之念亦念也，并此無之，乃爲無上上乘。程子以此「毋」字非禁止辭。四書或問云：「絶非屏絶之絶，蓋曰無之盡云爾。」朱子文集答吴晦叔書曰：「絶四有兩説：一説孔子自無此四者，一説孔子禁絶學者毋得有此四者。然不若前説之明白平易也。」楊敬仲作絶四説云：「『毋』改爲『無』，不以爲止絶學者之病，遂塞萬世入道之門。」楊氏以不起意爲教學者宗旨，故云然也，然尚不若鄭説之鞭辟入裹。

【别解二】羣經平議：上文「毋必」言無專必也，此文「毋固」又言無固行，然則必之與固，其義則無别矣。固當讀爲故，詩昊天有成命篇鄭箋云：「『固』當作『故』。」史記魯周公世家「洛於固實」，徐廣曰：「『固』，一作『故』。」是「固」與「故」通。毋故者，不泥其故也。用之則行，舍之則藏，是謂毋必。彼一時，此一時，是謂毋故。

【餘論】魯岡或問：司馬文正云：「在我爲固，在人爲必。聖人出處語默，唯義所在，無可無不可，奚其固？成敗禍福，繫命所遭，誰得而知之，奚其必？」此解極合。莊存與論語説（劉氏正義引）：以億逆爲意而去之，是也。以擬議爲意而去之，非也。以適莫爲必而去之，是也。以果斷爲必而去之，非也。以窮固爲固而去之，是也。以貞固爲固而去之，非也。以足己爲我而去之，是也。以修己爲我而去之，非也。

【發明】焦氏筆乘：意者，七情之根，情之澆，性之離也。故欲滌情歸性，必先伐其意，意亡而必固我皆無所傅，此聖人洗心退藏於密之學也。

按：此章之意，即「不億不信」、「億則屢中」之億，乃測度之義。朱子釋爲私意，以伸其天理流行之説，已屬不合。陸、王派直將意字解爲意念之意，以無意爲不起念，更爲强經就我。惟二者較之，終以陸、王派所説尚有心得，故捨彼録此。是故不先通訓詁，不足與言經。

反身録：四者之累，咸本於意，所謂意慮微起，天地懸隔是也。意若不起，三累自絶，不識不知，順帝之則。

○子畏於匡。

【考證】崔述洙泗考信録：此必孔子聞匡人之將殺己而有戒心，或改道而行，或易服而去，倉卒避難，故與顔淵相失，故不曰圍於匡，而曰畏於匡。若已爲所圍，生死係於其手，而猶曰「其如予何」，聖人之言，不近迂乎？然則此事當與微服過宋之事相類，不得如世家、家語之説也。又按定公六年傳云：「侵鄭取匡，往不假道於衛。」是匡在鄭東也。「及還，陽虎使季孟自南門入。」是匡在衛南也。魯雖取匡，勢不能有。杜氏疑爲歸之於晉。莊子、荀子皆以匡爲宋邑。鄭東衛南，則去宋爲近，去晉爲遠。晉之滅偪陽也，以予宋公。取匡之時，宋方事晉，匡歸於宋，理或然也。此事既與過宋之事相類，又與其時相同。若匡又宋地，則似畏匡過宋實本一事者，吾烏知非魋聞孔子適陳，將出於匡，故使匡人要之，而後人誤分之爲二事也？「天之未喪斯文也，匡人其如予何」，與「天生德於予，桓魋其如予何」，二章語意正同，亦似一時之言，而記者各記所聞，是以其辭小異，未必孔子每遇患難即爲是言也。然則畏匡之與過宋，絶似一事，恐不得分而爲二也。

戚學標四書偶談：史記謂匡是衛地，莊子謂畏匡在宋，或又誤作陳，此見左傳，明鄭地也。定六年公侵鄭取匡，陽虎假道於衛，而穿城過之。時虎帥師，故得暴匡。

潘氏集箋：郡國志「長垣有匡城」，注：「孔子囚此。」四書釋地：「左傳僖十五年：『會牡丘，次于匡。』今大名府長垣縣西南一十五里有匡城。」是以匡爲衛地矣。沈欽韓左傳補注據山東通志，謂匡城在兗州府魚臺縣東十五里鳳凰山北。兩城相對，各周四五里。僖公十三年「次于匡」即此，非「子畏於匡」之匡也。毛奇齡據左傳定六年「公侵鄭取匡，爲晉討鄭之伐胥靡也。往不假道於衛，及還，陽虎使季孟自南門入，出自東門」，謂：「是時虎實帥師，令皆由虎出，故得暴匡。其後夫子過匡，時顔刻爲僕，以策指之曰：『昔吾入此，由彼缺也。』故匡人圍之。」以匡爲鄭地，於情事爲近。畏匡在定十三年，距虎暴匡纔六年耳。方輿紀要「匡城在開封府洧川縣東北者」是也。

羣經平議：荀子賦篇：「比干見刳，孔子拘匡。」史記孔子世家亦云：「匡人於是遂止孔子，拘焉五日。」然則畏於匡者，拘於匡也。禮記檀弓篇：「死而不弔者三：畏、厭、溺。」鄭注即以孔子畏於匡爲證。而通典引王肅注曰：「犯法獄死謂之畏。」是畏爲拘囚之名，後人不達古義，曲爲之説，蓋皆失之。

四書賸言：論語「子畏于匡」，考魯有匡邑，但此時夫子去司寇出走，至哀八年始反魯，其非魯邑可知矣。若莊子謂是宋地，則宋無匡邑，且未有一過宋而桓魋、匡人遭兩難者。或據史記謂必當是衛邑，然舊説謂陽虎曾暴匡人，而夫子貌與虎類，因有此難，則陽虎不得暴衛邑。按春秋傳「公侵鄭取匡」，在定公六年，是時季氏雖在軍，不得專制，凡過衛不假道，反穿城而躪其地，其令皆出自陽虎，是虎實帥師。當侵鄭時，匡本鄭鄙邑，必欲爲晉伐取以釋憾，而匡城適缺，虎與僕顔剋就其穿垣而入之，虎之暴匡以是也。至十五年，夫子過匡，適顔剋爲僕，匡遂以爲虎而圍之。則匡是鄭邑。世家：「孔子過匡，顔剋爲僕，以其策指之曰：『昔吾入此，由彼缺也。』」琴操：「孔子到匡郭外，顔剋舉策指匡穿垣曰：『往與陽貨正從此入。』」此即圍師入城之事。劉氏正義：史記孔子世家：「孔子去衛，將適陳，過匡。陽虎嘗暴匡人，匡人於是遂止孔子。孔子狀類陽虎，拘焉五日。顔淵後，子曰：『吾以汝爲死矣。』顔淵曰：『子在，回何敢死。』匡人拘孔子益急，弟子懼。孔子曰」云云。是孔子此語爲解慰弟子之辭。江氏永先聖圖譜載此事於魯定十三年，時孔子年五十六也。文、武之道，皆存方策。夫子周遊，以所得典籍自隨，故此指而言之。又云：匡邑見左氏傳，凡有數處。左僖十五年：「諸侯盟于牡丘，遂次于匡。」杜注：「匡在陳留長垣縣西南。」此匡爲衛邑也。文元年：「衛孔達侵鄭，取綿、訾及匡。」杜注：「匡在潁川新汲縣東北。」此匡爲鄭邑，衛取之也。又十一年：「叔仲彭生會晉郤缺于承匡。」杜注：「宋地，在陳留襄邑縣西。」此匡爲宋邑也。「子畏於匡」之匡，舊説不一。莊子秋水篇：「孔子遊於匡，宋人圍之。」釋文引司馬彪曰：『宋』當作『衛』。匡，衛邑也。」案莊子以匡爲宋邑，宋人即匡人，不必改「宋」作「衛」。說苑雜言篇言：「孔子之宋。匡簡子將殺陽虎，孔子似之，因圍孔子。」亦以匡爲宋邑。史記世家言：「匡人圍孔子，孔子使從者爲甯武子臣於衛，然後得去。」則以匡爲衛邑。寰宇記謂長垣西十里有匡邑城，又襄邑西三十里有古匡城，皆爲夫子畏於匡地。蓋兩説並存。閻氏若璩釋地、顧氏棟高春秋大事表專主長垣，然以陽虎暴匡之事，求之衛、宋，皆無可考，毛説甚近理。此匡在文元年已爲衛所取，而不能得其田，故文八年晉侯使解揚歸匡、戚之田于衛，其後復屬鄭，至定六年乃爲魯所取，然恐魯終不能有，則仍屬鄭耳。「顏尅」，世家作「顏刻」，弟子列傳無尅、刻名，但有顏高字子驕。惠氏棟九經古義疑高即尅。王氏引之春秋名字解詁：「高乃亭之譌，亭、刻同聲，古字通用。」其説並是。

【集解】包曰：「匡人誤圍夫子，以爲陽虎。陽虎嘗暴于匡，夫子弟子顏尅時又與虎俱往。後尅爲夫子御，至匡，匡人相與共識尅，又夫子容貌與虎相似，故匡人以兵圍之。」

【唐以前古注】檀弓正義引鄭注：微服而去。皇疏引孫綽云：畏匡之説，皆衆家之言，而不釋畏名，解書之理爲漫。夫體神知幾，元定安危者，雖兵圍百重，安若泰山，豈有畏哉？雖然，兵事阻險，常情所畏，聖人無心，故即以物畏爲畏也。

【集注】畏者，有戒心之謂。匡，地名。史記云：「陽虎曾暴于匡，夫子貌似陽虎，故匡人圍之。」

曰：「文王既没，文不在兹乎？

【考異】穀梁傳哀公十四年疏引論語云：文、武之道，未墜於地，在人。文王既没，其爲文之道，實不在我身乎？　翟氏考異：白虎通引孔子言：「文、武之道，未墜於地。天之將喪斯文也，樂亦在其中矣。」亦以「文、武之道」二句與此章文雜出，豈其所見他論曾有然耶？

【集解】孔曰：「兹，此也。言文王雖已没，其文見在此。此，自謂其身也。」

【集注】道之顯者謂之文，蓋禮樂制度之謂。不曰道而曰文，亦謙辭也。兹，此也。孔子自謂。

天之將喪斯文也，後死者不得與於斯文也。天之未喪斯文也，匡人其如予何？」

【考異】後漢書儒林傳贊注引論語「天」上有「不知」二字。

【考證】論語後録：書湯誓「夏罪其如台」，高宗肜日「乃曰其如台」，西伯戡黎「今王其如台」，「如台」，史記皆作「奈何」。奈何，言奈我何也。爾雅：「台，我也。」如之言奈，台之言我，書曰如台，論語曰如予，其義一也。

【集解】孔曰：「文王既没，故孔子自謂後死者。言天將喪斯文也，本不當使我知之。今使我知之，未欲喪也。」馬曰：「如予何者，猶言奈我何也。天之未喪斯文也，則我當傳之，匡人欲奈我何，言其不能違天以害己也。」

【唐以前古注】皇疏引衛瓘云：若孔子自明非陽虎，必謂之詐，晏然而言若是，匡人是知非陽虎而懼害賢，所以免也。　又引江熙云：言文王之道爲後代之軌，己未得述，上天之明，必不使没也。

【集注】馬氏曰：「文王既没，故孔子自謂後死者。言天若欲喪此文，則必不使我得與於此文。

今我既得與於此文，則是天未欲喪此文也。天既未欲喪此文，則匡人其奈我何，言必不能違天害己也。」

【餘論】集注考證引何北山曰：所謂文者，正指典章文物之顯然可見者。蓋當周之末，文王、周公之禮樂悉已崩壞，紀綱文章亦皆蕩然無有，夫子收入散亡，序詩、書，正禮樂，集羣聖之大成，以詔來世，又作春秋，立一王之法，是所謂得與斯文者也。

○太宰問於子貢曰：「夫子聖者與？何其多能也？」

【考異】白虎通聖人篇引論語「問」下無「於」字。

【考證】列子仲尼篇：商太宰見孔子曰：「某聖者歟？」孔子曰：「聖則某何敢，然則某博學多識者也。」　說苑善說篇：子貢見太宰嚭。太宰嚭問曰：「孔子何如？」對曰：「臣不足以知之。」太宰嚭曰：「子不知，何以事之？」對曰：「惟不知，故事之。夫子其猶大山林也，百姓足其材焉。」太宰嚭曰：「子增夫子乎？」對曰：「夫子不可增也。夫賜，其猶一累壤，以增大山。不益其高，且爲不知。」　論語稽求篇：太宰是吴太宰。史記：「哀三年，孔子過宋，遭桓魋之難。」是時焉得有太宰往來之事？惟吴太宰，則哀六年，公會吴于鄫，與子貢語；十二年，公會吴于橐皋，與子貢語；其秋，公會衛侯、宋皇瑗于鄖，與子貢語，則爲吴太宰嚭可知。或曰：哀六年，吴侵陳，陳亦有太宰嚭，與夫差問答，見檀弓。是年夫子正在陳而子貢隨之，所謂從我陳、蔡是也，則或此是陳太宰亦未可知。第吴太宰名嚭，而檀弓陳太宰亦名嚭，似乎此中有誤者。

若後此哀公如越，季孫因太宰嚭而納賂，則越亦有太宰嚭，且仍是此人。但此時子貢不往，則此太宰應在吴不在越可知。論語偶記：鄭以爲吴太宰，蓋以夫子雖兩居宋，但一則年十九娶于幵官氏之女，時子貢猶未生。一則年五十六去衛後過曹適宋，於時有桓魋拔樹之難，宜無冢卿向子貢私論夫子之聖。惟吴太宰，則左氏傳哀七年公會吴于鄫時，與子貢語；二年，公會吴于槖皋時，與子貢語；其秋，公會衛侯、宋皇瑗于鄖時，又與子貢語，故定爲吴太宰。史記孔子世家：「吴客聞夫子防風氏骨節專車及僬僥氏三尺之語，於是曰：『善哉聖人！』」是前此固有以夫子之多能爲聖者，亦吴人也。四書釋地續：檀弓：「吴夫差侵陳，陳太宰嚭使於師。」孔疏謂此太宰嚭與吴太宰嚭名號同而人異。孔子先後兩居陳，識防風氏之骨，辨肅慎氏之矢，測桓、僖廟之災，當日所謂多聞而震驚之者，皆在陳時事，故陳太宰以爲問。屬吴尤不若屬陳。四書考異：列子太宰親問孔子，不若説苑云問子貢者爲與經合。然其問答之辭，列子又較近之。韓非説林亦云：「子圉見孔子于商太宰。」朱子或問引洪氏曰：「宋太宰也。列子稱商太宰是也。」而集注仍依漢孔氏，云：「或吴或宋，未可知也。」蓋百家似是之言，均難信以爲實。皇氏以春秋傳證定屬吴，所據者正，應可採從。梁氏旁證：鄭先生曰：「陳司敗繫官以國，今直云太宰，或竟作魯太宰，於論語書法亦合也。」

按：太宰有吴、宋、魯、陳之四説，以書法言之，當以魯太宰爲正。左傳隱十年：「羽父求太宰。」正義謂：「以後更無太宰，魯竟不立。」未知其説何據。此等處止宜闕疑。

【集解】孔曰：「大宰，大夫官名也。或吴或宋，未可分也。何其多能，疑孔子多能於小藝也。」

【唐以前古注】釋文引鄭注：太宰，是吴太宰嚭也。皇疏：此應是吴臣。何以知之？魯哀公七年，公會吴于鄫。吴人徵百牢，使子貢辭太宰嚭。十二年，公會吴師于橐皋。吴子使太宰嚭請尋盟，公不欲，使子貢對。將恐此時太宰嚭問子貢也。

【集注】孔氏曰：「太宰，官名。或吴或宋，未可知也。」與者，疑辭。太宰蓋以多能爲聖也。

【餘論】黄氏後案：洪範言五事，聖與肅乂哲謀並列。言庶徵則聖與蒙對。多方作聖與作狂對。秦誓「人之彦聖」，周禮「六德：知、仁、聖、義、忠、和，以教萬民」，皆竝列諸文中。詩曰「母氏聖善」，又曰「人之齊聖，飲酒温克」，又曰「或聖或否」，春秋傳稱八愷曰「齊聖廣淵」，又稱臧武仲爲聖，鄉飲酒義曰「俎豆有數曰聖，聖立而將之以敬曰禮」，此類皆是也。聖之名，自夫子贊易，以暨論語之文别加推闡，後儒始知聖義獨大。孟子亦尊言聖，然以伯夷爲隘而曰聖之清，以柳下惠爲不恭而曰聖之和，此以偏造其極者爲聖。後世有草聖、書聖、棊聖、木聖，凡曲藝中亦有聖名，此以一藝造極稱之爲聖也。詳見王氏學林、洪氏容齋三筆、王氏尚書後案、段氏文集與説文注。然則注家謂太宰以多能爲聖，於義亦通。特未得盡夫子之聖耳。

子貢曰：「固天縱之將聖，又多能也。」

【考異】論衡知實篇引文「固」作「故」。

【音讀】黄氏後案：孔訓將爲大，以「固公縱之將聖」爲句。集注訓將爲殆，先儒謂當讀「固天縱之」爲句，「將聖又多能也」爲句。經史問答：「固天縱之」當斷句。風俗通義窮通卷引作「固天縱之，莫盛於聖」，此可據也。蓋多能本不足道聖，亦有聖而不多能者。太宰不足以知聖，故有此言。子貢則本末俱到，故曰固天縱之，兼該一切，則將聖而又多能也。將字、又字俱圓融矣。

【考證】論衡知實篇引此云：將者，且也。不言已聖言且聖者，以孔子聖未就也。孔子從知天命，學就知明，成聖之驗也。未五十六十之時，未能知天命至耳順也，則謂之且也。當子貢答太宰時，殆三十四十之時也。

按：劉氏正義云：「子貢初與太宰語在哀七年，夫子年六十五；至哀十二年，則已七十。而云在三十四十之時，誤矣。」

郝敬論語詳解：將音匠，猶將帥也，謂爲羣聖之統帥。潛研堂答問：集注訓將爲殆，頗難曉，當從孔注。釋詁云：「將，大也。」詩「有娀方將」、「我受命溥將」之將並訓爲大，然則將聖者，大聖也。孔安國云：「天固縱大聖之德。」此以大訓將之明證也。子貢之稱孔子也，或擬諸日月，或擬諸天之不可階而升，又云「自生民以來未有夫子」，此豈猶有疑於夫子之聖而不敢質言之乎？且智足以知聖人，亦無庸謙也。

按：爾雅：「將，大也。」荀子堯問篇：「然則孫卿懷將聖之心。」亦謂大聖也。集注訓將爲殆，與論衡訓且相類，皆望文生義，非古訓也。郝氏將帥之訓，尤穿鑿不可從。

【集解】孔曰：「言天固縱之大聖之德，又使多能也。」

【集注】縱，猶肆也，言不爲限量也。將，殆也，謙若不敢知之辭。聖無不通，多能乃其餘事，故言又以兼之。

【餘論】黄氏後案：自古聖人得天最厚，生是使獨，其精明神化固不易及；即一事一物，刑建以貽後世，皆非凡人意計所及者，天爲之也。夫子之多能與衆迥異，亦天縱使然矣。太宰之問，以多能爲聖歟？抑謂聖之不必多能歟？端木氏答之以聖又多能，皆由天縱，不待駁斥太宰，而多能與聖之分與合憭然分明，此爲聖門言語之選。

子聞之，曰：「太宰知我乎！吾少也賤，故多能鄙事。君子多乎哉？不多也。」

【考異】皇本「我」下有「者」字。天文本論語校勘記：古本、足利本、唐本、津藩本、正平本「知我」下有「者」字。

【集解】包曰：「我少小貧賤，常自執事，故多能爲鄙人之事。君子固不當多能也。」

【唐以前古注】皇疏引繆協云：我信多能，故曰知我。君子從物應物，道達則務簡，務簡則不多能也。又引江熙云：言君子所存遠者大者，不應多能。又引欒肇云：周禮百工之事，皆聖人之作也，明聖人兼材備藝過人也。是以太宰見其多能，固疑夫子聖也。子貢曰：「固天縱之將聖，又多能。」故承以謙也，且抑排務言不以多能爲君子也。謂君子不當多能也，明兼材自然多能，多能者非所學，所以先道德後伎藝耳，非謂多能必不聖也。據孔子聖人而多能，斯伎柯之近鑑也。

【集注】言由少賤，故多能，而所能者鄙事爾，非以聖而無不通也。且多能非所以率人，故又言君子不必多能以曉之。

【發明】反身録：元人謂宋徽宗詩文字畫諸事皆能，但不能爲君耳。今聰明人詩文字畫諸事皆能，但不能爲人耳。能爲人，則無爲其所不爲，無欲其所不欲，俯仰無愧，不負乎爲人之實，詩文字畫愈以人重。苟爲不然，詩文字畫縱極其精妙，亦不過爲詩人文人工於臨池而已。

○牢曰：「子云：『吾不試，故藝。』」

【考異】梁氏旁證：注疏本此另爲一章。邢疏：「此章論孔子多技藝之由，但與前章異時而語，故分之。」今集注既主吴氏説，故合爲一章。

【考證】經義述聞：左傳：「琴張聞宗魯死，將往弔之。」杜注：「琴張，孔子弟子，字子開，名牢。」正義云：「家語：『孔子弟子琴張與宗魯友。』七十子篇之琴牢衞人，字子開，一字子張。則以字配姓爲琴張，即『牢曰子云』是也。賈逵、鄭衆皆以爲子張即顓孫師。服虔云：『按七十子傳云：子張少孔子四十餘歲。孔子是時四十，知未有子張。』」按賈、鄭二家之説固無明徵，王肅家語亦不足信。家語序曰：「語云：『牢曰子云：吾不試，故藝。』談者不知爲誰，多妄爲之説。孔子家語弟子有琴張，一名牢，字子開，亦字子張，衞人也。」是琴張名牢，乃王肅之臆説，僞託於家語者。杜氏不察而用之，疏矣。此及孟子盡心篇作琴張，莊子大宗師篇作子琴張，無作琴牢者，論語之「牢曰」，鄭注以牢爲子牢，蓋據莊子則陽篇「長梧封人問子牢」之文，然亦不以爲琴張，牢與琴張不得合而爲一也。漢書古今人表有琴牢，亦當作琴張，後人據家語改之也。蓋王肅家語未出以前，不得有琴張名牢之説也。劉氏正義：漢書古今人表有琴牢，王氏念孫讀書雜志以琴牢爲琴張之誤，云人表所載，皆經傳所有，左傳及孟子皆作琴張，莊子作子琴張，無作琴牢者。琴牢字張，始見家語，乃王肅僞撰，後人據家語以改漢書。其説良然。白水碑琴張、琴牢並列，此及左傳杜注皆爲家語所惑，不足憑也。自家語琴牢之名出，唐贈琴牢南陵伯，宋贈頓丘侯，改贈陽平侯，則皆由家語之説誤之矣。竊謂琴張非子張，服氏之辨最確。而子牢非琴張，則鄭此注最當。莊子則陽釋文引司馬彪云：「即琴牢，孔子弟子。」與杜預同誤。史記仲尼弟子列傳無牢名，當是偶闕云。

【集解】鄭曰：「牢，弟子子牢也。試，用也。言孔子自云，我不見用，故多技藝。」

【唐以前古注】皇疏引繆協云：此蓋所以多能之義也。言我若見用，將崇本息末，歸純反素，兼愛以忘仁，遊藝以去藝，豈唯不多能鄙事而已。

【集注】牢，孔子弟子，姓琴，字子開，一字子張。試，用也。言由不爲世用，故得以習於藝而通之。吴氏曰：「弟子記夫子此言之時，子牢因言昔之所聞有如此者，其意相近，故並記之。」

【餘論】日知録：注疏家凡引書下一「曰」字，引書之中又引書則下「云」字，云、曰一義，變文以便讀也。此出論語「牢曰子云」。四書翼注：「牢曰子云」有二説，一説夫子爲此言時，牢在旁舉所聞，與夫子此日之言相發明。按此即集注所引吴氏説。一説是門弟子記夫子此言時，又憶及牢平日所述之言，與此言相印證。二義皆可通，然後説不知所本也。

○子曰：「吾有知乎哉？無知也。有鄙夫問於我，空空如也。我叩其兩端而竭焉。」

【考異】皇本「問」上有「來」字。釋文：「空空」，鄭或作「悾悾」，同，音空。梁氏旁證：上篇「悾悾而不信」，包注：「空空，慤也。」吕氏春秋下賢篇「空空乎其爲可巧故也」，高誘注：「空空，慤也。」大戴禮王言篇「工璞，商慤，女憧，婦空空」，空空亦慤也，皆與「悾悾」字通用。朱氏彬曰：「廣雅：『悾悾，誠也。』空空如也，亦謂其求教之誠云爾。」

【考證】論語後録：端即耑，物初生之題也。物之鋭者謂之耑，亦謂之末。叩其兩端，揣其本而齊其末之説歟？論語竢質「叩」作「訆」，「兩端」作「兩耑」，「竭」作「渴」，云：訆，扣也，讀如公羊「吾爲子訆隱」之訆。兩耑，始末也。渴，盡也。言我於問者，必訆我事之兩耑，而渴吾所知以告之，明無隱也。論語補疏：此兩端即中庸「舜執其兩端，用其中於民」之兩端也。鄙夫來問，必有所疑，惟有兩端，斯有疑也。故先叩發其兩端，謂先還問其所疑，而後即其所疑之兩端而窮盡其意，使知所向焉。蓋凡事皆有兩端，如楊朱爲我，無君也，乃曾子居武城，寇至則去。墨子兼愛，無父也，乃禹手足胼胝，至於偏枯。是故一旌善也，行之則詐僞之風起，不行又無以使民知勸。一伸枉也，行之則刁訴之俗甚，不行又無以使民知懲。一理財也，行之則頭會箕歛之流出，不行則度支或不足。一議兵也，行之則生事無功之説進，不行則國威將不振。凡若是皆兩端也，而皆有所宜，得所宜則爲中。孔子叩之，叩此也；竭之，竭此也；舜執之，執此也；用之，用此也。處則以此爲學，出則以此爲治，通變神化之妙，皆自此兩端而宜之也。

【集解】知者，知意之知也。言知者言未必盡，今我誠盡也。孔曰：「有鄙夫來問於我，其意空空然，我則發事之終始兩端以語之，竭盡所知，不爲有愛也。」

【唐以前古注】皇疏引李充云：日月照臨，不爲愚智易光。聖人善誘，不爲賢鄙異教。雖復鄙夫寡識，而率其疑誠，諮疑於聖，必示之以善惡兩端，已竭心以誨之也。又引繆協云：夫名由跡生，故知從事顯，無爲寂然，何知之有？唯其無也，故能無所不應。雖鄙夫誠問，必爲盡其本末也。釋文引鄭注：兩端，本末也。

【集注】孔子謙言己無知識，但其告人，雖於至愚，不敢不盡耳。叩，發動也。兩端，猶言兩頭。言終始本末上下精粗無所不盡。

【餘論】四書纂箋：就己而言則曰吾，因人而言則曰我。如「太宰知我乎」、「吾少也賤」、「吾有知乎哉」、「有鄙夫問於我」、「如有用我者，吾其爲東周」，此類宜辨。四書辨疑：以叩爲發動，則是發動其兩端而竭焉也。孟子言「昏夜叩人之門户求水火」，則是昏夜發動人之門户也。史記言「伯夷、叔齊叩馬以諫」，則是發動馬以諫也。似此難説。南軒以爲就其兩端無不盡者焉。就字爲近，然亦終有未盡。叩只是至到之意，惟以及字爲説，似最親切字義本訓。叩頭，蓋亦頭與物相及之謂也。如俗言叩門、叩期，皆謂及門、及期也。答所問之事，及首及尾而盡之，是之謂叩其兩端而竭焉也。

【發明】焦氏筆乘：孔子言己空空無所知，唯叩問者是非之兩端而盡言之，舍此不能有所加也。蓋孔子自得其本心，見聞識知泯絶無寄，故謂之空空，然非離鄙夫問答間也。淨名云：「言語文字，皆解脱相，所以者何？解脱者，不内不外，不在兩間。文字亦不内不外，不在兩間。是故無離文字説解脱相。世人作無著任緣之解，既墮邪觀，起寂然冥合之心，亦存意地，於本地風光，有何交涉？昔有學者問於師曰：『不作意時，還得寂然否？』答曰：『若見寂然，即爲作意。』噫！此空空之妙詮也。」祝世禄環碧齋小言：禪那纔下一語，便恐下語爲塵，連忙又下一語掃之，又恐掃塵一語復爲塵，連忙又下一語掃掃塵語。宗門尤爲陡絶，弩之機，劍之鋒，無容擬議。六經原自無塵，而自爲掃塵語亦不少。既已曰識曰知，又曰不識不知；既已曰再思曰九思，曰千慮曰百慮，又曰何思何慮，至「吾有知乎哉？無知也」應口即掃，何其迅速。自訓詁之學興，引葫蘆之纏，鑿混沌之竅，起人種種見解，而聖人當下旨趣反爲晦蝕。快句以鈍，空句以填，於是高明者爲之攢眉扼腕，不難叛孔氏而皈依佛氏矣。反身録：夫子自謂無知，此正知識盡捐，心同太虚處。有叩斯竭，如谷應聲。未叩不先，起念既竭，依舊忘知。雖曰誨人不倦，總是物來順應。又曰：問：「空空如也，先儒有作夫子説者，有作鄙夫説者，果孰是而孰非？」曰：「夫子空空，亦何待言？此則專就鄙夫説。蓋匹夫惟其空空，素無意見横於胷中，斯傾懷惟夫子之言是聽。若先有所見，必不向夫子問，即問亦必自以與夫子所見不合，必不能虚懷以受。」曰：「若謂夫子亦空空，議者以爲近禪何也？」曰：「言夫子空空，而便疑其近禪，則是鄙夫胸無意見，而夫子反有意見。多聞多識，物而不化，與後世書生之學富二酉、胸記五車何異？夫子惟其空空，是以大而能化，心同太虚。後儒見不及此，因釋氏談空，遂諱言空，并論語之明明言及於空者，亦必曲爲訓解，以避其嫌。是釋能空其五藴，儒不能空其所知；釋能上達，而儒僅下學也。本以闢釋，而反尊釋，崇儒而反卑儒，弗思甚矣。夫空字之出於釋者固可避，而出於夫子之口者則不可避。空苦、空幻、真空、無相空、無所空之説可闢，而空空之説不可闢。彼釋氏空其心而并空其理，吾儒則空其心而未嘗空其理。釋氏綱紀倫常一切皆空，吾儒則綱紀倫常一切皆實。得失判若霄壤，豈可因噎廢食乎？」又曰：吾人學無歸宿，正坐不能空其所知。比之鄙夫，反多了一番知識，反增了一番心障，以致下不能如鄙夫，是以上不能希往聖。

○子曰：「鳳鳥不至，河不出圖，吾已矣夫！」

【考異】史記世家：子曰：「河不出圖，雒不出書，吾已矣夫！」沈約辨聖論亦引孔子曰：河不出圖，雒不出書。

【考證】漢書董仲舒傳對策曰：故爲人君者，正心以正朝廷，正朝廷以正百官，正百官以正萬民，正萬民以正四方。四方正，遠近莫敢不壹於正，而亡有邪氣奸其間者，是以陰陽調而風雨時，羣生和而萬物殖，五穀熟而屮木茂。天地之間，將潤澤而大豐美。四海之内，聞盛德而皆徠臣。

諸福之物，可致之祥，莫不畢至，而王道終矣。孔子曰：「鳳鳥不至，河不出圖，吾已矣夫！」自悲可致此物，而身卑賤不得致也。

論語偶記：四書釋地謂河圖不必定宓羲時出，黃帝時亦出，堯、舜、禹時疊出，成王、周公時又出，載諸史志。愚竊謂鳳鳥亦不獨舜時來儀，文王時鳴於岐山，黃帝時亦至，見韓詩外傳、禮瑞命記。少皞時亦至，見春秋左氏傳。周成王時亦至，見尚書君奭、詩卷阿及竹書紀年。集注却俱略。翟氏考異：易坤鑿度載：「仲尼偶筮其命，得旅，泣曰：『天也！命也！鳳鳥不來，河無圖至，嗚呼！天命之也！』嘆訖而後息志。」王嘉拾遺記云：「孔子相魯之時，有神鳳游集。至哀公之末不復至。」又文選注引論語素王受命讖云：「河授圖，天下歸心。」似孔子時不特鳳鳥至，河亦嘗出圖。然孔子之尊隆萬古，全不在斯，傅會之言，儘可不必也。潘氏集箋：論衡問孔篇引此文云：「夫子自傷不王也。己王，致太平；太平則鳳凰至，河出圖矣。今不得王，故瑞應不至，悲心自傷，故曰『吾已矣夫』。」或曰：「孔子不自傷不得王也，傷時無明王，故己不用也。鳳鳥河圖，明王之瑞也。瑞應不至，時無明王。明王不存，己遂不用矣。」案後説近是。墨子非攻篇云：「天命文王，伐殷有國。泰顛來賓，河出録圖。」是周盛時，鳳鳥嘗至，河嘗出圖矣。夫子此言，蓋歎周衰而己不見用也。論語後録：墨子：「禽滑釐問於子墨子曰：『由聖人之言，鳳鳥不至，諸侯叛。』」據此，則夫子此歎蓋爲諸侯叛周而發也。劉氏正義：淮南子繆稱訓：「昔二皇鳳凰至於庭，三代至乎門，周室至乎澤。德彌麤，所至彌遠。德彌精，所至彌近。」是鳳鳥至爲聖瑞也。易稽覽圖：「孔子曰：

『天之將降嘉瑞，應河水青三日，青四日，青變爲赤，赤變爲黑，黑變爲黄，各各三日。河中水安井，天乃清明，圖乃見。』」又云：「夜不可見，水中赤煌煌如火英，圖書蚍皆然也。」又坤靈圖：「聖人受命，瑞應先見于河。」是河出圖爲聖瑞也。書顧命有河圖，與大玉、夷玉、天球並列東序，當是玉石之類，自然成文。此元俞炎之説，最近事理者也。云河圖八卦者，書顧命某氏傳：「河圖八卦，伏羲王天下，龍馬出河，遂則其文，以畫八卦，謂之河圖。」孔疏：「漢書五行志：『劉歆以爲伏羲氏繼天而王，受河圖，則而畫之，八卦是也。』易繫辭云：『伏羲氏仰則觀象于天，俯則觀法于地，觀鳥獸之文與地之宜，近取諸身，遠取諸物，于是始作八卦。』都不言法河圖。此言河圖者，蓋易理寬宏，無所不法，直如繫辭之言，取法已自多矣，亦何妨更法河圖也？且繫辭又云：『河出圖，洛出書，聖人則之。』若八卦不則河圖，餘復何所取也？」王氏鳴盛尚書後案：「蓋八卦是伏羲所受河圖，而河圖不止是八卦。書傳所載，古帝王如黄帝、堯、舜、禹、湯皆受河圖，亦不獨一伏羲。」由書疏、後案説推之，河圖文不皆具八卦，此特假伏羲事言之耳。姚信易注：「連山氏得河圖，夏人因之曰連山。歸藏氏得河圖，商人因之曰歸藏。伏羲氏得河圖，周人因之曰周易。」此略本山海經，足知三易多法河圖矣。又曰：漢書儒林傳：「周道既衰，壞於幽、厲，禮樂征伐自諸侯出。陵夷二百餘年，而孔子興，以聖德遭季世，知言之不用而道不行，迺歎曰：『鳳鳥不至云云。』」此以「吾已矣夫」爲己不逢明君，與董氏異，當由古、魯不同。故論衡問孔篇解此文即備二義，其實後一義勝也。孔子世家載此文於西狩獲麟後。論語述何：此言蓋在獲麟之後。獲麟而死，天告夫子以將没之徵，周室將亡，聖人不作，故曰「孰爲來哉」，又曰「吾道窮矣」，義雖不同，亦可爲周衰已不見用之證。

【集解】孔曰：「聖人受命，則鳳鳥至，河出圖。今天無此瑞。吾已矣夫者，傷不得見也。河圖，八卦是也。」

【唐以前古注】皇疏引繆協云：夫聖人達命不復俟，此乃知也。方遺知任事，故理至乃言，所以言者，將釋衆庶之望也。又引孫綽云：孔子所以乃發此言者，以體大聖之德。弟子皆禀絶異之質，壘落殊材，英偉命世之才。蓋王德光于上，將相備乎下，當世之君咸有忌難之心，故稱此以徵己之不王，絶不達者之疑望也。筆解：李曰：「易曰：『河出圖，洛出書，聖人則之。』書云：『簫韶九成，鳳凰來儀。』皆言王道太和及此矣。聖人傷己之不得見，非受命祥瑞爾。」

【集注】鳳，靈鳥，舜時來儀，文王時鳴於岐山。河圖，河中龍馬負圖，伏羲時出。皆聖王之瑞也。已，止也。

【餘論】黄氏後案：據漢書，董子引此經而申之曰：「自悲可致此物，而身卑賤不得致也。」後漢梁冀傳，袁著奏冀亦引經云：「自傷卑賤，不能致也。」徐楚金説文繫傳「瑞」字下以慶星麟鳳非佳瑞。歐陽五代史以王建據蜀，龜龍鳳麟騶虞畢出於其國，故其世家論亦以鳳凰之至，或出於庸君繆政之時，不足爲瑞。二説不信符瑞，矯枉過正。式三謂鳳爲神鳥，見於經傳者甚顯。史書記亂世之有鳳，猶亂世之生聖賢，而此經所言自指國興之祥，語不相害也。河圖，孔以爲八卦者，易繫辭傳：「河出圖，洛出書，聖人則之。」後儒以圖書竝言符瑞，本此也。漢書五行志載劉歆之言曰：「虙犧氏繼天而王，受河圖，則而畫之，八卦是也。禹治洪水，賜洛書，法而陳之，洪範是也。」劉歆以圖爲八卦，與孔同。李鼎祚集解引鄭君注：「河圖有九篇，洛書有六篇。」曰六篇，則不止九疇。曰九篇，自不止八卦。意八卦九疇圖書之本文，九篇六篇圖書之説義邪？書傳所載，古帝王如黄帝、堯、舜、禹、湯皆受河圖。據墨子非攻篇，周文王時，河出籙圖。沈約宋書符瑞志：「周公攝政，青龍銜元甲之圖。」則周家世受河圖，不止虙犧畫卦之圖。後儒圖書之論，紕謬既多，而矯之者，如歐陽永叔以圖書之疑，并繫辭傳不信矣。是以曾子固洪範傳論駁歐陽説也。

湖樓筆談：繫辭傳：「河出圖，洛出書，聖人則之。」乃古有此言，姑存其説耳。其實當文王時已無洛書矣。何以明之？成王之崩也，東序西序，天府之寶備列無遺，乃河圖存而洛書無聞焉。使文王時而有洛書，則傳武王以至成王，歷年未久，不應遺亡，必與河圖同陳西序矣。故知文王時無洛書也。若孔子時，則並無河圖矣。孔子曰：「鳳鳥不至，河不出圖，吾已矣夫！」使其時河圖尚在，必無此言。故知孔子時無河圖也。夫河圖、洛書自作易之聖人，文王、孔子有不及見。儒者於千百年後，隨意造作，轉相傳授，曰此河圖，此洛書，吾誰欺？欺天乎？

○子見齊衰者、冕衣裳者與瞽者，見之，雖少，必作；過之，必趨。

【考異】十一經問對：此一章合記於鄉黨，此爲脱簡。釋文：「冕」，鄭本作「弁」，云：「魯讀弁爲絻，今從古。鄉黨篇亦然。」皇本「少」下有「者」字。宋高宗石經「趨」字作「趍」。

【音讀】皇疏：雖復年少，見之必起。　邢疏：見此三種人，雖少，坐則必起。　集注：或曰：「少當作坐。」　史記世家：見齊衰、瞽者，雖童子，必變。　問辨録：雖夜必興，不言寢而寢可知也。變色而作，不言坐而坐可知也。今既謂之作，則坐何待言？還是「雖少必作」于理爲得。　鄉黨亦記此曰：「雖狎，必變。雖褻，必以貌。」其義一也。　翟氏考異：邢氏讀少爲上聲，嫌文未足，乃以意增「坐」字解之。據皇本作「少」者，而史記以「童子」代「少」字，則少當去聲無疑。　高氏即鄉黨篇狎、褻二字爲證，亦甚顯確。

【考證】喪服義疏：斬衰專於三綱，齊衰自三年遞減以至三月，而皆於至親及正尊用之。論語兩見齊衰者，舉輕以包重也。　九經古義：大戴禮孔子曰：「古者絻而前旒，所以蔽明也。」説文曰：「冕或作絻，从糸。」李善曰：「絻，古冕字。」今論語作「冕」，蓋從魯論。又説文「弁」作「覍」，「覍」與「冕」字相似，包咸以冕爲冠，或「覍」字之誤。　劉氏正義：古論作「覍」，魯論作「冕」，字本相似也。案周官司服：「卿大夫之服，自玄冕而下，如孤之服。士之服，自皮弁而下，如大夫之服。」此上下通制，故侯國同之。冕、弁各異，説文以冕訓覍者，散文或通稱也。鄭依古論作「弁」者，冕、弁義雖兩通，但言弁可以該冕，言冕不可以該弁。猶之齊衰，言齊可該斬，若言斬則不得該齊也。白虎通紼冕篇：「弁之爲言，攀也，所以攀持其髮也。」鄭注士冠禮云：「弁名出於槃。槃，大也，言所以自光大也。」任氏大椿弁服釋例：「士冠禮疏：『冕者，俛也。低前一寸二分，故得冕稱。其爵弁則前後平，故不得冕名。』案爵弁既以弁名，則其狀當似弁，不特弁下無旒及前後延平異於冕也。考釋名：『弁，如兩手相合抃時也。以爵韋爲之，謂之爵弁。以鹿皮爲之，謂之皮弁。以韎韋爲之，謂之韋弁也。』然則此三弁皆作合手狀矣，其延下當上鋭下圜。案雜記：『大夫冕而祭於公，士弁而祭於公。』又禮運：『冕弁兵革藏於私家，非禮也。』是冕弁皆藏公所，大夫士行禮時於公所取服之，故孟子以夫子去魯，不税冕而行爲微罪，明助祭後當税冕，仍藏公所也。曾子問：『尸弁冕而出，卿大夫士皆下之，尸必式。』出，謂出廟門，非謂出大門在道上也。」若然，夫子得見冕衣裳者，意即在公時所見。其過之，謂行出其前也。閻氏若璩釋地三續、汪氏中經義知新記並謂夫子見冕衣裳，是見其人當服此者，不必真見其服，非也。

【集解】包曰：「冕者，冠也，大夫之服也。瞽，盲也。作，起也。趨，疾行也。此夫子哀有喪，尊在位，恤不成人也。」

【唐以前古注】皇疏：言孔子見此三種人，雖復年少，孔子改坐而見之，必爲之起也。趨，疾行也。又明孔子若行過此三種人，必爲之疾速，不敢自修容也。又引范甯云：趨，就之也。

【集注】齊衰，喪服。冕，冠也。衣，上服。裳，下服。冕而衣裳，貴者之盛服也。瞽，無目者。作，起也。趨，疾行也。或曰：「少當作坐。」范氏曰：「聖人之心，哀有喪，尊有爵，矜不成人，其作與趨蓋不期然而然者。」

【別解】潛研堂文集：魯論「冕」皆作「絻」。按士喪禮：「衆主人免於房。」喪服記：「朋友皆在他邦袒免。」先儒以爲免象冠，廣一寸，用麻布爲之。「免」亦作「絻」。齊衰，服之重者。絻，服之輕者。舉其至重與至輕者，而五服統之矣。先言齊衰，後言絻，言之序也。古者冕、絻二字多相亂。説文「冕」或作「絻」。管子「衣服緷絻，盡有法度」，荀子「乘軒戴絻，卑絻黼黻」，史記禮書「郊之麻絻」，文選注引大戴禮「絻而前旒，所以蔽明也」，是「冕」之訛爲「絻」也。論語「冕衣裳者」，是「絻」之訛爲「冕」也。包咸乃以冕爲大夫之服，大夫冕而祭於公，弁而祭於己。非助祭於公，無服冕之時。且不獨大夫也，天子視朝以皮弁，田獵以冠弁，諸侯視朝以玄冠，非朝覲會同不冕也。夫子不助祭於公，何爲見冕衣裳者乎？經以冕衣裳與齊衰與瞽並舉，則冕之爲絻審矣。古論又作「弁」，弁亦士大夫之祭服，非燕居之服。惟周禮司服職云「凡弔事，弁絰服」，注：「弁絰者，如爵弁而素，加環絰。」此以是衣裳與齊衰同言，意者其弁絰乎？弁之與絻，制雖不同，其爲凶服一也。

按：釋冕爲凶服，雖有依據，與上句意重複，不可從。

【餘論】四書釋地三續：有齊衰服之人，或三年，或期年，或三月，服不暫釋於其身。此見之，是真見其服此者。冕，孤卿大夫之冠也，或希或玄，惟朝聘天子及助祭於公始服，豈孔子所得燕見哉？此見之不必真見其服，但當服此者。故邢昺以「見大夫」三字疏見冕者，得之矣。羣經平議：此見字當讀如「從者見之」之見。見之、過之，相對成文，見之者，謂其人見於夫子。過之者，謂夫子過其人之前也。故於見之曰「雖少，必作」，言作則坐可知，明是夫子方坐而其人來見也。上文曰「子見齊衰者、冕衣裳者與瞽者」，一見字之中，含此兩義。有其人見夫子，有夫子見其人，故以見之、過之兩承之。學者不得其義，則既云子見，又云見之，於文複矣。四書困勉録：謝顯道嘗令朱子發聽説論語，首舉此章及師冕章，曰：「聖人之道，無微顯，無内外，由灑掃應對而上達天道，本末一以貫之。一部論語祇如此看。」

○顔淵喟然歎曰：「仰之彌高，鑽之彌堅。瞻之在前，忽焉在後。

【考異】七經考文：古本「然」作「焉」。七修類稿：「忽然」是「忽焉」也，本朝頒書及史記、石經皆作「焉」字。

按：列子仲尼篇、後漢書黄憲傳、漢李尤蘭臺集撓銘、世説新語注皆述文作「忽焉」。南軒論語解、四書集編、四書纂疏、論語集説、四書通諸本、日本天文本、足利本、皇本、唐本、正平本「然」皆作「焉」。惟陳氏本拾遺曰：「瞻之在前，過也。忽然在後，不及也。」作「忽然」。余所見本無作「忽然」者，而翟灝四書考異乃廣引以正其誤，是無病而呻，蓋必誤讀坊間誤印之本也。是以讀書當求善本。

【考證】潘氏集箋：仰，説文云：「舉也。」高，崇也。鑽，所以穿也。堅，剛也。論衡恢國篇引此文云：「此言顔淵積累歲月，見道彌深也。」瞻，臨視也。彌，虞翻繫辭注：「大也。」荀爽注：「終也。」隸續嚴發碑：「鑴堅仰高。」「鑽」作「鑴」，疑當時論語有此異文。

【集解】喟，歎聲。彌高彌堅，言不可窮盡也。在前在後，言恍惚不可爲形象也。

【唐以前古注】皇疏引孫綽云：夫有限之高，雖嵩、岱可陵。有形之堅，雖金石可鑽。若乃彌高彌堅，鑽仰不逮，故知絶域之高堅，未可以力至也。馳而不及，待而不至，不行不動，孰焉測其所妙哉？　又引江熙云：慕聖之道，其殆庶幾。是以欲齊其高，而仰之愈邈；思等其深，而鑽鑿愈堅；尚並其前，而俛仰塵絶，此其所以喟然者也。

【集注】喟，歎聲。仰彌高，不可及。鑽彌堅，不可入。在前在後，恍惚不可爲象。此顔淵深知夫子之道無窮盡、無方體而歎之也。

【餘論】石渠意見：顔子領夫子博約之教，有得之後，追述在前未領聖教之時，以聖道爲高也。仰之則彌高，而不可見，以爲堅也。鑽之則彌堅，而不可入。瞻之若在前，忽焉若在後，蓋言己無定見，非聖道之有高堅前後也。　讀四書大全説：顔子既非懸空擬一道之形影而言之，又實爲有指思及此，然後知朱子之言真授瞽者以目也。朱子云「不是别有物事」，則既足以破懸空擬道形影者之妄。又云「衹是做來做去，不到聖人處」，則現前將聖人立一法則而非無所指矣。要此章是顔子自言其學聖之功，而非以論道。顔子親承夫子無行不與之教，故專壹以學聖爲己事。朱子深知顔子之學，而直以學聖言之，可謂深切著明矣。彼汎言道而億道之如此其高堅無定者，真釀蜜以爲毒也。

按：二王均反對集注引胡氏「高堅前後，語道體也」之説。

夫子循循然善誘人，博我以文，約我以禮，欲罷不能。既竭吾才，如有所立卓爾。雖欲從之，末由也已。」

【考異】三國志步騭傳：論語言「夫子恂恂然善誘人」。孟子章句明堂章章指：夫子恂恂然善誘人。後漢書趙壹傳壹報皇甫規書「失恂恂善誘之德」，注引論語「夫子恂恂然善爲誘人」。李膺傳荀爽貽膺書「久廢過庭，不聞善誘」，注亦引論語「孔子恂恂然善誘人」。景祐集韻：恂亦音句。恂恂善誘也。翟氏考異：後漢郭泰傳論曰：「林宗恂恂善導。」宋禮志載晉袁瓌疏曰：「孔子恂恂，道化洙、泗。」北魏書賈思伯傳曰：「接誘恂恂，曾無倦色。」悉用論語「恂恂善誘」文。劉氏正義：蔡邕姜伯淮碑、後漢郭泰傳論、宋書禮志載晉袁瓌疏、南史王琳傳、魏書高允傳、賈思伯傳、隋書煬帝紀用此文亦作「恂恂」。其趙壹傳注先引論語，復云「恂恂，恭順貌」，與鄭注鄉黨「恂恂，恭慎貌」同。故翟氏考異、馮氏登府異文考證、臧氏庸鄭注輯本並以恭順之訓亦本鄭氏，則謂鄭本作「恂恂」矣。史記世家作「蔑繇也已」。論語後録：左傳「公及邾儀父盟于蔑」，公羊傳「蔑」作「眛」。眛字从未，是「未」與「蔑」通。

【音讀】經讀考異：近讀連六字爲句，本朱子。集注云：「卓，立貌。此顏子自言其學之所至也。」據何氏集解：「其有所立，則又卓然不可及。」疏：「其夫子更有所創立，則又卓然絶異。」以立指夫子，是「立」字斷句，「卓爾」又爲句。黄氏後案：如有所立卓爾，近儒因注云所見益親，遂謂借「卓」爲「焯」，卓爾者，灼見之詞。依古注「所立卓爾」四字連讀，猶言卓然獨立也。如者，轉語詞，而也，若也。卓爾，高貌。鄭君注以爲絶望之詞，言我既竭力於博約矣，若聖道之卓然獨立者，猶欲從末由也。皇、邢二疏略同，於文爲順。且書中凡言卓犖、卓躒，皆是殊絶之稱。

揚子法言學行篇曰：「顏苦孔之卓之至也。」繹揚子意，亦以卓爾爲殊絶之稱。注引程子曰：「直是峻絶。」此本古注也。

【考證】潘氏集箋：陳鱣曰：「趙壹傳注引作『恂恂』，與集解異，爲鄭可知。李膺傳注、吴志步騭傳、孟子章指引並與鄭同，蓋鄭注魯論『循循』作『恂恂』也。」論語後録云：「恂與徇同。」罷，説文云：「遣有辠也。」段注引申之爲止也，休也。下引論語此文以證止休之義是也。卓，説文云：「高也。」經義述聞曰：「儀禮覲禮『匹馬卓上』，解曰：『卓之言超也，絶也，獨也。』廣雅：『逴，絶也。』李善西都賦注：『逴躒，猶超絶也。』匡謬正俗曰：『逴逴與卓古並同聲，其義一也。』漢書河間獻王傳：『卓爾不羣。』説苑君道篇：『踔然獨立。』説文：『稺，特止也。』徐鍇傳曰：『特止，卓立也。』踔與稺、卓古亦同聲，皆獨貌也。」劉氏正義：漢韓勑修孔廟禮器碑「逴彌之思」，錢氏大昕養心録謂即論語「卓爾」，此亦齊、古異文。鄭注云：「卓爾，絶望之辭。」絶望者，言絶於瞻望也。此探下文「欲從末由」爲義。法言學行篇：「顏不孔，雖得天下，不足以爲樂，然亦有苦乎？曰：『顏苦孔之卓之至也。』或人瞿然曰：『兹苦也，祇其所以爲樂也與？』」是卓爾乃言夫子之道極精微者，不敢必知，不可灼見，故以如有形之。韓詩外傳：「孔子與子夏論書云：『丘嘗悉心盡志，已入其中，前有高岸，後有深谷，泠泠然如此。既立而已矣，不能見其裏。』蓋謂精微者也。」外傳所云「既立」，與此文所言「立」同。

【集解】循循，次序貌。誘，進也。言夫子以此道勸進人，有次序也。孔曰：「言夫子既以文章開博我，又以禮節節約我，使我欲罷而不能，已竭我才矣。其有所立，則又卓然不可及，言己雖蒙夫子之善誘，猶不能及夫子之所立也。」

【唐以前古注】後漢書趙壹傳注引鄭注：恂恂，恭順貌。釋文引鄭注：卓爾，絶望之辭。皇疏引孫綽云：既以文章博我視聽，又以禮節約我以中，俯仰動止，莫不景行，才力已竭，猶不能已。罷，猶罷息也。常事皆循而行之，若有所興立，卓然出視聽之表，猶天之不可階而升，從之將何由也。此顏、孔所絶處也。筆解：韓曰：「既竭吾才，如有所立卓爾。此回首自謂，雖卓立，未能及夫子高遠爾。」李曰：「退之深得之矣。吾觀下篇云：『可與共學，未可與適道。可與立，未可與權。』是知所立卓爾尚未可權，是顏回自謂明矣。孔義失其旨。」

【集注】循循，有次序貌。誘，引進也。博文約禮，教之序也。言夫子道雖高妙，而教人有序也。侯氏曰：「博我以文，致知格物也。約我以禮，克己復禮也。」程子曰：「此顏子稱聖人最切當處，聖人教人惟此二事而已。卓，立貌。末，無也。此顏子自言其學之所至也。蓋悦之深而力之盡，所見益親，而又無所用其力也。」吴氏曰：「所謂卓爾，亦在乎日用行事之間，非所謂窈冥昏默者。」程子曰：「到此地位功夫尤難，直是峻絶，又大叚著力不得。」楊氏曰：「自可欲之謂善，充而至于大，力行之積也；大而化之，則非力行所及矣。此顏子所以未達一間也。」程子曰：「此顏子所以爲深知孔子而善學之者也。」胡氏曰：「無上事而喟然歎，此顏子學既有得，故述其先難之故，後得之由，而歸功於聖人也。高堅前後，語道體也。仰鑽瞻忽，未領其要也。

惟夫子循循善誘，先博我以文，使我知古今，達事變；然後約我以禮，使我尊所聞，行所知，如行者之赴家，食者之求飽，是以欲罷而不能，盡心盡力，不少休廢，然後見夫子所立之卓然，雖欲從之，末由也已。是蓋不怠所從，必求至乎卓立之地也。抑斯歎也，其在請事斯語之後，三月不違之時乎？」

【餘論】黄榦論語注義問答通釋：顔子之見，固非後學所可窺測。然以其不可窺測也，故言之者往往流於恍惚無所據依之地。敢於爲言者反借佛老之説以議聖人。其不敢者，則委之於虚無不可測論之域。惟吴氏以爲亦在日用行事之間者最爲切實。夫聖人之道，固高明廣大不可幾及，然亦不過情性之間，動容之際，飲食起居交際應酬之務，君臣父子兄弟夫婦之常，出處去就辭受取舍，以至政事設施之間，無非道之寓。其所謂高堅前後者，他人於此，或未能無纖毫之私，或未能達義理之正，或未能通權變之宜，或未能及從容之妙，故仰之但見其高，鑽之但見其堅，或前或後而無定所也。顔子用力，亦不過於博文約禮之間而竭其力，則見益精，行益熟，而於聖人性情動容，以至政事設施之類，皆有以見其當然之則，卓然立乎其間耳，初非有深遠不可窮詰之事也。

【發明】反身録：問：穎悟如顔子，學夫子之道，猶仰鑽瞻忽，歎其高堅前後之難入，今學者既無顔子之穎悟，而欲學夫子，其難尤將何如耶？曰：謂顔子從夫子學道則可，謂爲學夫子之道，非惟不知道，並不知顔子矣。夫道爲人人當由之道，存心盡性之謂也。顔子存己心，盡己性，而由己所當由之道。由之而初未得其方，不是過便是不及，出入無時，莫知其鄉，潛天而天，潛地而地，是以有高堅前後之疑。若謂學夫子之道，是舍己而學人，乃後世徇迹摹倣者之所爲。即一學而成，不高不堅，不前不後，亦與自己心性有何干涉？而循循之誘，則是夫子誘其博文約禮以學夫子。他日顏子問仁，夫子答以爲仁由己。而顏子之請事不待、請事四勿，惟直請事夫子便爲仁矣。顏子幸親炙夫子，得以學夫子。而夫子之前，未有夫子；夫子之後，再無夫子，學者抑將學誰耶？曰：顏子非學夫子，胡爲而依依夫子耶？曰：依依夫子，正所以親承指點入道之方，博文約禮是也。問：博我以文，説者以爲使我知古今達事變，然歟？曰：以博文爲知古今達事變，則稍知讀書者皆可能，顏子乃反見不及此，必待夫子之誘而始知從事於此，何以爲顏子？夫博文而止於知古今達事變，亦何關於身心性命之急，乃欲罷不能，博之約之，而至於如有所立卓爾耶？然則所謂文者，果何所指？必何如而後爲博文爲約禮耶？曰：身心性命之道，燦然見於語默動作人倫日用之常，及先覺之所發明，皆文也；莫不有當然之則焉，皆禮也。從而潛心默會，一一晰其當然之謂博；隨所博而反躬實踐之謂約。博即虞廷之惟精，大學之格物。約即虞廷之惟一，大學之誠正修。知行並進，無非在身心性命上做工夫，豈區區知古今達事變者所可同日而語耶？　又云：顏子惟其知性，是以藉博約工夫盡性分之當然，進不能自已。用力之久，至於聰明才智俱無可用，不覺恍然有會，躍如在前，實非畔援歆羨之私所可擬議。雖欲從之，果何所從，有從則有二矣，有二便非道。陳白沙先生亦謂，靜坐久之，見此心之體隱然呈露，常若有物。日用間種種應酬，隨吾所欲，如馬之御銜勒，水之有源委。於是涣然自信曰：「作聖之功，其在兹乎？」今吾人爲學，自書册之外，多玩愒因循，實未嘗鞭辟著裏，竭才以進；而欲其有所見，難矣。即或自謂有見，亦無異漢武帝之見李夫人，非惑即妄。

論語集釋卷十八

子罕下

○子疾病，子路使門人爲臣。

【考異】論衡感類篇引文「使」作「遣」。

【考證】四書稗疏：集注云：「臣，家臣。」按家臣之屬，有家宰，有邑宰，有家司馬，有家宗人，有家士，但云家臣，不知何職。且此諸臣皆非緣喪而設。按周禮司馬、太僕之屬，有小臣二人，掌士大夫之弔勞。又喪大記云「小臣復」，又云「小臣楔齒用角柶，綴足用燕几」，又云「浴，小臣四人抗衾」，又云「小臣爪足」，又云「小臣爪手翦須」，皆與死者親，故曰死於臣之手。然唯諸侯之喪爲然，天子則用夏采喪祝。若大夫士之喪，則抗衾爪揃皆用外御，賓客哭弔，以擯者掌之，以本無小臣故也。春秋之世，大夫而僭侯禮，於是乎本無小臣，因喪事而立之，故曰「無臣而爲有臣」。子路沿俗私置，故夫子深斥之。若家臣，則夫子已爲大夫，受田禄於鄹邑，固得有之，而何以云無臣哉？

【集解】包曰：「疾甚曰病。」鄭曰：「孔子嘗爲大夫，故子路欲使弟子行其臣之禮。」

【唐以前古注】春秋左傳桓五年正義引鄭注：病，謂疾益困也。皇疏引江熙云：子路以聖人君道足宜臣，猶禱上下神祇也。筆解：韓曰：「先儒多惑此說以謂素王素臣，後學由是責子路欺天。吾謂子路剛直無諂，必不以王臣之臣欺天爾。本謂家臣之臣以事孔子也。」李曰：「卿大夫稱家，各有家臣，若輿臣隸、隸臣臺、臺臣僕之類，皆家臣通名。仲尼是時患三家專魯而家臣用事，故責子路，以謂不可效三家欺天爾。」

【集注】夫子時已去位，無家臣。子路欲以家臣治其喪，其意實尊聖人，而未知所以尊也。

病閒，曰：「久矣哉，由之行詐也！無臣而爲有臣。吾誰欺？欺天乎！

【音讀】集注考證：集注「閒」如字，讀在安閒之閒，王文憲讀作去聲。翟氏考異：孔氏注曰：「少差曰閒。」皇疏曰：「少差則病勢斷絶有閒隙也。」閒隙字本平聲，說文閒專訓隙。古閑切。釋文、集注並云閒如字，乃謂閒隙之閒，非安閒之閒也。訓安閒則非此字正聲，故詩關雎傳「幽閒貞專」，陸氏釋曰：「閒音閑。」史記相如傳「雍容閒雅」，韋氏注曰：「閒讀曰閑。」餘若周禮「閒民」，禮記「閒田」，悉無云如字者。若讀去聲，爲古莧切，則其義爲代，爲迭，爲厠，與此少差，相去皆遠。

按：文十六年傳「請俟君閒」，杜注：「閒如字。病瘳。」襄十年傳「晉侯有閒」，杜注：「閒，病差也。」文王世子「旬有二日乃閒」，鄭注：「閒，猶瘳也。」孔疏：「病重之時，病恒在身，無少閒空隙，至瘳乃有空隙。」據此，則閒字讀爲去聲固非，讀爲安閒之閒亦誤，仍當讀如字。

【考證】方言：南楚病愈者謂之差，或謂之間。宋翔鳳鄭注輯本：按此爲孔子未反魯事，故有死於道路之語，蓋孔子自知必反魯也。

按：此當是魯以幣召孔子，孔子將反魯，適於道路中得疾也。王制云：「大夫廢其事，終身不仕，死，以士禮葬之。」夫子去魯是退，當以士禮葬。今子路用大夫之禮，故夫子責之。

【集解】孔曰：「病少差曰間。久矣行詐，言子路有是心非惟今日也。」

【集注】病間，少差也。病時不知，既差，乃知其事，故言我之不當有家臣，人皆知之，不可欺也；而爲有臣，則是欺天而已。人而欺天，莫大之罪，引以自歸，其責子路深矣。

且予與其死於臣之手也，無寧死於二三子之手乎！且予縱不得大葬，予死於道路乎？」

【集解】馬曰：「無寧，寧也。二三子，門人也。就使我有臣而死其手，我寧死於弟子之手乎。」孔曰：「大葬，君臣禮葬也。」馬曰：「就使我不得以君臣之禮葬，有二三子在，我寧當憂棄於道路乎。」

【唐以前古注】王制正義引鄭注：大夫退，葬以士禮。致仕，以大夫禮葬。

【集注】無寧，寧也。大葬，謂君臣禮葬。死於道路，謂棄而不葬。又曉之以不必然之故。

【餘論】黄氏後案：使門人爲臣，欲使門人治喪制服，依君臣禮也。禮，師弟之服，心喪三年。君臣之服，斬衰三年。此所以使爲臣始得伸其情也。禮喪服斬衰章既言諸侯爲天子，又言君，是家相邑宰之於大夫，及大夫之衆臣皆斬衰三年。經又曰：「公士大夫之衆臣，爲其君布帶繩屨。」經明諸臣之斬衰三年同，其帶屨異也。既非貴臣，帶屨有異，故特明之也。然此行君臣禮者，皆有地而稱君也。傳曰：「君，謂有地者也。」傳明大夫之無采地者猶不得用君臣禮也。夫子爲魯大夫，門人嘗爲之臣。夫子自言無臣者，非有地稱君之例。而使之有臣，是無臣而爲有臣也。欺天，謂逆天之命也。

【發明】葉味道四書説（四書通引）：大夫之簀，曾子不敢以死。無臣而爲有臣，夫子不敢以葬。

○子貢曰：「有美玉於斯，韞匵而藏諸？求善賈而沽諸？」子曰：「沽之哉！　我待賈者也。」

【考異】釋文：「匵」，本又作「櫝」。後漢書張衡傳：「且韞櫝以待價。」崔駰傳：「韞櫝六經。」兩注皆引論語「韞櫝而藏諸」。又逸民傳注引作「藴櫝」。文選左太沖吴都賦、顔延年直東宫詩、陳孔璋答東阿王牋、范蔚宗逸民傳論四注皆引作「櫝」。文選顔延年詩、范蔚宗論二注皆作「求善價」。後漢書注、太平御覽、藝文類聚亦皆作「善價」。白虎通商賈篇、後漢書張衡傳、逸民傳兩注、文選琴賦注引「我待賈者也」，「賈」作「價」。

【音讀】釋文：賈音嫁，一音古。漢石經「沽諸」、「沽之哉」，「沽」俱作「賈」。羣經音辨：沽，古乎切。論語「沽之哉」，鄭康成亦音故。玉篇：夃，公乎切。論語「求善價而夃諸」，今作「沽」。許謙讀四書叢説：沽，去聲，訓賣。若平聲，則訓買。于此義不相當。

物茂卿論語徵：善賈者，賈人之善者也。賈音古。　論語詳解：善賈，猶言良賈。四書湖南講曰：「賈如字讀，即商賈之賈，俱從釋文下音。」　段氏說文注：賈者，凡買賣之稱也。酒誥曰：「遠服賈。」漢石經論語曰：「求善賈而賈諸。」今論語作「沽」者，叚借字也。引伸之，凡賣者之所出，買者之所得，皆曰賈。俗又別其字作「價」，入禡韻，古無是也。　劉氏正義：下句待賈亦謂待賈人。白虎通商賈篇：「商之爲言，商也。商其遠近，度其有無，通四方之物，故謂之商也。賈之爲言，固也。固其有用之物，以待民來，以求其利者也。行曰商，止曰賈。易曰：『先王以至日閉關，商旅不行。』論語曰：『沽之哉！我待價者也。』」白虎通引論語以證「止賈」亦當作「待賈」。今作「待價」，明爲後人所改矣。

【考證】秋槎雜記：儀禮聘禮「賈人西面坐，啓櫝取圭」，注：「賈人，在官知物價者。」古人重玉，凡用玉必經賈人，況鬻之乎？昭十六年左傳：「宣子有環，其一在鄭商。韓子買諸賈人，既成賈矣。」此沽玉必經賈人之證。　黄氏後案：鄭君注：「韞，裹也。謂包裹納匱也。」詩小苑孔疏引舒瑗曰：「包裹曰蘊。」蘊與韞同。既韞且匱，猶弓之有韣，劍之有衣，皆在匱之內也。求，擇也，非衒賣之謂也。姚秋農謂端木氏安得有貶道干時之請，以夫子之不仕迹疑於藏，故以爲請耳。

【集解】馬曰：「韞，藏也。匵，匱也。謂藏諸匱中也。沽，賣也。得善賈，寧肯賣之邪。」包曰：「沽之哉，不衒賣之辭也。我居而待賈者也。」

【唐以前古注】釋文引鄭注：韞，裹也。匵，匱也。皇疏引王弼云：重言沽之哉，賣之不疑也。故孔子乃聘諸侯以急行其道也。

【集注】韞，藏也。匵，匱也。沽，賣也。子貢以孔子有道不仕，故設此二端以問也。孔子言固當賣之，但當待賈而不當求之耳。范氏曰：「君子未嘗不欲仕也，又惡不由其道。士之待禮，猶玉之待賈也。若伊尹之耕於野，伯夷、太公之居於海濱，世無成湯、文王，則終焉而已，必不枉道以從人，衒玉而求售也。」

【餘論】四書辨疑：舊説「沽之哉，不衒賣之辭。」準此以解，上句「沽」字亦衒賣也。子貢以衒賣爲問，可謂輕鄙之甚，注文不取是矣。然解沽之哉爲固當賣之，連許賣之賣之，則夫子之言却不雅重。「沽」字固當訓賣，然賣者出物於市，鋪張示衆以求售，與衒意亦相鄰，但不以語言夸張，此爲異耳。玉在匵中，待其知者以賈自來而售，與其出之於市肆，鋪張示衆以求售者，蓋懸殊矣。夫子之道，用之則行，舍之則藏，誠無張示於人邀求善賈賣之之理。沽之哉，沽之哉，乃是彼子貢言賣之辭。蓋言我何賣之哉，我但待其自然賈至然後售之。重言沽之哉，深彼賣之之意也。四書詮義：子貢病在求字，然子貢非枉求者，第覺出於有心耳。夫子待賈，即是用之則行，舍之則藏。其用世之心，與樂道之常，自並行而不背也。

【發明】反身録：士患立身有瑕，果是美玉，售與不售，於玉何損？求固成玷，藏亦有心，待價二字，夫子特爲求者下鍼砭耳。其實待亦無心。有心以待，固遠勝於衒玉求售，然一有待心，便非囂囂。用舍安於所遇，行藏一出無心，斯善矣。伊尹、太公，耕莘釣渭，咸囂囂自得，初曷嘗有心待賈，而成湯、西伯並重賈以售。其次若孔明之高卧隆中，不求聞達；康齋之身世兩忘，惟道是資。一則三顧躬邀，一則行人敦迎。王仲淹生乎漢、晉聖道陵彝之後，毅然以周、孔自任，豈非一時之傑，間世之玉乎？乃詣闕自衒，遂成大瑕。其他隨時奔競之徒，本自不玉，本自無價，故人亦不以玉待之，多不言價。昔人謂周之士貴，士自貴也；秦之士賤，士自賤也。士亦奈何不自玉而甘自賤也哉！

○子欲居九夷。

【考證】説文：夷从大，大人也。夷俗仁，仁者壽，有君子不死之國。羅泌國名紀引逸論語：子欲居九夷，從鳳嬉。白虎通禮樂篇：明堂記曰：「九夷之國。東方爲九夷。」東所以九何？蓋來通者九。九之爲言，究也。四書稗疏：周衰典廢，小國諸侯國介邊徼，憚於盟會征伐之重賦，不能備禮，自降而從夷，則人亦以夷目之。而魯東海澨本有夷屬，故尚書稱萊夷、島夷。萊夷今登萊地。孔子郤萊人，言裔不謀夏是已。島夷卉服，亦沿海之地，濕不宜蠶，恃苧爲衣者。又左傳陳轅濤塗曰「觀兵於東夷」，杜預解曰：「郯、莒、徐夷也。」又隱公元年「紀人伐夷」，杜預曰：「夷國在城陽壯武縣。」又魯稱晉聽蠻夷之訴，謂邾、莒也。凡此之屬，皆謂之夷，則九夷者，東方九小國耳。以其僻小儉鄙，降從夷禮，故曰陋。梁氏旁證：皇疏：「東有九夷：一元菟、二樂浪、三高麗、四滿飾、五鳧臾、六索家、七東屠、八倭人、九天鄙。此海中之夷。」邢疏：「東夷傳，夷有九種：曰畎夷、于夷、方夷、黄夷、白夷、赤夷、元夷、風夷、陽夷。」按此後漢書東夷傳文，下云「故孔子欲居九夷」，故邢疏據之。惟皇疏又以九夷在唐虞爲嵎夷，在周爲淮夷。又東漢傳論以朝鮮當孔子所居之九夷，徒以朝鮮有美俗，則與傳文顯背，恐非。又按秦策言：「楚包九夷。」魏策言：「楚破南陽九夷。」史記李斯傳亦云：「惠王用張儀之計，南取漢中，包九夷，制鄢、郢。」索隱：「九夷即屬楚之夷也。」吕氏大事記據之，謂方孔子在陳、蔡，相去不遠，所以有欲居九夷之言。此説近之。劉氏正義：子欲居九夷，與乘桴浮海，皆謂朝鮮。夫子不見用於中夏，乃欲行道於外域，則以其國有仁賢之化故也。後漢書東夷列傳：「昔箕子違衰殷之運，避地朝鮮。始其國俗未有聞也，及施八條之約，使人知禁，遂乃邑無淫盜，門不夜扃，回頑薄之俗，就寬略之法。行數百千年，故東夷通以柔謹爲風，異乎三方者也。苟政之所暢，則道義存焉。仲尼懷憤，以爲九夷可居。或疑其陋。子曰：『君子居之，何陋之有？』亦徒有以焉爾。」此本前漢地理志，而意更顯。九夷者，夷有九種，朝鮮特九夷之一。淮南齊俗訓謂泗上十二諸侯，率九夷以朝越王勾踐。惟九夷在東，故泗上諸侯得以率之。戰國秦策：「楚包九夷。」魏策：「楚破南陽九夷，内沛、許，鄢陵危。」史記李斯傳：「惠王用張儀之計，南取漢中，包九夷，制鄢、郢。」索隱曰：「九夷即屬楚之夷也。」吕氏祖謙大事記據索隱説，以爲孔子在陳、蔡，相去不遠，所以有欲居九夷之言。案吕氏誤也。南方曰蠻，其稱夷稱九夷者，皆叚借稱之。况楚地之夷，其風俗獷悍，至今猶然，則正或人所譏，夫子不應欲居之矣。

【集解】馬曰：「九夷，東方之夷有九種。」

【集注】東方之夷有九種。欲居之者，亦乘桴浮海之意。

【餘論】黄氏後案：張横渠易説曰：「否之時，天下无邦也。子欲居九夷，未敢必天下之无邦。或夷狄有道，於今海上之國，儘有仁厚之治者。」張子説見聖人之量大，其以九夷爲海上之國，亦非無據。説文羊部「羌」字下云：「南方蠻閩从蟲。北方狄从犬。東方貉从豸。西方羌从羊。此異種也。西南夷人僬僥从人，蓋在坤地，頗有順理之性。惟東夷从大，大人也。夷俗仁，仁者壽，有君子不死之國。孔子道不行，欲之九夷，乘桴浮於海，有以也。」許説東夷之風俗如此。漢書地理志曰：「東夷天性柔順，異於三方之外，故孔子悼道不行，設桴於海，欲居九夷。」又後漢書東夷傳曰：「仁而好生，天性柔順，易以道御，有君子不死之國。夷有九種：曰畎夷、于夷、方夷、黄夷、白夷、赤夷、元夷、風夷、陽夷。故孔子欲居九夷也。」諸説皆符。劉原父云：「九夷在徐州、莒、魯之間。」吕伯恭又引史記「惠王用張儀，南取漢中，包九夷，制鄢、郢」，戰國策「張儀曰：『楚破南陽九夷，内沛、許，鄢陵危』」謂，孔子嘗至陳、蔡，去九夷不遠。此別一説。

或曰：「陋，如之何？」子曰：「君子居之，何陋之有？」

【集解】馬曰：「君子所居則化。」

【唐以前古注】皇疏引孫綽云：九夷所以爲陋者，以無禮義也。君子所居者化，則陋有泰也。

【集注】君子所居則化，何陋之有。

【別解一】翟氏考異：山海經云：「海外東方有君子國，其人皆衣冠帶劍，好讓不争。」子乃謂東方所居，能有如是之國，何可概謂其陋。此亦如桴材匏瓜之答，不必以化夷爲夏泥言。

按：以君子指九夷，雖與舊注不合，然亦可備一説。

【別解二】何異孫十一經問對：箕子受封於朝鮮，能推道訓俗，教民禮義田蠶，至今民飲食以籩豆爲貴，衣冠禮樂與中州同，以箕子之化也。君子居之，指箕子言，非孔子自稱爲君子。

○子曰：「吾自衛反魯，然後樂正，雅、頌各得其所。」

【考異】皇本、高麗本「反」下有「於」字。

【考證】經史問答：大戴禮投壺曰：「雅詩二十六篇，八篇可歌：鹿鳴、貍首、鵲巢、采蘩、采蘋、伐檀、白駒、騶虞。八篇廢不可歌。其七篇商、齊可歌也，三篇閒歌。」按二雅之材一百五，而以爲二十六，不解者一。鹿鳴、白駒在雅，貍首則成、康謂即曾孫侯氏之詩，亦在雅。而鵲巢四詩在南，伐檀在風，何以均謂之雅？此自漢、晉以後，雖經孔子釐正，而仍前之謬，不解者二。商、齊，據樂記，明是雅、頌以前之書，何以七篇亦入於雅？投壺之言甚古，以是知孔子時雅之不得其所者多也。穆叔於四夏謂晉人不當享大夫，而不知亦非天子所以享元侯。馬氏通考始發之，不知此魯人向來以禘樂享賓，故穆叔亦不覺其非，以是知頌不得其所者多也。困學紀聞：石林解「雅、頌各得其所」云：「季札觀魯樂，以小雅爲周德之衰，大雅爲文王之德。小雅皆變雅，大雅皆正雅。楚莊王言武王克商作頌，以時邁爲首，而武次之，賚爲第三，桓爲第六，以所作爲先後。以此考之，雅以正變爲大小，頌以所作爲先後者，詩未删之序也。論政事之廢興，而以所陳者爲大小；推功德之形容，而以所告者爲先後者，删詩之序也。」其説可以補注義之遺。

包慎言敏甫文鈔：論語雅頌以音言，非以詩言也。樂正而律與度協，聲與律諧，鄭、衛不得而亂之，故曰得所。詩有六義：曰風，曰賦，曰比，曰興，曰雅，曰頌。而其被之於樂，則雅中有頌，頌中有雅，風中亦有雅、頌。詩之風、雅、頌以體别，樂之風、雅、頌以律同，本之性情，稽之度數，協之音律，其中正和平者則俱曰雅、頌焉云爾。揚雄法言曰：「或問：五聲十二律也，或雅或鄭何也？曰：中正爲雅，多哇爲鄭。請問本。曰：黄鍾以生之，中正以平之，確乎鄭、衛不能入也。」由是言之，樂有樂之雅、頌，詩有詩之雅、頌，二者固不可比而同也。七月，邠風也，而籥章吹以養老息物則曰雅，吹以迎送寒暑則曰頌。一詩而可雅可頌，邠風然，知十五國亦皆然也。大戴禮投壺云：「凡雅二十六篇，鹿鳴、貍首、鵲巢、采蘩、采蘋、白駒、伐檀、騶虞八篇可歌。」鵲巢、采蘩、采蘋、伐檀、騶虞，此五篇皆風也，而名之爲雅者，其音雅也。投壺又云：「八篇廢不可歌，七篇商、齊可歌。」商，頌也。齊，風也。而皆曰雅。由是言之，雅、頌者，通名也。漢杜夔傳雅樂四曲，有鹿鳴、伐檀、騶虞、文王。墨子謂騶虞爲文王之樂，與武、勺並稱，則風詩之在樂，可名雅而又可名頌矣。淮南泰族訓曰：「雅、頌之聲，皆發於辭，本於情，故君臣以睦，父子以親。故韶、夏之樂也，聲浮乎金石，潤乎草木。」然則韶、夏亦云雅、頌，豈第二雅、三頌之謂哉？」又曰：「言不合乎先王者不可以爲道，音不調乎雅、頌者不可以爲樂。」然則雅、頌自有雅、頌之律。性情正，音律調，雖風亦曰雅、頌；性情不正，音律不調，即雅、頌亦不得爲雅、頌。後世非無雅、頌之詩，而不能與雅、頌並稱者，情乖而律不調也。太史公樂書曰：「凡作樂者，所以節樂。君子以謙退爲禮，減損爲樂，樂其如此也。以爲州異國殊，情習不同，故博采風俗，協比聲律，以補短移化，助流政教。天子躬於明堂臨觀，而萬民咸滌蕩邪穢，斟酌飽滿，以飾厥性。故云雅、頌之音理而民正。」夫州異國殊，風也。天子博采而協比以音律，則俱曰雅、頌。樂之雅、頌，其果以詩分乎？不以詩分乎？樂書又言：「天子諸侯聽鐘磬未嘗離於庭，卿大夫聽琴瑟之音未嘗離於前，所以養仁義防淫佚也。夫淫佚生於無禮，故聖人使耳聞雅、頌之音，目視威儀之禮。」由是言之，樂之雅、頌，猶禮之威儀。威儀以養身，雅、頌以養心。聲應相保，細大不踰，使人聽之而志意得廣，心氣和平者，皆雅、頌也。以詩之雅、頌爲樂之雅、頌，則經傳多格而不通矣。樂記曰：「故人不能無樂，樂不能無形，形而不爲道，不能無亂，故制雅、頌之聲以道之。」周南、召南莫非先王所制，則莫非雅、頌也。非先王所制，而本之性情，稽之度數，協之聲律，不悖於先王者，聖人有取焉。史記儒林傳言：「詩三百五篇，孔子皆弦歌之，以求合乎韶、武雅、頌之音。」三百篇之於雅、頌，不必盡合也。其合乎雅、頌者，即謂之雅、頌，故伐檀也、齊也亦曰雅。大戴所言，杜夔所傳，豈其謬哉？漢書禮樂志云：「周衰，王官失業，雅、頌相錯，孔子論而定之，故曰：『吾自衛反魯，然後樂正，雅、頌各得其所。』」班氏所謂「雅、頌相錯」者，謂聲律之錯，非謂篇章錯亂也。所謂「孔子論而定之」者，謂定其聲律，非謂整齊其篇次也。子曰：「師摯之始，關雎之亂，洋洋乎盈耳哉！」關雎篇次非有所錯，然洋洋之盛，必待孔子正樂之後。蓋自新聲既起，音律以乖，先王雅、頌皆因之以亂，詩則是也，聲則非也，故曰「惡鄭聲之亂雅樂」也。淮南曰：「先王之制法也，因民之所欲而爲之節文者也。因其好色而制婚姻之禮，故男女有別。因其好音而正雅、頌之聲，故風不流。」關雎、葛覃、卷耳，正所謂節而不使流者也。然使以鄭聲弦之歌之，則樂者淫，哀者傷矣。明乎此，而雅、頌之不係乎詩可知，得所之非整理其篇章亦可知。

按：正樂之説不一。或曰正樂章，毛西河主之。（詳見四書改錯，以文繁不録。）或曰正樂音，包慎言主之。玩「各」字之義，則雅自雅，頌自頌。玩「樂」字之義，實指雅、頌之奏入樂章而言。春秋時用樂僭亂，雅、頌爲甚。正之者，如引「相維辟公，天子穆穆」以正雍詩；論聲淫及商，致右憲左，以正大武；惡鄭聲而放之，以正雅；删詩而序武、桓、賚之次第，訂正雅、大雅、小雅、變雅之篇次，語魯太師翕純皦繹之類皆是也。其詳今不可考。朱子語類於此章無何辨論：蓋以樂經久已失傳，而禮記又孔門及秦、漢人雜輯，時相矛盾，不能强爲之解也。

【集解】鄭曰：「反魯，魯哀公十一年冬也。是時道衰樂廢，孔子來還，乃正之，故曰『雅、頌各得其所』。」

【唐以前古注】皇疏：孔子去魯後，而魯禮樂崩壞。孔子以魯哀公十一年從衛還魯，而删詩、書，定禮、樂，故樂音得正。樂音得正，所以雅、頌之詩各得其本所也。雅、頌是詩義之美者，美者既正，則餘者正亦可知也。

按：此章皇疏雖寥寥數語，而字字中肯，勝集注遠甚，故特著之。

【集注】魯哀公十一年冬，孔子自衛反魯。是時周禮在魯，然詩樂亦頗殘缺失次。孔子周流四方，參互考證，以知其説。晚知道終不行，故歸而正之。

○子曰：「出則事公卿，入則事父兄，喪事不敢不勉，不爲酒困，何有於我哉？」

【考異】陶潛孝傳述文以「入」句處「出」句上。

【集解】馬曰：「困，亂也。」

【唐以前古注】皇疏引衛瓘云：「三事爲酒興也。」侃案如衛意，言朝廷閨門及有喪者並不爲酒所困，故云「三事爲酒興」也。言我何能行此三事，故云「何有於我哉」。又一云：人若能如此，則何復須我，故云「何有於我哉」也。緣人不能，故有我應世耳。

【集注】説見第七篇。然此則其事愈卑，而意愈切矣。

【餘論】四書翼注：當時必有賤不肯事貴，少不肯事長，不肖不肯事賢，而又忽略喪紀，沉湎於酒者。夫子反言以儆之，不然雖曰德盛禮恭，不應況而愈下也。

【發明】論語述何：何有於我哉，言無我也，人皆有之。

按：此章之義本不可解。袁枚云：「何有於我，言我只有此而他無所有也。」意極紆曲。劉氏以無我釋之，似尚不失聖人立言之旨。

○子在川上，曰：「逝者如斯夫！不舍晝夜。」

【考異】孟子徐子章章指引論語此文，「子」作「仲尼」，「斯」下無「夫」字。文選郭璞遊仙、司馬彪贈山濤、張協雜詩三注皆引「逝者如斯」，不連「夫」字。

【音讀】困學紀聞：釋文：「舍音捨。」集注亦云上聲。而楚辭辨證云：「洪氏引顔師古：『舍，止息也。』屋舍、次舍皆此義。論語『不舍晝夜』，謂曉夕不息耳。今人或音捨者非是。」辨證乃朱子晚年之書，當從之。四書纂箋：楚辭辨證，文公著於慶元己未，明年，公易簀矣。集注舍上聲者，舊音讀如赦者，定論也。

按：文選勵志詩、褚淵碑文兩注引論語，「舍」字皆作「捨」，是唐以前皆讀上聲，不始於朱子，然終以晚年定説爲長。

【考證】四書釋地：相傳泗水發源處，今之泉林寺，在泗水縣東五十里陪尾山下。四源並發寺之左右，大泉十數，泓渟澄徹，互相灌輸，會而成溪，是謂泗水。茂樹深樾，蔽虧曦景。余曾往遊，惟有詠郭景純詩，林無静樹，川無停流，覺神超形越，猶未足以況爾時矣。劉氏正義：法言學問篇：「或問進，曰水。或曰：『爲其不舍晝夜與？』曰：『有是哉！滿而後漸者，其水乎？』」法言所謂進，與夫子言逝義同。逝者，往也，言往進也。春秋繁露山川頌篇：「水則源泉混混沄沄，晝夜不竭，既似力者。盈科後行，既似持平者。循微赴下，不遺小間，既似察者。循溪谷不迷，或奏萬里而必至，既似知者。障防山而能清浄，既似知命者。不清而入，潔清而出，既似善化者。赴千仞之壑，入而不疑，既似勇者。物皆困於火，而水獨勝之，既似武者。咸得之生，失之而死，既似有德者。孔子在川上，曰：『逝者如斯夫！不舍晝夜。』此之謂也。」董引論語以證似力一節，非以論全德也。至法言所謂滿而後漸，則又一意。孟子離婁篇：「徐子曰：『仲尼亟稱於水曰：水哉水哉。何取於水也？』孟子曰：『源泉混混，不舍晝夜，盈科而後進，放乎四海，有本者如是，是之取爾。』」此即滿而後漸之義，亦前意之引申，故趙岐孟子章指云：「言有本不竭，無本則涸，虚聲過實，君子恥諸。是以仲尼在川上，曰『逝者如斯』。」明夫子此語既贊其不息，且知其有本也。

【集解】鄭曰：「逝，往也，言凡往者如川之流也。」

【唐以前古注】皇疏：孔子在川水之上，見川流迅邁，未嘗停止，故歎人年往去，亦復如此。向我非今我，故云「逝者如斯夫」者也。斯，此也。夫，語助也。日月不居，有如流水，故云「不舍晝夜」也。　又引孫綽云：川流不舍，年逝不停，時已晏矣，而道猶不興，所以憂歎。　又引江熙云：言人非南山，立德立功，俛仰時邁，臨流興懷，能不慨然。聖人以百姓心爲心也。

【集注】天地之化，往者過，來者續，無一息之停，乃道體之本然也。然其可指而易見者莫如川流，故於此發以示人，欲學者時時省察而無毫髮之間斷也。

【餘論】論語述要：此章似只言歲月如流，欲學者愛惜景光之意。皇疏引孫綽云：「川流不息，年逝不停，時已晏矣，而道不興。」本文意即如此，更合以下各章，皆勉人以及時爲學之語，意更可見。道體不息，雖有此理，然另是一義，夫子言下恐未必然。集注云：「自漢以來儒者皆不識此義。」而宋儒解經，每有過深之弊，又不可不知也。

○子曰：「吾未見好德如好色者也。」

【考證】史記孔子世家：孔子居衛，靈公與夫人同車，使孔子爲次乘，招摇市過之。孔子醜之，故發此歎。　黄氏後案：史記世家録此事，先儒以爲誣聖辱聖。然聖人此言必有爲而言，舊説指衛靈，或有所傳。　劉氏正義：坊記注解此文云：「疾時人厚於色之甚而薄於德也。」即此注文所本。毛詩序：「女曰雞鳴，刺不好德也。陳古義以刺今不説德而好色也。」鄭注：「德，謂賢士大夫有德者。」史記「是歲魯定公卒」，則此語在定十四年。

按：好德即好賢之義，非泛言道德也。集注誤。

【集解】疾時人薄於德而厚於色，故發此言。

【唐以前古注】史記集解引李充云：使好德如好色，則棄邪而反正矣。

按：此條馬國翰玉函山房輯本漏未列入。

【集注】謝氏曰：「好好色，惡惡臭，誠也。好德如好色，斯誠好德矣，然民鮮能之。」

【餘論】鹿氏四書説約：此書揭人肺腑隱微之病，體驗之，乃見其言之至。

○子曰：「譬如爲山，未成一簣，止，吾止也。譬如平地，雖覆一簣，進，吾往也。」

【考異】漢書禮樂志引文，「譬」字作「辟」，「簣」字作「匱」。　又王莽傳「成在一匱」，匱亦從匸。

【考證】論語竢質：説文無「簣」字，今論語「匱」字去匚而上加竹，非。　論語後録：説文解字：「簣，草器。古文作臾，象形。」蓋草作之所以盛土者也。　劉氏正義：達摩多羅禪經上注引此文並作「匱」，唐化度寺碑「資覆匱以成山」，亦用此文，蓋叚借也。　荀子宥坐篇：「孔子曰：『如垤而進，吾與之。如丘而止，吾已矣。』」即此章異文。　羣經平議：馬讀雖如本字，斯其義曲矣。雖當讀爲唯，禮記少儀篇「雖有君賜」，雜記篇「雖三年之喪可也」，鄭注竝曰：「雖或爲唯。」表記篇「唯天子受命於天」，注曰：「唯當爲雖。」蓋雖本從唯聲，故二字古得通用。説見王氏引之經傳釋詞。

【集解】包曰：「簣，土籠也。此勸人進於道德也。爲山者其功雖已多，未成一籠而中道止者，我不以其前功多而善之也。見其志不遂，故不與也。」馬曰：「平地者將進加功，雖始覆一簣，我不以其見功少而薄之也。據其欲進而與之也。」

【唐以前古注】書旅獒正義引鄭注：簣，盛土籠也。

【集注】簣，土籠也。書曰：「爲山九仞，功虧一簣。」夫子之言，蓋出於此。言山成而但少一簣，其止者，吾自止耳。平地而方覆一簣，其進者，吾自往耳。蓋學者自彊不息，則積少成多；中道而止，則前功盡棄。其止其往，皆在我而不在人也。

【餘論】四書説約：數章似相貫串，大概當進不當止之義。

○子曰：「語之而不惰者，其回也與？」

【集解】顏淵解，故語之而不惰。餘人不解，故有惰語之時。

按：論語補疏云：「惰語，謂惰於語。此何氏義也。正義謂餘人不能盡解，故乃懈惰於夫子之語。時如此說，則惰語兩字不辭。」論語集注旁證云：「皇疏言餘人不能盡解，故聞孔子語而有疲懈。與邢疏同。何訓惰字就語之者說，皇、邢訓惰字就聽語者說，注疏兩歧。朱注沿邢疏之舊，不惰指顏子說。然細玩語意，仍以就夫子方面說於義較長，古注究不可廢也。」

【集注】惰，懈怠也。范氏曰：「顏子聞夫子之言而心解力行，造次顛沛，未嘗違之，如萬物得時雨之潤，發榮滋長，何有於惰？此羣弟子所不及也。」

【餘論】劉開論語補注：記曰：「力不能問，然後語之。」語者，不待問而告者也。聖門之中，有達問者，有達材者，蓋材美則不必待其問，而或啓之以言，或引之以事，或教之以善，皆所以語之者也。答問則因其所疑，而其辭易解。語之則教其未至，而其理或難知，不得於心，所以易於惰也。唯顏子於夫子之言觸類皆通，非有所問而無不達，即與言終日，莫不相説以解，所謂「有如時雨化之者」是也，何惰之有哉？蓋唯顏子而後無不可語，唯語顏子而後無不可盡。所語之中必有最上之理，至善之事，他人所不得知者，而顏子皆悦之不倦，因心以達於行，此其所以獨絶而非曾、閔諸賢之所能也。説者多重視「不惰」，而輕視「語之」二字，則不惰之身分不見，而顏子之造詣何以難及哉？注疏以不惰爲解，義雖淺而可通。集注則兼心解力行言之，若如語類專以力行不懈爲主，則於語意稍偏，而與下章有進無止之義相似矣。劉氏正義：顏子與夫子言，無所不說。說者，解也。夫子與顏子言終日，是語之不惰也。

○子謂顏淵，曰：「惜乎！吾見其進也，未見其止也。」

【音讀】張師曾校張達善點本曰：「子謂顏淵」凡二見，前用舍行藏，乃子面命，通爲一句，如「子謂子夏曰」，亦通爲一句是。此非面命，「淵」字句絶，「曰」字自爲一句，如「子謂仲弓」亦句絶，「曰」字亦自爲一句是。

【考證】此木軒四書說：潘岳楊仲武誄曰：「吾見其進，未見其已也。」以「止」爲「已」，是知進止與前爲山章同義，不云止於極至之地。

【集解】馬曰：「孔子謂顏淵進益未止，痛惜之甚。」

【唐以前古注】皇疏引殷仲堪云：夫賢之所假，一語而盡，豈有彌進勖實乎？蓋其軌物之行，日見於跡，夫子從而咨嗟以盛德之業也。

【集注】進、止二字說見上章。顏子既死，而孔子惜之，言其方進而未已也。

【餘論】四書通：大抵上章「語之而不惰」，是顏子之心，如川流不舍晝夜。此章「見其進，未見其止」，是顏子之用力，不肯如爲山之未成一簣而止也。

○子曰：「苗而不秀者有矣夫！秀而不實者有矣夫！」

【考證】江永羣經補義：說文於「秀」字無釋，避光武諱也。釋「穗」字云：「禾成秀也。」蓋以穗爲秀，較吐花曰秀之義爲長。禾成穗俗謂之出穡，詩「實發實秀，實堅實好」，禾出穡而後堅好也。　論語稽求篇：苗是草之始生者，說文：「草生曰苗。」以始生作苗字解，與秀實一類。劉昭曰：「論語『苗而不秀』，苗爲早夭，秀謂成長。」其以苗爲早夭者，以止于苗也。范氏作章八王傳贊曰：「振振子孫，或秀或苗。」　翟氏考異：此與上章未有通合之本，章首別無「謂顏淵」字，邢氏說恐由臆測。然前人之同是說者多矣。牟融理惑論云：「顏淵有不幸短命之記，苗而不秀之喻。」禰衡顏子碑云：「亞聖德，蹈高蹤，秀不實，振芳風。」李軌法言注云：「仲尼悼顏淵苗而不秀，子雲傷童烏育而不苗。」文心雕龍云：「苗而不秀，千古斯慟。」皆以此爲惜顏子。而世說新語謂：「王戎之子萬子有大成之風，苗而不秀。」梁書徐勉悼子悱云：「秀而不實，尼父爲之歎息。」亦皆借顏子之事以言短折。自漢迄齊、梁，相沿如此，當時必自有依據也。　劉氏正義：案漢沛相范君墓碣：「茂而不實，顏氏暴顛。」茂、秀義同。唐玄宗顏子贊：「秀而不實，得無慟焉。」漢、唐人說皆如此。法言問神篇：「育而不苗者，吾家之童烏乎？」後漢書章帝八王傳贊：「振振子孫，或秀或苗。」皆以此章喻人早夭也。　黃氏後案：顏氏家訓云：「學者猶種樹也，春玩其華，秋登其實。講論文章，春華也。修身利行，秋實也。」顏氏戒浮士無行。亦一義。　邢疏云：「此亦以痛惜顏子而發。」近翟晴江廣爲引證，云此說自漢迄齊、梁相沿已然，以喻短折之可惜也。　式三謂擬顏子爲不實，未免不倫，然以此爲痛惜之辭，亦備一義也。　葉正則曰：「苗而秀，秀而實，則民命當永矣，天也。雖然，其不秀者固嘉種，非稂秀也；其不實者固良稼，非稊稗也。敗之以水旱而不使至於穀，亦天也。」

【集解】孔曰：「言萬物有生而不育成者，喻人亦然也。」

【唐以前古注】皇疏：萬物草木有苗稼蔚茂，不經秀穗，遭風霜而死者；又亦有雖能秀穗，而值沴焊氣，不能有粒實者，故並云「有矣夫」也。物既有然，故人亦如此，所以顔淵摧芳蘭於早年矣。

【集注】穀之始生曰苗，吐華曰秀，成穀曰實。蓋學而不至於成有如此者，是以君子貴自勉也。

【餘論】論語稽：此蓋舉事理之變者言之也。有矣夫者，見不恒有也。喻人於苗，若揠而助長，是自作之孽，而不可活。然天下之事，萬有不齊，亦有順生理之常，而不秀不實，不能以常理測者。蓋承上章論顔子而言也。朱注屬之於學，蓋所以策勵後生也。説與下章義連屬，亦通。

○子曰：「後生可畏，焉知來者之不如今也？四十、五十而無聞焉，斯亦不足畏也已。」

【考異】皇本「可畏」下有「也」字，「已」下有「矣」字。天文本論語校勘記：古本、唐本、津藩本、正平本「已」下有「矣」字。

【考證】大戴禮曾子立事篇：三十、四十之間而無藝，即無藝矣。五十而不以善聞，則不聞矣。法言修身篇引曾子語同。胡紹勳四書拾義：人至五十爲老年，是以養老自五十始。曲禮云：「五十曰艾。」王制云：「五十始衰。」縱能加功，進境有限。況王制又云：「六十不親學。」五十無聞，更無望於六十矣。據内則，二十博學不教，三十博學無方。學至有聞，早則定於四十以前，遲則定於五十以前，斷不定於五十以後，因直決之曰「斯亦不足畏也已」。

【集解】後生，謂年少。

【唐以前古注】皇疏：後生雖可畏，若年四十、五十而無聲譽聞達於世者，則此人亦不足可畏也。又引孫綽云：年在知命，蔑然無聞，不足畏也。

【集注】孔子以後生年富力强，足以積學而有待，其勢可畏，安知其將來不如我之今日乎？然或不能自勉，至於老而無聞，則不足畏矣。言此以警人，使及時勉學也。曾子曰：「五十而不以善聞，則不聞矣。」蓋述此意。

【別解】四書拾遺：王陽明曰：「無聞是不聞道，非無聲聞也。孔子曰：『是聞也，非達也。』安肯以此望人？」黄氏後案：無聞，不能聞道也。言後生之可畏，誠以來日之富矣。不知日復一日，來日不長爲後生也。四十、五十而於道卒未有聞，斯復無來日之可俟，復誰畏之？

按：此解似是而實非。皇、邢兩疏並以聲譽令名爲言，亦謂名聞於世也。孔子疾没世無稱，何常以令聞爲戒哉？與告子張之是聞非達，係各明一義，所謂「言各有當」也。

【餘論】論語述何：焉知來者之不如今也，言來日雖多，不如今日之可恃。後生不知愛日，故卒於無聞也。松陽講義：明季講家皆云：來對今，只就後生言，將來必强如今日也，不必添我字。此說與注背。注明云「焉知其將來不如我之今日乎」，刁蒙吉曰：「我，孔子自我也。」最是。若只就後生言，謂將來强如今日，則不見得可畏。黄氏後案：來者，後日也。今，即可畏之今日也。焉知來者之不如今，儆其不豫知也。皇疏今指我今日之師徒，邢疏指我之今日，皆未是。論語傳注：後生年富力强，安知其將來成就不如今日之期許乎，言當及時自勉也。

○子曰：「法語之言，能無從乎？改之爲貴。巽與之言，能無説乎？繹之爲貴。説而不繹，從而不改，吾末如之何也已矣。」

【音讀】羣經平議：「法語之言」，一句中「語」字「言」字疊用，甚爲不辭，殆經師失其讀也。此當以「法語之」爲句，「巽與之」爲句。皇疏解與命、與仁曰：「與者，以言語許與之也。」此云「巽與之」，其義與彼同。兩「言」字並屬下讀，皆語辭也。詩大東篇「睠言顧之」，荀子宥坐篇作「眷焉」，後漢書劉陶傳作「睠然」。「焉」與「然」皆語辭，則「言」亦語辭。凡詩所云，如「薄言采之」、「静言思之」、「願言則嚏」、「駕言出遊」之類皆是。僖九年左傳「言歸於好」，周易繫辭傳「德言盛，禮言恭」，言亦語辭也。説詳王氏引之經傳釋詞。此文曰「言能無從乎」、「言能無説乎」，謂以法度語之則必從，以巽順與之則必説也。學者誤以爲言語之言，失其義，因失其讀矣。

經讀考異：舊讀多從一句，考此以「也」字斷句，「已矣」另爲句。已，止也，言止于斯而不可復挽。語更痛惜，義亦得通。鳳鳥不至章「吾已矣夫」，不曰如之何章「已矣」，並同此解。

【集解】孔曰：「人有過，以正道告之，口無不順從之，必能自改之乃爲貴也。」馬曰：「巽，恭也。謂恭孫謹敬之言，聞之無不説者，能尋繹行之乃爲貴也。」

【唐以前古注】釋文引鄭注：繹，陳也。皇疏引孫綽云：疾夫形服心不化也。

【集注】法語者，正言之也。巽言者，婉而導之也。繹，尋其緒也。法言人所敬憚，故必從，然不改，則面從而已。巽言無所乖忤，故必說，然不繹，則又不足以知其微意之所在也。

【餘論】湛若水四書訓測（困勉録引）：說而不繹，猶不說也，而甚於不說。從而不改，猶不從也，而甚於不從。何也？不說不從者，即錮蔽日甚，然此念一轉，其奮發猶可望。亦從亦說，祗是不繹不改，全是頑皮心性，如何著手？

○子曰：「主忠信，毋友不如己者，過則勿憚改。」

【集解】慎其所主所友，有過務改，皆所以爲益者也。

按：黄氏後案云：「主友俱以交際言，古義如是，故集解云然。」

【唐以前古注】皇疏引范甯云：聖人應於物作教，一事時或再言。弟子重師之訓，故又書而存焉。

【集注】重出而逸其半。

按：論語之書非出一手，故文有重出，不止前後文體不類已也。

○子曰：「三軍可奪帥也，匹夫不可奪志也。」

【考證】書堯典疏：士大夫已上則有妾媵，庶人無妾媵，惟夫妻相匹。其名既定，雖單亦通謂之匹夫匹婦。孫子軍爭篇：三軍可奪帥，將軍可奪心。淮南天文訓：音之數五，以五乘八，五八四十，故四丈而爲匹。　黄氏後案：匹夫，皇、邢二疏以夫婦相匹言。説文「匹」字，段注曰：「束帛之制，二端爲兩，每一兩爲一匹。凡言匹敵匹耦，皆於二端成匹取義。凡言匹夫匹婦，於一兩爲匹取義。」段説是也。「奪」，即今之「脱」字也，正字作「敓」。帥，佩巾也，正字作「衛」。皆見説文注，亦字義之當考者。

【集解】孔曰：「三軍雖衆，人心不一，則其將帥可奪而取之。匹夫雖微，苟守其志，不可得而奪也。」

【唐以前古注】後漢李陳龐陳橋傳論注引鄭注：匹夫之守志，重於三軍之死將者也。　皇疏：謂爲匹夫者，言其賤，但夫婦相配匹而已也。　又云：古人質，衣服短狹，二人衣裳唯共用一匹，故曰匹夫匹婦也。

【集注】侯氏曰：「三軍之勇在人，匹夫之志在己，故帥可奪而志不可奪。如可奪，則亦不足謂之志矣。」

【餘論】論語意原：可奪者所主在人，不可奪者所主在我。　四書通：自「逝川」而下，至此凡十章，皆勉人爲學。然學莫先於立志，有志則進，必如川流之不已；無志則止，必如爲山而弗成，故凡學而卒爲外物所奪者，無志者也。

【發明】四書發明：志公而意私，志揺奪於私意，衹可言意耳。李密云：「舅奪母志。」非也，若其志如共姜，可奪乎？

○子曰：「衣敝緼袍，與衣狐貉者立，而不恥者，其由也與？

【考異】舊文「敝」爲「弊」。釋文：「弊，本今作『敝』，貉，依字當作『貈』。」皇本「敝」作「弊」。說文解字引論語「衣弊緼袍」。「貉」作「貈」云：「似狐，善睡獸。從豸，舟聲。論語曰：『狐貈之厚以居。』」汗簡引古論語同。七經考文：古本「貉」作「狢」。史記弟子傳作「狢」。

按：阮氏論語校勘記：「弊者，『敝』之俗，說文所無，作『弊』者後人妄改。」又云：「『貈』正字，『貉』假借字，史記弟子列傳又作『狢』，則俗字也。」其說良是。

【考證】潘氏集箋：緼，說文云：「紼也。」袍，說文云：「襺也。」論語補疏曰：「玉藻『纊爲繭，緼爲袍』，鄭注：『衣有著之稱。纊，今之新綿。緼，今之纊及舊絮。』疏云：『好者爲綿，惡者爲絮。』案爾雅，襺即袍也。蓋有表有裏又有著之衣，若今人之棉袍也。但古無木棉，著皆以絮爲之。絮，絲餘也，蓋絲之亂者，如今之絲綿是也。鄭謂纊『爲今之新綿，緼爲今之纊及舊絮』者，指漢末而言。古以新綿爲纊，舊絮爲緼。漢則以精者爲綿，而麤者爲纊。古今語異也。」論語後録亦云：「說文解字曰：『袍，襺也。襺，袍衣也。以絮曰襺，以緼曰袍。緼，紼也。紼，亂絲也。』然則緼袍以亂絲爲之者。」四書摭餘說：據喪大記，衣有三名：一單衣名襌衣，一夾衣名褶衣，一絮衣名複衣。複即袍也。袍必有絮實其中，古無木棉，祇取繭纊與檾枲之亂者摶而爲絮。以纊爲絮，即謂之繭袍。以檾枲爲絮，即謂之緼袍。緼者，亂麻之名。蒯通傳「束緼請火」是也。毛西河謂「枲著者以枲爲著，緼袍者以緼入袍，但分貧富，不分貴賤」，而以朱注賤服爲疑。不知邢昺論語疏明云：「緼袍，衣之賤者。狐貉，裘之貴者。」是貴賤貼衣説，並不貼人説，故朱注下即云「能不以貧富動其心」，不更作貴賤解，西河自誤耳。劉氏正義：韓詩外傳：「士褐衣緼著，未嘗完也。」又云：「曾子褐衣緼絮，未嘗完也。」漢書東方朔傳「衣緼無文」，師古注：「緼，亂絮也。」皆以緼爲絮。説文：「絮，敝緜也。」袍者，説文：「袍，襺也。」爾雅釋言：「襺，袍也。」互相訓。釋名釋衣服云：「袍，丈夫著下至跗者也。袍，包也，包内衣也。」任氏大椿深衣釋例：「喪大記『袍必有表，謂之一稱』，注：『袍，褻衣。』蓋袍爲深衣之制，特燕居便服耳，故云褻衣。周官玉府注云：『燕衣服者，巾絮寢衣袍襗之屬。』論語『紅紫不以爲褻服』，鄭注云：『褻服，袍襗。』此袍爲褻衣之明證也。」案袍是春秋二時之服，若袷褶之類。於時人已服裘，子路猶衣敝袍也。詩七月：「一之日于貉，取彼狐貍，爲公子裘。」貉狐貍皆公子之裘，詩文參互，鄭箋以于貉爲邠民自取，非也。春秋繁露服制篇：「百工商賈不敢服狐貉。」則狐貉並貴者所服。江氏永鄉黨圖考謂狐貉之裘爲褻裘，則此文狐貉與緼袍並爲燕居之服矣。

【集解】孔曰：「緼，枲著也。」

【唐以前古注】釋文引鄭注：緼，絮也。皇疏引顔延之云：狐貉緼袍，誠不足以策恥，然自非勇於見義者，或心戰不能素泰也。

【集注】敝，壞也。緼，枲著也。袍，衣有著者也，蓋衣之賤者。狐貉，以狐貉之皮爲裘，衣之貴者。子路之志如此，則能不以貧富動其心，而可以進於道矣，故夫子稱之。

【餘論】朱子論語或問：曾氏以爲子路尚志而忘物，惟其不恥敝衣，故能車馬輕裘與朋友共敝之而無憾，此意亦善。　論語稽：緼袍之敝與狐貉之盛并立，貧富之念動則恥心生。子路平日，與朋友共車馬衣裘敝之無憾者也，故能不恥。

【發明】朱柏廬勿欺録：君子所性，大行不加，窮居不損，而況狐貉敝袍。貧則敝緼，富則狐貉，敝緼非損，狐貉非加，此正事物當然之理，故由也不恥，可進於道。

『不忮不求，何用不臧？』[二]

【考異】經學卮言：「不忮不求」兩節，當別爲一章，言子路終身常誦「不忮不求，何用不臧」二言，亦猶南容一日三復白圭之玷。夫子以其所取於詩者小，故語之曰：不忮不求，是或一道也，然止於是而已，則亦何足以臧哉。　尋省舊注，絕不與上「衣敝緼袍」相蒙。　集注子罕篇三十章，注疏本「唐棣之華」合於「未可與權」，而「牢曰」自爲章，故亦三十章。唯釋文則云三十一章。竊疑陸所見古本多一章者，正分「不忮不求」以下矣。　若以引詩爲美子路，又以終身誦之爲聞譽自足，既重誣賢者，且夫子既取詩辭「何用不臧」，而復頓抑之，謂「何足以臧」，是自異其枘鑿，不可通也。　劉氏正義：仲尼弟子列傳載「衣敝緼袍」一節，無「不忮不求」二句，亦一證。　論語稽：「不忮不求」六句，蓋記者因子路之事而類記之，如子華、原思一章，及子曰聽訟章下記「子路無宿諾」，皆此例也。

【考證】劉氏正義：韓詩外傳：「夫利爲害本，而福爲禍先，唯不求利者爲無害，不求福者爲無禍。」又云：「故非道而行之，雖勞不至。非其有而求之，雖强不得。故智者不爲非其事，廉者不求非其有，是以害遠而名彰也。」又云：「安命養性者，不待積委而富；名號傳乎世者，不待勢位而顯，德義暢乎中而無外求也。」三節皆引詩「不忮不求，何用不臧」，撰韓之意，似以不害由於不求也。害謂己有禍患，不謂傷害人也。此義與馬不同，並得通也。鄭詩箋云：「言君子之行，不忮害，不求備於一人。」解不忮與馬同，不求與韓、馬異，或本齊、魯説。

【集解】馬曰：「忮，害也。臧，善也。言不忮害、不貪求，何用爲不善。疾貪惡忮害之詩也。」

【唐以前古注】皇疏：孔子更引疾貪惡之詩證子路德美也。忮，害也。求，貪也。臧，善也。言子路之爲人，身不害物，不貪求，德行如此，何用不謂之爲善乎。言其善也。

【集注】忮，害也。求，貪也。臧，善也。言能不忮不求，則何爲不善乎。此衛風雄雉之詩，孔子引之以美子路也。呂氏曰：「貧與富交，强者必忮，弱者必求。」

【餘論】四書纂疏：忮者，嫉人之有而欲害之也。求者，恥己之無而欲取之也。是皆爲外物之所累者也。能於外物一無所累焉，則何往而不善哉。論語傳注：夫恥己之無而恨人之有則忮，恥己之無而羡人之有則求，天下祗此兩類矣。而苟不之，何所爲而不善。邶風雄雉之篇可爲子路美也。

子路終身誦之。子曰：「是道也，何足以臧？」

【考異】七經考文補遺：古本「是道也」，「也」作「之」。

【集解】馬曰：「尚復有美於是者，何足以爲善。」

【唐以前古注】皇疏引顔延之云：「懼其伐善也。」

【集注】終身誦之，則自喜其能而不復求進於道矣，故夫子復言此以警之。

【餘論】論語述何：「是道也」兩句與子貢言無諂無驕未若樂道好禮同義。黄氏後案：終身誦之，佩服古訓，惟恐忮求之偶起於心也。「是道也」句法與「是禮也」同，言此固道也。道則臧矣，曰「何足以臧」，儆其不可以此自足也。經中言「何足」有何可、何竟二義，竟亦終盡之義。此嚴鐵橋説，是也。

【發明】陳埴木鐘集：問：衣敝緼袍章子路不以貧富動其心，而可以進道如此，至於在陳絶糧，如何便愠見？曰：子路與朋友共，不忮不求，於名利得失事已豁除矣。子路終身誦之，而子曰：「是道也，何足以臧？」便見聖人會煅煉人。子曰：「富與貴，是人所欲也。」上段審富貴安貧賤，是取舍之分明；下段造次顛沛必於是，是存養之功密。子路不以富貴動其心，雖是明得取舍，至於絶糧是逆境事，非樂天者不能處此，子路存養之功未密，顛沛處却又違仁。

○子曰：「歲寒，然後知松柏之後彫也。」

【考異】釋文：「彫」，依字當作「凋」。五經文字：凋，傷也。論語及釋文皆作「彫」。皇本「彫」作「凋」。史記伯夷傳、漢書傅喜傳、後漢書盧植傳注、高誘吕覽注、潛夫論交際篇、郭氏周易舉正、宋史范如圭等傳論、又劉珙等傳論、説文繫傳、字鑑、藝文類聚、事文類聚、猗覺寮雜記、學齋佔畢皆引文「彫」字作「凋」。文選西征賦、金谷集詩、南州九井詩三注皆引作「凋」。又末句皆無「也」字。七經考文：古本「後」作「后」。

按：邢本作「彫」，茲從皇本改正。

【考證】莊子讓王篇：天寒既至，霜雪既降，吾是以知松柏之茂也。陳、蔡之隘，於丘其幸乎？

按：據此，乃子厄陳、蔡時謂子路之言。

【集解】大寒之歲，衆木皆死，然後知松柏之少凋傷。平歲，則衆木亦有不死者，故須歲寒而後別之。喻凡人處治世，亦能自修整，與君子同，在濁世，然後知君子之正，不苟容也。

【唐以前古注】皇疏：此欲明君子德性與小人異也，故以松柏匹於君子，衆木偶乎小人矣。言君子小人若同居聖世，君子性本自善，小人服從教化，是君子小人並不爲惡，故堯、舜之民，比屋可封，如松柏與衆木同處春夏，松柏有心，故木蓊鬱，衆木從時，亦盡其茂美者也。若至無道之主，君子秉性無回，故不爲惡，而小人無復忌憚，即隨世變改，桀、紂之民，比屋可誅，譬如松柏衆木同在秋冬，松柏不改柯易葉，衆木枯零先盡。而此云「歲寒然後知松柏後凋」者，就如平叔之注，意若如平歲之寒，衆木猶有不死，不足致別，如平世之小人，亦有修飾而不變者；唯大寒歲，則衆木皆死，大亂，則小人悉惡，故云歲寒也。又云：然後知松柏後凋者，後非俱時之目，凋非枯死之名。言大寒之後，松柏形小凋衰，而心性猶存，如君子之人，遭值積惡，外逼闇世，不得不遜跡隨時，是小凋矣；而性猶不變，如松柏也。又引琳公云：夫歲寒別木，遭困別士。

寒嚴霜降，知松柏之後凋，謂異凡木也。遭亂世，小人自變，君子不改其操也。

【集注】范氏曰：「小人之在治世，或與君子無異，惟臨利害遇事變，然後君子之所守可見也。」謝氏曰：「士窮見節義，世亂識忠臣，欲學者必周於德。」

【餘論】四書訓義：夫子此言，可以表志士仁人之節，可以示知人任重之方，可以著君子畜德立本之學，可以通天下吉凶險阻之故，一感物而衆理具焉，在乎人之善體之而已。李氏論語劄記：此章比喻者廣，不曰不彫而後彫云者，蓋松柏未嘗不彫，但其彫也後，舊葉未謝，而新枝已繼，詩所謂「無不爾或承」者是也。道之將廢，自聖賢之生，不能回天而易命，但能守道而不與時俗同流，則其緒有傳，而其風有繼。易曰：「枯楊生稊，老夫得其女妻。」蓋有傳有繼之義，而先儒以遯世无悶之君子處大過之時者當之也。

【發明】反身録：問：歲寒然後知松柏固矣，當其未寒時，亦可以先知其爲松柏乎？曰：居鄉不苟同流俗，立朝則清正不阿，亭亭物表者是也。知而重之培之，可賴其用。若必待歲寒然後知之，亦惟知其不彫之節而已，不究於用，雖知何益。又曰：漢、唐、宋、明之末，非無松柏正人，在野則逸遺而不知收用，致其老於窮途；在朝則建白不采，多所擯斥，乃值變故，徒成就了忠臣義士之節。至此雖知某也義、某也忠，亦已晚矣，嗟何及矣。故士而以節義見，臣而以忠烈顯，非有國者之幸也。興言及此，於焉三歎。論語稽：治平之世，小人祿位或過君子。及國家多事，内憂外患。交乘疊起，小人非畏禍規避，即臨事失宜；唯君子能守正不阿，鞠躬盡瘁，其節操乃見。譬之春夏之交，桃穠李郁，較松柏之堅勁者，尤足悦目賞心；及至霜雪交加，百卉枯落，而所謂穠郁者不知何往，惟有此堅心勁節，足以支持殘局，重待陽和，然後知其秉性固自不同也。

○子曰：「知者不惑，仁者不憂，勇者不懼。」

【集解】包曰：「不惑，不惑亂也。不憂，不憂患也。」

按：阮氏論語校勘記云：「考文古本『勇者不懼』下有『孔安國曰無畏懼也』八字。皇本、閩本、北監本、毛本並脱。」

【唐以前古注】皇疏引孫綽云：智能辨物，故不惑也。安於仁，不改其樂，故無憂也。又引繆協云：見義而爲，不畏强禦，故不懼也。

【集注】明足以燭理，故不惑。理足以勝私，故不憂。氣足以配道義，故不懼。此學之序也。

【發明】朱子文集（答石子重）：問：知以明之，仁以守之，勇以行之，其要在致知。知之明，非仁以守之，則不可；以仁守之，非勇而行之，亦不可。三者不可闕一，而知爲先。曰：此説甚善，正吾人所當自力也。　黄氏後案：語録又言：「知不惑、勇不懼，易明也，仁者如何不憂，須思之。」式三謂仁者克己愛人，於一己化侮奪之心，爲一世消忌欺之術，道路皆蕩平，自無崎嶇偪側之憂也。　董子繁露曰：仁者憯怛愛人，謹翕不爭，好惡敦倫，無傷惡之心，無隱忌之志，無嫉妒之氣，無感愁之欲，無險詖之事，無辟違之行，故其心舒，其志平，其氣和，其欲節，其事易，其行道。」董説是也。然不憂不懼，非謂當憂懼者亦淡然置之也。聖人無惑，聖人未嘗絶憂懼。或於此有心迹之判，説本文中子，非也。

按：皇疏云：「仁人常救濟爲務，不嘗侵物，故不憂物之見侵患也。」較集注「理足以勝私」之説爲勝。

○子曰：「可與共學，未可與適道；可與適道，未可與立；可與立，未可與權。」

【考異】毛詩綿篇正義引論語曰：可與適道，未可與權。　説苑權謀篇、牟子理惑論皆引孔子曰：可與適道，未可與權。　三國志魏武帝紀注引虞溥江表傳：孔融曰：「可與適道，未可與權。」　北周書宇文護傳論曰：仲尼有言：「可與適道，未可與權。」　唐文粹：馮用之權論引孔子曰：可與共學，未可與立；可與立，未可與適道；可與適道，未可與權。　阮氏論語校勘記：筆解云：正文傳寫錯倒，當云：『可與共學，未可與立；可與適道，未可與權。』」案詩緜正義及説苑權謀篇、三國志魏武帝紀注、北周書宇文護傳論竝引「可與適道，未可與權」，與筆解説合。

按：韓李筆解以此章爲錯簡，證之説苑及唐文粹所引，皆與之暗合，似可從。然余考淮南子氾論訓引孔子曰：「『可以共學矣，而未可以適道也；可與適道，未可以立也；可以立，未可與權。』權者，聖人之所獨見也，故忤而後合者謂之知權，合而後舛者謂之不知權。不知權者，善反醜矣。」高誘注云：「適，之也。道，仁義之善道。立，立德、立功、立言。權，因事制宜。

權量輕重，無常形勢，能合醜反善，合於宜適，故聖人獨見之也。」此漢儒相傳經訓如此，筆解之説，不足據也。或曰：然則説苑、周書等所引非耶？曰：否。古人引書，常隱括大意，不必盡係原文。且唐以前書無刻版，著書全憑記憶，時或顛倒錯誤。如文選王元長策秀才文「將以既道而權」，鹽鐵論遵道章「孔子曰：『可與共學，未可與權』」亦屬此例，豈可據此而改經文耶？本章文理固自可通，韓、李此條已開宋儒輕改經文之風，更不足爲訓也。

【考證】公羊桓十一年傳：權者，反乎經者也。反乎經，然後有善也。後漢周章傳：孔子稱「可與立，未可與權」，權也者，反經者也。戴震孟子字義疏證：蓋同一所學之事，試問何爲而學，其志有去道甚遠者矣，求利禄聲名者是也。道責於身，不使差謬，而觀其守道能不見奪者寡矣，故未可與立。守道卓然，知常而不知變，由精義未深，所以增益其心志之明，使全乎聖智者未之盡也，故未可與權。黄氏後案：經傳言權有二義。孟子言「權然後知輕重」，言「執中無權」，此權賅常變言也。言嫂溺援手，以權對經言也。此以權對立，亦以權衡事變而言。凡事勢至於不能兩全，審其至重者而爲之，是謂之權。立者，事有一是一非，而能固守其一是也。權則審度於兩是不竝存之時，而取其至重者也。孟子言執一無權之舉一廢百，謂舉輕而舍其重者。能權則舉百而廢一，其廢者迫於不得已，而舉者重矣。論語補疏：法言問道篇云：「或問道。曰：道也者，通也，無不通也。或曰：可以適他與？曰：適堯、舜、文王者爲正道，非堯、舜、文王者爲他道。君子正而不他，塗雖曲而通諸夏則由諸，川雖曲而通諸海則由諸。」宋咸注云：「他，異端也。諸子之異端若能自通於聖人之道亦可也。」此注云「雖學或得異端」，用適他之義。四書翼注：反經合道爲權，此公羊氏説以祭仲廢鄭伯忽立突爲行權。齊東謬語，流爲丹青，自是以權爲權變、權術字樣。至陸宣公乃云權之爲義，取類權衡，乃隨時以處中，非遷移以適便。此程、朱之所本。

【集解】適，之也。雖學或得異端，未必能之道也；雖能之道，未必能有所成立也；雖能有所立，未必能權量其輕重之極也。

【唐以前古注】皇疏引張憑云：此言學者漸進階級之次耳。始志於學，求發其蒙而未審所適也；既向方矣，而信道未篤，則所立未固也；又既固，又未達變通之權也。明知反而合道者，則日勸之業，亹亹之功，其幾乎此矣。又引王弼云：權者，道之變。變無常體，神而明之，存乎其人，不可豫設，尤至難者也。

【集注】可與者，言其可與共爲此事也。程子曰：「可與共學，知所以求之也。可與適道，知所往也。可與立者，篤志固執而不變也。權，稱錘也，所以稱物而知輕重者也。可與權，謂能權輕重，使合義也。」楊氏曰：「知爲己，則可與共學矣。學足以明善，然後可與適道。信道篤，然後可與立。知時錯之宜，然後可與權。」洪氏曰：「易九卦終於巽以行權，權者，聖人之大用。未能立而言權，猶人未能立而欲行，鮮不仆矣。」程子曰：「漢儒以反經合道爲權，故有權變、權術之論，皆非也。權只是經也，自漢以下無人識權字。」愚按先儒誤以此章連下文「偏其反而」爲一章，故有反經合道之説。程子非之，是矣。然以孟子「嫂溺，援之以手」之義推之，則權與經亦當有辨。

【餘論】四書辨疑：漢儒以反經合道爲權，近世解經者多以爲非，蓋皆祖述程子「權只是經」之説也。注文雖不與之同，僅能有「權與經亦當有辨」之一語。又解孟子「嫂溺，援之以手」，及語録所論，皆是持兩端爲説，終無仔細明白指定真是真非之論，故後人得以遷改其意，往往爲之詭説，却使與程子之説混而爲一，良可惜也。聖人説權，象其稱錘之行運往來，活無定體，本取應變適宜爲義。應變適宜，便有反經合道之意在其中矣。惟其事有輕重不同，權則亦有淺深之異。凡於尋常用處，各隨其事，稱量可否，務要合宜，謂此爲經，似猶有説。若遇非常之事，則有内外之分，内則守正，外須反經，然後能成濟物之功，豈可一概通論哉？若言權只是經，則嫂溺援之以手亦當爲經，而孟子使與授受不親之常禮分之爲二，一以爲禮，一以爲權，則權與經爲兩意，豈不甚明？彼所謂權變、權術者，專執反經，不知合道，乃陋俗無稽之説。漢儒所論，正不如此，雖曰反經，本欲合道。南軒以爲既曰反經，惡能合道，蓋不知非常之事固有必須反經然後可以合道者，如湯征桀，武王伐紂，伊尹放太甲，周公誅管叔，皆非君臣兄弟之常理，聖人於此不得已而爲之，然後家國治而天下平，未聞不能合道也。只如嫂溺援之之事，視其所以，乃是以手援嫂，誠爲反其授受不親之經；察其所安，乃是以仁存心，期在救其逡巡溺者之死，斯豈不能合道哉？南軒又曰：「若此論一行，而後世竊權之名以自立，甚至於君臣父子之大倫，蕩棄而不顧。曰吾用權也，不亦悲夫！」此正世俗所謂權變、權術，專執反經不知合道之説也。先儒之所謂權者，何嘗謬至於此哉？夫竊權之名以自利，其罪在於竊者，歸罪先儒，非通論也。自曹丕而下，竊禪讓之名而爲篡逆者踵相接也，豈唐、虞之禪亦皆非與？南軒之説，斷不可取。

焦循説權：説者疑於經不可反。夫經者，法也。法久不變則弊生，故反其法以通之。不變則不善，故反而後有善；不變則道不順，故反而後至於大順。故反寒爲暑，反暑爲寒，日月運行，一寒一暑，乃爲順行，恒寒恒燠，則爲咎徵，禮減而不進則消，樂盈而不反則放，禮有報而樂有反，此反經所以爲權。又曰：權之於稱也，隨物之輕重以轉移之，得其平而止。物增損而稱則長平，轉移之力也。不轉移則隨物爲低昂，而不得其平。故變而不失常，權而後經正。論語經正録：反經之語，先儒多辨之者，以易爲權術權詐者所藉口，反經而不合於道也。若反經而能合道，又何惡乎反經，故朱子猶取之。

【發明】反身録：問權。曰：且先學立，能立而後可以言權也。問立。曰：道明而後能立，然必平日學無他岐，惟道是適，務使心之所存，念之所發，一言一動，必合乎道，造次顛沛不變所守，始也勉强，久則自然，富貴貧賤一視，生死患難如常，便是立。學至於能立，斯意定理明而可與權矣。蓋天下有一定不易之理，而無一定不易之事，惟意定理明之人，始能就事審幾，惟理是從。孟子謂「權然後知輕重」，夫輕重靡定，從而權之，則必有極重者，吾從其極重者之謂權，是權之所在，即道之所在也。易傳序謂「隨時變易以從道」，中庸謂「君子而時中」，皆能權之謂也，則權非義精仁熟者不能。彼藉口識時達變而行權者，皆小人而無忌憚者也。喪心失身，莫此爲甚，可惜也夫！可戒也夫！四書詮義：權最難言，未能有守而言權，鮮有不背道者。孔子曰「未可與權」，誠難之也。但權有大小，小事之權，或人人能與，如「嫂溺，援之以手」之類，大者則非化之不能。大抵天下之事，事事有經，既有定經，不必言權，學者守之而已。經至兩窮處，或先王制禮所不及到處，然後不得不權以通之，能權須是精義入神，權所以善其經也。四書近指：權即聖之時字，非專以伊、周放君、復辟爲等例也。事事有權，時時有權，惟聖人信手拈來，恰好爲難耳。陸世儀思辨録：權祇是中字。權，稱錘也。古人遇事必量度以取中，故借權以爲言。孟子云「權然後知輕重」是也。既知輕重，則中自出，故曰權而得中，是乃禮也。

『唐棣之華，偏其反而。豈不爾思？室是遠而』。」

【考異】朱子文集與張敬夫論癸巳論語説曰：論語及詩召南作「唐棣」，小雅作「常棣」，無作「棠」者，而小雅「常」字亦無「唐」音。爾雅又云：「唐棣，棣。常棣，栘。」則唐棣、常棣自是兩物，而夫子所引非小雅之常棣矣。今小雅常棣之詩，章句聯屬，不應別立一章，如此蓋逸詩爾。論語此下別爲一章，不連上文，范氏、蘇氏已如此説，但以爲思賢之詩則未必然。朱子語録：「唐棣」以下，初不與上面説權處合，緣漢儒合上文爲一章，誤認「偏其反而」爲反經合道，所以錯了。

按：春秋繁露竹林篇云：「春秋之常辭也，不予夷狄而予中國爲禮。至邲之戰偏然反之何也？曰：春秋無通辭，從變而移，不義之中有義，義之中有不義，辭不能及，皆在於指，非精心達思者，其孰能知之？詩云：『棠棣之華，偏其反而。豈不爾思？室是遠而。』子曰：『未之思也，夫何遠之有？』由是觀之，見其指，不任其辭，然後可與適道矣。」是漢人舊説如此。然終覺牽强傅會。朱注别爲一章，於義較長。十一經問對：「問：言鄉黨有闕文者何？對曰：上下文義不接，不可强解，謂之闕文，或者脱簡，在他篇又無可考，如『唐棣之華，偏其反而』是也。」何氏意蓋謂此唐棣章與鄉黨末「色斯舉」節文勢相類，宜以次從，而今脱誤在子罕末也。誠如其言，則「色斯」二句亦當爲逸詩矣。説甚新巧，附此質宏通者云云。此真讀書得間之言，存之以備一説。

【考證】困學紀聞：唐棣與常棣不同，致堂謂「偏其反而」即詩常棣篇，孔子删而不取，恐誤。李時珍本草綱目：陸璣以唐棣爲郁李，誤也。郁李乃常棣，非唐棣也。四書稗疏：詩傳：「唐棣，思賢也。」既删之後，詩尚未逸，唯毛傳失傳耳。既爲思賢之詩，則子曰「未之思也」，亦言其好賢之未誠。「夫何遠之有」，言思之誠而賢者自至耳。義既大明，則漢人以偏反爲反經合權之邪説不攻而破矣。劉氏正義：陳奂毛詩疏謂爾雅當作「唐棣，棣。常棣，栘」，以棣之名專屬唐棣，而以常棣爲棣之類。若然，則此注所云「唐棣，栘」，「栘」字亦「棣」之誤矣。陳疏又云：「説文：『栘，棠棣也。棣，白棣也。』『棠』當作『常』。爾雅邢疏引陸機義疏云：『許慎曰：白棣樹也，如李而小，如櫻桃正白，今宫園種之。又有赤棣樹，亦似白棣，葉如刺榆葉而微圓，子正赤，如郁李而小，五月始熟，自關西、天水、隴西多有之。』案元恪謂白棣以實白而得名，赤棣如郁李，其實正赤，郁李一名奥李，一名雀李，一名車下李，爲棣之屬。乃論語邢疏引義疏云：『唐棣，奥李也，一名雀李，亦曰車下李，所在山皆有，其華或白或赤，六月中熟，大如李子，可食。』此與齊民要術引豳風七月篇義疏『鬱樹高五六尺，實大如李，赤色，食之甜』正同。則論語疏引『唐棣』必是『常棣』之誤。小雅之常棣、七月之鬱皆即赤棣歟，而非此唐棣也。」案陳説是也。郭注爾雅，以唐棣似白楊。郝氏懿行義疏引牟願相説：「即今小桃白，其樹高七八尺，其華初開反背，終乃合并，但其樹皮色紫赤，不似白楊耳。」牟氏此説得之目驗，與許慎所稱白棣當無異矣。

【集解】逸詩也。唐棣，移也，華反而後合。賦此詩者，以言權道反而後至於大順也。思其人而不得見者，其室遠也，以言思權而不得見者，其道遠也。

按：集解此合上章爲一章，朱子分之，今從朱子。

【集注】唐棣，郁李也。「偏」，晉書作「翩」，然則「反」亦當與「翻」同，言華之揺動也。而，語助也。此逸詩也，於六義屬興，上兩句無意義，但以起下兩句之辭耳。其所謂爾，亦不知其何所指也。

【餘論】黄氏後案：何解以此連上爲一章，北宋諸儒多從之。蘇子瞻以詩爲思賢不得之辭，别分一章。據潛夫論實貢篇：「孔子曰：『未之思也，夫何遠之有？』忠良之吏，誠易得也，顧聖王欲之不爾。」是王節信之意，以此詩傷賢人之難見也。唐棣之華，先開後合，偏與凡華相反，比賢者之先散處，與衆不同。與上當别爲一章也，朱子分此别爲一章固是，而謂上兩句無意義，則作詩必無此體例，且作論語者何故引此無意義之句乎？近時申注者謂華容翩翩搖動，以無情之物而有情，以比人之有思，兩句非全無意義。但既從朱子之解，謂夫子借詩語而反之，則引下二句詩已足矣，而上二句究成贅語。論語稽：詩之逸者散見於大戴禮記、韓詩外傳與荀子諸篇，又諸子之書皆有之，乃孔子後逸之，非孔子删之也。

子曰：「未之思也，夫何遠之有？」

【考異】釋文：「未」，或作「末」者非。惠棟校謂與檀弓「末之卜也」句法同。皇本「有」下有「哉」字。天文本論語校勘記：古本、足利本、唐本、津藩本、正平本「夫何遠之有」下有「哉」字。

【音讀】經讀考異：近讀「未之思也」句絶，釋文：「一讀以『夫』字屬上句。」據古人釋詩之詞，多以「夫」字屬句末。左傳僖二十四年：「詩曰：『彼己之子，不稱其服。』子臧之服，不稱也夫。」宣十二年：「詩曰：『亂離瘼矣，爰其適歸。』歸於怙亂者也夫。」成八年：「詩曰：『愷悌君子，遐不作人。』求善也夫。」襄二十四年：「詩云：『樂只君子，邦家之基。』有德也夫。『上帝臨女，無貳爾心。』有令名也夫。」中庸：「詩曰：『神之格思，不可度思，矧可射思，夫微之顯。』誠之不可揜如此夫。」皆是。則釋文當以後一讀爲是。

按：晉書王祥傳云：「祥疾篤，遺令訓子孫，終之曰：『未之思也，夫何遠之有？』」是此種讀法自晉已然，其來已久。經云「未之學也」，又云「夫何憂何懼」，不乏文例，似無更改之必要也。

【集解】夫思者當思其反，反是不思，所以爲遠也。能思其反，何遠之有，言權可知，惟不知思耳，思之有次序，斯可知矣。

【集注】夫子借其言而反之，蓋前篇「仁遠乎哉」之意。程子曰：「聖人未嘗言易以驕人之志，亦未嘗言難以阻人之進，但曰：『未之思也，夫何遠之有？』此言極有涵蓄，意思深遠。」

【餘論】論語稽求篇：「唐棣」二節，舊本與「可與共學」節合作一章，其又加「子曰」者，所以別詩文也。但其義則兩下不接，惟何平叔謂偏反喻權，言行權似反而實出於正，説頗近理，然語尚未達。予嘗疏之云：夫可立而未可權者，以未能反經也。彼唐棣偏反，有似行權，然而思偏反而不得見者，慮室遠也。思行權而終不行者，慮其與道遠也。不知無慮也，夫思者當思其反，反是不思，所以爲遠，能思其反，何遠之有。蓋行權即所以自立，而反經正所以合道，權進于立，非權不可立也。嘗讀王祥傳，知祥以漢、魏遺老，身爲三公，而卒預晉禪，心嘗愧恨，雖不奉朝請，不立殿陛，而終不自安。故于臨歿時遺言囑後，使不澣濯，不含斂，不沐棺槨，不起墳塋，家人不送喪，祥禫不饗祀。雖不用古法，而反經行權，期合于道，故既以孝弟信讓通囑之，而終之曰：「未之思也，夫何遠之有？」此正取唐棣是篇以反作正之一證也。漢尚經學，即休徵盛德不以學見，然猶能引經酌古，一準師説如此。今人德不及休徵，而言學則鹵莽自用，動失古意，盍亦取是文一再思之？漢儒以反經合道爲權，此正本夫子偏反喻權之意，且亦非漢後私説，在前此已有之。公羊傳曰：「權者何？權者，反乎經者也。反乎經然後有善也。」反經之語實始于此。其後相習成説，著爲師傳，然皆本夫子是語。如後漢周章傳云：「孔子稱『可與立，未可與權』，權也者，反經者也。」北周宇文護論云：「孔子云：『可與適道，未可與權。』夫道者，率禮之謂也。權者，反經之謂也。」六季儒説相似不改，惟唐陸贄論替換李楚琳狀有云：「權之爲義，取類權衡。衡者，秤也。權者，錘也。故權在于衡，則物之多少可準。權施于事，則義之輕重不差。若以反道爲權，以任數爲智，歷代之所以多喪亂而長姦邪，由此誤也。」此不過一時一人有爲之言。據贄本論以權衡立義，亦正是相反之物。衡者，平也。錘者，垂重之器也。然不垂重，則衡不得平。衡者，正也。錘者，偏倚之物也。然不偏倚，則衡不得正。謂垂重偏倚所以求平正則可也，謂錘即平正，非垂重偏倚之物則不可也。若謂權即是經，是錘即衡矣。故淮南子曰：「溺則捽父，祝則名君，勢不得不然也。」此權之所設也。故孔子曰：「可與立，未可與權。」夫惟以捽父名君爲非常之事，故惟于溺與祝時一偶施之。毛詩：「不思其反，反是不思。」陽固嫉邪詩：「反是不思，維塵及矣。」皆「未之思也」之注。若相反之思，則王符潛夫論有云：「夫長短大小，清濁疾徐，必相應也。然攻玉以石，洗金以鹽，濯錦以魚，浣布以灰，夫物固有以賤理貴、以醜化好者矣。智者棄短而取長，則才可致。賢者激濁以見清，則士可用。孔子曰：『未之思也，夫何遠之有？』」此正以貴賤、好醜、長短、清濁相反而實相成處見思反之意。四書辨疑：注言上兩句無意義，而於下兩句亦無明説，非特「爾」不知何所指，「室」亦不可知也。又解下文「未之思也」之一節，以爲夫子借其言而反之，蓋前篇「仁遠乎哉」之意。若以此意與前後通説，義益難明。自漢、魏以來，解論語者多矣，此章之説，皆莫能明，然亦未有言其可疑而不説者。惟王滹南直謂必不可通，予意亦然。

按：此章文極費解。誠如王氏滹南之説，北宋以前多從何解，以此連上爲一章。清初毛西河、劉寶楠仍主之。自東坡始以爲思賢不得之辭，别分一章，朱子從之，而不用其思賢之説。馮氏厚齋曰：「古人説詩不必其本指也。詩人之指，謂思其人室邇人遠爾，夫子謂道不遠人，思則得之，故反詩人之言以明之也。」蓋即本集注之旨。竊謂此章止是發明思之作用，與反經合權無涉。孟子深得夫子之意，故提出此一字曰：「心之官則思，思則得之，不思則不得也。」自宜别爲一章，後儒紛紛曲説無當也。

論語集釋卷十九

鄉黨上

○孔子於鄉黨，恂恂如也，似不能言者。

【考異】黄庭堅涪翁雜説：孔子於鄉鄗，恂恂如也。漢碑今在者多書「黨」作「鄗」。洪頤煊讀書叢録：史記孔子世家：「其於鄉黨，恂恂似不能言者。」索隱：「有本作『逡逡』。」隸釋祝睦後碑：「鄉黨逡逡，朝廷便便。」與索隱所見本同。劉修碑：「其於鄉黨，遜遜如也。」史記李將軍列傳：「李將軍悛悛如鄙人。」漢書作「恂恂」，並字異而義同。

【考證】江永鄉黨圖考：陬邑者，孔子父所治邑，論語作「鄹」，左傳作「郰」，後或作「鄒」。一統志：「故鄒城在鄒縣界内。」非鄒國之鄒也。史記正義引括地志：「故鄒城在兖州泗水縣東南六十里，昌平山在縣南六十里，鄉以山爲名，故闕里在縣南五十里，而兖州曲阜縣魯城西南三里有闕里，中有孔子宅。」正義云：「夫子生在鄒，長徙曲阜，仍號闕里也。」王鎣鄉黨正義説：孔子生於陬邑，遷於闕黨而設教焉。故新序云：「孔子在州里篤行孝道，居於闕黨，闕黨之子弟畋漁分有，親者得多，孝以化之也。」可知此文鄉黨兼彼二地矣。

【集解】王曰：「恂恂，温恭之貌。」

【唐以前古注】後漢文苑傳注引鄭注：恂恂，恭順貌。　皇疏：此一篇至末並記孔子平生德行也。於鄉黨，謂孔子還家教化於鄉黨中時也。天子郊内有鄉黨，郊外有遂鄙。孔子居魯，魯是諸侯，今云鄉黨，當知諸侯亦郊内爲鄉，郊外爲遂也。孔子家當在魯郊内，故云於鄉黨也。

【集注】恂恂，信實之貌。似不能言者，謙卑遜順，不以賢知先人也。鄉黨，父兄宗族之所在，故孔子居之其容貌辭氣如此。

【餘論】蘇軾論語解：此篇雜記曲禮，非特孔子事也。　四書辨證：吕大臨曰：「『孔子於鄉黨』至『誾誾如也』，言孔子言語之變。自『君在踧踖如也』至『私覿愉愉如也』，言孔子容貌之變。自『君子不以紺緅』至『必有明衣』，言孔子衣服之變。自『齊必變食』至『必齊如也』，言孔子飲食之變。自『席不正不坐』至『不親指』，言孔子應事接物之變。按此皆聖人之時，故末借孔子言點出時字作結。」　翟氏考異：鄭氏引此篇文屢題「孔子曰」字。玉藻鄭氏注引「孔子曰素衣麛裘，孔子曰緇衣羔裘，孔子曰黄衣狐裘」，王充、顧憲之引「菜羹瓜祭」，李善引「君召使擯，狐貉之厚」，羅願引「不得其醬」，陸佃引「膾不厭細」，陳襄引「不時不食」，祝穆引「魚餒肉敗」，亦均以爲孔子言。或者謂論語之書當時似亦别稱孔子，如孟子書之稱孟子者然。

其在宗廟朝廷，便便言，唯謹爾。

【考異】史記世家作「辯辯言」。　南軒論語解本「唯」字作「惟」。　繆誤雜辨：論語稱夫子

「言唯謹爾」。唯，語辭也。史記石奮傳遂用「唯謹」字，而後世史傳凡言人性行謹者往往以此爲成言，豈非習遷之誤耶？

【音讀】羣經平議：此當以「便便」爲句。詩采菽篇「平平左右」，釋文引韓詩作「便便，閑雅之貌」，是便便以貌言，正與上文「恂恂如也」，王注曰「恂恂，温恭之貌」其義一律，但省「如也」兩字耳。「言唯謹爾」四字爲句，凡有所言無不謹慎，故曰「言唯謹爾」。此與上文「似不能言者」相對。蓋此兩節皆上一句説孔子之容，下一句説孔子之言，鄭注失之。

【考證】鄉黨圖考：治朝、外朝皆是平地，無堂階，故謂之朝廷。廷者，平地也。金鶚禮説：凡言庭者，皆廟寢堂下也。若治朝、外朝皆無堂，則亦無庭，而名之曰廷，所謂朝廷也。「庭」與「廷」字有别。説文云：「庭，宫中也。廷，朝中也。」庭有堂，故其文從广。廷無堂而但爲平地，故其文從廴。潘氏集箋：左桓二年傳正義引白虎通云：「宗者，尊也。廟者，貌也，象先祖之尊貌也。」禮記王制曰：「天子七廟，三昭三穆，與大祖之廟而七。諸侯五廟，二昭二穆，與大祖之廟而五。」據此，魯當五廟。公羊傳、穀梁傳、禮記明堂位並以周公之廟爲大廟，所謂大祖之廟也。其二昭二穆，當夫子仕定公時爲宣、成、襄、昭也。魯公廟，公羊春秋謂之世室，左氏、穀梁春秋謂之大室，皆不謂之廟。至明堂位始云「魯公之廟，文世室也。武公之廟，武世室也」，注謂：「世室者，不毁之名也。」則皆不在五廟之數者也。魯公即伯禽，爲魯始封之君，其廟自當不祧。而武公之廟，則春秋書立武宫，與煬宫、桓宫、僖宫一例，何嘗有不毁之廟者？明堂位之言不足信也。劉氏正義：白虎通朝覲云：「朝者，見也。」周官大宗伯注：「朝猶早也。欲其來之早。」此説朝即朝夕，以朝時見君謂之朝，因而見君之地亦稱朝。舊説：諸侯三朝：在庫門外者曰外朝，在雉門内者曰治朝，在路門内者曰燕朝，又曰射朝。若以治朝、燕朝對外朝，亦稱内朝。玉藻「諸侯朝服以日視朝於内朝」，則治朝也。文王世子「公族朝于内朝」，則燕射之朝也。若以治朝對燕朝，則治朝亦稱外朝。文王世子「其在外朝」，據注即治朝也。王鎏鄉黨正義引楊隨安説：「諸侯之堂七雉，三分其廣，以其二爲之内庭。三堂之深當爲七十步。」此義或得之。外朝人君不常至，治朝禮略，君臣不能多言。凡議政事皆於燕朝，或於路寢。夫子便便言，當在燕朝。

【集解】鄭曰：「便便，辯貌。雖辯而謹敬。」

【集注】便便，辯也。宗廟禮法之所在，朝廷政事之所出，言不可以不明辨，故必詳問而極言之，但謹而不放爾。此一節記孔子在鄉黨、宗廟、朝廷言貌之不同。

【發明】四書近指：鄉黨是做人第一步，他日立朝廷、交鄰國、事上接下，俱在此植基，故記者以鄉黨先之。

○朝，與下大夫言，侃侃如也；與上大夫言，誾誾如也。

【考異】史記世家「與上大夫」二句處「與下大夫」二句前。後漢書袁安傳：誾誾衎衎。漢碑唐扶頌：衎衎誾誾。讀書通曰：後漢樊準每讌會，則論難衎衎。袁安誾誾衎衎，得禮之容。蜀志楊戲贊：「費賓伯當官理任，衎衎辨舉。」並與「侃侃」同。

按：世家此文先上大夫後下大夫，聘禮注引同。馮氏登府異文考證以爲此古論。胡氏薰鄉黨義考：「據魯論，謂貴者未至而賤者先盈，故先與下大夫相見，進而與上大夫相見。」則是魯論據與言爲先後，古論則據爵之秩次書之。

【考證】論語釋故：周禮大宰疏：「諸侯三卿：司徒、司馬、司空。司徒下二大夫：一小司徒，一小宰。司空下二大夫：一小司空，一小司寇。司馬之下惟一大夫，小司馬也。」卿與大夫，春秋皆謂之大夫。分言之，則卿爲上大夫，其大夫皆爲下大夫。魯之上大夫，季氏爲司徒，叔孫爲司馬，孟孫爲司空。孔子爲司寇時，季桓子、叔孫武叔、孟懿子也。然魯自成、襄以來有四卿，宣公弟叔肸之後爲叔氏，有叔老、叔弓、叔輒、叔詣、叔還，皆書於經，則亦上大夫。孔子時爲叔還也。下大夫則孔子而外當爲四人，臧氏世爲大夫，其時則臧會、子服景伯、公父文伯皆爲大夫，與夫子同列者也。鄉黨圖考：孔子爲司寇下大夫，當時與上大夫言、與卿言、與下大夫言者，與其同列言也。三卿則季桓子斯、叔孫武叔州仇、孟懿子何忌也。後反魯時，季康子肥、孟武伯彘也。然魯自成、襄以來有四卿，宣公弟叔肸之後爲叔氏，有叔老、叔弓、叔輒、叔詣、叔還，皆書於經，蓋三卿之外又有小卿，亦上大夫，孔子時爲叔還也。五禮通考：古者視朝之禮甚簡。既朝而退，君適路寢聽政，臣適諸曹治事。諸臣治事之所，即匠人所謂「外九室」是也。其室在治朝之左右，如今午門朝房矣。康成箋詩，以治事之所爲私朝，蓋以卿大夫議朝政於此，故亦得名朝。曲禮「在朝言朝」、論語「朝，與下大夫言，與上大夫言」，皆指治事之朝。劉氏正義：夫子仕魯爲小司空、小司寇，是下大夫。而孔子世家及趙岐孟子注皆謂孔子爲大司寇。案司寇爲司空兼官，孟孫居之，其小司寇則臧孫世爲此官。定公時，臧氏不見經傳，意其時臧氏式微，司寇職虚，故孔子得爲之。傳者虚張聖功，以爲孔子實爲大司寇矣。上大夫職尊，孔子所事，下大夫則與孔子同列者也。不及上士以下者，統於下大夫也。

【集解】孔曰：「侃侃，和樂之貌。誾誾，中正之貌。」

【集注】此君未視朝時也。王制：「諸侯上大夫卿，下大夫五人。」許氏説文：「侃侃，剛直也。誾誾，和説而諍也。」

按：今本説文只有「誾，和悦而諍也」，「侃」字説文無之，不知朱子所據何本。集韻：「侃，剛直也。」亦不引説文。

【餘論】四書辨疑：侃、誾二字各有兩訓，玉篇諸韻皆同。「侃」字一訓和樂貌，又訓彊直。「誾」字一訓中正之貌，又訓和。然須觀其用處，各有所宜。朝廷官府之間，待下宜寬容，事上宜嚴謹。以彊直待下，則幾於不容；以和樂事上，則幾於不謹。今與下大夫言則用剛直，與上大夫言則用和悦，於上下之交誠爲未順。又諍之爲義，乃極諫也，必須遇有違理害義之重事，不得已而用之，尋常語話間豈容有諍邪？若從此説，閔子侍側誾誾如也，亦是有諍於孔子也；冉有、子貢侃侃如也，亦是以剛直待孔子也，是豈聖門弟子尊師之道哉？舊説：「侃侃，和樂之貌。

誾誾，中正之貌。」南軒引侯氏之説曰：「誾誾，中正而敬也。侃侃，和樂而敬也。」二説意同，今從之。　劉氏正義：方氏東樹説：「此注本以中正詁侃侃，和樂詁誾誾，傳寫倒誤。」案「侃」通作「衎」，故訓和樂。誾有諍義，故訓中正。蓋事上不難於和樂，而中正爲難；接寮屬不難於中正，而和樂爲難。方説非是。

君在，踧踖如也，與與如也。

【考證】潘氏集箋：踧，説文云：「行平易也。踖，長脛行也。」踧踖，廣雅云：「敬畏也。」論語後録曰：「踧踖與下『與與』同義。詩『授几有緝御』，傳以緝御爲踧踖之容。雖敬而舒，謂之踧踖歟？踧讀若『踧踧周道』，踖讀若『衛大夫石踖』。與與，説文解字：『懙，趣步懙懙也。从心，與聲。』班固漢書叙傳曰『長倩懙懙』，蘇林曰：『懙懙，行步安舒也。』『懙懙』應即此『與與』字。説文解字又有『⿺走與』字，云：『安行。』據此，則懙、⿺走與並訓行步，而漢書有『懙懙』字，『與與』當爲『懙懙』之省文。」　黄氏後案：上記大夫與言，君尚未視朝，此言君視朝也。陳氏禮書曰：「朝辨色始入，所以防微。日出而視，所以優尊。詩曰『夜鄉晨，言觀其旂』，臣辨色始入之時也。又曰『東方明矣，朝既昌矣』，君日出視朝之時也。尊者體盤，卑者體蹙。體蹙者常先，體盤者常後。」陳説是也。與與，皇疏云：「猶徐徐。雖踧踖又不得急速。」此申注「中適」之義。説文：「懇，趣步懇懇也。」許意趣走而仍安舒也。漢書「長倩懙懙」，蘇林曰：「懙懙，行步安舒。」此「與與」即彼「懇懇」，古字从省。

【集解】馬曰：「君在，視朝也。踧踖，恭敬之貌。與與，威儀中適之貌。」

【集注】君在，視朝也。踧踖，恭敬不寧之貌。與與，威儀中適之貌。張子曰：「與與，不忘向君也。」亦通。此一節記孔子在朝廷事上接下之不同也。

○君召使擯，色勃如也，足躩如也。

【考異】釋文：「擯」，本又作「儐」，亦作「賓」，皆同。史記世家：君召使儐。翟氏考異：説文「儐」或从手作「擯」。禮記文王世子「退儐于東序」，陸氏釋文曰：「『儐』，本亦作『擯』。」説文解字「孛」字下引論語「色孛如也」。又「艴」字下引論語「色艴如也」。按此兩文並傳，或召擯、過位兩科有殊，或齊、魯、古文三家各異。

【考證】經注集證：考孔子仕魯時無諸侯來朝及卿聘事，此章所謂賓者，或有他國大夫來行小聘，魯亦以交擯待之與？又按交擯傳辭惟承擯在中間，上擯當其右，紹擯當其左，故有揖左人、揖右人之事。揖左人者，揖紹擯以傳命出也。揖右人者，揖上擯以傳命入也。孔子仕魯爲大夫，故應在承擯之列。論語後録：作「儐」是也。書「賓于四門」，鄭注：「賓讀爲儐。舜爲上儐以迎諸侯。」潘氏集箋：讀賓爲儐，故釋文云：「亦作『賓』，皆同也。」君召使擯者，聘禮曰：「卿爲上擯，大夫爲承擯，士爲紹擯。」鄭注：「擯，謂主國之君所使出接賓者。」周官大行人云：「上公擯者五人，侯伯四人，子男三人。」魯爲侯國，當用四人。夫子爲大夫，當爲承擯也。羣經補義：孔子仕魯時，君大夫無朝聘往來之事，而鄉黨有使擯、執圭兩章何也？凡卿有事出境，及他國之卿來，則書於春秋，大夫則不書。晏子嘗聘魯而春秋不書，晏子未爲卿也。孔子爲司寇亦是大夫，故出聘亦不書。使擯章之賓非君來，當亦是大夫。其傳辭，君用交擯，臣用旅擯，而言左右手，則夫子爲承擯，兼傳出入之命，是用交擯矣。大夫聘爲小聘，不享，而執圭章有享，則似大聘矣。蓋春秋時，事大國尚侈靡，不能如禮制也。又曰：史記謂孔子爲魯司寇，攝行相事，非相國之事也。當時魯政季桓子專之，孔子言之而季孫不違焉耳。所謂攝行相事者，攝相禮之事，若「夾谷之會，孔子相」是也。君召使擯，是有賓客來，重孔子知禮，特使爲擯而兼相。大夫當爲承擯，何待於召？所以特召者，承擯而兼攝上擯之事也。揖所與立，擯事也；趨進及賓退復命，攝相事，皆上擯事也。上擯當季孫爲之，而使孔子，故曰攝也。禮經釋例引敖繼公說：諸侯禮賓，擯當用三人。猶以諸侯同天子之制爲疑。而先鄭注司儀謂主擯九人，後鄭謂七人，則反踰於天子之數，其不然也明矣。至兩君相見交擯之數，先鄭注無明文，後鄭謂亦用九人，其賓介則交擯旅擯同用九人。論語駢枝：叔孫通傳：「大行設九賓，臚句傳。」「賓」與「擯」，「臚」與「旅」，古今字也。蘇林曰：「上傳語告下爲臚，下告上爲句。」莊周曰：『大儒臚傳。』」然則臚擯猶傳擯也。聘義曰：「介紹而傳命，君子於其所尊弗敢質，敬之至也。」又曰：「三讓而後傳命。」安在其不傳辭哉？康成讀旅爲鴻臚之臚是矣。而訓爲臚陳，故有但陳擯位不傳辭之說，蓋不然也。

【集解】鄭曰：「君召使擯者，有賓客使迎之。」孔曰：「勃如，必變色也。」包曰：「足躩，盤辟貌。」

【唐以前古注】北堂書鈔禮儀部七引鄭注：勃，矜莊貌也。　皇疏引江熙云：不暇閒步。躩，速貌也。

【集注】擯，主國之君所使出接賓者。勃，變色貌。躩，盤辟貌。皆敬君命故也。

揖所與立，左右手，衣前後，襜如也。

【考異】皇本作「左右其手」。

【考證】經學巵言：周禮，諸侯相爲賓交擯，諸侯之臣相爲國客旅擯。旅擯者，臚陳賓位，不傳辭也。經言與左右人揖，乃交擯之事，則兩君相見而非聘使矣。此所記，其即夾谷之會攝上相時歟？　劉氏正義：夫子時爲承擯，左立者是紹擯，右立者是上擯，每一傳辭，則宜揖也。司儀云：「凡行人之儀，不朝不夕，不正其主面，亦不背客。」注：「謂擯相傳辭時也，不正東鄉，不正西鄉，常視賓主之前，却得兩鄉之而已。」據此，則擯介雖東西平列，而面之所鄉不能咸正。則自上擯望承擯，稍在後爲東南也。推之紹擯，亦在承擯東南。而承介在上介西北，末介又在承介西北。故聘禮疏謂「上擯位次宜稍在承擯西，得以轉身望承擯在東南」也。江氏永圖考：「擯者雁行立於東方，西面北上，是以南北爲左右，東西爲前後。其傳主命達於賓，當左其手，則左臂縮而右臂伸，右者隨之而左。其傳賓命達主，當右其手，右肱短而左肱長，則左者亦緣之而右矣。至傳辭之法，在朝禮，則上擯奉主君之命問賓所以來之意，恐其以他事至，不欲自承以人來詣己也。上擯揖而傳與承擯，承擯復揖而傳與末擯，末擯與末介東西相直，則向末介揖而傳問之也。末介揖而傳與承介，承介揖而傳與上介，上介乃傳以告於賓。賓稱己所以來之意以告於上介，復遞傳以至於上擯，上擯以告於君。君辭不敢當，而命上擯復傳於承擯，遞傳至賓，賓對，主君又辭，賓終請不獲辭，是爲三辭。主君乃進車迎賓也。其聘禮，則上擯述君命請事，遞傳至賓，賓辭，遞傳至上擯，上擯述君命辭之，至不獲已，始命紹擯入復於君，而君出迎賓也。當擯者揖時，必俛其首，及揖畢而仍仰立，故曰一俛一仰。揖分左右，故衣之前後亦與爲轉移也。」

【集解】鄭曰：「揖左人，左其手。揖右人，右其手。一俛一仰，故衣前後，則襜如也。」

【唐以前古注】皇疏引江熙云：揖兩手，衣裳襜如動也。

【集注】所與立，謂同爲擯者也。擯用命數之半，如上公九命則用五人，以次傳命，揖左人則左其手，揖右人則右其手。襜，整貌。

【別解】羣經平議：舊説皆以是時夫子爲承擯，故上擯是右人，末擯是左人。然下文「賓退，必復命曰：賓不顧矣」，據聘禮鄭注，是上擯之事。即「趨進」一節，江氏永鄉黨圖考謂是賓致命後，擯者趨進相公拜，則亦是上擯事也。凡擯之次第，君召之時自應先定，豈有交擯之時尚是承擯，交擯之後無端改易乎？且公與賓每門每曲揖，擯介皆在後雁行。夫子始爲承擯，將於何時淩躐而前乎？竊疑上擯本以卿爲之，魯人重夫子知禮，故使以大夫攝上擯事。君召使擯者，使爲上擯也。夫子爲上擯，則所與立者但有左人無右人矣，而云「揖所與立，左右手」者，謂左其右手也。他人於蓋承擯在上擯之左，夫子與之揖時足不移易，惟引其右手鄉左而已，故其衣之前後襜如也。

此，所與揖者在左，則必側身左鄉，非「君子立不易方」之義矣。自鄭君誤解「左右手」句，遂并夫子之爲上擯而亦不著，且揖左人則左其手，揖右人則右其手，此在常人亦然，何足爲夫子異乎？

按：此説於義爲長，似可從。

趨進，翼如也。

【考異】説文解字「䢲」字下云：「趨進，䢲如也。」徐鍇繫傳曰：「今論語作『翼』字，假借也。」宋高宗石經「趨」字作「趍」，下「没階趨」倣此。

按：劉寶楠云：「『翼如』，説文引作『䢲如』，此出古論語。」

【考證】鄉黨圖考：擯者從中庭進至阼階西有數十步，不宜紓緩，故必當趨。趨則急遽，或至垂手掉臂，難其容，故特記容。趨進必有辭，辭無常者不能記，辭有常者不必記也。羣經補義：趨進謂廟中相禮時，非迎賓入門時。入門不謂之進。進者，行步而前，左傳所謂「公孫傁趨進」、「王孫賈趨進」是也。聘禮云：「納賓，賓入門左，三揖，至於階，三讓，公升二等，賓升西楹西，東面，擯者退中庭，賓致命。公左還北鄉，擯者進，公當楣再拜。」所謂趨進在此時，謂從中庭進至阼階，而釋辭于賓，以相公拜也。所釋之辭云「子以君命在寡君，寡君拜君命之辱」是也。是時急遽，行步必趨，禮不言趨，省文也。四書典故覈：凡趨有二法，一曰徐趨，君之徐趨接武，大夫徐趨繼武，士徐趨中武，其行皆足不離地，舉前曳踵，謂之圈豚行。一曰疾趨，其步不繼武中武，但身須小折，而頭直手足正。玉藻曰：「疾趨則欲發而手足無移。」又曰：「端行頤霤如矢，弁行剡剡起屨。」此趨進是疾趨也。黄氏後案：趨進之見左傳者，成公三年，齊侯朝於晉。將授玉，郤克趨進。襄公七年，衛孫文子來聘，公登亦登。叔孫穆子相，趨進。是從中庭趨進阼階之事。凡發足向前爲進，俗解趨進指入門。入門時君與賓雁行，擯介皆隨後雁行，趨則在君前矣，且經傳未有以入門爲進門者。

【集解】孔曰：「言端好。」

【集注】疾趨而進，張拱端好，如鳥舒翼。

賓退，必復命曰：「賓不顧矣。」

【考證】禮經釋例：聘：「賓問卿面卿及介面卿畢，賓出，大夫送于門外再拜。」注：「賓不顧言去。」公食大夫：「禮畢賓出，公送于大門内，再拜，賓不顧。」注：「初來揖讓而退，不顧，退禮略也。示難進易退之義。擯者以賓不顧告公，公乃還也。」鄉黨圖考：鄉黨記復命。若非君有命，何以謂之復命乎？經但言賓不顧，無命上擯送賓及擯者復命之文者，文不具耳。又云：聘禮云：「賓請有事於大夫，公禮辭，許。」注謂：「上擯送賓出，賓東面而請之，擯者反命，因告之。」是復命時有二事：一告賓不顧，一告賓請明日有事于大夫也。當時有無未可知，惟孔子是攝上擯，則召是特召，君命爲尤重矣。論語駢枝：此節記爲擯之禮，舊説或以爲朝，或以爲聘，各據一邊，殊爲拘執。此通論擯相之事，何分朝聘哉？其以爲朝者，蓋據周禮有交擯，有旅擯。諸侯來朝，主國以交擯接之。卿大夫來聘，以旅擯接之。問曰：鄭氏謂交擯傳辭，旅擯不傳辭，故皇、邢二疏釋「揖所與立」，皆以爲擯來朝之諸侯，子獨以爲擯聘客何也？曰：聘禮畢，君命上擯送賓出，反告：「賓不顧矣。」

【集解】孔曰：「復命，白賓已去也。」

【集注】紓君敬也。此一節記孔子爲君擯相之容。

○入公門，鞠躬如也，如不容。

【考證】論語竢質：公門，庫門也。自外來入，必先庫門。

按：此以庫門爲公門。

羣經識小：天子五門：臯、庫、雉、應、路也。諸侯無臯、應二門，其庫門即郭門也，路門以内即路寢，雉門居其中，縣象魏於此，奇服怪民不得入。此云入公門，謂雉門也。

按：此以雉門爲公門。

論語後録：此言路寢朝，具古内朝之制。門，路寢門也，位路寢廷左右也。堂，路寢堂也。古者路寢與明堂同制，故寢亦有堂。鄭注月令云：「大寢東堂、南堂、西堂、北堂。」是階，堂階也。

按：此以路門爲公門。

戴震天子諸侯三朝三門考曰：天子有臯、應，無庫、雉。諸侯有庫、雉，無臯、應。陳奂詩疏：據鄭司農周禮閽人、朝士注：「王有五門：一曰臯門，二曰雉門，三曰庫門，四曰應門，五曰路門。路門一曰畢門。」廣援經傳以證天子之有庫、雉，而諸侯之有臯、應未及也。案聘禮云「賓皮弁聘至于朝」，朝在庫門外。又云「公皮弁迎賓于大門内，大夫納賓，賓入門左」，則賓由外朝至庫門内，復入雉門也。二者皆爲公門。公者，君也。曲禮「大夫士出入公門」，彼據己國，此稱所聘之國，辭亦同也。

按：此以庫門、雉門二者皆爲公門。

洪頤煊禮經宫室答問：問：近人又謂天子諸侯皆三門何也？曰：戴東原説天子諸侯皆三朝，則天子諸侯皆三門。天子之宫有臯門，有應門，有路門，不聞天子庫門、雉門也。諸侯之宫有庫門，有雉門，有路門，不聞諸侯臯門、應門也。臯門，天子之外門。庫門，諸侯之外門。應門，天子之中門。雉門，諸侯之中門。然證以經文，大雅：「迺立臯門，臯門有伉。迺立應門，應門將將。」太王，殷之諸侯，本有庫、雉、路三門。至是增立臯門、應門，後世遂定爲天子五門之制，非謂其正者臯門、應門也。明堂位：「庫門，天子臯門。雉門，天子應門。」言魯之庫門兼天子之臯門，魯之雉門兼天子之應門，其實天子五門，諸侯三門，庫、雉、路三門天子與諸侯同。

按：此以庫、雉、路三門皆爲公門。

盧文弨龍城札記：鞠躬，鄉黨篇凡三見，舊皆以曲斂其身解之。夫信爲曲身，何必言如？案廣雅：「匑匑，謹敬也。」曹憲匑音邱六反，匔音邱弓反。儀禮、禮記康成注引孔子之「執圭，鞠窮如也」。曹氏之音與鄭注合，是「鞠躬」當讀爲「鞠窮」，乃形容畏謹之狀，故可言如，不當因「躬」字而即訓爲身。今匑、匔二字廣雅皆譌寫，賴有曹氏音猶可考其本字。即儀禮注今亦多作「鞠躬」，亦賴有陸氏釋文、張淳辨誤尚皆作「鞠窮」。陸止載劉氏音弓，則非劉氏皆讀如字。張云：「爾雅：『鞠、究，窮也。』鞠窮蓋複語，非跼蹐之謂乎？」鞠窮、跼蹐皆雙聲，正相類。說文惟「匑」字訓曲脊，不云匑躬，亦不引論語。若「鞠」字實義，蹋鞠也，推窮也，養也，告也，盈也，並未有曲也一訓。至史記魯世家「匔匔如畏然」，徐廣音爲窮。窮字少異而義未嘗不近也。論語此三句下，一則曰「如不容」，一則曰「氣似不息」，一則曰「如不勝」，使上文是曲身，亦不用如此覆解。或云攝齊升堂，鞠躬豈非曲身乎？曰言攝齊則曲身自見，正不必復贅言曲身。且曲身乃實事，而云曲身如，更無此文法。羣經補義：檢朱子語類，因說周禮師氏：「居虎門，司王朝。」蔚問：「正義謂路寢庭朝，庫門外朝非常朝。此如何不是常朝？」朱子曰：「路寢庭在路門之內，議政事則在此朝。庫門外是國有大事詢及衆庶則在此朝，非每日常朝之所。若每日常朝，王但立於寢門外，與羣臣相揖而已。然王却先揖，揖羣臣就位，王便入。胡明仲嘗云：『近世朝禮每日拜跪，乃是秦法，周人之制不如此。』」案此條言朝制分明。路門內之朝君臣於此議政事，鄭注太僕「燕朝，王圖宗人嘉事」者，舉一隅耳，非謂唯宗人得入，異姓之臣不得入也。玉藻言「退適路寢聽政，使人視大夫」者，每日常朝既畢，君自治文書於路寢，臣自治文書於官府，無所議者也。若有所議，則入內朝。成六年，晉人謀去故絳。諸大夫皆曰：「必居郇瑕氏之地。」韓獻子將新中軍，公揖之入，獻子從公立於寢庭。問獻子曰：「何如？」對曰：「不可。不如新田。」此內朝議政事之一證。鄉黨記過位升堂，正是內朝議政事時。位者，君立寢門外揖羣臣之處也。既揖入寢門，則此位虛矣。過位時宜無言，而云「其言似不足者」，謂諸大夫同入，或與夫子言，夫子不得不應對也。路寢庭無事亦不升堂，或君有命，或臣有言，乃升堂，亦無拜跪之禮。其有時當拜堂下，君辭乃升成拜者，或拜受命，拜受命必有故而後拜也。下階復位，復其堂下之位。俟諸大夫皆退，然後退。若治朝之位，諸臣皆不在，無至治朝復位之理也。其言出降一等，退而下堂，即謂之出，非出門之出也。觀朱子言路門内議政事在此朝，則知同異姓之臣皆得入矣。庫門外非每日常朝之所，則知過位不在此，且外朝在庫門外，非雉門外也。每日常朝但立寢門外，與羣臣相揖，揖羣臣就位，王便入，可知過位是此虛位。又引胡明仲之言，可知後世拜跪之儀是沿秦制，不得以此説周制。今人不考古人宮室之制，又不善讀周禮太僕注，泥其言，一若路門是禁地，異姓之臣不得入，於是以過位爲外朝，以在庫門外者移之雉門外，以升堂爲在治朝，使路門外平地忽然而有堂有階。一知半解，貽誤後學。因補朱子此條，詳言以解惑。黄氏後案：以禮考之，臣入雉門行朝禮，上記君在正是入雉門之事，自過位升堂則入路門之事。此首記入公門指庫門而言，魯庫門依天子皋門而爲之者。皋之爲言高也。詩曰「皋門有伉」，高大可知。夫子敬之而如不容者，重公門也。庫門爲君涖外朝之處，重公門即重外朝也。經義述聞以入門爲廟門，云：公，衍字也。聘禮記：「執圭入門，鞠躬如也。」正與此同。

按：公門凡有五説。黄氏式三主庫門説，江氏慎修主路門説，未知孰是。王氏引之以「公」字爲衍文，劉氏寶楠駁之曰：「案聘記雖雜説孔子行事，其文不必與論語悉同。彼於『執圭』下言『入門』，自指廟門。論語『公門』，則以朝門賅廟門也。且以詩言『公庭萬舞』觀之，廟庭稱公，即此公門爲廟門，奚不可者？而王氏以『公』爲衍字，非也。」

【集解】孔曰：「斂身也。」

【唐以前古注】書鈔禮儀部七引鄭注：鞠躬，自歛斂之貌也。

【集注】鞠躬，曲身也。公門高大而若不容，敬之至也。

立不中門，行不履閾。

【考證】禮記曲禮：大夫士出入君門，由闑右，不踐閾。又玉藻「賓入不中門，不履閾」，注云：「此謂聘客也。」劉氏正義：立即位也，下文「復其位」承此言之。聘禮言：「賓及廟門，公揖入，立于中庭，賓立接西塾。」注云：「接，近也。」西塾在廟門之外，所謂「門側之堂謂之塾」也。賓與主人同至廟門，而君先入以省内事，故賓在門外闑西近西塾之地立少俟，此立不知何面。胡氏培翬正義引蔡説：『賓是東面。』案雜記：『弔者即位于門西，東面。其介在其東南西上，西於門。』注：『賓立門外不當門。』以此例之，知聘賓亦東面。曲禮云『爲人子者立不中門』，可知中門爲尊者之迹，人臣人子皆當辟之。」論語釋故：凡門兩邊立長木謂之棖，中央竪短木謂之闑。門以向堂爲中，東爲闑右，西爲闑左，東西各有中。出入之法，賓由闑右，主由闑左，臣統于君。故禮曰「大夫士出入君門由闑右」也。又曰「聘賓公事自闑西」，賓禮也。「私事自闑東」，自比於臣也。此中謂闑右之中，謂凡尊者出入皆中門，非尊者皆稍偏近闑，故玉藻「賓入不中門」，謂聘賓，注云：「辟尊者所從也。」疏云：「稍東近闑。」由此可見出入者並不得中門，則立可類推。曲禮「爲人子者立不中門」，疏云：「根闑之間尊者所行，故不得當之。」然則不中門者，辟尊者所行。

【集解】孔曰：「閾，門限。」

【唐以前古注】皇疏：履，踐也。閾，限也。若出入時則不得踐君之門限也。所以然者，其義有二：一則忽上升限似自高矜，二則人行跨限，己若履之則污限，污限則污跨者之衣也。

【集注】中門，中於門也，謂當根闑之間君出入處也。閾，門限也。禮，士大夫出入君門由闑右，不踐閾。謝氏曰：「立中門則當尊行，履閾則不恪。」

過位，色勃如也，足躩如也，其言似不足者。

【音讀】書齋夜話：此與楚狂接輿歌而過孔子，皆經過之過，當作平聲。

【考證】羣經補義：人君每日視朝，在治朝惟與羣臣揖見而已，議論政事皆在路寢之朝，故視朝退適路寢，則治朝之位虛。如君不視內朝，則羣臣各就官府治事，無過位之事。玉藻所謂「使人視大夫，大夫退然後適小寢釋服」者也。如有政事當議而視內朝，則羣臣皆入路門而朝於內朝，於是有過位升堂之事，玉藻所謂「君聽政於路寢，不視內朝」者也。鄉黨所記，先視治朝，後視內朝者也。視治朝何以不言其儀？上章「君在，踧踖如也」已言之，故不復言也。黄氏後案：此言治朝之位也。曰過者，其正朝之禮。上文所記「君在」，是朝畢而位虛也。五禮通考曰：「過位升堂，皆既朝以後事。入雉門遂行朝禮，君三揖禮畢，退適路寢聽政，諸大夫不得從入，有宰夫小臣掌諸臣復逆，諸大夫有所啓奏，乃得因之以入，於是有過位升堂也。」甬上萬氏曰：「禮器云『天子諸侯臺門』，足知君門崇廣，可即此朝見臣民。又玉藻云『闔門左扉立於其中』，益足證君門可以涖衆，不必更有朝堂。又曰『天子五門，諸侯三門』，門皆直入，無堂室相間，治朝外朝就門而立。左傳『郲子在門臺臨廷』，即視朝時也。」江慎修曰：「治朝無堂觀，司士路門左、路門右之位可見。聘禮使者夕幣於朝之時，管人布幕於寢門外，君朝服出門左，亦可見路門外是平庭無堂也。」戴東原曰：「朝有門而不屋，故雨霑衣失容則輟朝。」觀此諸説，知下文升堂爲路寢之堂，而此過位爲治朝可知矣。

【集解】包曰：「過君之空位。」

【唐以前古注】書鈔禮儀部七引鄭注：過位，謂入門右北面君揖之位。皇疏：位，君常所在外之位也，謂在宁屏之間揖賓之處也。即君雖不在此位，此位可尊，故臣行入，從位之邊過，而色勃然足躩爲敬也。

【集注】位，君之虚位，謂門屏之間，人君宁立之處，所謂宁也。君雖不在，過之必敬，不敢以虚位而慢之也。言似不足，不敢肆也。

【别解一】論語後録：凡朝者必於廷，位在廷左右。爾雅曰：「中廷之左右謂之位。」又曲禮「下卿位」注云云，君過且然，況臣自過之乎？金榜書古文論語後：曲禮曰「下卿位」，注云：

「卿位，卿之朝位也。君出過之而上車，入未至而下車。」正義曰：「卿位，路門之内門東北面位，故論語鄉黨云『入公門』，又云『過位』。注謂入門右北面君揖之位，故燕禮、大射『卿大夫門右北面，公降阼階南鄉爾卿』是也。」鄭氏釋鄉黨過位爲卿大夫朝位，在路寢庭，正與下經没階復位文義相屬。

按：此以過位爲卿大夫之位。考爾雅「門屏之間謂之宁，中庭之左右謂之位」，是君所立者名宁不名位。説文亦以中庭之左右爲位，其説不爲無據，且與下文復位文義相屬，可備一説。

【别解二】論語駢枝：過位者，過主君之位，廟門之内，中庭之位也。主君先入門右，即中庭之位俟賓，賓後入門左，及中庭，乃與主君並行，故以過位爲節，而色勃如，足躩如，事彌至，容彌蹙也。

王氏鄉黨正義（劉氏正義引）引胡縉曰：聘禮：「賓入門左，介皆入門左，北面西上，三揖，至於階。」注：「君與賓也，入門將曲揖，既曲，北面揖。」此即論語注所云「北面君揖之位」也。中庭，據鄭注昏禮及賈疏所釋，則中庭，南北之中也。三分庭，一在北，設碑，是聘禮所云「公揖入，立於中庭」者，其位在碑南，當庭之中。行聘之時，公入門而右，賓入門而左，則鄭注「過位」所云「入門右」者，據君言之。賓入門左，北面西上，既曲，則賓主俱北面揖，當碑又揖，揖時賓在左，君位在中庭之右。由是三讓升階，則過君所立之位，故云「入門右北面君揖之位」也。聘禮，君行一，臣行二。賓主三揖時，君位在右而居前，賓在左而稍退居後，故揖之後必過君揖之位也。

按：此説以過位爲在行聘之時。劉氏正義駁之曰：「胡説即本駢枝而義加詳，但引申鄭注則未然。蓋統鄭注全觀之，知以爲臣朝君也。其曰『入門右』者，謂入雉門之右，所謂『大夫士出入君門由闑右』者也。由是北面行至治朝之廷，君視朝，揖羣臣畢，退適路寢，臣適私朝治事。若有政事當議者，君命臣隨至路寢之庭，或升路寢之堂議之。其由治朝入路門，過君治朝揖羣臣之位，故曰君揖之位。此則鄭義在朝，非在廟；在己國朝君，非在他國行聘也。必知鄭說不然者，鄉黨言禮雖不盡爲周禮所有，然若此節及下『執圭』節皆見聘記，尚不足爲據耶？」

攝齊升堂，鞠躬如也，屏氣似不息者。

【考異】七經考文：古本「齊」作「齋」。唐貞觀孔子廟堂碑亦作「攝齋」。

【考證】論語補疏：「升堂」上加「攝齊」二字，所以別於執圭之升堂也。同一鞠躬如也，在執圭則手不能樞衣，故足縮縮如有循。玉藻云「執圭玉，舉前曳踵」，又云「圈豚行，不舉足，齊如流」是也。手不暇攝齊，齊曳於地，故如流矣。在本國升堂，手不執圭，則攝齊。齊既攝，則不曳於地，行不必如有循，但見屏氣似不息而已。攝齊與下鞠躬相貫，鞠躬雙聲字。孔曰：「斂身也。」斂身則身俯而前，齊必曳地也。說苑：「子路持劍。孔子問曰：『由，安用此乎？』子路曰：『善古者固以善之，不善古者固以自衛。』孔子曰：『君子以忠爲質，以仁爲衛，不出環堵之內，而聞千里之外。不善以忠化，寇暴以仁圍，何必持劍乎？』子路曰：『由也請攝齊以事先生矣。』」方其持劍，意氣自雄，身必仰，既聞言而起敬，則屈俯其身，前衣必委地，故攝齊，攝齊則棄劍不持可知。云攝齊以事先生，當時以屈身必攝齊，即以屈身爲攝齊，猶云屈身以事先生也。韓詩外傳

「孔子燕居，子貢攝齊而前」，謂屈身而前也。鹽鐵論刺議篇：「丞相史曰：『僕雖不敏，亦當傾耳下風，攝齊句指，受業經於君子之塗矣。』」漢書朱雲傳：「少府五鹿充宗與易家論，諸儒莫能與抗，皆稱疾不敢會。有薦雲者，召入，攝齊升堂，抗首而請，音動左右。」此特用攝齊二字寫其倜儻之狀，摳衣而登，不欲緩行，與屈身者意殊而攝則同也。素問五藏生成篇云：「足受血而能步，掌受血而能握，指受血而能攝。」攝屬於指，非提之而何？攝齊與攝衣同爲斂而各不同。管子弟子職：「少者之事，夜寐蚤作，既拚盥漱，執事有恪，攝衣共盥，先生乃作。」蚤起盥漱，衣未整齊，故整齊其衣而後共盥。史記酈生傳稱酈生入謁，沛公方倨床使兩女子洗足，既聞酈生語，於是輟洗起攝衣，延酈生上坐謝之。方倨床洗足，衣必不整齊，此時輟洗起敬，故整衣，與弟子職盥漱後攝衣同。孔子升堂時，非倨床洗足可比，豈前此不衣，至此始衣，故以攝衣證攝齊者非也。聘禮記「賓入門皇，升堂讓」，鄭氏引孔子升堂云云。鄭引此文，以明「發氣怡焉」與「逞顏色怡怡」同。論語於「升堂」之上加「攝齊」二字，兩手摳衣則不得更執圭，此節爲攝齊升堂，明下節爲執圭升堂。於升堂而增攝齊，於執圭而省升堂，此古人屬文之法。孔氏以摳衣解之，精不可言。若攝齊不是摳衣，但爲整齊其衣，如漢帝之攝衣，不知攝齊用手，攝衣亦必用手，攝齊不過手提之，整衣則用手益加勞矣，尤非執圭時情事。如不用手而空言，則「升堂」上著「攝齊」二字爲無謂矣。且新序言「昭奚恤攝衣而去」，恤是時居西面壇上，自壇而下故攝衣，此攝衣正是摳衣。揚雄逐貧賦云「攝齊而興，降階下堂」，則攝齊亦可云攝衣，攝衣而下，則攝衣而上可知矣；

攝齊而升，則攝齊而降可知矣。戰國策趙策：「魯仲連云：『天子巡狩，諸侯避舍，納筦鍵，攝衽抱几。』」此衽與几並舉，謂衽席之衽。衽爲卧所薦，几爲坐所憑，諸侯親提之親抱之，爲天子設也。既攝衽又抱几者，不必一時兼爲之，猶弟子攝衣在先，共盥在後，屬文者疊言之爾。凡持兵曰攝兵，提榼曰攝飲，未有不用手空言攝者。

【集解】孔曰：「皆重慎也。衣下曰齊。攝齊者，摳衣也。」

【唐以前古注】士相見禮疏引鄉黨云：孔子與君圖事於廷，圖事於堂。書鈔禮儀部七引鄭注：屏氣自静，以俟君言也。

按：論語古訓云：「疏引鄉黨云云，今經無此文，集解無此注，必是鄭義。古人引經與注，往往不爲區別。」劉氏正義云：「圖事於庭，庭即路寢之庭。疑鄭此文釋『其言似不足』之義。圖事於堂，則此升堂是也。俟君言，謂所圖事之言。此則鄭義以爲常朝也。陳氏壽祺左海經辨謂鄭云圖事即是謀聘，似是臆測。」

【集注】攝，摳也。齊，衣下縫也。禮，將升堂，兩手摳衣，使去地尺，恐躡之而傾跌失容也。屏，藏也。息，鼻息出入者也。近至尊，氣容肅也。

【別解】論語駢枝：攝，斂也，整也。舉足登階，齊易發揚，故以收斂整飭爲難。士冠禮「攝酒」，注云：「攝猶整也。」詩既醉「朋友攸攝」，正義云：「攝者，收斂之言。」史記酈生陸賈列傳「沛公輟洗起攝衣」，正義云：「斂著也。」其他傳記言攝衣攝衽者非一，未有解爲摳衣者。戰國策曰

「攝衽抱几」，既抱几，能復摳衣乎？弟子職曰「攝衣共盥」，既兩手奉盥器，不容又有兩手摳衣。管晏列傳「晏子懼然攝衣冠」，若攝爲摳者，何乃并及冠乎？略舉數事亦足以見之矣。又曰：曲禮「兩手摳衣去齊尺」，謂即席也。即席必摳衣，以將就坐。升堂則未有言摳衣者，拾級聚足，連步以上，自不至有傾跌失容之患，不必摳衣也。摳謂之攐，攐謂之揭，揭謂之撅。子事父母不涉不撅，侍坐於君子，暑無褰裳，避不敬也，獨奈何升堂見君而反以摳衣爲敬乎？此可知其不然也。

【餘論】四書或問：或疑升堂攝齊則手無所執歟？曰：古者君臣所執五玉、三帛、二生、一死，皆以爲贄而已。笏則搢之，用以記事而已，不執之以爲儀也。宇文周復古，乃不修贄而執笏，攝齊鞠躬之禮廢，升堂而蹴齊者多矣。潘氏集箋：息，說文云：「喘也。」喘，疾息也。」喘从口，當爲氣之从口出者。息从自，說文云：「自，鼻也。」當爲氣之从鼻出者。天香樓偶得：胡安定謂天之行一晝夜九十餘萬里。人一呼一吸爲一息，一息之間天行已八十餘里。人一晝一夜有萬三千六百餘息，故天行九十餘萬里。朱紫陽以其說本於丹書。

出，降一等，逞顏色，怡怡如也。没階，趨進，翼如也。復其位，踧踖如也。

【考異】釋文：「没階趨」，一本作「没階趨進」，誤也。聘禮記注引有「進」字。唐石經有「進」字。太平御覽居處、人事二部、張子正蒙引文皆有「進」字。朱子或問：問：何以知無進字？曰：降而進階，則爲趨而退矣，不得復有「進」字也。論語集說：「進」疑是

「退」字。翟氏考異：子華子孔子贈篇云：「以爵執圭，子華子没階而進，再拜而言。」似可證此「進」字之非衍誤。特其書爲後人擬托，恐即依倣論語言之。禮經釋例：聘禮記注引論語作「没階趨進」，則鄭氏所見本已有「進」字，陸説不可從。四書辨證：鄉射記「司射挾一个以進」，注云：「進，前也。」敖曰：「進退之文無常，大抵有事於彼爲進。」士相見禮疏曰：「論語『趨進，翼如也』，謂孔子與君圖事於堂訖，降堂經向時揖處，至君前横過向門，特加肅敬。」然則横過堂下向路門面前，正所謂有事於彼也，「進」字疑非誤。

按：臧氏琳經義雜記曰：「按史記孔子世家作『没階趨進』，儀禮聘禮注引論語同。曲禮『帷薄之外不趨』，正義引論語、儀禮士相見禮疏引論語並有『進』字，然則自兩漢以至唐初皆作『没階趨進』。趨進者，趨前之謂也。進字不作入字解，舊有此字，非誤矣。」

【考證】論語騈枝：聘享每訖，即出廟門以俟命。出字爲下文之目。等者，階之級也。曲禮「拾級」，注「級，等也」是也。士冠禮「降三等」，注云：「下至地。」疏引賈、馬説：「天子堂九尺，階九等。諸侯堂七尺，階七等。大夫堂五尺，階五等。士堂三尺，階三等。」胡培翬正義引程瑶田云：階三等者，連堂廉而言，若除堂廉言，則九尺之堂，其階止八等，七尺者六等，五尺者四等，三尺者二等也。所謂盡等不升堂者，當是盡其廉下之等，而不踐廉以升堂也。洪頤煊禮經宫室答問：鄉射禮：「賓降，立于西階西，當西序。」又云：「賓降，立于堦西當序。」西階在西序之東，東階當在東序之西。聘禮：「賓升西楹西，東面，公當楣再拜，賓三退，負序。」西楹西已當階，又三退，然後負序，則階必當楹序之中。階上北直房户，其兩階相去亦東西四筵之地。

經學卮言：此君視燕朝卿大夫所立之位，故稱其位。論語釋故：入必先居門右北面之位，故出必復門右北面之位，俟羣臣出，乃出，降由西階至中庭，乃東向復位。進者，進於位也。其時君在阼階上，東向則面君，故又曰進而不敢不趨也。黄氏後案：皇疏：「位，謂初入時所過君之空位也。今出至此位，而更踧踖爲敬也。」疏申孔注是也。後儒或以過位在外朝，即以復位爲外朝之位，固非。何義門以治朝堂下諸曹治事處爲此所復之位，則踧踖之義何解？且過位復位上下相應，何得别生異解乎？鄭君以上節過位謂入路門内門右北面君揖之位，見曲禮正義。説者據此，謂上言過、下言復，皆中庭左右臣立之位，此言其位，益見位爲孔子所立而見君之位也。又一義。論語補疏：包氏注過位爲君之空位，邢疏云：「謂門屏之間人君宁立之處，君雖不在此位，人臣過之宜敬。」此復其位，孔氏以爲即來時所過之位，邢疏云：「復至其來時所過之位。」則此所復之位仍即君之空位，乃曰其位則不可指君，曰復則不可指君所立之處，於復其中增入「至」字，非經文所有。爾雅釋宫：「中庭之左右謂之位，門屏之間謂之宁。」郭璞以位爲羣臣之列位，宁爲人君視朝所宁立處。説文亦以中庭左右爲位。位之名屬之臣，與宁有别。惟天官「宰夫掌治朝之法，以正王及三公六卿大夫羣吏之位」，此位通宁而言，似爲包氏所本。然此統言之，不必分云王之宁、公卿大夫羣吏之位。論語與門闑堂階並言，則指中庭左右之定名，非泛指矣。曲禮「下卿位」，鄭注云：「卿位，卿之朝位也。」正義引鄉黨「過位」，鄭氏注云：「過位，謂入門右北面君揖之位。」言入門右北面，正是卿大夫之位。過位之位，鄭氏指中庭左右之臣位。君方下車而過，孔子過之，色勃足躩，夫又何疑？鄭氏與孔同，與包異也。

四書改錯：舊注以此位爲即「過位」之位，此本孔安國注，原可信者，不知何據又改作己之朝位。夫朝位有三：一在門屏之外，公門之內，則外朝位也。一在門屏之內，堂階之下，則內朝位也。一在堂階之上，寢庭之下，則朝端位也。此與三位俱不合。且下階已怡怡，焉得復位反踧踖？

【集解】孔曰：「先屏氣下階舒氣，故怡怡如也。沒，盡也，下盡階也。來時所過位也。」

【唐以前古注】皇疏：降，下也。逞，申也。出降一等，謂見君已竟，而下堂至階第一級時也。初對君時既屏氣，故出降一等而申氣，氣申則顏色亦申，故顏容怡怡也。沒，猶盡也。盡階，謂下諸級盡至平地時也。既去君遠，故又徐趨而翼如也。位，謂初入時所過君之空位也。今出至此位而更踧踖爲敬也。

【集注】等，階之級也。逞，放也。漸遠所尊，舒氣解顏，怡怡和悦也。沒階，下盡階也。趨，走就位也。復位踧踖，敬之餘也。此一節記孔子在朝之容。

按：此節朱子以爲記孔子在朝之容，由外朝而治朝而燕朝，通記之也。外朝在庫門內，由是入雉門而治朝，入路門而燕朝。故先記入公門之容，入治朝則雉門外有君位，入燕朝則路門外有君位，故次記過位之容。外朝以詢萬民，惟治朝、燕朝君與大夫發令謀政，故次記言容。

燕朝在路寢，有階有堂，玉藻君聽政於此，則臣有告君之政可知，故次記升堂之容。告畢還位治事，故次記復位之容。惟清代學者對此頗多異説，有以爲記擯禮者，宋氏翔鳳論語發微是也。有以爲指聘禮者，劉氏台拱論語騈枝是也。有以爲謀聘之禮者，陳氏壽祺左海經辨是也。其原因皆以上節已説趨朝之事，不應中隔以爲擯而復言趨朝也。聘禮説最爲有力，淩氏廷堪禮經釋例、王氏引之經義述聞、劉氏寶楠論語正義均主之，惜於公門字説不過去，蓋聘於鄰國，不得云公門也。兹備載餘論中以資參考。

【餘論】論語發微：鄭康成注：「過位，謂入門右北面君揖之位。」本此法意推之，知「入公門」以下並承「君召使擯」來。禮：「公皮弁迎賓于大門内，大夫納賓，賓入門左。」鄭注云：「内賓位也。衆介隨入，北面西上，少退。擯者亦入門而右，北面東上。上擯進相君。」按此知「入門右」正指擯者，論語「入公門」即禮「大門」也。聘禮又云：「公再拜，賓辟不答拜。公揖，入每門，每曲揖。」鄭注云：「凡君與賓入門，賓必後君，介及擯者隨之並而雁行。既入，則或左或右，相去如初。」玉藻曰：「君入門，介拂闑，大夫中棖與闑之間，士介拂棖。賓入不中門，不履閾。」門中，門之正也。不敢與君並由之，敬也。介與擯者雁行，卑不踰尊者之迹，亦敬也。按論語「立不中門」指此。公迎賓不出大門，則入公門時無尊者之迹，無庸立不中門也，知此門在大門以内。聘禮又云：「及廟門，公揖入，立于中庭。賓接立西塾。几筵既設，擯者出請命，賓襲執圭，擯者入告，出辭玉，納賓，賓入門左，介皆入門左，北面西上三揖。」鄭注云：「入門將曲揖，既曲，北面又揖，當碑揖。」按此皆君揖之位也。當公入立中庭，賓立西塾，君揖尚虛而擯者出入其間，即論語過位之時。又有請命辭玉之事，擯者乃有言，故論語於此云：「其言似不足者。」聘禮又云：「至于階，三讓，公升二等，賓升西楹西東面，擯者退中庭。」鄭注云：「向公所立處。」退者，以公宜親受賓命，不用擯相也。」按此知聘禮擯者不升至堂上，論語攝齊升堂謂堂階。春秋時列國多事，朝聘會盟不無意外之虞。孔子世家夾谷之會，孔子趨而進，歷階而登，不盡一等，則聘禮亦容或有此，故記此一節文。言攝齊，正言堂階之等而不更言堂上之容，知擯未升堂也。下云：「出，降一等，逞顔色，怡怡如也，没階。」當讀「没階」絶句。蓋擯者升堂則不盡一等，兹則又降一等，由是而降至階下也。聘禮又云：「賓致命，公左還北鄉，擯者進。」鄭注云：「進阼階西，釋辭於賓，相公拜也。」按此即論語趨進一事。以上皆相公，隨公而入，至此擯者單進，故有趨，與論語上文記「趨進，翼如也」同事，惟擯者有此一節也。聘禮又云：「公當楣再拜，賓三退負序，公側襲受玉于中堂與東楹之間，擯者退負東塾而立。」鄭注云：「反其等位無事。」按此即論語「復其位」一節也，則「入公門」以下至此並記擯者之事。上文既述「君召使擯」一段，此又述者，弟子各述所聞，遂類聚之以廣異説也。惟聘禮於擯者不記升堂一事，蓋儀禮言禮之常，論語參言其變也。後之説論語者，謂記孔子常朝之事，或又據聘禮記云：「賓入門皇，升堂讓，將授志趨。授如爭承，下如送。君還而後退。下階，發氣怡焉。再三舉足，又趨，及門正焉。」以論語「入公門」之文亦是爲賓出聘事。按賓升堂時方執玉，手不能下摳衣，知攝齊升堂正是擯者。又趨進一事，亦賓所無，以爲記聘亦不得實。鄭注聘禮記有「孔子之升堂」云云，亦引爲旁證，非竟以論語爲孔子爲賓之事。劉氏正義：此節自入公門至私覿，皆説聘問之事。而分言者，一記所歷門位堂階之容，一記執圭之容也。聘禮記：「賓入門皇，升堂讓，將授志趨。下階，發氣怡焉。再三舉足，又趨，及門正焉。」注云：「皇，自莊盛也。讓，謂舉手平衡也。志，猶念也，念趨，謂審行步也。孔子之執圭，鞠躬如也云云。再三舉足，自安定乃復趨也。孔子之升堂，鞠躬如也云云。」又注「及門正焉」句云：「容色復故，此皆心變見於威儀。」是此節爲聘禮明明載之記中，而鄭君即以論語文釋之，惜其先注論語時未能據之也。古義湮晦，至駢枝而始明，此可無疑者矣。鄭君及包、孔注皆以此節爲趨朝，然上節言朝及君在，已説趨朝之事，不應中隔以以爲擯而復言趨朝也。陳氏壽祺左海經辨據鄭注圖事於庭於堂之言，謂是孔子於己國與君謀聘，則與平時議政事何異？且孔子在本國圖事，與聘記言賓入門升堂亦不合，則知陳説非也。宋氏翔鳳發微以爲擯禮，不知擯者本不升堂，且上節已言趨進，此不必復記矣。左海經辨：鄉黨記「入公門」訖「復其位，踧踖如也」，文次君召使擯章之後，執圭章之前，此謂將聘圖事之禮也。公門據己國。過位，謂路門内臣之朝位。升堂，謂與君圖事於堂也。何以明之？曲禮曰「下卿位」，鄭注：「卿位，卿之朝位也。君出過之而上車，入未至而下車。」正義曰：「卿位，路門之内門東北面位。故論語鄉黨云『入公門』，又云『過位，色勃如也』，注：『過位，謂入門右北面君揖之位。』」案正義引注者，鄭氏論語注文。爾雅釋宫曰：「門屏之間謂之宁，中庭之左右謂之位。」説文第八人部「位」解曰：「列中庭之左右謂之位。从人立。」鄭據古訓，釋過位之位爲入門右北面君揖之位，至精不可易也。所以知在路門内者，燕禮、大射儀：「卿大夫皆入門右北面東上，公降立阼階東面，南鄉揖卿大夫。卿西面北上，大夫皆少進。」賈氏燕禮疏曰：「卿大夫入門右北面東上。此是擬君揖位，君邇之，始就庭位。」是路門内有此面位也。觀曲禮「下卿位」，知君出入過之猶敬，而況臣乎？所以知此經過位升堂爲圖事時者，聘禮「君與卿圖事」，鄭注：「謀事者必因朝，其位君南面，卿西面，大夫北面，士東面。」疏以爲在路門外正朝。江永鄉黨圖考以爲下經既受行出，遂見宰問幾月之資，注云：「古者君臣謀密草剏，未知所之遠近。」則圖事命使當在路寢之朝，後夕幣乃在路門外正朝。士相見禮：「凡燕見于君，必辯君之南面，若不得，則正方不疑君。」鄭注：「君南面，則臣見正北面。君或時不然，當正東面，若正西面，不得疑君所處邪嚮之。此謂特見圖事，非立賓主之燕也。」士相見禮又曰：「君在堂，升見無方階，辯君所在。」鄭注：「升見，升堂見于君也。君近東則升東階，君近西則升西階。」賈疏曰：「亦謂及燕及圖事之法。」疏又曰：「知有圖事者，論語鄉黨云：『孔子與君圖事於庭，圖事於堂。』聘禮亦云：『君與卿圖事之時，有此面位，無常法也。』」案疏稱聘禮云者，約鄭聘禮注文。稱鄉黨者，約鄭論語鄉黨注文。是鄭以圖事解鄉黨，與聘禮合也。圖事之法，面位無常，故有過位之事。過位則圖事於庭也，升堂則圖事於堂也。聘禮又曰：「遂命使者，使者再拜稽首辭，君不許，乃退。」鄭注：「反位也。」此論語「復其位」之事。士相見禮疏曰：「此庶人見君不趨翔。論語是孔子行事，而云『趨進，翼如也』。彼謂孔子與君圖事於堂，圖事訖，降堂向時揖處，至君前横過，向門，特加肅敬。」此賈氏本鄭義説論語出降階趨進之事也。然則過位升堂審爲將聘圖事，故下章承之，遂言行聘執圭之儀。服虔左氏傳解誼所謂「孔氏聘禮」即此類矣。或見聘禮記注引孔子之升堂，至没階，趨進，翼如也。上下又引孔子之於執圭，孔子於享禮爲證。玉藻「賓入，不中門，不履閾」，其文亦與鄉黨合。因以論語「入公門」訖「復其位」爲即行聘時事。然公門之名非所施於他國，聘禮賓入自大門，而廟門非路門。且入門左，非門右。公揖，入每門，每曲揖，則無專位。惟私覿入門右，於此豫見則乖其事。次執圭升西楹西，則未暇攝齊。義皆不與鄉黨相應。聘禮注錯引此經，乃舉事以見例，不得溷而一之。學者守鄭論語本注爲宗可也。

○執圭，鞠躬如也，如不勝。上如揖，下如授。勃如戰色，足縮縮如有循。

【考異】釋文：魯論「下」爲「趨」，今從古。

【考證】羣經補義：人臣所執之圭謂之瑑圭，其度用偶數，大國之臣八寸，次國六寸。若桓圭九寸，信圭、躬圭七寸，謂之命圭，臣不得而執也。論語後録：大夫聘執瑑圭。考工記玉人：「瑑圭璋八寸，璧琮八寸，以頫聘。」聘禮記曰：「凡四器者，惟其所寶，以聘可也。」是瑑圭減命圭一寸（命圭九寸），命圭繅三采三就，瑑圭二采一就，命圭以朝，瑑圭以聘，二者皆君之圭也，故包以爲執持君之圭。惠士奇禮説：瑑者，頫問之圭璧。六瑞則不瑑也，故曰大圭不瑑，美其質也。康成依漢禮而言，遂謂六瑞皆瑑。如其説，則與頫聘之圭何以異乎？説者又謂頫聘之圭璧有圻鄂瑑起，無桓信躬穀蒲之文也。不知桓信躬穀蒲乃玉之形體與其彩，非瑑飾之文，故曰：「和氏之璧，不飾以五彩。隨侯之珠，不飾以銀黄。其質至美，物不足以飾之。」六瑞無瑑飾者以此。山海經：「圭璧十五，五彩惠之。」惠猶飾也。祀山川，造賓客，皆曰素功。素功者，設色之工畫績之事，是爲瑑。書之八體，大篆小篆亦以此取名焉。說者謂素功無飾，其不然乎？

鄉黨圖考：孔子執圭，上如揖，與天揖推手小舉者相似，此仍不過平衡也。如授者，說文云：「授，與也。」凡獻物於人，有不敢受者，奠之於地，臣奠圭、壻奠雁是也。其有當授受者，如几杖弓劍禽鳥之類，體敵者同面並受，不敵者對面訝受，其時身稍俯而手微下。曲禮記授弓之儀云「尊卑垂帨」，注：「帨，佩巾也。磬折則佩垂。授受之儀尊卑一。」孔子執圭，手有稍下時如之，即行聘時，上介執圭，如重，授賓，升堂授玉於中堂與東楹之間，皆有授時，執圭亦如之耳。

【集解】包曰：「爲君使聘問鄰國，執持君之圭。鞠躬者，敬慎之至。」鄭曰：「上如揖，授玉宜敬也。下如授，不敢忘禮也。戰色，敬也。足縮縮如有循，舉前曳踵行也。」

【唐以前古注】書鈔禮儀部七引鄭注：執圭，謂以君命聘於鄰國。如不勝者，敬之至也。上如揖，授玉宜敬也。下如授，不敢忘禮也。勃如戰色，恐辱君命也。如有循，舉前曳踵，行之慎也。

皇疏：周禮，五等諸侯各受王者之玉以爲瑞信。公桓圭九寸，侯信圭七寸，伯弓圭七寸，子穀璧五寸，男蒲璧五寸。五等，若自執朝王，則各如其寸數；若使其臣出聘鄰國，乃各執其君之玉而減其君一寸也。今云執圭，魯是侯，侯執信圭，則孔子所執，執君之信圭也。初在國及至他國，執圭皆爲敬慎。圭雖輕而己執之恒如圭重，似己不能勝，故曲身如不勝也。

【集注】圭，諸侯命圭。聘問鄰國，則使大夫執以通信。如不勝，執主器執輕如不克，敬謹之至也。上如揖下如授，謂執圭平衡，手與心齊，高不過揖，卑不過授也。戰色，戰而色懼也。縮縮，舉足促狹也。如有循，記所謂「舉前曳踵」，言行不離地，如緣物也。

【別解】論語後録：此言執圭上而揖、趨而授也。魯讀「下」爲「趨」，古而、如通。「賈人啓櫝，取圭授介。介授賓，執圭入門左，三揖，至于階。三讓，升西楹東面。」注：「三揖，入門將曲揖。既曲，北面又揖，當碑揖也。」記：「上介執圭，如重，授賓。賓入門皇，升堂讓，將授志趨。」注：「志，猶念也。念趨，謂審行步。」賓自入門至于階，所謂上有三揖，既升堂，將授志趨，即趨而授歟？此解魯論爲長。鄭君用古文而不從魯論，恐未是。坫又案賓自執圭將事，由闑西入門至致命，止三揖三讓。禮無煩重。古禮損可兼讓，論語不言及讓是已。又曲禮「執天子之器則上衡，國君則平衡。」衡者，衡於心也。天子高於心，君則與心齊。不言有二度以上下爲執玉高卑，殆未讀聘禮及記歟？

按：此説與下兩「如」字別自爲義，殆不可從。

享禮，有容色。

【考證】黄氏後案：近儒以禮爲醴賓者，聘禮小聘曰問，不享，主人不筵几，不禮。記又云：「若君不見使大夫受不禮。」是其所據也。然記云：「執圭鞠躬焉，如恐失之。及享，發氣焉盈容。

私覿，愉愉焉。」記分執圭、享、覿三節，見禮之大在此三者，與此經正符。以三者言之，則執圭正聘與享爲尤重。儀禮言使者之始受命也，「賈人西面坐，啓櫝，取圭垂繅而授宰，宰執圭屈繅授使者。使者受圭，垂繅以受命。既述命，授上介。上介受圭屈繅，出授賈人。受享束帛加璧。受夫人之聘璋，享玄纁，束帛加琮，如初」，是聘享之初受如此其重矣。禮言未入竟之習儀也，「壹肄，爲壝，不執圭。習享，士執庭實。習夫人之聘享亦如之。習公事，不習私事」，此聘享之肄習甚重，而私覿則不習矣。禮言入竟之展幣也，「布幕，賈人拭圭，遂執展之，上介視之。退圭，又拭璧，展之，會諸其幣。展夫人之聘享亦如之。及郊，又展如初。及館，展幣于賈人之館亦如之」，此入竟三展幣之甚重矣。凡此皆未行聘享之前，而見聘享之重如此。其後有還玉之禮焉，「君使卿皮弁還玉于館，賓皮弁襲，迎于外門外，升自西階，南面受圭，還璋如初」。有報享之禮焉，「賓裼，迎大夫賄，用束紡。禮，玉束帛乘皮，皆如還玉禮」。二禮或言報，或言還，還則不受重禮而以來物還之。聘義云：「以圭璋聘，重禮也。已聘還圭璋，此輕財而重禮之義。」享則各隨其土宜之所有，此所謂「不以貨傷德，不以幣没禮」者，受而報之可也。此聘享之終也。

鄉黨圖考：聘執圭，享執璧，嚴與和微異。享禮有容色，正對勃如戰色，謂身容、手容、足容如初，惟發氣盈容，不若初之變色耳。

【集解】鄭曰：「享，獻也。聘禮：既聘而享，享用圭璧，有庭實也。」

【唐以前古注】書鈔禮儀部七引鄭注：享，獻也。既聘而享，用圭璧，有庭實，皮馬相間也。

皇疏：享者，聘後之禮也。夫諸侯朝天子，及五等更相朝聘禮，初至皆先單執玉行禮，禮王，謂之爲朝。使臣禮主國之君，謂之爲聘。聘，問也，政言久不相見，使臣來問於安否也。既是初至，其禮質敬，故無他物，唯有瑞玉，表至誠而已。行朝聘既竟，次行享禮。享者，獻物也。亦各有玉，玉不與聘玉同也。又皆有物將之，或用皮馬，或用錦繡，又獻土地所生，羅列滿庭，謂之庭實，其中差異，不復曲論。但既是次後行禮，以多爲貴，則質敬之事猶稍輕，故有容貌采章及裼以行事，故云「有容色」也。

【集注】享，獻也。既聘而享，用圭璧，有庭實。有容色，和也。儀禮曰：「發氣滿容。」

【別解】經學卮言：禮與享爲二事。禮者，謂主人以醴禮賓也。聘儀，既聘乃享，既享乃禮，既禮乃私覿。

私覿，愉愉如也。

【考異】通雅：説文：「愉，薄也。」引論語「私覿，愉愉如也」，則誤以媮薄之「媮」作「愉」矣。翟氏考異：舊注引儀禮「發氣滿容」，乃漢人避惠帝諱，變「盈」爲「滿」也。今注襲其文，非所謂「無喪而右袒」者乎？小雅「視民不恌」，毛傳云：「恌，愉也。」古字「愉」與「媮」通，故説文解之曰薄。續引論語，則更廣明他義，非相承也。説文無「覿」字。論語後録：覿字从賣，賣字从𡈼，「𡈼」即「睦」之古文，或「覿」即「𡈼」字歟？但無可據證耳。論語竢質作「儥」，曰：説文解字云：「儥，見也。从人，賣聲。」

按：説文雖無「覿」字，然「愉」字下引論語曰：「私覿，愉愉如也。」可爲説文有「覿」字之證。且「覿」見爾雅釋詁，左傳亦有「宗婦覿」之文，經典中用此字多矣。今因説文偶爾闕佚之故，乃多方遷就，改經以從説文，此漢學家之蔽也。

【考證】郊特牲：朝覲大夫之私覿，非禮也。大夫執圭而使，所以申信也。不敢私覿，所以致敬也。而庭實私覿，何爲乎諸侯之庭？爲人臣者無外交，不敢貳君也。

按：此周時儒者議禮之言。鄭注云：「其君親來，其臣不敢私見於主國君也。以君命聘，則有私見。」是鄭據周禮，以臣聘得行私覿，未爲失禮也。儀禮所謂「奉束錦乘馬」，左傳所記「楚公子棄疾以錦八束、馬四匹私覿於鄭伯」是也。又云「以錦四束、馬二匹見子産」，則卿大夫亦有私覿。故朱子語録云：「聘使亦有私禮物與所聘之國君及其大臣也。」

【集解】鄭曰：「覿，見也。既享，乃以私禮見。愉愉，顔色和也。」

【唐以前古注】書鈔禮儀部七引鄭注：覿，見也。既享，乃以私禮見，用束帛乘馬者也。皇疏：謂行聘享公禮已竟，别日使臣私齎己物以見於主君，故謂爲私覿也。既私見非公，故容儀轉以自若，故顔色容貌有和悦之色，無復勃戰之容者也。

【集注】私覿，以私禮見也。愉愉則又和矣。此一節記孔子爲君聘於鄰國之禮也。晁氏曰：「孔子定公九年仕魯，至十三年適齊，其間絶無朝聘往來之事。疑使擯執圭兩條，但孔子嘗言其禮當如此耳。」

論語集釋卷二十

鄉黨中

○君子不以紺緅飾。

【考證】困學紀聞：孔氏注：「一入曰緅。」石林云：「考工記『三入爲纁，五入爲緅，七入爲緇』，緅在纁緇之間。」爾雅「一入爲縓」，禮「練衣黄裏縓緣，練冠麻衣縓緣」，蓋孔氏誤以緅爲縓，則緅不可爲近喪服。集注謂：「緅，絳色，以飾練服。」亦用孔注。四書典故辨正：爾雅「一染爲縓，再染爲赬，三染爲纁」，以纁入黑則爲紺，是紺爲四入之色，説文所謂「深青揚赤」者也。紺又入黑則爲緅，是緅爲五入之色，又黑於紺也。緅又入黑爲玄，玄又入黑爲緇，則純乎黑矣。齊服玄冠玄端，不用紺，練服縓緣不用緅，集注皆因孔注而誤。又曰：深衣篇云：「具父母大父母衣純以繢，具父母衣純以青，如孤子衣純以素。」純即緣也。紺緅非繢，又非青素，於盡飾無飾之義，兩無所取，故不用。趙佑温故録：孔注：「飾，領袖緣也。」以禮記「父母存，冠衣不純素」，詩「羔裘豹飾」二疏合參之，則古以領緣謂之純，讀若準，而飾自謂袖緣也。

【集解】孔曰：「一入曰緅。不飾者，不以爲領袖緣也。紺者，齋服盛色，以爲飾，似衣齋服也。

緅者，三年練以緅飾衣，爲其似衣喪服，故皆不以飾衣也。」

【唐以前古注】皇疏引鄭注：紺緅紫，玄之類也。紅，纁之類也。玄纁所以爲祭服，等其類也。紺緅木染，不可以爲衣飾。紅紫草染，不可爲褻服而已。飾謂純緣也。皇疏：案孔以紺爲齋服盛色，或可言紺深於玄，爲似齋服，故不用也。而禮家三年練，以縓爲深衣領緣，不云用緅。且檢考工記：「三入爲纁，五入爲緅，七入爲緇。」則緅非復淺絳明矣。故解者相承，皆云孔此注誤也。

【集注】君子，謂孔子。紺，深青揚赤色。齋服也。緅，絳色。三年之喪，以飾練服也。飾，領緣也。

【別解】潛研堂答問：孔注「一入曰緅，三年練以緅飾衣」，爲其似衣喪服，故不以爲飾衣。邢疏以緅爲淺絳色，據周禮，五入爲緅，則緅非淺絳，且練衣不以緅飾緣。按孔氏經文當是「縓」字。爾雅云「一染謂之縓」，即孔所云「一入」。檀弓云「練衣黄裏縓緣」，注云：「小祥練冠，練中衣，以黄爲内，縓爲飾。」即孔所云「三年練以飾衣」者也。然則孔本經注皆當作「縓」，不作「緅」矣。考工記鍾氏「三入爲纁，五入爲緅」，注：「緅，謂染纁者三入而成，又再染以黑，則爲緅。『緅』，今禮俗文作『爵』，言如爵頭色也。」先鄭司農以論語「君子不以紺緅飾」證「五入爲緅」之文，則先鄭所受論語本作「緅」，與孔本異也。士冠禮「爵弁服」，注：「爵弁色赤而微黑，如爵頭然，或謂之緅。」許氏説文無「緅」字，而有「纔」字，云：「帛雀頭色。」又云：「微黑色如紺纔淺也。」古人

「纔」與「才」通，亦讀爲哉，與「爵」聲近，則緅、纔、爵三者同物。賈公彦云：「三入之纁，入赤汁則爲朱，若不入赤而入黑汁則爲紺。」更以此紺入黑則爲緅。紺緅相類之物，故連文云『君子不以紺緅飾』也。」今文論語作「緅」，古文作「緅」。微黑爲緅，淺絳爲緅，不能混而一之明矣。自何平叔集解注采孔氏説，而經文仍從「緅」字，又改注文之「緅」亦爲「緅」，而二文相亂。邢疏知讀「緅」爲「緅」，又云：「一入曰緅，未知出何書。」是知二五而不知十也。論語後録：論語此有兩本。古文作「紺緅」，今文作「紺緅」。孔本古文，鄭本今文也。今集解乃後人妄改。

按：劉寶楠云：「孔本非真古文，此説稍誤。」潘維城亦曰：「案孔本果作『緅』，則説文『緅』字注何以但云『帛赤黄色』。一染謂之緅，再染謂之赬，三染謂之纁』，不引論語此文邪？雖説文無『緅』字，似屬可疑，然攷工記鍾氏『五入爲緅』，注鄭司農明引論語此文作『緅』。鄭司農即鄭衆，傳費氏易、毛詩、周禮、左氏春秋者，其所傳皆古文，則所引論語亦必古文。諸家皆惑於僞孔，而以作『緅』者爲今文，非也。」

【餘論】論語稽：君子以孔子言之。曰君子者，見非孔子私意爲之，而君子之事也。孟子曰：「君子之厄於陳、蔡之間，無上下之交也。」此不曰孔子而曰君子，亦是類也。蘇氏以爲雜記曲禮，非特孔子事。陳新安曰：「吉月之朝，豈亦雜記曲禮耶？」按此君子自以指孔子爲是，然變例言君子者，其意蓋謂上容貌乃子一人之事，冠服則君子禮制之當然，非孔子一人之私也。飾，領袖緣也。紺，以纁入黑也。緅，色五入，以紺入黑也。紺非玄，即非齊服。緅非一入之緅，即非練飾。緅色亦非絳。古者尚玄，紺緅皆足奪玄，故不以飾。且飾或繢或采或青或素，不用紺緅。

紅紫不以爲褻服。

【考證】鄉黨圖考：孔子言惡紫之奪朱，當時尚紫亦有漸。玄冠紫緌自魯桓公始，戰國策曰：「齊紫，敗素也，而賈十倍。」蓋齊桓公有敗素，染以爲紫，下令貴紫，人争買之，賈十倍。其貴紫有由來矣。哀十七年，衛渾良夫紫衣狐裘，太子數其三罪殺之，紫衣居一。杜注：「紫衣，僭君服。」可見當時君服紫。

【集解】王曰：「褻服，私居服，非公會之服。紅紫皆不正，褻尚不衣，正服無所施。」

【唐以前古注】詩無衣正義引鄭注：褻衣，袍襗也。皇疏：紅紫非正色也。褻服，私褻之服，非正衣也。褻尚不衣，則正服故宜不用也。所以言此者，爲時多重紅紫，棄正色，故孔子不衣之也。故後卷云「惡紫之奪朱也」，鄭玄注云：「紺緅紫，玄之類也。紅，纁之類也。玄纁所以爲祭服，等其類也。紺緅木染，不可爲衣飾。紅紫草染，不可爲褻服而已。飾，謂純緣也。」侃案五方正色，青赤白黑黄。五方間色，緑爲青之間，紅爲赤之間，碧爲白之間，紫爲黑之間，緇爲黄之間也。故不用紅紫，言是間色也。又引穎子嚴云：東方木，木色青，木剋於土，土色黄，以青加黄，故爲緑，緑爲東方之間也。又南方火，火色赤，火剋金，金色白，以赤加白，故爲紅，紅爲南方間也。又西方金，金色白，金剋木，木色青，以白加青，故爲碧，碧爲西方間也。又北方水，水色黑，水剋火，火色赤，以黑加赤，故爲紫，紫爲北方間也。又中央土，土色黄，土剋水，水色黑，以黄加黑，故爲緇黄，緇黄爲中央間也。緇黄，黄黑之色也。又一注云：東甲乙木，南丙丁火，中央戊己土，西庚辛金，北壬癸水。以木剋土，戊以妹己嫁於木甲，是黄入於青，故爲緑也。又火剋金，庚以妹辛嫁於丙，是白入於赤，故爲紅也。又金剋木，甲以妹乙嫁於庚，是青入於白，故爲碧也。又水剋火，丙以妹丁嫁於壬，是赤入於黑，故爲紫也。又土剋水，壬以妹癸嫁於戊，是黑入黄，故爲緇黄者也。

按：穎子嚴不知何許人，其注論語，隋、唐志均未著録，玉函山房輯本亦無之。

【集注】紅紫，間色不正，且近於婦人女子之服也。褻服，私居服也。言此則不以爲朝祭之服可知。

當暑，袗絺綌，必表而出之。

【考異】五經文字：袗，之忍切。論語作「紾」。釋文：「紾」，本又作「袗」。唐石經：紾絺綌。文選聖主得賢臣頌注引論語「紾絺綌」。曲禮：「紾絺綌不入公門。」鄭注引文「當暑」上題「孔子曰」三字。玉藻「振絺綌不入公門」，鄭注曰：「振讀爲袗。」皇本「袗」作「縝」。七經考文：足利本同，古本作「縝」。按字書惟音同耳，未聞其通。釋常談引論語曰：「當暑縝絺綌。」翟氏考異：廣韻云：「袗，單衣。或作縝，同。」又云：「縝，單也。」是「袗」與「縝」不僅音同，古實通用。若今本「袗」字說解爲玄服，玉篇訓「緣也」。儀禮「兄弟畢袗玄」，鄭注云：「同也。」孟子「被袗衣」，趙注云：「畫衣也。」古並未有訓爲單者。雖有唐以來傳文已然，反不若作「縝」較得。又曰：依皇氏説，句末應無「之」字。且如是説之，則袗亦褻服，而所表猶裼衣，與上下所記尤成類。黄氏後案：皇本無「之」字。依禮注校，「之」字當在「而」字上。天文本論語校勘記：古本、足利本、唐本、津藩本、正平本「必表而出之」，「出」下無「之」字。

【考證】劉履恂秋槎雜記：士冠禮「兄弟畢袗玄」，注：「袗，同也。玄者，玄衣玄裳也。古文『袗』爲『均』。」士昏禮「女從者畢袗玄」，注：「袗，同也。上下皆玄也。」據此，則袗絺綌亦謂衣裳同絺綌也。絺綌無有不禪者，不必以袗爲禪也。菣厓考古録：袗有數義。説文：「玄服也。」孟子「被袗衣」，注：「畫衣也。」儀禮士冠禮「兄弟畢袗玄」，注：「古文『袗』爲『均』。」此當兼均義，疏所謂「暑同單服」是也。劉氏正義：釋名釋天：「暑，煮也，熟如煮物也。」「袗」，釋文及唐石經、五經文字皆作「紾」，皇本作「縝」，邢本作「袗」。段氏玉裁説文注以「袗」爲正，「紾」爲叚借，「縝」爲俗。玉藻「振絺綌不入公門」，注云：「振讀爲袗。袗，單也。」單謂衣無裏，對袷褶之有裏者言之也。」單衣即裼衣，裼衣在絺綌外，故稱表。其衣亦是單衣無裏，鄭據目見，故以今明之。喪大記「袍必有表，不禪」，注云：「袍，褻衣。必有以表之，乃成稱也。」「禪」與「單」同。古人之服，先著親身之衣，次則春秋加袷褶，夏加絺綌，冬加裘，又次各加裼衣，又次上加禮服。此文「必表而出」與下文緇衣、素衣、黄衣皆論裼衣。裼者所以充美。燕居不裼，故可單衣葛也。

玉藻「振絺綌」與「表裘」連文，注云：「二者形且褻，皆當表之乃出。」是鄭以出爲出門。皇疏云：「在家無別加衣，若出行接賓，皆加上衣。當暑絺綌可單，出則不可單，必加上衣。故云『必表而出』也。」即鄭義也。羣經平議：加上表衣，然後出之，則非如近解所謂表絺綌而出之於外也。「出之」二字連文。之，往也。出之者，出往他所也。居家可單衣絺綌，若其出而他往，必加表衣，故曰「必表而出之」。

按：俞氏之説是也。古人裘葛之上，若在家無別加衣，若出行接賓客，皆加上衣。當暑袗絺綌可單，出則不可單，必加上衣，故云「必表而出」也。記所謂「不入公門」者，亦不可出往人家，嫌似褻衰也。出，謂出門也。集注失之。

【集解】孔曰：「暑則單服。絺綌，葛也。必表而出，加上衣也。」

【唐以前古注】御覽八百十九引鄭注：縝，單也。暑月單衣葛，爲其形褻也。必表而出之，若今單衣也。　皇疏：表，謂加上衣也。古人冬則衣裘，夏則衣葛也。若在家，則裘葛之上，亦無別加衣。若出行接賓，皆加上衣。當暑雖熱，絺綌可單，若出不可單，則必加上衣也，故云「必表而出」也。然裘上出亦必加衣，而獨云當暑絺綌者，嫌暑熱不加，故特明之也。然又衣裏之裘，必隨上衣之色，使衣裘相稱，則葛之爲衣，亦未必隨上服色也。

【集注】袗，單也。葛之精者曰絺，粗者曰綌。表而出之，謂先著裏衣，表絺綌而出之於外，欲其不見體也，詩所謂「蒙彼縐絺」是也。

緇衣，羔裘；素衣，麑裘；黄衣，狐裘。

【考異】玉藻：「君子狐青裘豹褎，玄綃衣以裼之。麛裘青豻褎，絞衣以裼之。羔裘豹飾，緇衣以裼之。狐裘，黄衣以裼之。」鄭氏注引孔子曰：「素衣麛裘。」孔子曰：「緇衣羔裘。」孔子曰：「黄衣狐裘。」　儀禮聘禮注引論語「素衣麛裘」，亦以「麑」作「麛」。　又既夕疏引鄉黨「素衣麑裘」，亦題「孔子云」三字。　翟氏考異：鄭氏引此篇文，屢題「孔子曰」字。　王充、顧憲之引「菜羹瓜祭」，李善引「君召使擯」、「狐貉之厚」，羅願引「不得其醬」，陸佃引「膾不厭細」，陳襄引「不時不食」，祝穆引「魚餒肉敗」，亦均以爲孔子言。

【考證】史佑經義雜記：緇衣爲朝服，素衣爲皮弁，黄衣未有知爲弁服中何服者。據詩疏定爲韋弁服，似較舊説爲確。韋弁用於兵事，左傳「臧之狐裘，敗我於狐駘」，故知用狐裘也。注疏據郊特牲息民之祭有黄衣黄冠之文，定爲蜡臘之服。然彼明言野夫草服，何得與禮服並言乎？　劉氏正義：士冠禮「玄冠朝服」，注云：「諸侯與其臣朝服以日視朝。」玄冠是黑色，其上衣及中衣皆用緇布爲之。緇亦黑色，所謂衣與冠同色也。説文：「緇，帛黑色也。」釋名釋采帛「緇，滓也，泥之黑者曰滓，此色然也」是也。詩羔羊傳：「小曰羔，大曰羊。」説文：「羔，羊子也。」經傳凡言羔裘，皆謂黑裘，若今稱紫羔矣。　又曰：爾雅釋獸：「鹿，牡麚，牝麀，其子麛。」説文：「麛，鹿子也。」論語字當作「麛」，叚「麑」字爲之。　説文云：「麑，狻麑獸也。」别一義。　鄭君玉藻、聘禮注引論語俱作「麛」，此注出詩羔裘疏，引作「麑」，或後人據今本改之也。　江氏永圖考謂「夫子無麑裘，記者廣言諸侯禮」，則與鄭義不合。玉藻疏引皇氏云：「素衣爲正，記者亂言絞耳。」任氏大椿弁服釋例謂「絞衣經不多見，記者不應亂言絞。疑絞衣或爲春秋時制，不能如古，故夫子仍用素衣爲裼」，其説視皇爲勝。若然，則論語「素衣麑裘」實爲夫子之服。其用素衣，正以矯時人絞衣之失耳。又曰：金氏鶚禮説：「緇衣羔裘，素衣麑裘，其用皆最廣，又多係大禮。而黄衣狐裘，止有息民之祭一用，而其禮又甚輕，何得與緇衣、素衣等服並列乎？竊謂黄衣狐裘，韋弁服也。兵事象火，故其服上下皆赤。上服赤黄，其内之裘宜用狐黄，裼之宜黄衣。詩羔羊疏云：『兵事韎韋，衣則用黄衣狐裘，象衣色故也。襄四年傳云「臧之狐裘，敗我於狐駘」是也。』然則韋弁以黄衣狐裘有確證矣。聘禮『君使卿韋弁歸饔餼』，鄭注：『韋弁，兵服也。而服之者，皮韋同類，取相近耳。其服蓋韋布以爲衣而素裳。』是聘禮亦用黄衣狐裘也。」今案以黄衣狐裘爲韋弁服，淩氏廷堪禮經釋例先有此説。但止言兵服，未言聘事，則夫子却未主兵，鄉黨無爲記之，然則金氏之據聘禮，實較淩説爲確。但鄭氏主蜡祭之服，宜亦兼存。蓋此言夫子雜服，不必以輕重相衡，又且與於蜡賓，明見禮運，則謂爲息民之服，非無據也。

按：此三句考證最詳者，當推論語古注集箋，以文長不録。

【集解】孔曰：「服皆中外之色相稱也。」

【唐以前古注】詩羔羊正義引鄭注：緇衣羔裘，諸侯視朝之服。卿大夫朝服亦羔裘，唯豹袪與君異耳。素衣麑裘，諸侯視朝之服。其臣則青豻褎，絞衣爲裼。緇衣正義引鄭注：狐裘取温裕而已。皇疏：裘色既隨衣，故此仍明裘上之衣也。緇，染黑七入者也。玄則六入色也。羔者，烏羊也。裘與上衣相稱，則緇衣之内故曰羔裘也，此是諸侯日視朝服也。諸侯視朝與羣臣同服，孔子是魯臣，故亦服此服，以日朝君也。素衣，謂衣裳竝用素也。麑，鹿子也。鹿子色近白，與素微相稱也。謂國有凶荒，君素服，則羣臣從之，故孔子魯臣，亦服之也。歲終大蜡報功，象物色黄落，故著黄衣黄冠也。而狐貉亦黄，故特爲裘以相稱也。孔子爲臣，助蜡祭，亦隨君著之黄衣也。故禮運云「昔者仲尼預於蜡賓」是也。

按：皇氏此釋最爲明顯，較集注爲勝。

【集注】緇，黑色。羔裘用黑羊皮。麑，鹿子，色白。狐色黄，衣以裼裘，欲其相稱。

褻裘長，短右袂。

【考異】説文解字引論語曰：絬衣長，短右袂。楊桓六書統謂「絬」爲古文「褻」字。潘氏集箋：許君所稱爲古文論語。此「褻裘」當从古文作「絬衣」，與下寢衣爲一類。説文「絬」下無釋義，疑古通用「褻」。禮記檀弓注：「褻衣非上服。」足利本「上」作「正」，見山井鼎七經考文。

譚經菀曰：一説「右」當作「有」，古字通用。

按：此節文極可疑，兩袖一長一短，絶無此理。作「有」義爲長，且與上下節「必有寢衣」文亦一律。

【考證】胡紹勳四書拾義：説文口部：「右，助也。从又口。」又部亦有「右」字，解義略同。古有

「右」字，無「佑」字。右手之右，古止作「又」，猶左手之左，古止作「ナ」也。言又可兼ナ。説文：「又，手也。象形。」單言手不言右手者，明又爲兩手之統詞，不分ナ又。即以又部他字證之，如「秉，禾束也。從手持禾。」「叔，拾也。從又，尗聲。汝南名收芋爲叔。」「取，捕取也。從又耳。」不分ナ又矣。竊意右袂之右，當讀爲又，右本從又聲。右袂之右，即又之同音借字。袂獨短者，或較禮服之裘稍短，或因褻裘之長而適形其短。孔注泥於右字立説，遂使後人疑夫子衣不中度。

夏炘景紫堂文集極取胡説，又申其義云：右袂即世俗所謂手褎也。褻裘即深衣之裘，短右袂，對長中繼揜尺與禮服之褎而言。玉藻注云：「長衣中衣繼袂揜一尺，若今褎矣。深衣則緣而已。」然後知古人之褎繼袂之末，揜餘一尺，另用裘與布爲之，若今袍之有褎頭也。惟深衣有緣無褎，若今人之齊褎袍。故襲裘亦無褎，其制較有褎之裘爲短，故曰短右袂。

按：孔注以短右袂爲便作事。夫人之作事，兩手皆欲其便，豈有單用右手之理？或又謂卷右袂使短，案弟子職「凡拚之道，攘袂及肘」，即謂卷袂使短，然無事時必仍舒之，人作事皆是如此，論語不應記之。緣情測義，胡、夏爲長。

【集解】孔曰：「私家裘長，主温也。短右袂，便作事也。」

【集注】長欲其温，短右袂所以便作事。

【别解】羣經平議：左右兩袂，必無一長一短之理。短右袂者，卷之使短也。褻裘長則袂亦長，於作事不便，故卷右袂使短，是謂短右袂。

按：此可備一義。

必有寢衣，長一身有半。

【考異】説文解字：被，寢衣也，長一身有半。程子經説：疑此當連下文齋而言，故曰必有。

按：寢衣即今之被，人斷無平日不用被，齋時始用被之理，兹仍從舊注。

【考證】論語稽求篇：寢衣者，寢時所衣，即被也。孔安國曰：「寢衣，今之被也。」説文曰：「被，寢衣名。」則是寢衣即被，彼此互見。然則誰無寢衣，曰「必有」何也？曰必有寢衣之長一身而又半者，寢衣所同，長身而過半，則子所獨也。此猶上文「褻裘長，短右袂」，褻裘所同，褻裘而短其右袂，則子所獨也。短袂適用，長袂適體，一短一長，皆屬異事，故兩節連記之。或曰既是衣字，必有衣形，則大不然。古「衣」字即是「被」字。康誥「紹聞衣德言」，即是被德言。繫辭「古之葬者厚衣之以薪」，即是被之以薪。不覩説文釋「衣」字乎，「衣者，依也，象覆二人之形」。夫世有一衣而可覆二人者乎？一衣覆二人，非被乎？然則衣被何以分？曰：衣者，晝之被。被者，夜之衣也。惟晝被專稱衣，故夜之所衣必加「寢」字以別之，此則釋名之顯然者。劉氏正義：此處寢衣之制，解者多端，惟許、鄭義得之。古人衣不連裳，夫子製此寢衣，較平時所服之衣稍長，寢時著之以卧。周官玉府「掌王之燕衣服」，注：「燕衣服者，巾絮寢衣袍襗之屬。」鄭解燕衣服爲近身之衣。巾絮袍襗晝所服，寢衣夜所服，故此注以寢衣爲小卧被也。小卧被者，對衾爲大被言之。凡衣可曰被，如左傳「被組練三千」、「楚靈王翠被」、孟子「被袗衣」皆是。鄭以衣被通稱，恐人不曉，故言卧被以明之。

【集解】孔曰：「今之被也。」

【唐以前古注】周禮春官玉府疏引鄭注：今小卧被。

【集注】齊主於敬，不可解衣而寢，又不可著明衣而寢，故别有寢衣，其半蓋以覆足。程子曰：「此錯簡，當在『齊，必有明衣，布』之下。」愚謂如此則此條與明衣變食既得以類相從，而褻裘狐貉亦得以類相從矣。

【别解一】經義述聞：經言褻裘而及寢衣，則寢衣褻裘之衣也。褻裘之有寢衣，猶羔裘之有緇衣，麛裘之有素衣，狐裘之有黄衣也。謂之寢衣者，寢室所著之衣，猶言燕衣褻衣耳。身，體中也，謂頸以下股以上也。古人自頂以下踵以上謂之身，頸以下股以上亦謂之身。艮六四「艮其身」，在艮趾艮腓之上，艮輔之下，則舉中而言矣。以今尺度之，中人頸以下股以上約有一尺八寸，一身之長。再加九寸，爲一身之半，則二尺七寸矣。以古六寸爲尺計之，得四尺又五寸，一身又半之長纔至膝上耳。解者誤以頂以下踵以上之身當之，衣長一身又半，則下幅被土，非復人情，於是不得已而以被當之，皆誤也。寢衣在褻裘之上，不著則無以覆裘，故曰必有寢衣，言不可有裘而無衣也。若訓寢衣爲被，則人卧時孰不有被，何須言必有乎？况上言褻裘，下言狐貉，中間何得雜一與裘無涉之被乎？况遍考經傳，被皆謂之衾，無曰寢衣者。或曰：「寢」者，「蘉」之借字。説文：「蘉，覆也。」玉篇：「蘉音寢。衣以覆裘，故謂之寢衣也。」黄氏後案：

寢衣，謂寢時之衣，長一身有半，衣及膝也。人之股半於身，寢衣所覆及膝，冬藉以温，當暑以蔽形。言必有者，承上言冬夏之服也。

按：説文解字：「被，寢衣也。」廣雅釋器：「寢衣，寢被也。」是古人皆以被解釋寢衣。今日本之被，有領有袖，惟長較常服之衣倍其半，蓋即古寢衣之制。其式如衣，故曰寢衣。且古「衣」「被」字通用，康誥「衣德言」，繫辭「厚衣之以薪」，皆以「衣」字作「被」字用。孟子「被袗衣」，左傳「楚靈王翠被」，漢書「被服擬於儒者」，是「被」字亦可作「衣」字用。然則衣者，晝之被。被者，夜之衣。固可通用者也。「有」字古例皆作「又」解，是長一身而又半之，非視一身而僅得半也。毛西河最好攻朱，然其稽求篇於此節未置異議，誠慎之也。伯申乃欲以後代之制推測古人，豈不謬哉？孔注「寢衣即今之被」，周禮玉府疏引論語鄭注曰「今小卧被」是也。漢去古未遠，其解經尚有家法，斷非後儒師心自用者所及，觀於此益信云。

【别解二】求古録：此當在「必表而出之」之下，皆當暑之事也。常人當暑，寢多不用被，非謹疾之道。惟君子必有寢衣，其長一身有半。説文云：「衾，大被。」則寢衣當爲小被。小星詩云：「抱衾與裯」，毛傳云：「裯，襌被也。」裯爲襌被，則衾爲複被可知。蓋襌而小者曰被，曰寢衣，其複而大者曰衾，惟爲當暑所用，故不言衾而言寢衣也。若非言當暑之事，則被者人人所有也，而曰君子必有之，不可通矣。鄉黨一篇，敘事皆有次第，各從其類而不紊。今於褻裘長、狐貉之厚中間，忽插入寢衣，殊爲不倫。若移此二句於「當暑」三句下，則絺綌寢衣皆爲當暑所用，既以類相從，而褻裘狐貉皆爲私居之服，厚與長義又相承，各得其序而不亂矣。

按：此節並無錯簡，歷來注疏家皆誤以下節「狐貉之厚以居」作狐裘解，故覺上下均言裘服，中間不應插入寢衣，頗爲不倫。種種錯簡之説，由此而生。殊不知此二節係言孔子被褥之制，古人謂坐曰居，閻百詩之説，確不可易。否則孔子之衣狐裘，上文已言之矣，何必詞費耶？故知此二節連文，亦屬以類相從，並無錯簡也。

【餘論】四書稗疏：博雅曰：「寢衣，衾也。」孔氏注云：「今之被也。」唯其爲被，故可長一身有半，足以摺疊覆足而無冗長之累。如其爲衣，而長過於身，則卧起兩困矣。猝有水火盜賊疾病之暴至，其能無狼狽顛仆乎？如云非常時所衣，但爲齊設，乃散齊亦有七日，變起不測，故曾子問有當祭而太廟火之禮。古人制禮必可行，慮如此其周，而獨於一衣作此迂拙以自困乎？且此衣衣之而後寢乎？寢而後衣之乎？寢則必不能衣之，衣之則曳地傾踣，何以就席邪？若有此衣，真怪服矣。是寢衣之爲衾必矣。必有云者，謂雖當暑必覆衾而淺，不露形體，非但爲齊言也。次序自當在「短右袂」之下。

四書改錯：此以改經而兼改禮，並改章節，尤當急正者。考禮並無齋不可解衣之文，且古禮文並列代禮志又並無寢衣一名在祭典之內。又且從來衣製並無有長半於身之衣。據古禮，衣長無被土，且連裳爲之，續衽而鉤邊，今不知有裳與否，乃以身半之衣，繚戾足下，既不能衣之就寢，又不能寢而衣之。於是無可如何，有强解者曰，長衹半身，是半截之衣。則不特壞經壞禮，并古文詞例亦一併壞盡。古詞例「有」字俱作「又」字，如泰誓「十有三年」，伊訓「十有二月」類。一身有半，是長身而又半之，非半身已也。今錯解寢衣，反以爲前後不接，竟改移此節於「齋，必有明衣，布」之下，且云「明衣變食以類相從」，則紅紫褻服何以與褻裘不相從耶？

狐貉之厚以居。

【考異】説文解字引論語：「狐貈之厚以居。」繫傳曰：「貈音下各切，而云从舟聲，此古音當有異也。」　羅願爾雅翼：貉子曰貊，貊形狀與貉各異。貉之爲貉，義取於此。説文狐貈从舟，而謂貉北方豸種，爲蠻貉之貉，此但據論語之説耳。　七經考文：古本「貉」作「狢」。　文選辨命論注引文，上題「子曰」二字。

【考證】鳳韶經説：論語「居，吾語女」，孝經「坐，吾語女」，孟子「坐，吾明語子」，居、坐互出，則「居」字有坐義。　四書釋地又續：説者必以「一之日于貉」，謂自爲裘。「取彼狐狸，爲公子裘」，以共尊者。孔穎達遂有禮無貉裘之文，唯孔子賤，故服以居。不知「衣敝緼袍與衣狐貉者立」，此豈賤者之服？非禮之制，而聖人盛言之耶？讀書不深，説多泥。獨「狐貉之厚以居」，滿巽元解，若作裘，與上狐裘複；作燕居，又與褻裘複。蓋居即「居吾語女」之居。詩秦風「文茵暢轂」，文茵，車中所坐虎皮褥也。夫子亦取此二獸皮爲坐褥，以其温厚可適體耳。　潘氏集箋：余廣其説曰：「居必遷坐」之居亦坐也。遷坐之坐，乃坐之處耳。「寢不尸，居不容」，以玉藻「居恒當户，寢恒東首」例之，居亦謂坐。檀弓「當户而坐」，當户爲對户，謂坐室中東北隅而對西南之户，與「居恒當户」同義。劉氏正義：案鳳説是也。古人加席於地而坐其上，大夫再重。至冬時氣寒，故夫子於所居處用狐貉之厚者爲之藉也。

按：毛傳、説文、文選雪賦、聖主得賢臣頌注及淵鑑類函服飾部、駢字類編鳥獸門，凡引論語文者，狐貉主裘，不主褥；居主燕居，不主居坐。余考焦延壽易林泰之井曰：「狐貉載剥，徙温厚蓐。」似即用此，而以蓐代居，是漢儒已有此義。閻氏之説，確不可易。鄭注云「在家以接賓客」，本不誤。疏謂「在家接賓客之裘」則誤矣。集注又沿舊説而誤者也。

【集解】鄭曰：「在家以接賓客也。」

【集注】狐貉毛深温厚，私居取其適體。

去喪，無所不佩。

【考異】釋文：「佩」字或從王旁，非。蔡謨毛詩疑字議：佩者，服用之稱。珮者，玉器之名。稱其服用則字從人，名其器則字從玉。

【考證】劉氏正義：説文云：「佩，大帶佩也。從人凡巾。佩必有巾，故從巾。」段氏玉裁注：「大帶佩者，謂佩必系於大帶也。從人者，人所利用。從凡者，無所不佩。從巾者，其一端也。」案釋名釋衣服：「佩，陪也，言其非一物，有陪貳也。」此以音求義，亦是也。玉藻云：「凡帶必有佩玉，唯喪否。」注云：「喪主於哀，去飾也。凡，謂天子以至士。」又云：「君子無故玉不去身，君子於玉比德焉。」注云：「故，謂喪與災眚。」則凶荒亦去飾，舉其至重，則止言喪矣。間傳曰：「期而小祥，又期而大祥，中月而禫，無所不佩。」禫者，除喪之祭，在二十七月。於此月喪竟，得用佩也。　玉藻：「孔子佩象環五寸而綦組授。」注：「謙不比德，亦不事也。象，有文理者也。環取可循而無窮。」疏：「孔子以象牙爲環，廣五寸，以綦組爲授也。所以然者，失魯司寇，故謙不復佩德佩及事佩，示己無德事也。」

【集解】孔曰：「去，除也。非喪則備佩所宜佩也。」

【集注】君子無故，玉不去身。觿礪之屬，亦皆佩也。

非帷裳，必殺之。

【考證】困學紀聞：鄭康成云：「帷裳，謂朝祭之服，其制正幅如帷。非帷裳者，謂深衣削其幅，縫齊倍要。」見春秋正義。　羣經補義：疏説誤。玉藻云「衽當旁」，是當裳之兩旁者名爲衽。故鄭注云「衽爲裳幅所交裂」也，明非衽則不交裂，是用布六幅，以四幅正裁爲八幅，當裳之前後；以二幅斜裁爲四幅，寬頭向下，狹頭向上，謂之衽，當裳之前後兩旁，左邊縫之，以合前後，右邊則别有鉤邊一幅，以掩裳際也。若帷裳之衽，屬於衣垂而放之者也。非帷裳必殺之，似當時深衣裳有用辟積不用斜裁者，夫子必用斜裁爲衽，不用辟積也。　鄉黨圖考：深衣裳無襞積，必有兩旁斜裁倒縫之衽，方能上狹下廣。意當時或有不用斜裁而作襞積於裳者，故特記非帷裳必殺之，明夫子深衣必用古制也。

【集解】王曰：「衣必有殺縫，唯帷裳無殺也。」

【唐以前古注】皇疏引鄭注：帷裳，謂朝祭之服，其制正幅如帷也。非帷裳者，謂餘衣也。殺之者，削其幅，使縫齊倍要者也。　皇疏：帷裳，謂帷幔之屬也。殺，謂縫之也。若非帷幔裳，則必縫殺之，以殺縫之面置裏，不殺之面在外。而帷裳但刺連之，如今服杷不有裏外殺縫之異也。所以然者，帷幔内外竝爲人所見，必須飾，故刺連之而已也。

【集注】朝祭之服，裳用正幅如帷，要有襞積，而旁無殺縫。其餘若深衣要半，下齊倍要，則無襞積而有殺縫矣。

羔裘玄冠不以弔。

【考異】禮記檀弓：「羔裘玄冠，夫子不以弔。」正義曰：「此記人引論語鄉黨孔子身行之禮，以識當時之事。」　家語子夏問篇：季桓子死，魯大夫朝服以弔。子游問于孔子。孔子曰：「始死則羔裘玄冠者，易之而已。」

【考證】任大椿弁服釋例：玄冠一曰委貌，廣二寸，以繒爲之，璂飾與韋弁皮弁同。衡縫内畢緣邊。居冠屬武，非燕居則冠與武别。冠武異材，冠纓異材。天子朱組纓，諸侯丹組纓，大夫士綦組纓。纓之有飾者曰緌。有安髻之笄，無固冠之笄。有纚有總有髦，此其制也。又曰：弔服凡四變。始死及小斂以前，朝服玄冠裼裘，小斂則改襲裘而絰帶，其辭具見檀弓。至大斂以後，變朝服爲皮弁服，變玄冠爲弁絰或皮弁。若成服以後，則變皮弁服爲衰麻矣。士喪禮注「君視大斂，皮弁服襲裘。主人成服之後，往則錫衰」是也。司服「凡弔事弁絰服」，雜記「凡弁絰其衰侈袂」，注：「弁絰服者，弔服也。」均據大斂以後言之也。論語「羔裘玄冠不以弔」，亦據大斂以後言之也。其實小斂以前，則不弁絰而玄冠朝服。賈喪服記疏：「天子常弁絰，諸侯卿大夫當事大斂小斂及殯時乃弁絰。」并以弁絰爲小斂時弔服，誤矣。喪大記「君大夫士小斂」之節云「弔者襲裘加武」，注云：「始死，弔者朝服裼裘如吉時也。小斂則改襲而加武與帶絰矣。」又云：「武，吉冠之卷也。吉冠，玄冠。」此弔者統舉大夫士，當小斂而玄冠朝服，通大夫士一也。賈喪服記疏謂「諸侯卿大夫小斂弁絰」，既與喪大記經注不合。又檀弓「主人既小斂，袒括髮。子游趨而出，襲裘帶絰而入」。所謂襲裘，襲朝服之裘也。所謂絰，加絰於玄冠也，非弁絰也。如喪服記疏謂小斂已當弁絰，則子游於小斂時玄冠加絰不弁絰，即爲非禮，曾子又安得云夫夫是也？舉此二條，可證賈疏之誤。

【集解】孔曰：「喪主素，吉主玄，吉凶異服。」

【唐以前古注】穀梁僖三年傳疏引鄭注：玄冠，委貌，諸侯視朝之服。

【集注】喪主素，吉主玄。弔必變服，所以哀死。

吉月，必朝服而朝。

【考證】家語子夏問篇：季康子朝服以縞。曾子問於孔子曰：「禮乎？」孔子曰：「諸侯皮弁以告朔，然後服之視朝，若此者，禮也。」論語駢枝：鄉黨，記禮之書也。吉月，必朝服而朝，禮也。孔子述之，而七十子之徒記之也。玉藻曰：「諸侯皮弁以聽朔於太廟，朝服以日視朝於内朝。」聽朔亦謂之視朔，視朝亦謂之聽朝，雖有在朝在廟之異，其爲君臣相見聽治國政則同。既視朔，則疑於不復視朝也。故曰「吉月，必朝服而朝」，明不以一廢一也。朝正者，一年之禮也。視朔者，一月之禮也。視朝者，一日之禮也。不以月廢日，不以大禮廢小禮也。玉藻記孔子之言曰：「朝服而朝，卒朔然後服之。」是其義也。曰：卒朔然後朝，不已晏乎？曰：周以夜半爲朔，其時早矣。卒朔而朝無妨也。其曰朝服而朝何也？曰：告朔則朝於廟。春秋書閏月不告月，猶朝於廟是也。但言朝，則未知朝於廟與？朝於内朝與？故以其服別之也。朝服對皮弁而言之也。

夏炘學禮管釋：周禮太宰、大司徒、鄉大夫、州長、大司馬、大司寇、布憲皆言「正月之吉」，鄭君以周正朔日解之。族師「月吉」，鄭君以每月朔日解之。詩小明「二月初吉」，毛公亦以朔日解之。論語「吉月」，孔安國亦以月朔解之。此自來相傳之古訓也。吉訓善，不訓始，然亦有始義。爾雅：「元，始也。」元又訓善，故天子之善士名元士。賈逵左傳八年注：「元，善也。」元訓始，亦訓善。則吉訓善，亦可訓始。故凡始月始日皆以吉名之，所謂「吉人爲善，惟日不足」。此履端於始，尤其爲善之初。先王以善勖人之意蓋如此。

按：此節異説紛紛，惟夏心伯之説爲允。所謂吉月者，謂正月也。從前解吉月爲月朔，斷無致仕官每月月朔朝君之禮，毛西河駁之是也。即曰爲孔子仕魯時事，而魯自文公四不視朔，至定、哀間，此禮之廢已久，夫子猶必每月月朔朝服而朝，亦與事理不合。今人雖致仕官，元旦尚可隨班朝賀，古猶是也。至此而吉月必朝之義乃始涣然冰釋矣。

【集解】孔曰：「吉月，月朔也。朝服，皮弁服。」

【唐以前古注】皇疏：魯自文公不視朔，故子貢欲去告朔之餼羊。而孔子是哀公之臣，應無隨君視朝之事，而云必服之者，當是君雖不視朔，而孔子月朔必服而以朝，是「我愛其禮」也。筆解：韓曰：「吉禮所行月日，因而謂之吉月吉日，非正朔而已。」李曰：「周禮云『正月之吉』，又云『月吉讀邦法』，今究其義，皆因吉禮以别下文凶賓嘉爾。」

【集注】吉月，月朔也。孔子在魯致仕時如此。此一節記孔子衣服之制。蘇氏曰：「此孔氏遺書，雜記曲禮，非特孔子事也。」

按：吕大臨論語解云：「自『君子不以紺緅飾』至『必有明衣布』，言孔子衣服之變。何晏集解本同。今雖不取，朱子移『必有寢衣』二句在『明衣布』下，將下二節記孔子謹齊事之説，而『齊必有明衣布』一節仍應歸入下段，以此皆齊時事，至『席不正不坐』止，以類相從也。」

【别解】經義述聞：「吉月」當爲「告月」之譌。緇衣引「尹吉曰」，鄭注：「吉當爲告。」案「告」字从牛，隸書「牛」字或作𡗗，故「告」字或作「吉」，與「𠮷」相似而譌。吉月與齊對舉，皆古禮也。春秋文公六年：「閏月不告月，猶朝于廟。」公羊傳曰：「不告月者，不告朔也。」何注曰：「禮，諸侯受十二月朔政于天子，藏於太祖廟。每月朔朝廟，使大夫南面奉天子命，君北面而受之。比時使有司先告朔，謹之至也。」蓋魯君告月之日，皮弁而朝于廟，又朝服以日視朝於内朝，羣臣亦如其服也。注當云：「告月，月朔告廟也。」乃得經義。孔注曰：「吉月，月朔也。」則所據本已誤作

「吉」。古無稱朔日爲吉月者。士冠禮曰「令月吉日」，又曰「吉月令辰」，吉月與令月同義，令吉皆善也。吉月乃月之善者，非謂朔日也。知吉月之非朔日，則知論語「吉月」之譌矣。羣經平議：禮記玉藻篇：「皮弁以聽朔於太廟，朝服以日視朝於內朝。」孔意月朔所服必是皮弁服，故其說如此。然朝服、皮弁服二者不同，安得混而一之？疑此所服者仍是每日視朝之服，「吉月」乃「告月」之譌。緇衣篇「尹吉曰」，鄭注：「吉當爲告。」是其例也。說本王氏引之經義述聞。惟王氏以告月爲即朝廟，則猶沿舊說之謬。春秋文公六年：「閏月不告月，猶朝于廟。」公羊傳曰：「不告月者，不告朔也。」何休解詁曰：「禮，諸侯受十二月朔政于天子，藏於太祖廟。每月朔朝廟，使大夫南面奉天子命，君北面而受之。比時使有司先告朔，謹之至也。」是告月與朝廟本是二事。朝廟者，每月之朔，諸侯朝于太祖廟，北面受朔也。告月者，每月之末，有司先以月朔告君也。月有大小盡，不定是三十日，故有司必先期以告，然後君得以朔日行朝廟之禮。月令：「凡立春、立夏、立秋、立冬，皆先期三日，太史告于天子。」然則告月亦猶告立春、告立夏之比矣。閏月君不朝廟，則有司亦不告月。乃文公於閏月朔日行朝廟之禮，故春秋書以示譏。至文公十有六年夏五月，公四不視朔。傳曰：「自是公無疾不視朔也。」然則魯之不視朔自文公始，至定、哀間，此禮之廢久矣。而有司告月，則猶循舊典，每月皆然，未之敢廢。夫子於有司告月之日，必朝服而朝焉。記者以夫子之必然，見他人之不必然，而我愛其禮之思於此寓矣。朝服者，冠則委貌，衣則緇衣，每日視朝之服也。自「告月」誤爲「吉月」，而孔氏以月朔釋之，因以朝服爲皮弁服。夫魯君不皮弁，夫子安得而皮弁？可知其説之未安矣。又按此經言告月，八佾篇言告朔，告月之與告朔，亦當有別。公羊以告月爲告朔，殆非也。告月者，每月之末，有司以月朔告君也。春秋所書，鄉黨所記，皆是也。告朔者，每歲之終，天子頒來歲十二月之朔政於諸侯也。大戴禮虞戴德篇曰：「天子告朔於諸侯，率天道而敬行之，以示威於天下也。」是其事也。八佾篇：「子貢欲去告朔之餼羊。」劉氏台拱論語駢枝謂以特羊餼天子告朔之使，是爲告朔之餼羊。此最得之。周初之制，每歲之末，天子遣使以來歲十二月之朔頒告諸侯，是曰告朔。每月之末，有司以月朔告于君，是曰告月。諸侯乃於朔日服皮弁服朝于太廟，使大夫奉天子命而北面受之，是曰聽朔，亦曰視朔。視、聽一也。周自平王以後，告朔之使不行矣，而魯有司每歲以餼羊供則猶如故也。魯自文公以後，視朔之禮亦久廢矣，而魯有司每月以月朔告則猶如故也。豈非魯秉周禮之明驗歟？公羊子固傳春秋者，而猶不知告月、告朔之有辨，左、穀之徒復何譏焉？於是告朔也、告月也、視朔聽朔也，三者混而爲一，學者不復致詳，而古制之湮，古義之晦，由來久矣。愚因此經朝服非皮弁服，而知告月之非聽朔。又因此經言告月，八佾篇言告朔，而知告朔之非告月。反覆推求，於古制得其大概。好古之士，儻有取乎？

【餘論】四書改錯：古無致仕官月朔朝君之禮，況夫子致仕，即已去魯，及還魯，而所仕之舊君已亡矣。未有舊君不曾朝，而無事而朝後君者。陳恒弒君，入朝請討，非月朔常朝也。故此節大意謂夫子僅月朔，必先服聽朔之服，於以入朝，而君不聽朔，夫然後易朝服而朝於君，所謂必朝服而朝者，謂必以朝服行之朝時，不先服也。此其說在夫子自注明之。玉藻：「孔子曰：『朝服而朝，卒朔然後服之。』」謂朝服而朝於君，此必用朝時服者，然特服耳。必卒此告朔、視朔、聽朔之朔事，乃始易聽朔之服，而服朝服，此即有司供餼羊意也。徐仲山曰：「此明記夫子仕魯時事，而朱注臆作致仕者，以爲仕則何慮不朝，何慮不朝服，而曰必，不知必在朝不在朝服耳。」此真解人之言。四書通：此以前紀夫子之容貌，以後紀夫子之衣服飲食。容貌無一定之象，故以如字、似字形容之，而不字僅二見焉。衣服飲食有一定之則，故但以必字、不字直言之，而如字僅一見焉。

【發明】論語稽：按讀此節宜先明古冠服之制。古者冕爲尊，弁次之，冠又次之，而統名曰冠。端服上曰衣，下曰裳，深衣則裳與衣連，而統名曰服。服各從其冠之制，天子祭用六冕，其服十二章，玄冕以視朔，冕十二旒。玄衣黻裳皮弁以視朝，繪五采，結十二玉璂象邸玉笄。白衣素裳玄端而居。玄冠朱組纓，玄端衣朱裳。諸侯玄冕以祭，冕旒如命數。玄衣黻裳裨冕以朝天子，服從其冕。皮弁以聽朔，繪三采，玉璂如命數。白衣素裳朝服以視朝，玄冠繢緌緇衣朱裳朝玄端，玄冠繢緌玄衣朱裳夕深衣。大夫玄冕而祭於公，冕旒如其命數。玄衣黻裳皮弁而朝朔於太廟，繪二采，玉璂如其命數。白衣素裳，冬則麑裘青豻袖，朝服而朝。玄冠緇衣素裳，冬則羔裘豹飾皮弁而祭於己，服從其弁。朝玄端玄冠無纓，玄衣素裳夕深衣。士爵弁而祭於公，玄純衣纁裳緇帶韎韐，皮弁而朝朔於廟。素積緇帶素韠，其弁無飾。玄端而朝，亦以祭於己。玄冠無纓，爵韋齊則綦組纓。此等差之大較也。又軍事則韋弁，冬則黃衣狐裘。又弔則弁絰。又交擯旅擯，賓主君臣皆皮弁服。凡端衣，其裳帷。私居之服，除玄端外，其餘若袗絺綌、若褻裘、若繭袍絅褶皆在褻服之列，皆同深衣之右襟右衽。（深衣如今衫袍，衣與裳連，其襟右，其衽左，續而連之右，鉤邊而不連，以便解着。按襟衽即今大襟，古分其上爲襟，其下邊角弔褊處爲衽。夷狄則鉤邊在左，故曰左衽。）朝祭有正服，古用布，後世用帛。有裼服，（禮，表裘不入公門，襲裘不入公門，袗絺綌不入公門，蓋裘葛之上須加裼衣。裼者禮，當裼時，開正服之前左衿，而褪出左袖，由肩後繞脇下而插諸正服前右衿之内，露其裼衣。玉藻：「裘之裼也，見美也。君在則裼，盡飾也。無事則裼，弗敢充也。」弗敢充者，不敢掩塞其美也。裼與袒異言，袒裼則仍是裼，若單言袒，則肉袒露臂肉矣。）亦如之。（玉藻：「狐青裘，玄綃衣以裼之。麛裘，絞衣以裼之。狐白裘，錦衣以裼之。」皆用帛之證。）不裼則襲。（襲非别有襲衣，即取裼時之左袖，仍着而掩其裼衣是也。玉藻：「弔則襲，不盡飾也。尸襲，執玉圭襲。」射禮則或裼或襲。又裘服若狐白裘、虎裘、狼裘、狐青裘、麛裘、羔裘之類，皆見玉藻。又狐色多黃，故單言狐裘則爲黃色。又犬羊之裘不裼，庶人之服也，單言則老羊裘也，見玉藻。）

按：自清初改衣胡服後，大漢衣冠，後人不但不知其名，甚至不識其字，況三代冠服之制乎？故録此，後之言服制者得參考焉。

○**齊，必有明衣，布。**

【考異】七經考文：一本「布」下有「也」字。　釋文：「齊」，或作「齋」。

【考證】黄氏後案：明衣之制，於禮無見。說者多據喪禮言之，未必是。蔡宸錫曰：「古人衣服，以布爲襯身單衫，於祭服謂之明衣。但行禮皆當服明衣，不特祭爲然，故皇氏謂朝服必先以明衣襯身。於燕居謂之澤，秦風『與子同澤』，朱傳：『澤，裏衣，以其親膚，近於垢澤，故謂之澤。』」據蔡氏說推之，則齋時親身之衣尊稱曰明，亦明水明火取諸潔之義也。

【集解】孔曰：「以布爲沐浴衣。」

【唐以前古注】御覽五百三十引鄭注：明衣，親身衣，所以自潔清也，以布爲之。　皇疏：謂齋浴時所著之衣也。浴竟，身未燥，未堪著好衣，又不可露肉，故用布爲衣，如衫而長身也，著之以待身燥。故玉藻云「君衣布，晞身」是也。

【集注】齋必沐浴，浴竟即著明衣，所以明潔其體也，以布爲之（此下脱前章寢衣一簡）。

按：集解、集注均以明衣爲浴衣，而皇疏尤爲明顯。今日本國俗，浴時例有浴衣，猶古制也。清初學者不知浴衣之制，於是種種曲說由此而生。如論語竢質則以爲父母之遺衣，劉氏正義則以爲浴衣外別有明衣，反以不誤者爲誤，皆因目不睹浴衣之制，故有此疑也。

【别解一】羣經平議：孔注云「以布爲沐浴衣」者，猶云以布爲齋衣耳。齊必沐浴，故古語即謂齊爲沐浴。哀十四年左傳：「陳恒弑其君壬於舒州。孔丘三日齊而請伐齊。」論語作「孔子沐浴而朝」，是沐浴即齊也。邢氏誤會注意，遂以明衣爲親身之衣，而有明潔其體之説。按儀禮士昏禮

「姆加景」，鄭注曰：「景之制蓋如明衣，加之以爲行道禦塵，令衣鮮明也。景亦明也。」是鄭意以明衣爲加之於外者，非親身之衣也。士喪禮「明衣裳用布」，鄭注曰：「所以親身爲圭絜者。」此乃死者所用，其制迴異於生。邢氏以士喪禮之明衣爲齊之明衣，殆不可從也。

【別解二】論語訓：記曰「衣布晞身」，凡布十五升曰衣布，明衣布，齋浴布也，言不用常浴布。

按：王氏以「明衣布」三字連文，釋爲浴布，可謂創解，惜無確證耳。

【餘論】四書稗疏：古之言布者，兼絲麻枲葛而言之。練絲爲帛，未練爲布，蓋今之生絲絹也。清商曲有云「絲布澀難縫」，則晉、宋間猶有絲布之名。唯孔叢子謂麻苧葛曰布，當亦一隅之論。明衣之以布別者，異於纖縞靡麗之服耳。陔餘叢考：古時未有棉布，凡布皆麻爲之。記曰「治其麻絲，以爲布帛」是也。木棉作布，邱文莊謂元時始入中國，而張七澤潯梧雜佩引通鑑梁武帝送木棉皂帳事，則梁武時已有此布矣。然則棉花布自古有之，何以邱文莊謂元初始入中國？蓋昔時棉花布惟交趾有之，其種其法俱未入中土，觀姚察門生所送祇一端，白樂天以此送人，並形之歌詠，則其爲罕而珍重可知。迨宋末元初，其種傳入江南，而布之利遂衣被天下耳。

齊必變食，居必遷坐。

【考證】論語後録：周禮膳夫「王日一舉」，注：「王日一舉，以朝食也。鄭司農曰：『齊必變食。』」按古者一日之中三時食，朝、日中、夕也。日一舉者，謂朝也。殺牲盛饌曰舉，朝舉，則日中及夕餕其餘矣。唯齊日三舉，改常饌更而新之。齊者，潔清之義也，所謂變食是。後儒以爲變其所常食，取莊子「不飲酒，不茹葷」當之，失古制矣。　四書典故辨正：說文：「葷，臭菜也。」通謂芸臺椿韭蒜葱之屬，其氣不潔，故不茹之，非不食肉之謂。　國語：「先耕耤三日，王即齊宮，乃淳濯饗，及期饗醴乃行。」是齋亦非不飲酒。　朱子於家禮云：「食肉不得茹葷，飲酒不得致亂。」仍未嘗以莊子爲據也。　論語竢質：自此以下至「不多食」，皆記齊時之飲食也。　四書典故覈：變食者，謂盛饌也。君子敬其事，則盛其禮，故不餕餘也。國語曰：「大夫舉以特牲，士食魚炙。」然則夫子之變食，或特牲而不餕餘焉。　劉氏正義：莊子人間世：「顏回曰：『回之家貧，惟不飲酒不茹葷者數月矣。若此則可以爲齊乎？』曰：『是祭祀之齊，非心齊也。』」據周語言，耕籍前五日，王入齊宮飲醴。醴味醇淡，與酒不同，故莊子言不飲酒也。不茹葷者，禮玉藻注：「葷者，薑及辛菜也。」荀子哀公篇：「夫端衣玄裳，絻而乘路者，志不在於食葷。」端衣玄裳即是齊服。楊倞注：「葷，葱薤之屬也。」不飲酒，不茹葷，是異常饌。解者誤以葷爲肉食，而凡齊皆禁用之，與禮意悖矣。　士喪禮記言「人子養疾皆齊」，而曲禮言「父母有疾，食肉不至變味，飲酒不至變貌」。齊時或可飲酒，則謂齊禁肉食，於古無徵矣。

按：朱竹垞有釋齋一文，大旨與錢氏所說略同，皆主加常饌之說。觀下文有「肉雖多」、「惟酒無量」數語，其說確不可易。周禮或不足信，然國語非僞書也。集注以不飲酒、不茹葷釋齋，雖出莊子，然因此不得不變更古注章節，而於下文「割不正不食」及「沽酒市脯不食」兩節，於義均不可通。朱子於家禮已不用莊子，而集注仍沿其誤，不及改正，何也？

論語釋故：祭義曰：「致齊於内，散齊於外。内者内寢，外者外寢。」檀弓曰：「君子非致齊也，非疾也，不晝夜居於内。」此齊之所居也，凡居於室，尊不恒居奥。爲人子者，居不主奥，不敢當尊也。遷坐者，蓋不居奥，如侍親也。　胡培翬燕寢考：既夕記「士處適寢」，又云「有疾，疾者齊」，注云：「適寢者不齊不居其室。」玉藻云：「將適公所，宿齊戒，居外寢。」外寢，正寢也。穀梁傳云：「公薨於路寢。」路寢，正寢也。寢疾居正寢，正也。大戴禮盛德篇云：「此天子之路寢也，不齊不居其室。」古者自天子以至於士，常居皆在燕寢，惟齊及疾乃居於正寢。鄉黨所云「齊居必遷坐」以此。孔注云「易常處」，蓋常處在燕寢，至齊必遷居正寢。

按：唐律，大祀散齊，不宿正寢者，一宿笞五十。蓋猶沿古制。

【集解】孔曰：「改常饌，易常處。」

【唐以前古注】皇疏引范甯云：齊以敬潔爲主，以期神明之享，故改常之食，遷居齊室也。

【集注】變食，謂不飲酒，不茹葷。遷坐，易常處也。此一節記孔子謹齊之事。

【餘論】黄氏後案：莊子曰：「不飲酒，不茹葷。」此祭祀之齋，非心齋也。朱注引之。葷者，臭菜之屬。李氏本草曰：「五葷即五辛，謂其辛臭昏神伐性也。鍊形家以小蒜、大蒜、韭、芸臺、胡荽爲五葷，道家以韭、薤、蒜、芸臺、胡荽爲五葷，佛家以大蒜、小蒜、興渠、慈葱、茖葱爲五葷。」然則以齋爲不茹葷者，亦變食之一説。其以不茹葷爲不食肉者則謬耳。國語：「先耕藉三日，王即齋宮，乃淳濯饗醴。及期，鬱人薦鬯，犧人薦醴，王祼鬯饗醴乃行。」則據注者以齋爲不飲酒，亦非也。金鶚求古録禮説：古人將祭必齋。齋者，致精明以交鬼神也。故君子之齋，沐浴以潔其身，嚴肅以澄其心，不御内，不聽樂，居必遷於外寢，服必明衣玄端，皆所以致其精明。而味之濁者足以亂我清明之氣，亦必戒之，故論語云「齋必變食」也。莊子人間世云：「齋者不飲酒，不茹葷。」（葷，謂葱韭薤蒜之屬。）酒與葷，其氣味最昏濁，齋者所必嚴禁，故特言之。而變食猶不止此，周官膳夫云：「王齋則不舉。」舉者，殺牲盛饌也。三牲之肉，（三牲，牛羊豕也。）氣味亦濁，故並戒之。自王莽竄易周官經文，謂王齋日一舉，邢昺論語疏因謂「食不厭精」至「不多食」皆蒙齋文。近朱竹垞據周官及邢疏，極辨不飲酒食肉之非，學者惑之。案王制云：「八十，齋喪之事勿及也。」齋與喪並舉，其不得飲酒食肉可知。月令云：「仲夏之月，君子齊戒，止聲色，毋或進；薄滋味，毋致和。」夫曰薄滋味，則不飲酒食肉矣。二至之齊猶且如此，況祭祀之齊乎？此其證也。且論語經文明言變食，變者必易其常，若仍飲酒食肉，特加厚於平時，安得謂之變乎？朱竹垞謂：「王日食一大牢，遇朔當兩大牢，齊則加至三大牢。」此沿舊説，不知王日一舉者，舉少牢也，惟朔日則大牢。若日一大牢，亦已侈矣。乃加至三大牢，其侈不已甚乎？朔爲一月之首，其牲體宜加於常日。齊則爲祭而設，别是一義，何必加於朔月乎？先儒謂齊不食餕餘，故三大牢。然凡物皆可新治爲饌，何必大牢乎？至於齊而飲酒，周官亦無此説，於經無據。惟周語云：「王即齊宫，淳濯饗醴。」韋注謂王飲醴酒，或引以爲齊當飲酒之證，不知醴爲六飲之一，一宿而成，非酒也。況周語所言，是耕耤之齊，與祭祀之齊不同，未可援以爲證也。

按：誠齋恐人惑於王日三舉之說，恣行殺生，故有此論。葷字从草，絶非不食肉之謂，然其意則固仁人君子之用心也。漢學家能知此義者鮮矣，故録而並存之。

○食不厭精，膾不厭細。

【音讀】南軒論語解：厭當作平聲，言不待精細者而後屬厭也。蓋聖人於飲食非有所擇也，苟非如下所云不食之類，則食無精粗，皆可以飽耳。孫奕示兒編：讀如厭飫之厭，言食與膾雖精細，亦不厭飫而食之。蓋夫子嘗言「食不求飽」，又曰「謀道不謀食」。論語意原：凡人之情，麤糲則少食，精細則屬厭。夫子無間於此，食之精，膾之細，未嘗屬厭焉。論語竢質：齊時食必有節，食雖精，膾雖細，不因精細而厭足也。四書改錯：張文彬曰：「不厭即不飽。史記遊俠傳『季次、原憲褐衣疏食不厭』，平原君傳『褐衣不完，糟糠不厭』，伯夷傳『回也屢空，糟糠不厭』，皆解作不飽，並無作不惡解者。故周興嗣千字文『饑厭糟糠』，厭即飽也。若謂不厭惡，則凡物之粗惡者可加厭惡，既已精細，便不應下此字矣。」

按：厭，説文作「猒」，云：「飽也。」集韻舊本引論語文皆作「食不饜精，膾不饜細」，可見唐以前人皆讀平聲，無作嫌惡解者，集注失之。然張南軒、孫奕、鄭汝諧已不讀去聲，誰謂宋人多不通訓詁耶？

【考證】劉氏正義：周語「不可厭也」，韋注：「厭，足也。」晉語「民志無厭」，韋注：「厭，極也。」夫子疏食飲水，樂在其中；又以士恥惡食爲不足與議，故於食膾皆不厭精細也。

按：論語稽云：「厭如左氏傳『屬厭』之厭，饜也，飽足也。不厭者，不求精細而屬厭也。」毛氏之説，本於張栻，而劉氏正義之説，尤爲圓足，故從之。

【集注】食，飯也。精，鑿也。牛羊與魚之腥，聶而切之爲膾，食精則能養人，膾粗則能害人。不厭，言以是爲善，非謂必欲如是也。

按：此二句集解無注，朱子所言，蓋本於皇、邢二疏，是其誤不始於朱注也。

食饐而餲，魚餒而肉敗，不食。色惡，不食。臭惡，不食。失飪，不食。不時，不食。

【考異】史記世家「餒」作「餧」。　事文類聚續集引「魚餒而肉敗」以下一段，上題「孔子曰」三字。　皇本「臭」字作「臰」。　翟氏考異：按玉篇云：「臰，俗臭字。今惟釋藏用之。」

【考證】四書稗疏：集注云：「饐，飯傷熱濕也。」今按飯之傷熱而濕氣未斂者，俟之俄傾，則熱者清，濕者燥，何不姑少待之，而遽斥之不食耶？且粒食之以飯名者，非但稻麥稷之淅煮而攤蒸者也。凡穀食之熟而無汁可啜者皆名爲食，則今俗所謂麪餈餅餌餺飥之類，皆飯也食也，皆非有熱濕之傷者也。許慎説：「饐，傷濕也。」或謂爲濕氣所薰腐耳。集注增一熱字，愈入於誤矣。　黄氏後案：説文：「饐，飯傷濕也。」段注引葛洪曰：「饐，餿臭也。」釋文及邢疏引字林曰：「飯傷熱濕也。」諸説似歧異。式三謂飯因熱濕而傷腐臭謂之饐，飯因久鬱而味不甘者謂之餲。餲，猶鬱蒸之暍。説文：「餲，飯餲也。」「飯餲」疑「飯暍」之譌。暍，鬱也。釋文：「餲，烏邁反。一音遏。」諸説正互相備。惟爾雅云：「食饐謂之餲。」此必有奪字誤字。鄉黨圖考：

米之紅朽，國語所謂赤米。詩「魴魚頳尾」，魚勞則尾赤，爲色惡。周禮內饔：「辨腥臊羶香之不可食者，牛夜鳴則庮，羊泠毛而毳，羶；犬赤股而躁，臊；鳥皫色而沙鳴，貍；豕盲眂而交睫，腥；馬黑脊而般臂，螻。」注：「庮，朽木臭也。螻，螻蛄臭也。」內則注：「庮，惡臭也。」貍作鬱，腐臭也。爲臭惡是也。又曰：按爾雅惟言飯之失飪，肉物亦有之。肉之過熟者亦爲糜爛，半熟半腥者謂之爓。祭法，腥法上古，爓法中古，熟之爲腍，進後世之食。若生人之食，不可不熟也。論語後録：色惡，謂如鳥皫色。臭惡，亦舉庮羶爲説。而云蜀人作羊腊，以臭爲美，鄙遠之俗則然，然非至道。是二者皆不可食，故夫子不食也。論語偶記：左傳卜楚丘云：「食日爲二。」是一日之中，食有常時也。閻沒、女寬曰：「或賜二小人酒，不夕食。」謂不及待夕之時而食也。禮內則云「孺子食無時」，則成人以上，食必有時也。詩蝃蝀傳云：「從旦至食時爲終朝。」孟子云：「朝不食，夕不食。」淮南子：「臨於曾泉，是謂蚤食。次於桑野，是謂晏食。」並是食時之證。又曰：鄭以朝、夕、日中爲三時，亦大略言之。其實貴賤有別，天子食則四時，諸侯三時，大夫以下，惟朝夕二時。論語稽求篇：漢召信臣傳云：「不時之物，有傷于人，不宜以供奉養。」後漢鄧皇后詔引論語「不時不食」，謂穿掘萌芽，鬱蒸强熟，味無所至，而夭折生長。此單指蓏蔬之類，如冬月生瓜，方春薦蓼，今北方人皆能之，並無五穀菓實可令强熟者。且强熟即熟，亦非不熟也。予謂此節以經解經，當如禮運曰「飲食必時」，指春秋朝暮，又各有所宜之物，故舊注以朝夕日中爲三時，而由此推之，則如內則「春多酸，夏多苦，秋多辛，冬多鹹」類。

又如「食齊視春時，羹齊視夏時，醬齊視秋時，飲齊視冬時」類。又如「春宜羔豚膳膏薌，夏宜腒鱐膳膏臊，秋宜犢麛膳膏腥，冬宜鮮羽膳膏羶」類。又如「膾，春用葱，秋用芥。豚，春用韭，秋用蓼」類。此爲正解。蓋飲食之節，原是禮經。以禮解經，以經解經，庶幾無誤。

【集解】孔曰：「饐、餲，臭。味變也。魚敗曰餒。失飪，失生熟之節也。」鄭曰：「不時，非朝夕日中時也。」

按：以皇疏證之，孔注本作「饐臭餲味變」，今本誤倒。不時，鄭氏此注謂「非朝夕日中時」，其注禮運「飲食必時」，則引內則「食齊視春」之屬，其注仲尼燕居，味得其時。又據周禮食醫「春多酸」，獸人「冬獻狼」之屬，則未知所折衷也。後漢書鄧皇后紀：「傳曰：『非其時不食。』」章懷注云：「論語曰：『不時不食。』言非其時物，則不食之。」集注據此，與上數事爲一類，蓋亦漢人舊説，似勝鄭注。

【唐以前古注】皇疏：饐，謂飲食經久而腐臭也。餲，謂經久而味惡也，如乾魚乾肉久而味惡也。餒，謂魚臭壞也。爾雅云：「肉謂之敗，魚謂之餒。」食失常色，是爲色惡。臭惡，謂饌臭不宜食，故不食也。失飪，謂失生熟節也。煑食或未熟，或已過熟，並不食也。又引李充云：皆飲食壞敗之名也。又引江熙云：不時，謂生非其時，若冬梅李實也。又引李巡云：肉敗久則臭，魚餒肉爛。

按：李巡不知何許人，玉函山房輯本亦未之及，當考。

【集注】饐，飯傷熱濕也。餲，味變也。魚爛曰餒，肉腐曰敗。色惡，臭惡未敗而色臭變也。飪，烹調生熟之節也。不時，五穀不成果實未熟之類。此數者皆足以傷人，故不食。

割不正，不食。不得其醬，不食。

【考證】四書叢説：古者燕饗有大臠曰胾，其餘牲體脊骨及腸胃肺心，割截皆有一定，所謂不正，則不合乎度者。四書稗疏：集注云切肉必方正，不知割非切，切非割，方非正，正非方也。古者大臠載俎，食則自斷，故曲禮曰：「濡肉齒決，乾肉不齒決。」非若後世既割之復切之，令大小稱口所容，如陸績之母能必其方也。則割切之别也，方者對圓長橢斜纖曲而言也。正者，正當其處也。古之割肉，既皆大臠，而各有分理。骨有貴賤，髀不登於俎，君子不食圂腴。在殺，則有上殺中殺下殺。在登之俎，則有肩、有臂、有臑、有肫、有胳、有正脊、有横脊、有長脅、有短脅、有倫膚、有觳折，或左或右。肺則有離肺、有刌肺。心舌則去本末，皆所謂割之正也。若其腠理之常，隨手劃斷，則非體之正，是曰不正。抑或賓如主俎，則爲慢；主如賓俎，則爲汰。燕如祭，祭如燕，祭燕如常食，常食如燕祭，皆不正也，則皆以失禮而不食矣。倘必如陸績之母所切，四維端匀而後食，則離肺之小而長，脯之長尺有二寸，皆非君子之食矣。脊脅之間，必求其方，將雜用體骨以就之，是求方而適得不正也。集注以漢後切肉之法，爲三代割肉之制，而未求之禮，其失宜矣。黄氏後案：皇、邢二疏説異，皇疏爲集注所本。少牢禮：「牢心舌載於肵俎，心皆安下切上，午割，勿没。舌皆切本末，亦午割，勿没。」賈疏引此經證之，正與皇疏合。邢疏則以豚解體解言也。秦氏通考曰：「豚解者，解牲爲七體，一脊、兩脅、兩肱、兩股也。脅者，肋骨，亦謂之胉。肱者，前脛骨，謂之肩。股者，後脛骨，謂之髀。至四蹏則以其踐蹈穢惡而棄之。蓋髀肩胉各兩通一脊爲七體，此豚解之制也。體解者，即豚解之七體，而析解之，爲二十一。析脊骨爲三，前正脊、中脡脊、後横脊也。脅骨三，前代脅、中長脅、後短脅，合左右兩脅爲六也。肱骨三，上爲肩，中爲臂，下爲臑，合左右兩肱爲六也。股骨三，上爲髀，中爲肫，下爲胳，合左右兩股爲六也。至正脊之前，肩之上，當頸處謂之脰，亦謂之膉。胳之下，後足之末，近蹏者謂之觳。膉一而觳兩，皆不在正體之數。」據秦氏説，豚解則四蹏爲不正，以其踐蹈穢惡而棄之，凡七體皆正也。體解則析爲二十四，一膉兩觳亦不在正體之數，凡二十一體皆正也。少牢饋食禮之升載於俎，兩髀以近竅之故，賤之而不升，凡十八體爲正也。

按：割肉不方正者不食，天下豈有此不近人情事耶？使後世視孔子爲迂腐不通世故之人者，宋儒之罪也。又論語竢質以此爲齊時飲食之節是也。集注蓋兩失之。

【集解】馬曰：「魚膾非芥醬不食。」

【唐以前古注】皇疏引江熙云：殺不以道，爲不正也。

按：此説雖非古義，而較集注爲勝。

【集注】割肉不方正者不食，造次不離於正也。漢陸績之母切肉未嘗不方，斷葱以寸爲度，蓋其質美，與此暗合也。食肉用醬，各有所宜，不得則不食，惡其不備也。此二者無害於人，但不以嗜味而苟食耳。

按：集注此條本於皇疏，然皇疏兼採衆説，故無妨礙，邢疏已知其不通，他條多沿皇疏之舊，獨此與之立異者，誠知割肉不正不食不可能也。張南軒解此二句曰：「割不正，解牲之不以其制也。不得其醬，調味之不以其宜也。」得之矣。

【餘論】羣經補義：食肉惟取其方正者，則不正之割自不來前矣。配食之醬，如醯醢皆不設，此家人進食者之小過，夫子偶一不食，微示其意，後自知設醬得宜矣。凡此皆未嘗形於言怒於色，庶幾不失聖人氣象。

肉雖多，不使勝食氣。惟酒無量，不及亂。

【考異】釋文：氣，説文作「既」。説文解字：既，小食也。論語曰：「不使勝食既。」集注考證：氣當讀作餼，猶云飯料也。聘禮「後餼大夫黍粱稷食氣」，正黍粱稷之謂也。又古「餼」字今作「氣」，古「氣」字今作「餼」。九經古義：「氣」，本古「餼」字，詳見左傳補注。「餼」又與「既」通。禮記中庸云「既廩稱事」，鄭注云：「既讀爲餼。」是「既」與「氣」同。唐石經「惟」字作「唯」，皇本、集説本、纂箋本皆作「唯」。

【考證】劉氏正義：氣猶性也。周官瘍醫：「以五氣養之。」五氣即五穀之氣。人食肉多，則食氣爲肉所勝，而或以傷人。説文：「既，小食也。論語云：『不使勝食既。』」段氏玉裁説：「魯論作氣，古論作既，用假借。」或援許氏小食之訓解論語，非也。吕氏春秋孝行覽：「節飲食，肉雖多，不使勝食氣。」正用魯論此文。鄭注中庸云：「既讀爲餼。」注聘禮云：「古文既爲餼。」是既、氣通用。量猶度也。淩廷堪說：「『肉雖多，不使勝食氣』，爲食禮言之也。『惟酒無量，不及亂』，爲燕禮言之也。」胡培翬研六室文鈔亟稱淩說，爲之明其義云：「以公食禮考之，初設正饌，次設加饌。正饌有牛俎、羊俎、豕俎、魚俎、腊俎、腸胃俎、膚俎，醓醢、麋臡、鹿臡三者盛於豆，此下大夫六豆也。加饌有牛臐、牛炙、牛胾、牛鮨、羊臐、羊炙、羊胾、豕膮、豕炙、豕胾、魚膾，肉可不謂多與？然而黍稷六簋，宰夫設之。稻粱二簋，公親設之。賓初食稻粱，三飯即止。卒食黍稷，不以醬湆。是所謂以穀爲主，不使肉勝食氣也。又以燕禮考之，尊於堂上東楹之西者兩方壺，尊於堂下門西者兩圜壺。初時獻賓，賓酢主人，主人自酢，主人酬賓，二大夫媵爵于公，公取媵爵酬賓，禮亦盛矣。而獻卿獻大夫後，復作樂以樂賓，立司正以安賓，脱屨升席，晏坐盡歡，至於爵行無算，真所謂無量矣。然而君曰無不醉，有命徹幕，則必降階下拜，明雖醉正臣禮也。賓醉而出，鐘人爲之奏陔，則以所執脯賜鐘人，明雖醉不忘禮也。此非所謂以醉爲節而不及亂乎？然則此節或夫子嘗言其禮如此，或出聘鄰國，鄰國食之燕之，夫子一守禮經，記者因爲記之，俱未可知。」案淩氏此說甚核。然淩主禮食，不兼常食，於義稍隘。蓋常食如賓朋燕飲，亦得備物盡歡也。

【唐以前古注】皇疏：勝，猶多也。食，謂他饌也。食氣多肉少則肉美，若肉多他食少則肉不美，故不使肉勝食氣也，亦因殺止多殺也。酒雖多無有限量，而人宜隨己能而飲，不得及至於醉亂也。一云：不格人爲量，而隨人所能，而莫亂也。

【集注】食以穀爲主，故不使肉勝食氣。酒以爲人合歡，故不爲量，但以醉爲節而不及亂耳。程子曰：「不及亂者，非特不使亂志，雖血氣亦可使亂，但浹洽而已可也。」

【餘論】論語或問：胡氏曰：亂者，内昏其心志，外喪其威儀，甚則班伯所謂淫亂之原，皆在於酒。聖人飲無定量，亦無亂態，蓋從心所欲，而不踰矩，是以如此。學者未能然，則如晉元帝永嘉初鎮江東，以酒廢事，王導以爲言。帝命酌，引觴而覆之，於此遂絶。四書辨疑：酒之本性無他，惟能使人神志迷亂而已，飲之至於迷亂失常，然後爲醉。今言以醉爲節，而不及於亂，豈有不亂而醉者乎？聖人亦無以醉爲節之理，程子説是。疑辨録（論語稽引）：亂者，醉所爲也。欲不及亂，惟不醉而後能之。此文王毖酒之訓所以言德將無醉也。至若詩天子之燕諸侯，曰「不醉無歸」，此不過勸飲之意。而下文即曰：「顯允君子，莫不令儀。」豈弟君子，莫不令儀。」鄉飲酒「修爵無算」，此不過表合歡之意，故下文即曰：「朝不廢朝，暮不廢暮。」若醉則安見令儀與不廢耶？

沽酒市脯不食。

【考異】太平御覽資産部述文，「沽」亦作「酤」。

【考證】漢書食貨志：詩曰：「無酒酤我。」而論語曰：「酤酒不食。」（師古注：「鄉黨所記孔齋之時也。」）二者非相反也。夫詩據承平之世，酒酤在官，和旨便人，可以相御也。夫子當周衰亂，酒酤在民，惡薄不誠，是以疑而弗食。四書典故辨正：詩「無酒酤我」，毛傳謂：「一宿酒曰酤。」鄭康成訓酤爲榷酤之酤。集注云：「沽、市皆買也。」蓋從鄭注。聽雨紀談云：「三代無酤酒者，至漢方有榷酤，則沽酒似以一宿酒爲是。」愚按酒誥戒羣飲，周禮司虣禁市飲。飲而於市，則有沽酒明矣。翟氏考異：凡消納于腹，古通以食言之，如食德食言不一。漢書于定國傳：「食酒至數石不醉。」柳宗元序飲亦云：「吾病痞，不能食酒，至是醉焉。」不必因脯而始得并言也。皇、邢兩疏本俱以「齊必變食」屬此一節首，故顏氏亦說此事爲孔子齋時，而其說實優。按：孔子爲大夫，家中自當有釀酒，但必謂一生從不沽酒市脯，則商賈之以此爲業者，人皆嫌其不潔，無人敢買，寧有此理？苟沽市不食，限於齋時，自無酒必自作之，疑矣。翟氏之說是也。

【唐以前古注】皇疏：酒不自作，則未必清淨。脯不自作，則不知何物之肉。故沽市所得，並所不食也。或問曰：沽酒不飲，則詩那云「無酒沽我」乎？答曰：論所明是祭神不用，詩所明是人得用也。

【集注】沽市皆買也，恐不精潔，皆傷人也。與不嘗康子之藥同意。

【別解】黄氏後案：詩「無酒酤我」，毛傳：「一宿酒謂之酤。」酤、沽通，是沽酒非酒之美者，沽如粗沽之沽也。鄭君於周官酒正注云：「作酒既有米麴之數，又有功沽。」於禮檀弓「以爲沽也」，注云：「沽，猶略也。」皆可證。以沽訓買，本漢書食貨志。志言詩據太平之世，酒酤在官，曰「無酒酤我」。孔子言周衰亂，酒酤在民，而酤酒不食。此王莽欺世之論，不足以説經也。「市脯」，古本當作「朿脯」。有骨之胏，不可齧也。易「噬乾朿」，鄭君讀朿爲第，訓簀。馬氏讀朿爲胏，訓有骨之肉。此朿脯當讀胏脯，肉有骨之脯也。今字柹果譌柿果，蓋古書之待校正者多矣。

梁玉繩瞥記：周禮酒正注「酒有功沽之巧」，疏云：「功沽，謂善惡也。」夏官司兵注「功沽上下」，義同。因思論語「沽酒」當是酒之惡者。若訓沽爲買，安得飲酒必皆自作乎？　四書大全辨：鄭康成訓沽爲榷沽之沽，然注酒正職云：「既有米麴之數，又有功沽之巧。」孔疏云：「功沽，謂善惡。」則凡酒之善者爲功，惡者爲沽也。又酒以久爲貴，周禮：「昔酒取其久也，一宿曰宿，再宿曰沽。」沽酒即再宿之酒耳。

按：此雖可備一説，然沽與下市脯對文，仍當以訓買爲長。所以有此曲説者，皆以酒脯必自作，常人非極富之家不辦，聖人斷不拘執如此。今從古注，以此爲齋時事，種種疑團，皆可一言而決，乃知注疏終不可廢也。

不撤薑食，不多食。

【考異】宋刻九經本「撤」作「徹」。　讀四書叢説：古注：「齋禁葷物，薑辛而不臭，故不去。」此説頗長。古注自此上皆作齋戒意説，固未穩，然此句安知不是齋一類錯簡在此。

【考證】四書稗疏：言撤則必既設之而後撤也，言不撤則必他有所撤而此不撤也。按士相見禮「夜侍坐視夜膳葷，請退可也」，注云：「葷，辛菜。」薑亦辛菜也，則此言燕居講説而即席以食者，食已，飯羹醢胾之屬皆撤，而薑之在豆者獨留，倦則食之，以却眠也。古之人類然，君子亦以爲宜，不待夜倦欲食辛而更索之。集注未悉。潘氏集箋：説文無「撤」字，當作「徹」，云「去也」。薑，説文作「薑」，云：「禦溼之菜也。」論語竢質：彊食，食物中有薑者。薑與葱蒜韭䪥，皆用以調和食物，殺肉之腥臭者。齊忌葷，菜葱蒜韭䪥皆葷，食物中有之，必徹之矣。薑辛而不葷，故不徹。惜抱軒經説：古者有庋食之閣，天子左達五、右達五，公侯伯于房中五，大夫于閣三，士于坫一。大夫七十而有閣，則未知孔子之已有閣與？其坫也？禮，凡食畢，鼎食則撤，于造脯醢葷菜則不撤，庋以備時食。所以優尊者。禮，夜侍坐于君子，君子問夜膳葷，請退可也。故不撤葷者，禮也。薑亦葷也，孔子以葱䪥之類氣皆濁，不若薑之清，則所庋薑而已。雖常庋而以辛善散氣，故不多食，以衛生也。儒者或讀不多食，與上文不屬，則説非矣。聖人不啉於食，尚何待記而後明乎？

【集解】孔曰：「撤，去也。齋禁葷物，薑辛而不葷，故不去。不多食，不過飽。」

【唐以前古注】皇疏引江熙云：少所啖也。

【集注】薑通神明，去穢惡，故不撤。適可而止，無貪心也。

【別解】論語意原：不多食，指薑言之。四書釋地：不多食，諸家俱不承薑説。余謂「不撤薑食，不多食」，正與「惟酒無量，不及亂」一例語耳。通章不食俱專指一物，何獨此而忽泛及邪，亦不倫矣。魏晉鄉黨典義：肉不勝食氣，酒不及亂，已藏不多意在内。惟薑朝夕在御，或且疑其少過，故以不多食申足之。李詡戒菴漫筆：事文類聚蔬菜門引「孔子不撤薑食，不多食」，而題云：「薑不多食。」連文言之，謬矣。

按：梁陶弘景本草經注曰：「今之人噉辛辣物，惟此最常。故論語云『每食不撤薑』，言可常食，但不可多耳。」是舊有此說，較集注義爲長，似可從。

【餘論】邢疏：自此已上，皆蒙齊文，其凡常不必然。

按：朱子集注以明衣變食遷坐爲齊禮，「食不厭精」以下爲禮食常食之節，不但上文「割不正，不食。沽酒市脯不食」説不通，並「不撤薑食」亦説不過去。薑性熱，非可常食之物，遇夏令能不撤乎？又皆事理所必無者。邢疏義爲長，當從之。

○祭於公，不宿肉。祭肉不出三日。出三日，不食之矣。

【考異】太平御覽述作「祭於君」。義門讀書記：「祭於公」以下文勢若自爲一節。

【考證】劉氏正義：雜記「大夫冕而祭於公，士弁而祭於公」，注：「助君祭也。」是大夫士有助祭之禮。禮運「仲尼與於蜡賓」，史記世家「魯今且郊，如致膰於大夫，則吾猶可以止」，本篇云「入太廟」，皆夫子助祭之徵。周官大宗伯：「於兄弟有脤膰，異姓有賀慶。」此互文，明兼有之也。穀梁定十四年傳：「脤者何也？俎實也，祭肉也。生曰脤，熟曰膰。」説文：「鐇，宗廟火孰肉。春秋傳曰：『天子有事鐇焉。』」今或作「燔」，作「膰」。又説文：「胙，祭福肉也。」左僖九年傳：「王使宰孔賜齊侯胙。」脤、膰、胙皆祭肉名。天子諸侯祭畢，助祭之臣皆班賜之，以均神惠，即此注所云「牲體」也。凡殺牲皆於祭日旦明行事，至天子諸侯祭之明日又祭，謂之繹祭。祭畢，乃頒所賜肉及歸賓客之俎。則胙肉之來，或已三日，故不可再宿。四書偶談：曲禮「凡祭於公者，必自徹其俎」，疏：「此謂士助君祭。若大夫以上，則君使人歸之。」按徹俎歸俎不同。當祭未撤俎時，尸與主人主婦俎，有司徹之。臣所獻之俎，自徹之，置於堂下，及祭畢，士自持歸。大夫以上，君使人歸之。然則此不宿之肉，即君使歸之俎，而郊膰不致，亦指不歸俎言也。時說直謂君所頒祭肉，不知臣助君祭，自有所獻之俎肉，即所云賓俎也。韋昭國語注：「天子諸侯祭之明日有繹，卿大夫曰賓尸。」故本日無暇致胙。禮，賜君子小人不同日，頒肉時，自諸父昆弟逮輝庖翟閽須有先後，故必得三日而徧。

【集解】周生曰：「助祭於君，所得牲體，歸則頒賜，不留神惠。」鄭曰：「自其家祭肉，過三日不食，是褻鬼神之餘。」

【集注】助祭於公，所得胙肉，歸即頒賜，不俟經宿者，不留神惠也。家之祭肉，則不過三日皆以分賜，蓋過三日，則肉必敗而人不食之，是褻鬼神之餘也。但比君所賜胙可少緩耳。

○食不語，寢不言。

【考證】梁氏旁證：説文：「直言曰言，論難曰語。」詩大雅「于時言言，于時語語」，疏：「直言曰言，謂一人自言。答難曰語，謂二人相對。」禮雜記「三年之喪，言而不語」，注：「言，自言己事也。語，爲人論説也。」四書約旨：當食時心在於食，自不他及，日常如此，故記之。若禮食相會，豈無應對辭讓之文。祭與養老，更有合語乞言之禮。但行禮時則語，食時自不語也。

【唐以前古注】書鈔禮儀部七引鄭注：爲其不敬，明當食寢非言語時也。

【集注】答述曰語，自言曰言。范氏曰：「聖人存心不他，當食而食，當寢而寢，言語非其時也。」楊氏曰：「肺爲氣主，而聲出焉。寢食則氣窒而不通，語言恐傷之也。」亦通。

【餘論】四書辨疑：若從注文之説，語與言既分兩等，則食寢所慎，亦各不同，食則止是不語，却合有言；寢則止是不言，却合有語。若以答述自言一通論之，當食之時，人問則不與酬答，不問則却當自言；當寢之時，不問則不先自言，須問則乃與酬答，然其先問者却是自言。邢昺疏：「直言曰言，答述曰語。」許氏説文：「直言曰言，論難曰語。」注文與二説言雖相倣，意各有差。自言直言已不同，答述論難亦不同。廣韻訓「語」字雖引説文，亦不全用其説，止訓爲論。訓「言」字則曰「言語也」。玉篇訓言曰「言辭也」，訓語曰「言説也」。舊韻略雜取諸説，毛晃韻略專以説文爲據，本分言之，惟廣韻、玉篇以言爲言辭，以語爲言説者，最不穿鑿，當取爲正。此章本無深意，食不語，止是口中有物，故不多語。寢不言，止是心欲安静，故不多言。語即是言，言即是語，不可强有分别也。王滹南曰：「此何可分，但是變文耳。」

○**雖疏食菜羹，必祭，必齊如也。**

【考異】釋文：食音嗣，又如字。魯讀瓜爲必，今從古。注疏本「疏」作「蔬」。皇本「疏」亦作「蔬」，「瓜」作「苽」。羣經識小：必字從八弋，篆文作𠀚，與「瓜」相近而誤。潘氏集箋：公羊襄二十九年傳「飲食必祝」注、論衡祭意篇並引作「瓜」。何休通今文，充書所引亦多今文，魯論爲今文，並作「瓜」，不作「必」，則知魯論直讀瓜爲必，非誤字也。鄭所以不從者，以下文又有「必」字，故從古讀如字也。四書或問：既曰疏食菜羹，而又以瓜繼之，則不辭矣。曰必祭，則明無不祭之食也。

按：集注讀瓜爲必是也。禮雜記：「孔子言少施氏食我以禮，吾祭，作而辭曰：『疏食不足祭也。』」然食羹皆火食，其祭宜也。瓜既果實，何必祭？且祭瓜何不祭他果？均屬疑問。四書蒙引云：「若作瓜字，則在菜羹之内矣。竊謂瓜祭上環，當别爲一事，與此無涉。蓋瓜如作羹，則在菜羹内。如生祭，則與祭先代始爲飲食之人無關，故知應讀爲必也。何孟春餘冬序録謂當以瓜字絕句，由未知今文家本讀瓜爲必也。」

【考證】論語足徵記：釋文：「鄭云魯讀瓜爲必。」案先有魯論，後有古論。此古改「必」爲「瓜」，非古改「瓜」爲「必」也。其改爲瓜祭，正以玉藻有此文，謂可附會也，好贋鼎者正墮其彀中耳。案羹食大名，瓜則小名，三者並列，義頗不倫。且均薄物，既有瓜，何無果？而曲禮所載，醯醬葱瓜之屬，亦在祭品，此經何不及之？但舉一瓜，轉嫌挂漏，何如舉疏食菜羹，已足包括其餘耶？若疏食也、菜羹也、瓜也三者並舉，於義理爲不倫，於文章爲不順。顔黄門曰：「吾嘗笑許純儒不達文章之體。」愚謂此訓詁家通病，古論此條亦是也。且玉藻云：「子卯稷食菜羹。」程瑶田九穀考曰：「凡經言稷食者，疏食也。稷形大，故得疏稱。」然則此云「疏食菜羹」，即玉藻之

「稷食菜羹」也。彼「菜羹」下不連「瓜」字，此亦當然。證瓜可連祭於玉藻，何不證菜羹不連瓜於玉藻乎？朱子從魯，毛奇齡意主駁朱，故以玉藻爲證，今仍據玉藻破之。四書典故辨正：疏食有三説：朱子以爲粗食，一也。孔安國以爲菜食，二也。月令鄭注云：「草木之實爲疏食。」三也。何燕泉主孔説，謂疏食乃乏米而以蔬代食，引東觀漢記「趙常蔬食而以穀食陰讓弟」爲證。愚按此疏食對下菜羹，自是粗飯。若述而篇之飯疏食，或可如孔説耳。劉氏正義：菜羹者，以菜爲羹也。爾雅釋器：「肉謂之羹。」言煮肉之有汁者也。凡肉汁和以鹽菜爲鉶羹，不和鹽菜爲大羹。其常食之羹如雞犬兔及菜羹，皆和米屑作之。呂覽慎人云：「孔子窮於陳、蔡之間，藜羹不糝。」糝即米屑也。內則別有芼羹、堇荁、葵薇之類。彼是禮食，此文菜羹與疏食相儷，則但謂藜藿之類耳。食所以有祭者，禮運曰：「昔者先王未有火化，食草木之實、鳥獸之肉，飲其血，茹其毛。後聖有作，然後修火之利，范金合土，以炮以燔，以烹以炙，以爲醴酪，以養生送死，以事鬼神上帝，皆從其朔。此以祭之所以報功，不忘本也。」春官大祝：「辨九祭：一曰命祭，二曰衍祭，三曰炮祭，四曰周祭，五曰振祭，六曰擩祭，七曰絶祭，八曰繚祭，九曰共祭。」此通言祭食之禮，義具彼注。凡祭，皆出少許置之籩豆之間，或上豆或醬湆之間。淩氏廷堪禮經釋例言之詳矣。公食大夫禮「魚腊醬湆不祭」，注云：「不祭者，非食物之盛者。」疏云：「以其有三牲之醴，魚腊醬湆非盛者，故不祭也。」玉藻云：「唯水漿不祭，若祭爲已偞卑。」注云：「水漿非盛饌也。」據此，是盛物方祭，非盛物或可不祭。夫子家居所食，雖極之疏食菜羹，亦必祭之，又必致其肅敬之容，所謂不敢以菲薄廢禮者也。

【集解】孔曰：「齊，嚴敬貌。三物雖薄，祭之必敬。」邢疏：「蔬食也，菜羹也，瓜也，三物雖薄，將食祭先之時，亦必嚴敬。玉藻云：『惟水漿不祭。』又云：『瓜祭上環。』」

【集注】古人飲食，每種各出少許，置之豆間之地，以祭先代始爲飲食之人，不忘本也。齊，嚴敬貌。孔子雖薄物必祭，其祭必敬，聖人之誠也。（此一節記孔子飲食之節。）

○席不正，不坐。

【考異】史記世家述此句在「割不正，不食」下。墨子非儒篇：孔某席不端弗坐，割不正不食。新序節士篇：孔子席不正不坐，割不正不食。説文解字同。韓詩外傳卷九：孟子母曰：「吾姙是子，席不正不坐，割不正不食。」朱子或問曰：列女傳亦言之，蓋即孔子意。翟氏考異：上雖記飲食之節，而如「寢不言」即以「食不語」連類並及，此句據史記、墨子、韓詩外傳、新序、説文五書，俱與「割不正」相儷。今析兩處，致此句孤出，于上下文莫得其類，疑錯簡也。事文類聚述上段「不時不食，不得其醬不食」，中間無「割不正」句，或其時流傳本尚有如是者耶。

按：此句應在「割不正不食」之下，係屬錯簡，翟氏之説是也。且當是記孔子齋時飲食起居之節，舊説不可廢也。

【考證】劉氏正義：凡席之名，司几筵有莞、繅、次、蒲、熊，又有葦、柏。莞者，蒲類。繅者，削蒲蒻展之，編以五采。次者桃枝席，有次列成文。柏者，鄭司農謂「迫地之席」，康成謂「椁字磨滅，藏中神坐之席」，不言席身所用。又禮器有越席，郊特牲有蒲越、稾鞂，玉藻有蒯席，尚書有篾席、底席、豐席、筍席，玉府有衽席。越即蒲越。稾鞂者，用禾穰爲之。蒯者，草名。篾者，析竹之次青爲之。底席即蒲席。豐者，刮湅竹席。筍者，析竹青皮。衽者，卧席，其字從衣，疑以布爲之，加於席上。凡皆諸席異稱也。不正者，謂設席有所移動偏斜也。下文云：「君賜食，必正席先嘗之。」曲禮云：「主人跪正席，客跪撫席而辭。」可知凡坐時皆有正席之禮。夫子於席之不正者，必正之而後坐也。

【唐以前古注】皇疏引范甯云：正席所以恭敬也。或云如禮所言，諸侯之席三重，大夫再重，是各有其正者也。

【集注】謝氏曰：「聖人心安於正，故於位之不正者，雖小不處。」

【發明】此木軒四書說：許叔重云：「席不正不坐，割不正不食，不飲盜泉，積正也。」案積正猶孟子言「集義」。賢人勉力，聖人從心，其合小爲大一也。

論語集釋卷二十一

鄉黨下

○鄉人飲酒，杖者出，斯出矣。

【考異】七經考文：一本「斯」作「則」。

【考證】潘氏集箋：禮記鄉飲酒義正義曰：「凡有四事：一則三年賓賢能，二則鄉大夫飲國中賢者，三則州長習射飲酒也，四則黨正蜡祭飲酒。總而言之，皆謂之鄉飲酒。」儀禮鄉飲酒禮疏略同。論語偶記云：「此鄉人飲酒，謂黨正蜡祭飲酒也。所以知然者，經云『杖者出，斯出矣』，是主於敬長。周官黨正職云：『國索鬼神而祭祀，則以禮屬民，而飲酒于序，以正齒位。』鄉飲酒義第五節云：『六十者坐，五十者立侍以聽政役，所以明尊長也。六十者三豆，七十者四豆，八十者五豆，九十者六豆，所以明養老也。』注以黨正正齒位之禮解之，與此經有杖者同是敬老之事，故知此鄉人飲酒爲黨正蜡祭飲酒也。若鄉大夫飲國中賢者，與州長習射飲酒，無關養老。其賓賢能之鄉飲酒，則以鄉學之士將升者賢者爲賓，其次爲介，其次爲衆賓，皆是年少者爲之，不得有杖者也。禮，六十杖於鄉，夫子與鄉人飲酒而出後杖者，則時爲立侍之衆賓可知，所謂『仲尼與于蜡賓』也。黨中飲酒亦稱鄉者，黨，鄉之細，與州長以禮會民而射于州序之飲，同得爲鄉飲酒。康成云：『謂之鄉者，州黨鄉之屬也。』又有別解云：『或則鄉之所居州黨，鄉大夫親爲主人焉是也。』蜡祭飲酒初雖正齒位，及其禮末，皆以醉爲度。雜記云：『子貢觀于蜡，曰：「一國之人皆若狂。」』是既醉而出之時，不復有先後之次。此夫子杖者出斯出矣，所以爲異於人。」孥經室集據鄉飲酒義「鄉人士君子尊于房戶之間」，鄭注：「鄉人，鄉大夫也。」謂此鄉人飲酒，即儀禮之三年大比主賓賢能，說與方說不同。禮學巵言云：「子位至大夫，於鄉飲酒當爲僎者。儀禮記僎大夫後出，主人送於門外，鄭君以爲不干其賓主之禮。然則僎者唯後賓耳，賓出斯出矣。子特於鄉尚齒教敬，故復俟鄉人之杖者出，然後出也。」三說皆可從。論語釋故：鄉飲酒之禮，賓出奏陔，主人送于門外再拜，則賓出而皆出，無容先後。此云夫子「杖者出，斯出矣」，則他人有不出者，故知非禮飲。禮器「周禮其猶醵與」，注：「合錢飲酒爲醵。王居明堂之禮，仲秋乃命國醵。」周禮族師注云：「族長無飲酒之禮，因祭脯而與其民以長幼相獻酬焉。」疏引醵爲說，亦醵之類。又詩瓠葉箋云：「此君子，謂庶人之有賢行者也。其農功畢，乃爲酒漿，以合朋友，習禮講道義也。酒既成，先與父兄室人亨瓠葉而飲之，乃依士禮立賓主獻酬。」此鄉人飲酒之屬。

按：此節劉氏正義、黃氏後案均主方氏偶記之說，當屬正解。江氏圖考謂此所記爲鄉人有時會聚飲酒，與釋故同。竊謂鄉飲，凡鄉大夫賓賢能，飲國中賢者（錢坫論語後録即主此說），州長習射，黨正蜡祭飲賓，族師祭脯，及冠昏祭祀，與夫尋常酬酢之類，皆包含之。

【集解】孔曰：「杖者，老人也。鄉人飲酒之禮主於老者。老者禮畢出，孔子從而後出。」

【唐以前古注】皇疏：鄉人飲酒，謂鄉飲酒之禮也。禮，五十杖於家，六十杖於鄉，故呼老人爲杖者也。鄉人飲酒者貴齡崇年，故出入以老人者爲節也。

【集注】杖者，老人也。六十杖於鄉，未出不敢先，既出不敢後。

【別解】讀書證疑：說文：「饗，鄉人飲酒也。从食从鄉，鄉亦聲。」疑解中「鄉」字當讀上聲，即「饗」字，饗、鄉字通。漢書文帝紀「專饗獨美其福」，注：「饗，亦作鄉。」鄭注儀禮少牢饋食「饗辭」云：「饗，勸强之也。」則鄉人者，謂勸强人飲酒也。此「鄉人」或亦當讀作「饗人」，禮有鄉飲酒，無鄉人飲酒，論者以族師祭酺飲酒當之，正泥於下文「鄉人儺」一例，故別施議論耳，此當與上文飲食一例。

按：此說非也。段氏玉裁經韻樓集說：「鄉飲酒禮古謂之饗。說文：『饗，鄉人飲酒。』從鄉食會意。其禮主於養老，賓興賢能之文見於鄉飲酒義者，乃用尚齒之禮以禮賢能，鄉大夫之職所謂『以禮禮賓之』者也。」

○鄉人儺，朝服而立於阼階。

【考異】釋文：儺，魯讀爲獻，今從古。「於阼」，本或作「於阼階」。禮記郊特牲：「鄉人裼，孔子朝服立于阼，存室神也。」鄭注曰：「裼或爲獻，或爲儺。」經義雜記：郊特牲：「孔子朝服立於阼。」知禮記文與古本論語同。則或本有「階」字者非。

【考證】論語後録：郊特牲「鄉人裼」注蓋合古、今文論語。古者「儺」與「獻」聲同，「儺」亦作「難」。周禮占夢注「古書難或爲儺。杜子春讀難問之難，其字當爲儺」是也。讀「儺」同「那」，又因讀「獻」爲「莎」。獻可爲莎，則儺可爲獻矣。是古儺、獻同字。論語古訓：郊特牲云「汁獻涚於醆酒」，注：「獻，讀當爲莎，齊人語聲之誤也。」是魯論「獻」爲「儺」字聲近之誤，故鄭從古作「儺」也。劉氏正義：周官占夢云「季冬，遂令始難敺疫」，注：「難，謂執兵以有難却也。故書難或爲儺。杜子春儺讀爲難問之難，其字當作難。」月令：「季春之月，命國難，九門磔攘，以畢春氣。仲秋之月，天子乃難，以達秋氣。季冬之月，命有司，大難旁磔，出土牛，以送寒氣。」段玉裁周禮漢讀考：「案儺，杜子春讀爲難問之難，而鄭從之，故占夢、方相氏注皆云難却。於月令季春、季秋、季冬注云：『此難，難陰氣也。』『此難，難陽氣也。』難皆當讀乃旦反。」案淮南時則訓高誘注：「儺猶除也。儺讀躁難之難。」譙周論語注：「儺，却之也。」並同杜、鄭之義。舜典「而難任人」，難亦謂屏却之。鄭此注云：「儺，魯讀爲獻，今從古。」十二月，命方相氏索室中，逐疫鬼。」段玉裁周禮漢讀考謂：「鄭從古論作難，後人改之，加偏旁耳。方相氏疏引論語正作難。劉昌宗依杜，難音乃旦反是也。戚袞音乃多反，乃詩竹竿儺字之音。陸氏無識，於方相氏、月令、郊特牲、鄉黨皆音乃多反。淺人反以儺爲敺疫正字，改易淆譌，音形俱失。」案乃旦、乃多，一音之轉。若以古正音，則當是乃多。故隰桑以阿、難、何爲韻，而魯讀「儺」亦爲「獻」也。阮氏元校勘記：「郊特牲『汁獻涚於醆酒』，注：『獻讀當爲莎，齊人語聲之誤也。』此讀儺爲獻，亦聲近之誤。」案儺、獻既由聲近，「獻」字或用叚借，未必爲誤字矣。　菣厓考古録：此即月令「季冬之月，命有司大難旁磔，出土牛，以送寒氣」也。凡難有三。季春國難，畢春氣，諸侯以下不得難。仲秋天子難，達秋氣，天子以下不得難。惟季冬難，貴賤皆得爲，故謂之大。周禮序官方相氏祇曰「狂夫四人」，不名其職，要亦胥徒之屬。其曰「命有司」者，大難通于天下，必有董其事者。鄉大夫之職，各掌其鄉之政教禁令，此難亦其一事。如今時出土牛，各郡太守必盛儀以隨其後，謂之押春，可見特古禮以大難出土牛爲一令，今禮以出土牛迎春于東郊爲一令，微有不同。郊特牲字或以禓，文異義同。謂之存室神者，方相氏索室毆疫，比户爲之，至孔子家，則孔子行朝服立阼階之禮，故謂之存室神。皇疏以爲季春之儺，失之。　任大椿弁服釋例：匡謬正俗云：鄉人禓，孔子朝服立于阼階。鄭注云云。徐仙民音禓爲儺，今讀遂不可言禓，亦失之也。考郊特牲注既云：「禓，强鬼也。」則禓自爲强鬼之名。論語「鄉人儺」，注云：「毆逐疫鬼。」即月令所謂『難陰氣』也。」則儺自爲攘祭之名。郊特牲言鄉人禓，言於儺時毆逐疫鬼，又兼毆逐禓鬼，故即以禓名祭也。説文：「禓，道上祭也。」考急就篇「謁禓塞禱鬼神寵」，顔師古注：「禓，道上之祭也。」王伯厚補注：「一曰道神。周禮注：『衍祭羨之道中，如今祭殤。』司巫注：『就巫下，禓音傷。』郊特牲『鄉人禓』，注：『禓，强鬼。』」據伯厚此注，則郊特牲注所云「禓强鬼」，與説文所云「道上祭」同，蓋毆逐强鬼而祭之於道上也。九歌國殤王逸注：「謂死於國事者。」又引小爾雅曰：「無主之鬼謂之殤。」「殤」與「禓」通。鬼無主則爲厲，故曰强鬼。國殤之辭曰：「帶長劍兮挾秦弓，首身離兮心不懲。」蓋言其厲也。鄉人禓此强鬼凶厲之氣，隨感而發，恐其震驚先祖，而朝服臨廟，固其宜也。鄉黨之儺，主於儺陰氣。張平子東京賦：「煌火馳而星流，逐赤疫於四裔。」注引續漢書曰：「儺，持火炬送疫出端門外，騶騎傳炬出宫，五營騎士傳火棄洛水中。」云出端門，棄洛水，則亦儺之於道上矣。與郊特牲之禓名義雖殊，而敺强鬼與敺疫鬼則一也。郊特牲但云「存室神」，不云於寢於廟，孔論語注則云「立於廟之阼階」，蓋廟有寢室，先祖之神在寢室中，故云「存室神」也。室神，猶云廟神也。士入廟玄端，大夫入廟朝服。孔子爲少司寇，故得以大夫之服入廟也。

【集解】孔曰：「儺，驅逐疫鬼。恐驚先祖，故朝服而立於廟之阼階。」

【唐以前古注】月令正義引鄭注：十二月，命方相氏索室中，逐疫鬼。皇疏：儺者，逐疫鬼也。爲陰陽之氣不即時退，疫鬼隨而爲人作禍，故天子使方相氏，黄金四目，蒙熊皮，執戈揚楯，玄衣朱裳，口作儺儺之聲，以敺疫鬼也。一年三過爲之，三月、八月、十二月也。故月令季春云「命國儺」，鄭玄云：「此儺，儺陰氣也。陰寒至此不止，害將及人，厲鬼隨之而出行。」至仲秋又云「天子乃儺」，鄭玄云：「此儺，儺陽氣也。陽暑至此不衰，害亦將及人，厲鬼亦隨之而出行。」至季冬又云「命有司大儺」，鄭云：「此儺，儺陰氣也。厲鬼將隨强陰出害人也。」侃案三儺，二是儺陰，一是儺陽。陰陽乃異，俱是天子所命。春是一年之始，彌畏災害，故命國民家家悉儺。八月儺陽。陽是君法，臣民不可儺君，故稱天子乃儺也。十二月儺雖是陰，既非一年之急，故民亦不得同儺也。今云「鄉人儺」，是三月也。

按：鄭注論語明云「十二月鄉人儺」，皇氏解季冬儺，不及鄉人，有違鄭義，未知何據。黄氏後案、張氏四書辨證均疑之。

【集注】儺所以逐疫，周禮方相氏掌之。阼階，東階也。儺雖古禮，而近於戲，亦必朝服而臨之者，無所不用其誠敬也。或曰：「恐其驚先祖五祀之神，欲其依己而安也。」此一節記孔子居鄉之事。

【發明】四書訓義：以君子而與鄉人處，非易易也。非予之以近情，則無以導其和，而非示之以節，而不與同流，則無以作其肅。觀於聖人而得其妙用焉。鄉人之有飲酒與儺，則先王以一張一弛而爲近情之事以和之者也。然此二者之必至於狎亂而若狂，先王亦無以禁之。乃夫子於鄉人之飲酒，則惟修敬長之禮，視杖者以爲度。杖者未出而不出，無妨於同樂，而吾以敬老故留也。杖者出而斯出，不與子弟同其狎，則自此以後，皆付之不見不聞。鄉人之情得，而君子之威亦全矣。於儺也，則示以國典之當敬，朝服以自飾其容，立於阼階，以示神人之有主，則儺者雖有擾雜狎戲之爲，而懍然於國家之大典，以有所憚於君子之前，而不至於亂。夫然則鄉人謂我以賢智臨之而不合於俗不可也，謂君子之可與俗諧，而無忌憚之情形不妨令君子見之，而抑不能也。既以自處者盡善，而移風易俗之妙用亦在焉。嗚呼！不可及已。

反身録：居鄉而

或以賢知先人，或以門閥先人，或以富貴先人，或以族大先人，或以事業聞望先人，或以學問文章先人，有一於斯，其人可知。聖如孔子，居鄉恭謹，固無論矣。下此如漢之張湛，官至太守，歸鄉必望里門而步。主簿進曰：「明府位尊德重，不宜自輕。」湛曰：「禮，下公門，式路馬。孔子於鄉黨，恂恂如也。父母之國當盡禮，豈爲自輕哉！」明太宰漁石唐公致政家居時，出入惟徒步。或曰：「公官居八座，年邁七旬，故天下大老也。孔子謂從大夫之後，不可徒行。公學孔子者，而顧欲過之耶？」公曰：「固然。第吾楓山先師致政歸，祇是徒行，未嘗乘轎。姪朴菴章侍郎及竹簡潘侍郎俱守此禮，吾安敢違也。」松江張莊簡公與莊懿公皆以尚書同居東南城河外，中門隔數十武，兩公歲時入城祝釐，則皆出而往朱待詔家拜節。待詔者，櫛公之稱也。兩公與朱爲老鄰，即賤必肅章服拜之，櫛公則戴老人頭巾接兩尚書，具茶送之而出。此皆居鄉而不以名位先人者也。

○問人於他邦，再拜而送之。

【考異】七經考文：足利本無「而」字。天文本論語校勘記：足利本、唐本、津藩本、正平本「再拜而送之」，「之」上無「而」字。

【考證】四書釋地：拜而受之，如今之一揖折腰而已。再拜而送之，則兩揖。至拜下之拜，乃再拜稽首也。 蔵厓考古録：詩「雜佩以問之」，曲禮所云「苞苴盛魚肉，簞笥盛飯食」，二者祇可施之同國。若珩璜琚瑀及弓劍之屬，皆可遠及。故左傳哀公十一年：「東郭書使問弦多以琴。」又二十六年：「衛出公使以弓問子貢。」一由齊至魯，一由衛至魯，問人於他邦蓋指此。

論語稽：孔子周游列國，所交皆名卿大夫，如蘧瑗、老聃、師襄、顔讎由、司城貞子，與夫晏嬰、沈諸梁之屬，皆一時賢俊。其往也有饋，其返也有贐，皆可以意得之。邢疏：「問，猶遺也。」武億曰：「以物將誠曰問。」朱亦棟曰：「曲禮『以弓劍苞苴簞笥問人』，鄭風『雜佩以問之』。左傳成十六年『楚子使工尹襄問郤至以弓』，哀十一年『東郭書使問弦多以琴』，二十六年『衛出公使以弓問子貢』，檀弓『束脩之問不出竟』，皆問人必以物之證也。其異地相問，如子華使齊，子貢、冉有至楚之類，其事必多，特經傳未記，故不可考。再拜送者，士相見當再拜。今拜使者，如拜所問之人，此當時使命之通禮。」鄉黨圖考：其時使者不答拜。鄭注儀禮云「凡爲人使，不當其禮」是也。

【集解】孔曰：「拜送使者，敬也。」

【唐以前古注】皇疏：問者，謂更相聘問也。他邦，謂鄰國之君也。謂孔子與鄰國交遊，而遣使往彼聘問時也。既敬彼君，故遣使；使者去，則再拜送之也。爲人臣禮乃無外交，而孔子聖人，應聘東西無疑也。

按：邢疏此條不用皇説，謂：「此記孔子遺人之禮也。問，猶遺也，謂因問有物遺之也。問者，或自有事問人，或聞彼有事而問之，悉有物表其意。故曲禮云：『凡以弓劍苞苴簞笥問人者，操以受命，如使之容。』此孔子凡以物問遺人於他邦者，必再拜而送其使者，所以示敬也。」

羣經義證深然其説，又以爲「人亦非邦君之謂，皇疏義曲」是也。故特著之。

【集注】拜送使者如親見之，敬也。

【餘論】劉氏正義：再拜即禮之空首。鄭注大祝，以空首爲拜頭至手。段氏玉裁釋拜以空首爲跪而拱手，首俯至手，故對稽首之頭著地，而以不著地者爲空首。王氏瑬正義以空首爲首俯而不至手，首與尻平，故荀卿言平衡曰拜。但以手據地，故曰拜手。其首空懸，故曰空首。三説不同，以王爲允。王又云：「經中不見有空首之文，以或言拜，或言拜手，皆空首也。」據王説，則此文再拜當爲空首之再拜矣。大祝：「七曰奇拜，八曰褒拜。」鄭大夫云「奇拜，謂一拜也。褒讀爲報，報拜，再拜」是也。凡拜有奇有耦，耦者尤爲敬也。段玉裁經韵樓集釋拜云：凡禮經言拜不言再者，皆謂一拜也。注即引下文爲證。下文「康子饋藥，拜而受之」，則一拜。

○康子饋藥，拜而受之。曰：「丘未達，不敢嘗。」

【考異】釋文：一本或無「而之」二字。七經考文補遺：古本「嘗」下有「之」字。翟氏考異：按「嘗」或作「甞」，今本與下「正席先嘗」俱兩文並行。據説文有「嘗」無「甞」，「甞」蓋續作字，當以「嘗」爲正。

【考證】潘氏集箋：説文：「饋，餉也。藥，治病草。嘗，口味之也。」周禮醫師「聚毒藥以共醫事」，鄭注：「毒藥，藥之辛苦者。藥之物恒多毒。」疏謂：「藥中有毒者，謂巴豆、狼牙之類是也。藥中有無毒者，謂人參、芎藭之類是也。」案藥得其當，則毒者亦能療病。不得其當，則不毒者亦能害人。此非深於醫理、達於藥性者不能知，故夫子云「丘未達，不敢嘗」也。黄氏後案：夫子既能拜受而答，藥非饋於疾急之時，正如今日一種丸散補劑通用。子云未達者，凡藥加減必應病而後有益，不能以一藥通治諸人之疾。皇疏謂「未曉此藥治何疾，故不敢嘗之」是也。

【集解】包曰：「饋孔子藥也。」孔曰：「未知其故，故不嘗，禮也。」

【集注】范氏曰：「凡賜食必嘗以拜，藥未達則不敢嘗，受而不飲，則虚人之賜，故告之如此。然則可飲而飲，不可飲而不飲，皆在其中矣。」楊氏曰：「大夫有賜，拜而受之，禮也。未達不敢嘗，謹疾也。必告之，直也。」此一節記孔子與人交之誠意。

按：何晏集解本分兩節，朱子合爲一節，今從朱子。

【餘論】四書辨疑：君賜食，蓋熟食也，故可先嘗。賜腥則亦不嘗矣。夫藥性有萬殊，服食之法，製造不一，尤無未熟先嘗之理。又無迫使面嘗之命，何必告之如是邪？且康子以善意饋藥，既已受之，亦當善其辭意以答之，今乃自以曲防疑人之心，告其來使，阻定不服其藥，虚人之賜，孰甚於此？康子聞之，非慚即怒。便如康子寬厚能容，而已之爲人，是何道理？楊氏以必告爲直，聖人之直，恐不如此。王滹南曰：「當是退而謂人之辭，記者簡其文，故一曰字而足耳。」此説理當。學者往往疑其稱名，謂非所以告門人者，抑亦未之思也，如云「吾無行而不與二三子者，是丘也」，「由之瑟，奚爲於丘之門」，「丘也幸，苟有過，人必知之」，對門人稱名，若是者多矣，何獨疑於此哉？惟從滹南之説爲是。

○廐焚。子退朝，曰：「傷人乎？」不問馬。

【考異】李冶論語刊誤：五十年來，馬廄字皆書「廐」字。廄字從殳，廐字從旡，經史中且無此「廐」字。殳者，戈戟之屬。馬亦武事，故曰廄庫。若從旡，即失武事之意。

【音讀】釋文：「傷人乎」絶句，一讀至「不」字絶句。李氏刊誤：或有論者曰：「『傷人乎否？問馬。』言先問人，後問馬也。」夫此乃人之常情，何足紀述？本以不問馬惟問人，弟子慕聖人推心，足以垂範。且「傷人乎」即是問之之辭。資暇録：今有謂韓文公讀「不」爲「否」，云聖人豈仁於人，不仁於馬。故貴人所以先問，賤畜所以後問。然「乎」字下豈更有助詞。考陸氏釋文已云「一讀至『不』字句絶」，則知以不爲否，其來尚矣。若以不爲否，則宜至「乎」字句絶，不字自爲一句。何者？夫子問傷人乎，乃對曰否。既不傷人，然後問馬，又別爲一讀。豈不愈於陸氏云乎？經讀考異：楊雄太僕箴：「廐焚問人，仲尼深醜。」箴言問人爲醜，則不徒問人矣。漢時近古，授讀必有所自，是「不」宜作一讀，「問馬」又作一讀，依文推義，尤於聖人仁民愛物義得兩盡。翟氏考異：按鹽鐵論刑德章：「魯廐焚。孔子罷朝，問人不問馬。」可知漢人亦但以「不」字下屬，未嘗作否音。

按：邢疏云：「不問馬，記者之言。」胡炳文四書通曰：「不問馬與指其掌同，皆門人因夫子之言而申明之。」是諸說者雖較舊注義爲圓滿，然終不如武氏說之合於聖人仁民愛物心理也。或曰：「一不字單綴，恐不成辭。」余讀史記范睢傳：「范叔有說於秦耶？曰不也。」此例極多，未嘗讀作「否」字也，陸氏後一讀不可從。

【考證】家語子貢問篇：孔子爲大司寇，國廐焚，子退而之火所，鄉人有自爲火來者則拜之，士一，大夫再。子貢問曰：「是何也？」子曰：「是亦相弔之道也。」雜記：廐焚，孔子拜鄉人爲火來者，拜之，士一，大夫再，亦相弔之道也。四書大全辨：家語與論語及禮記所載廐焚本一事，而論語、雜記去「國」字，非脱也。周禮：「六繫成廐，諸侯也。六廐成校，天子也。」大夫止稱皂，稱繫，稱閑，不得稱廐。周禮之文甚明，故言廐可不煩言國廐也。或曰：國馬何以不問？曰：國馬則有圉人、皂人、趣馬、馭夫、僕夫、校人主之，是以不問也。魯廐大火，孔子非退朝始聞，蓋退朝而始至火所。時爲司寇，周禮秋官司民：「司寇，司傷人者也。」非無事而空問也。故問傷人者，司寇之火政。不問馬者，圉師輩之職掌也。論語偶記：詩云「自公退食」，禮云「朝廷曰退」，則退朝明是退至於家。果屬公廐，出朝時便可致問。且公廐被焚，去朝不遠，宜從救火，何待朝罷委蛇而出？且路馬亦非可輕記者，安得大書曰不問？王説非是。梁氏旁證：釋文云：「廐，夫子家廐也。王弼曰：『公廐也。』」按禮記雜記正義云：「孔子馬廐被焚。」與此記所爲一事，明是夫子家廐。故鄭注云：「自君之朝來歸。」邢疏亦直據之。至王弼之説，蓋本於桓寬鹽鐵論刑德篇，與鄭義不合。而王肅又竄改禮記，作僞家語，以與鄭氏爲難。不知既爲國廐，則人皆以國事而來者，必不僅孔子之鄉人。即有孔子之鄉人，亦必非專來弔孔子者。而孔子獨私拜其鄉人，於事理全不協矣。四書經注集證：若是國廐，則路馬亦重矣。問人之後，獨不當問馬乎？

按：廄焚事，據家語爲公廄，據雜記及此章退朝之文爲家廄。然公廄則春秋宜書，今不書，知當爲孔子之家廄。錢坫、陳鱣、劉寶楠並從鄭説，王肅據鹽鐵論竄改禮記，以與鄭氏相難，不足信也。

【集解】鄭曰：「重人賤畜也。退朝者，自魯之朝來歸也。」

【唐以前古注】皇疏：廄，養馬之處也。焚，燒也。孔子家養馬處被燒也。孔子早上朝，朝竟而退還家也。少儀云：「朝廷曰退也。」從朝還退，見廄遭火，廄是養馬處，而孔子不問傷馬，唯問傷人乎，是重人賤馬，故云不問馬也。又引王弼云：孔子時爲魯司寇，自公朝退，而之火所。不問馬者，矯時重馬者也。

【集注】非不愛馬，然恐傷人之意多，故未暇問。蓋貴人賤畜，理當如此。

【餘論】王滹南論語辨惑：蓋其已見，故不必問，初豈有深意哉？特弟子私疑而記之耳，本不須着此三字。四書辨疑：未暇問，乃是心欲問而無暇以及之也。理當如此，却是理不當問也。一説而分兩意，理皆不通。問人之言止是「傷人乎」三字而已，言訖問馬，有何未暇？雖曰貴人賤畜，馬亦有生之物，焚燒之苦，亦當愍之。今曰「貴人賤畜，理當如此」，其實豈有如此之理。反身録：「傷人乎？不問馬」，蓋倉卒之間，以人爲急，偶未遑問馬耳，非真賤畜，置馬於度外，以爲不足恤而不問也。畜固賤物，然亦有性命，聖人仁民愛物，無所不至，見一物之摧傷，猶惻然傷感，況馬乎？必不然也。學者慎勿泥貴人賤畜之句，遂輕視物命而不慈夫物。必物物咸慈而後心無不仁，庶不輕傷物命。

按：王、陳二家專攻集注，然貴人賤畜，語本鹽鐵論，鄭注亦用之，不足爲病。今忽無故塞進理字，謂理當如此，遂成語病耳。考列子：「齊田氏祖於庭，有獻魚雁者。田氏歎曰：『天之於民厚矣，生魚鳥以爲之用。』衆客和之如響。鮑氏之子年十二，預於次，進曰：『不如君言。天地萬物與我並生類也，類無貴賤，徒以大小智力而相制。且蚊蚋噆膚，虎狼食肉，非天本爲蚊蚋生人虎狼生肉者哉。』」據此，知聖人仁民愛物，雖有先後親疏之別，而無貴賤之分。若從武億之説，以「不」字爲一句，則此疑涣然冰釋矣。

【發明】四書訓義：夫馬有死者，則皂人必以告，而可無待問。至於人之或傷與否，雖必知之，而怵惕之仁，不能自已。唯貨利之心澹泊而不擾其寧静，惻隱之情肫摯而無所旁分，故如此。

按：此節本當以武億之説爲正解，假定退一步言之，果如集注所説，孔子所以不問馬者，蓋重人命而輕財産。大學：「孟獻子曰：『畜馬乘不察於雞豚。』」曲禮：「問庶人之富，數畜以對。」孔子係大夫，家中當有養馬。（論語稽云：「大夫不徒行，故有車，有車則有馬。諸侯二車七乘，上大夫五乘，下大夫三乘，士有二車，庶人牛車。又按車一乘四馬，孔子上大夫，馬數不下二十匹。」）不問者，世人多重視財産，聖人獨否，故弟子特記之。若貴人賤畜，庸夫俗子皆知之，何必聖人？王氏之説是也。

○君賜食，必正席先嘗之。君賜腥，必熟而薦之。君賜生，必畜之。

【考異】釋文：「腥」，説文、字林並作「胜」。魯讀「生」爲「牲」，今從古。論語後録：「胜」與「腥」通。胜本雞犬膏，借書腥字。腥本星見食豕，借以爲胜。故經凡「胜」皆作「腥」。潘氏集箋：胜，説文云：「从肉，生聲。」月即肉也。是合生、肉二字爲文，不熟之義顯然。自經典借「腥」爲「胜」，後世遂不知「腥」爲借字，其誤甚矣。天文本論語校勘記：足利本、唐本、津藩本、正平本「嘗」下無「之」字。

【考證】禮經釋例：君賜食，即聘禮所謂飪也。君賜腥，即聘禮所謂腥也。君賜生，即聘禮所謂餼也。凡牲殺曰饔，生曰餼。聘禮歸賓饔餼，「飪一牢，鼎九，設於西階前，陪鼎當内廉東面北上，上當碑南陳，牛羊豕魚腊腸胃同鼎，膚鮮魚鮮腊，設扃鼏膷臐膮，蓋陪牛羊豕」。牲之已亨者謂之飪。「腥二牢，鼎二七，無鮮魚鮮腊，設于阼階前西面南陳，如飪鼎二列。」牲之未亨者謂之腥。飪與腥皆饔也，是牲之殺者曰饔也。又歸聘賓，「餼二牢陳于門西，北面東上，牛以西羊豕，豕西牛羊豕」。注：「餼，生也。」是牲之生者曰餼也。王瑬鄉黨正義：按淩氏以君賜當聘禮，似精而未核。聘禮記：「賜饔，惟羹飪，筮一尸。如饋食之禮，假器於大夫。」注：「腥餼不祭。」則明與此篇腥異矣。蓋彼爲大禮，三者一時俱致，則獨薦飪耳。意者此爲尋常小賜之禮，在歸饔餼後，所謂燕與時賜無數也。然以君賜屬聘禮，第爲鄰國君之所賜，其義未賅。若本國之君有所賜予，其儀亦當準此。證之以孔子賜鯉事，及穆公饋子思鼎肉事，則聘禮外君賜亦佸其中也。

潘氏集箋：聘禮注：「牲殺曰饔，生曰餼。」又「饔」，注云：「謂飪與腥。」則無論已亨未亨，凡已殺者統謂之饔矣。是記所謂「賜饔」，實統鄉黨之賜食賜腥，而注以羹飪爲飪一牢，又云腥餼不祭。餼爲生牲，則不祭。或如夫子之必畜未可知，而祭飪不祭腥，則正與此文相反。疑羹飪指腥者言，羹之飪之，熟而後薦也。士介不祭，以初行不釋幣于禰，非謂無飪也。方與此文相合。釋例意當如此，否則淩氏深於禮經，豈其忘却聘禮記「賜饔」一節，鄭義與此文相反乎？當不然矣。劉氏正義：王氏是也。天官膳夫：「凡肉脩之頒賜皆掌之。」內饔：「凡王之好賜肉脩，則饔人共之。」注云：「好賜，王所善而賜之。」玉藻：「酒肉之賜，弗再拜。」並謂平時所賜。論語此文當得兼之。

【集解】孔曰：「正席先嘗，敬君惠也。既嘗之，乃以頒賜也。薦，薦其先祖也。」

【集注】食恐或餕餘，故不以薦。正席先嘗，如對君也。言先嘗，則餘當以頒賜矣。腥，生肉，熟而薦之祖考，榮君賜也。畜之者，仁君之惠，無故不敢殺也。

侍食於君，君祭，先飯。

【考證】儀禮士相見禮：君賜之食，則君祭，先飯。禮記玉藻：賜之食，而君客之，則命之祭，然後祭。先飯，辯嘗羞。朱子語類：近世有以爲君祭必先黍稷者，若然，則其音自不同。蓋如先儒之説，則飯音上聲，而爲食之之義。如近世之説，則飯爲去聲，而指所食之物。二説雖若皆通，細推之，則恐先儒之説爲長。路史蘇子由曰：「禮，食必祭，祭先飯，祭乎其始食者也。古者將田祭貉，將射祭侯，用火祭爟，用師祭禡，食必祭先倉，爨必祭先炊，養老則祭先老，不忘本也。先衣、先虞、先蠶、先卜、先馬、先牧、先農、先嗇、先食、先酒，皆其類矣。先王之制禮，無非教也。」羣經識小：玉藻：「若賜之食，而君客之，則命之祭，然後祭。先飯，辯嘗羞，飲而俟。」此謂君命之祭，必先飯，以示不敢當客禮也。又云：「若有嘗羞者，則俟君之食，然後食。飯飲而俟。」此謂君但賜之食而非客之者，則膳宰自當嘗羞，臣既不祭，則不必嘗，俟君食然後食也。此節既言君祭，是不以客禮待臣，於禮不必先飯，而夫子亦先飯者，敬謹之至，所謂「亡於禮者之禮」也。學禮管釋：君前侍食之法，散見於士相見禮、玉藻、論語諸篇。侍食與禮食不同，禮食則公食大夫禮是也，侍食即與君燕食，三經所記是也。侍食又有客不客之分，客之近於禮食，則膳宰不嘗食；不客則純是燕食，有膳宰嘗食，以是爲别。周禮膳夫職云：「王日一舉，鼎十有二物，皆有俎，以樂侑食。膳夫授祭品嘗食，王乃食。」是王平常燕食必有膳夫嘗食也。又云：「凡王祭祀，賓客食則徹王之作俎。」不言嘗食，是與賓客禮食，膳夫不嘗食也。士相見禮云：「若君賜之食，則君祭先飯，徧嘗膳飲而俟。君命之食，然後食。」注云：「臣先飯，示爲君嘗食也。」此謂君與之禮食。玉藻云：「若賜之食，而君客之，則命之祭，然後祭。先飯，辯嘗羞，飲而俟。」論語云：「君祭，先飯。」以上三經，皆君賜食而客之之禮也。凡君賜食，臣皆不祭，客之則有祭法，然必君命之祭，然後祭。士相見、論語不言者，文不具也。「君祭，先飯，徧嘗膳」者，謂無膳宰嘗膳，則臣先嘗之。注所謂「示爲君嘗食」也。先飯者，飯黍稷也。徧嘗膳者，嘗庶羞也。飯嘗畢，則以酒漱口而飯，俟君之食也。又必君命之食然後食者，黍稷庶羞已飯嘗畢，若已食然，故必君命之食，然後食也。此食亦謂黍稷，不及庶羞也。是皆君客之之禮也。士相見又云：「若有將食者，則俟君之食，然後食。」玉藻又云：「若有嘗羞者，則俟君之食，然後食，飯飲而俟。」以上二經皆君不客之之禮也。君不客，則有膳宰嘗食，故己不嘗食，俟君之食，然後食。不待命者，未嘗嘗食，君賜食之意未終，故不待命，俟君食即食也。此食亦謂黍稷，不及庶羞，但食黍稷畢，即飲而俟也。玉藻又云：「君命之羞，羞近者，命之品嘗之，然後唯所欲。」則食庶羞矣。又云：「君未覆手，不敢飧。既食，又飯飧。飯飧者，三飯也。君既徹，執飯與醬，乃出授從者。」皆士相見所不具，必合考之，而君賜食之禮始全矣。黄氏後案：此章紛紛異論。以經考之，公食大夫禮是正禮食，賈疏云：「彼君前無食，與君臣俱有食者異矣。」玉藻：「若賜之食而君客之，則命之祭，然後祭。先飯，辯嘗羞，飲而俟。若有嘗羞者，則俟君之食然後食。」此客禮，與公食不同。然君命之祭，正待以客禮之次，時或膳宰不存，先飯爲君嘗羞，不敢以客禮自居。若膳宰存，不先飯。則既以客待，不先飯爲正也。經文本直截，此章所記，不言命祭，是不以客禮待之，無論膳宰之在與不在，而以先飯爲合禮也。自玉藻孔疏分「若有嘗羞」以下爲不以客禮待之，説論語者遂不可通。舊説謂不以客待之，禮不必先飯，而夫子於常禮外有加謹，是過於禮也。江慎修疑爲客禮待之而先飯，則經何以不言君命之祭也？秦氏通考云：「君不以客禮待之，故君祭而臣不祭。君側無嘗羞者，故先飯辯嘗。」然無嘗羞者句，於論語中未免添説，未是也。今以公食禮爲正客禮，以玉藻所言爲客禮之次，以論語所記爲不以客禮，説經始無膠葛，非好翻案也。論語稽：此節説者不一。朱注從鄭説，有若爲嘗食之文，本無語病，或據鄭氏玉藻注，臣禮有膳夫，君祭臣不祭。客禮無膳夫，君命之祭而祭。謂此節是宰夫設饌未畢，或監視加饌，有故不在側，則旁近之臣代嘗食云云。江永曰：「此君以客禮待之，故代宰夫嘗食。客之則己當祭，其不言己祭者，或君未命，或記者略之。若非客禮，則有宰夫嘗食，夫子不得先飯矣。」吴英曰：「惟孔子爲君所客，故無嘗羞者。無嘗羞者，則君將命祭，孔子謙不敢當，故不俟君命而先飯，以自同於不客之禮。」邢昺曰：「此不言命祭，非客禮也。」羣經識小曰：「此非以客禮待之，於禮不必先飯，而夫子先飯，敬之至也，無於禮者之禮也。」又云：「君與臣正食禮，公食大夫禮是也。公退於箱不共食，其小禮食則君賜之食而君客之，其非禮食則不客。」黄式三曰：「公食大夫禮爲正，玉藻所言爲客禮之次，此節所記爲不客禮。」清按：諸説紛紜，皆未即士相見、玉藻、膳夫之經文而熟思之耳。士相見、玉藻詳略互見，當會而通之。膳夫之文，乃人君自食之禮，非侍食之禮，不必强爲牽合。説經家必以膳夫之有無在側言之，蓋泥於鄭注之誤也。至云不以客禮則不先飯，是又以若有進食嘗羞者，專指宰夫，且分禮經上下文爲兩橛而誤之也。其云公食大夫爲正禮，是則更以待外臣之禮牽混爲待食之禮矣。

【集解】鄭曰：「於君祭，則先飯矣，若爲君嘗食然。」

【唐以前古注】皇疏：祭，謂祭食之先也。夫禮食必先取食，種種出片子，置俎豆邊地，名爲祭。

祭者，報昔初造此食者也。君子得惠不忘報，故將食而先出報也。當君正祭食之時，而臣先取飯食之，故云先飯。飯，食也。所以然者，示爲君先嘗食，先知調和之是非者也。

【集注】周禮：「王日一舉，膳夫授祭品嘗食，王乃食。」故侍食者，君祭，則己不祭而先飯，若爲君嘗食然，不敢當客禮也。

○疾，君視之，東首，加朝服，拖紳。

【考異】舊文「拖」爲「扡」。釋文：扡，徒我反，又勑佐反。本或作「拖」。說文解字引論語曰：加朝服袉紳衣居也。湛淵靜語：鄉黨「朝服拖紳」，說文作「袉」，許慎東漢時所見論語本如此。唐石經「拖」字作「扡」。增修韻略引論語亦作「扡」。漢書龔勝傳：東首加朝服拕紳。潘氏集箋：拖，陸本作「扡」，說文作「袉」，云：「裾也。」龔勝傳作「拕」，說文云：「曳也。」是「拕」當爲正字，「袉」疑通借字，拖、扡皆俗字也。

【考證】四書稗疏：集注謂受生氣，自疾言之，非自君視疾言之矣。東首，首東嚮也。按禮，天子適諸侯，升自阼階。天子主天下，諸侯不敢爲主也。諸侯適其臣，亦升自阼階。諸侯主其國，大夫不敢爲主也。疾不能興，寢於南牖下之西，而東首以延君。君升自阼，立於户東，使首戴君，存臣禮也。與朝服拖紳同義。論語稽求篇：按玉藻：「君子之居恒當户，寢恒東首。」是平時卧寢無不東首者。惟大禮易衽，如昏禮御衽于奥，則北趾而南首是也。老者更卧，如曲禮少事長上，請衽何趾；内則子婦事舅姑，亦請衽何趾是也。若君來視疾，則論語與儀禮及喪大記皆云寢東首，是不問遷卧與否，必令東首者，以室制尊西，君苟入室，則必在奥與屋漏之間，負西而向東，故當東首以示面君之意。加朝服拖紳，喪大記云「徹褻衣，加新衣」，舊注：「徹去褻衣，而加新朝服于其上。」正指君來視疾一節，則是禮固有之。故鄉黨雖記夫子禮儀，而通禮亦然。如曲禮「立不中門，不賤閾」。車上不妄指。袗絺綌不入公門」，檀弓：「羔裘玄冠，夫子不以弔。朋友死，於我乎殯」，玉藻「有疾風迅雷大雨，則必變。瓜祭上環。君賜之食，命祭，然後祭。先飯，辯羞。羔裘豹飾，緇衣以裼之。狐裘，黄衣以裼之。凡帶必有佩玉，惟喪否。執龜玉，舉前曳踵，蹜蹜如也」，郊特牲「鄉人禓，孔子朝服立於阼」，士喪禮「寢東首于北墉下」類。

【集解】包曰：「夫子疾，處南牖之下，東首，加其朝服，拖紳。紳，大帶也。不敢不衣朝服見君也。」

【唐以前古注】皇疏：疾，謂孔子疾病時也。孔子病而魯君來視之也。此君是哀公也。病者欲生，東是生陽之氣，故眠頭首東也。故玉藻云「君子之居恒當于户，寢恒東首」者是也。加，覆也。朝服，謂健時從君日視朝之服也。拖，猶牽也。紳，大帶也。孔子既病，不能復著衣，而見君不宜私服，故加朝服覆于體上，而牽引大帶於心下，至是如健時著衣之爲。

【集注】東首以受生氣也。卧病不能著衣束帶，又不可以褻服見君，故加朝服於身，又引大帶於上也。

【別解】論語後録：鄭意未了，言恒居北牖下，則其移南牖下可知矣。漢書龔勝傳：「莽遣使者奉璽書，安車駟馬迎勝。勝稱疾篤，爲牀室中户西南牖下，東首加朝服拕紳。使者入户西行，南面立致詔。」

按：劉氏正義云：「此説穿鑿非理。」論語稽亦云：「漢人説經，不無謬誤附會。」則勝此舉未必即前聖之定禮，不可引以證經也。

○君命召，不俟駕行矣。

【考證】王肯堂論語義府：荀子曰：「諸侯召其臣，臣不俟駕，顛倒衣裳而走，禮也。詩云：『顛之倒之，自公召之。』」以此看禮字最活。尋常大夫不可以徒行，及至趨召，則徒行乃更爲禮，而至於顛倒衣裳不爲過。儀文逐敬而移，因心而制，豈有常乎？論語後録：玉藻云：「凡君召以三節，二節以走，一節以趨。在官不俟屨，在外不俟車。」駕者，車也，言駕是在外。官，猶九室，在路門之表。言外則不在官所矣。

【集解】鄭曰：「急趨君命，行出而車駕隨之。」

【唐以前古注】皇疏：謂君有命召見孔子時也。君尊命重，故得召，不俟駕車而即徒趨而往也。大夫不可徒行，故後人駕車而隨之使乘之也。

【集注】急趨君命，行出而駕車隨之。此一節記孔子事君之禮。

按：自「席不正不坐」至此合下「入太廟」，注疏本皆自爲一節，今從朱子。

○入太廟，每事問。

【集解】鄭曰：「爲君助祭也。太廟，周公廟也。」

【唐以前古注】皇疏：前是記孔子對或人之時，此是録平生常行之事，故兩出也。

【集注】重出。

○朋友死，無所歸，曰：「於我殯。」

【考證】禮記檀弓：「賓客至，無所館，夫子曰：『生于我乎館，死于我乎殯。』」方愨解義曰：「此言賓客，論語言朋友，互相備也。」　家語子夏問篇曰：客至無所舍，而夫子曰：「生于我乎館。」客死無所殯，夫子曰：「于我乎殯。」禮歟？仁者之心歟？　白虎通三綱六紀篇引論語曰：朋友無所歸，生於我乎館，死於我乎殯。　通典引鄭志（孫氏問經堂輯本）：劉德問：「朋友無所歸，于我殯。若此者迎彼還己館，皆停柩于何所？」答曰：「朋友無所歸，故呼而殯之，不謂已殯迎之也。于己館而殯之者，殯之而不于西階也。」

按：劉寶楠釋此文云：「呼而殯之者，此釋經曰字。其殯資皆出自夫子，就其所在殯之，不迎於家也。若館而殯之，不於西階，則但殯之於館也。」胡氏泳曰：「此節獨記一『曰』字，必嘗有是事，人莫知所處，而夫子有是言也。」

【集解】孔曰：「重朋友之恩也。無所歸，無親昵也。」

【集注】朋友以義合，死無所歸，不得不殯。

【發明】此木軒四書說：無所歸，曰於我殯，不特仁之至，亦見義之盡。蓋使其有所歸，其人恩分不得辭，而我乃代任其事，是使彼不得自盡，而我之爲義乃所以爲非義也。故無所歸則曰於我殯，與好行其德者異矣。

○朋友之饋，雖車馬，非祭肉，不拜。

【考異】禮記玉藻正義引論語：「朋友之饋，非祭肉，雖車馬，不拜也。」中六字上下易置。周禮玉府疏但云「雖車馬不拜」，略「非祭肉」三字。

【考證】禮記坊記「父母在，饋獻不及車馬」，注：「車馬，家物之重者。」少儀：「爲人祭曰致福，爲己祭而致膳於君子曰膳，祔練曰告。凡膳告於君子，主人展之以授使者於阼階之南，南面再拜稽首送，反命，主人又再拜稽首。其禮，太牢云云。」注：「此皆致祭祀之餘於君子。」鄉黨圖考：饋祭肉，古人重其禮如此。孔子所以必拜受，言再拜稽首者，饋尊者之辭。平敵當再拜，不稽首。

【集解】孔曰：「不拜者，有通財之義也。」

【集注】朋友有通財之義，故雖車馬之重不拜。祭肉則拜者，敬其祖考，同於己親也。此一節記孔子交朋友之義。

【餘論】朱子語類：後世同志者少，而泛然交處者多，衹得隨其淺深厚薄，度吾力量爲之，寧可過厚，不可過薄。曰朋友交遊，固有淺深，若泛然之交，一一要周旋亦不可，須是情文相稱。若泛泛施之，却是曲意徇物。古人於此自分明，如交友稱其信也，執友稱其仁也，又如師吾哭諸寢，朋友哭諸寢門之外，所知哭於野，恩義自有許多節。

【發明】李沛霖四書異同條辨：人惟重財，乃重車馬。聖人祇見通財爲朋友之當然，無可拜處。若祭肉雖微，聖人見祭肉如見其所祭之祖考，安得不拜？蔡清四書蒙引：朱子於此章曰「朋友以義合」，曰「朋友有通財之義」，惟平日於朋友之饋，雖車馬受之，不至於感激無地者，方於朋友死無所歸之時，可望其爲殯也。何則？祇是於義字看得透也。此亦觀人之法，蓋能以義處己，方能以義處人，惟能以義處人，必能以義自處。

○寢不尸，居不客。（今本作「容」，茲從集解、釋文。）

【考異】釋文作「居不客」，云：苦百反。本或作「容」。唐石經依舊文爲「居不客」。讀書叢録：大戴禮衛將軍文子篇：「在貧如客。」説文：「愙，敬也。」皆謂客爲敬，則作「客」本是。論語補疏：武進臧氏玉琳云：「居不客，言居家不以客禮自處。是當從釋文作『客』，開成石經亦作『居不客』。」臧氏説是也。後漢書周燮傳注引謝承書云：「燮居家清處，非法不言，兄弟父子室家相待如賓。」此正所謂客也。論語足徵記：皇本、邢本皆作「居不容」，校勘記曰：「唐石經作『客』。釋文出『居不客』，云：『苦百反。本或作容。羊凶反。』」案何平叔作集解時，經文亦作「客」，故引孔安國曰：「爲室家之敬難久。」此注「經」字釋經「客」字，「難久」二字釋經「不」字。不客，謂不莊敬似客。猶不尸，謂不偃卧似尸也。六朝以後，乃有作「容」之本，與「客」形近而誤也。邢疏曰：「其居家之時，則不爲容儀，爲室家之敬難久，當和舒也。」是據作

「容」之經，以申作「客」之注，是猶賣牛肉而舉馬首矣。皇、邢二疏及朱注皆以爲居家。案居家有坐有立，有行有寢，寢特居家之一端。居家統坐立行寢等事，寢與居家義不相當。居當訓坐，禮記樂記、此經陽貨篇「居，吾語女」，皇疏皆訓爲坐可證。段注説文曰：「古人之坐，有跪有坐，有蹲踞，有箕踞。跪與坐皆膝著於席，而跪聳其體，坐下其尻。蹲踞則足底着地而下其尻，聳其膝。箕踞則尻著席而横肱於前。跪坐皆敬，踞則不敬，而較安舒。」以此言之，執禮之士，雖毋不敬，或跪或坐，惟見客與作客爲然。

按：段氏玉裁曰：「寢不尸，惡生之同於死也。居不客，嫌主之類於賓也。」作「容」雖亦可通，「客」字既係舊文，仍以作「客」爲是。

【集解】包曰：「不偃卧四體，布展手足，似死人也。」孔曰：「不客，爲室家之敬難久也。」

【唐以前古注】書鈔禮儀部七引鄭注：寢不尸，惡其死也。居不客，爲室家之敬難久也。

【集注】尸，謂偃卧似死人也。居，居家。容，容儀。范氏曰：「寢不尸，非惡其類於死也，惰慢之氣不設於身體，雖舒布其四體，而亦未嘗肆耳。居不容，非惰也，但不若奉祭祀見賓客而已，申申夭夭是也。」

按：尸當爲「坐如尸」之尸，非死屍也。包、鄭均訓爲死人，是其誤不始於朱子。容、客形近易譌。莊子天地篇「此謂德人之容」，釋文：「依注當作客。」此其證也。朱子沿皇、邢二疏之誤，不加改正。又居，坐也，亦非居家之義。

【別解】經義雜記：尸當作「弟爲尸」之尸，與「客」字正相對文。夫坐如尸，既寢則不當執是禮。「容」，當從陸氏作「客」。孔注「爲室家之敬難久」，因爲一家之人難久以客禮敬己也。邢疏謂「不爲容儀」，夫君子物各有儀，豈因私居廢哉。論語訓：尸，祭尸也。尸必宿齋居内寢，故在寢不爲齋敬容，同居人家則不爲客，亦不以客禮待人也。

按：曲禮「坐如尸，寢不尸」言寢則向晦入息之時，屈伸輾轉儘可自如，不如此也。集注作不似死人，蓋沿包注之誤，不可從。不似死人，何待聖人能之耶？

【餘論】劉氏正義：説文云：「尸，陳也。象卧之形。屍，終主也。從尸死。」義同。段氏玉裁注云：「方死無所主，以是爲主，故曰終主。」即此注所謂死人也。偃卧者，説文：「偃，僵也。」左傳：「偃且射子鉏。」凡仰仆皆曰偃。四體，謂二手二足也。皇疏言人卧法云：「眠當欹而小屈。」謂足小屈也。夫子曲肱而枕，則側卧可知。今養生家亦如此説。

○**見齊衰者，雖狎必變。見冕者與瞽者，雖褻必以貌。**

【考異】皇本「見」上有「子」字。釋文：「冕」，鄭本作「弁」。

【考證】四書釋地：孤卿大夫之冠也，或希或玄，惟朝聘天子及助祭於公始服，豈孔子所得燕見哉？此不必真見，但當服此者。邢昺以「見大夫」疏「見冕者」，得之。汪中經義知新録：冕者無無故行於道路之事，此謂位爲大夫，得服玄冕者也，猶所謂食肉之禄、伐冰之家耳。

【集解】孔曰：「狎者，素親狎。」周曰：「褻，謂數相見，必當以禮貌也。」

【唐以前古注】釋文引鄭注：魯讀「弁」爲「絻」，今從古。

按：陳鱣云：「子罕篇釋文云：『鄉黨篇亦然。』是鄭注同前也。」劉寶楠云：「『鄉黨篇亦然』五字，疑亦鄭注。冕與絻同，亦是喪服，說見前子罕篇。」

皇疏：褻，謂無親而卑數者也。尊在位，恤不成人，故必以貌，以貌變色對之也。變重貌輕，親狎重，故言變。卑褻輕，故以貌也。然前篇必作、必趨，謂見疏者也。

【集注】狎，謂素親狎。褻，謂燕見。貌，謂禮貌。餘見前篇。

凶服者式之。式負版者。

【考異】七經考文：古本「版」作「板」。

【集解】孔曰：「凶服，送死之衣物。負版者，持邦國之圖籍。」

【唐以前古注】世說文學篇注引鄭注：版，謂邦國圖籍也。負之者，賤隸人也。

【集注】式，車前横木，有所敬則俯而凭之。負版，持邦國圖籍者。式此二者，哀有喪，重民數也。人惟萬物之靈，而王者之所天也，故周禮獻民數於王，王拜受之。況其下者，敢不敬乎？

【別解一】朱彬經傳考證：周官之書版甚多，凡在書契版圖者之貳，王宫之士庶子爲之版以待。生齒之書於版，特其一端耳。未見版所書，何由知爲民數？且聖人繫心天下，不忘斯民，不在道塗之式否。反覆思之，負版當讀如曲禮「雖負販者必有尊也」之販。蓋承「凶服者式之」而言，方與「雖狎必變，雖褻必以貌」文勢一貫。羣經平議：負版之文，他書未見，孔亦望文爲說耳。「負版」疑「負販」之誤，或版、販同聲，古文通用也。式負販者，與上句「凶服者式之」共爲一事，言子見凶服者必式，雖負販者亦式之也。禮記曲禮篇：「夫禮者自卑而尊人，雖負販者必有尊也，而况富貴乎？」即可以説此經矣。孔以凶服爲一事，負版爲一事，然經文不曰「式凶服者，式負版者」，是二句本不平列，舊説殆未得也。爾雅釋蟲傳：「負版亦即負販也。此蟲喜負重，故以人之負販者爲比耳。」

【別解二】四書典故辨正：葉少藴云：「喪服有負版。翟公巽謂式負版者，非版籍之版，乃喪服之版。」愚按上既有凶服者式之，何得又以負版爲喪服？翟説甚謬，不解石林何以取之者。　四書辨證：喪服記「負廣出於適寸」，鄭云：「負，在背上者。適，辟領。負出於辟領外旁一寸。」「衰長六寸，博四寸」，「廣袤當心，前有衰，後有負版，左右有辟領，孝子哀戚，無所不在」，孔子式負版者，以其服最重故耳。論語訓：負版，衰之領也。記曰負版出於適，適出於衰。三年喪，衰乃有之，卒哭，受齊衰，則除矣。上言變齊衰，嫌式凶服式齊衰以下，故特明負版乃爲凶服。

按：負版，孔亦望文生義，集注沿其誤也。二句實指一事，觀語法參差遞下可見。即謂式凶服之負版者耳。兩説均較舊注爲勝，後一説尤長，似可從。

有盛饌，必變色而作。

【考證】劉氏正義：曲禮云「食至起」，注云：「爲饌變。」此侍長者食禮，若食於同等者，雖盛饌或不起。夫子必變色而起，所以敬主人也。注言主人親饋者，曲禮疏云：「饋，謂進饌也。有盛饌，當兼親饋。若不親饋，雖盛饌亦不起矣。」曲禮云：「侍食於長者，主人親饋，則拜而食。主人不親饋，則不拜而食。」坊記云：「故食禮，主人親饋則客祭，主人不親饋則客不祭。故君子苟無禮，雖美不食焉。」據此，則親饋乃爲禮盛，不祇在食品之多備矣。玉藻云：「孔子食於季氏，不辭，不食肉而飧。」注云：「以其待己及饌非禮也。」雜記：「孔子曰：『吾食於少施氏而飽，少施氏食我以禮。吾祭，作而辭曰：「疏食不足祭也。」吾飧，作而辭曰：「疏食不敢以傷吾子。」』」此即少施氏親饋爲禮盛。論語訓：盛饌，謂士食於大夫，大夫食於君，非己所得食之牲牢也。常食禮有常饌，此燕食，故更變作，或者特殺亦盛之。

【集解】孔曰：「作，起也。敬主人之親饋也。」

【集注】敬主人之禮，非以其饌也。

【餘論】梁氏旁證：袁氏枚每譏集注以私意窺聖人，如「敬主人之禮足矣，何必又增『非以其饌』一語」。此袁氏未嘗並稽舊注，而於集注所謂禮者亦未分明也。周氏柄中曰：集注所謂禮，即舊注所謂親饋也。蓋饌不爲己設，則主人不親饋。曲禮：「侍食於長者，主人不親饋，則不拜而食。」亦有失禮而不親饋者。玉藻：「孔子食於季氏，不辭，不食肉而飧。」以季氏進食不合禮故也。坊記云：「君子不以菲廢禮，不以美没禮。」故食禮，主人親饋則拜而食，主人不親饋則不拜而食。此盛饌爲己設而主人親饋，故改容而起以辭謝之。若指盛饌爲禮，則仍是以其饌矣。

迅雷風烈必變。

【考證】玉藻：若有疾風迅雷甚雨則必變，雖夜必興，衣服冠而坐。論語補疏：雷風之來，既疾急而至於猛烈。「迅雷風」三字連讀，鄭以疾屬風，以烈屬雷，互明之也。論語訓：不言烈風者，欲明二者有一皆變。

【集解】鄭曰：「敬天之怒也。風疾雷爲烈。」

【集注】迅，疾也。烈，猛也。必變者，所以敬天之怒。記曰：「若有疾風迅雷甚雨則必變，雖夜必興，衣服冠而坐。」此一節記孔子容貌之變。

○升車，必正立，執綏。

【考異】徐鉉説文注引文上題「禮曰」。

【考證】論語釋故：君升有二綏：一曰良綏，君升所用。一曰散綏，亦曰貳綏，僕右升所用。皆繫於車。少儀：「執君之乘車則坐，僕者右帶劍，負良綏，申之面，拖諸幦，於散綏升，執轡然後步。」曲禮：「君車已駕，僕取貳綏跪乘。大夫以下則惟一綏，升車則僕人授。」少儀：「僕於君子，升下則授綏。」曲禮：「凡僕人之禮，必授人綏。若僕者降等則受，不然則否？若僕者降等，則撫僕之手，不然則自下拘之。」是則正立執綏蓋謂僕人方授時耳。潘氏集箋：「升車王履乘石，尸乘以几」，注：「謂尊者慎也。」而大夫士所履以乘者不見於經。鄉黨圖考謂：「孔子升車必正立執綏，則是履地而升，蓋不敢同於尊者也。」

【集解】周曰：「必正立執綏，所以爲安也。」

【唐以前古注】皇疏：謂孔子升車禮也。綏，牽以上車之繩也。若升車時，則正立而執綏以上，所以爲安也。

【集注】綏，挽以上車之索也。范氏曰：「正立執綏，則心體無不正而誠意肅恭矣。蓋君子莊敬，無所不在，升車則見於此也。」

車中不内顧，不疾言，不親指。

【考異】釋文：魯讀「車中内顧」，今從古也。盧文弨鍾山札記：張衡東京賦：「夫君人者，黈纊塞耳，車中不内顧。」薛綜注：「内顧，謂不外視臣下之私也。」李善注：「魯論語曰：『車中不内顧。』」按魯論作「内顧」，無「不」字，乃刻本於賦及注俱增「不」字，此但知今本而不知魯論本也。賦之「車中内顧」與「黈纊塞耳」皆四字爲句，加一字則參差不齊矣。崔駰銘今載古文苑，有三章。車左銘曰：「正位授綏，車中不顧。」其車右銘云：「箴闕旅賁，内顧自勑。」車後銘云：「望衡顧轂，允慎於容。」段若膺云：「觀此二章，益可證車左銘之爲内顧矣。」崔銘中之「正位」即「正立」，古位、立通。論語古訓：漢書成紀贊「升車正立，不内顧」，師古曰：「不内顧者，謂儼然端嚴不回顧也。此本論語鄉黨篇。今論語云『車中内顧』，説者以爲前視不過衡軛，旁視不過輢轂，與此不同。」文選東京賦云「車中内顧」，薛注：「内顧，謂不外視。」李注：「魯論語曰：『車中内顧。』」臧在東曰：「何既從鄭作『不内顧』，乃不采鄭校之言，而反取魯論内顧之説。後人於包注『内顧』上加『不』字，致漢書、文選竝爲增易誤矣。幸薛注尚未誤，師古説亦分明，今宜據正之。」包慎言温故録：風俗通過譽云：「升車必正立執綏内顧，不掩不備，不見人短。」亦魯論説。今本亦多「不」字。太平御覽色類述論語：車中不内顧，不疾言，不親指，色斯舉矣。翟氏考異：魯論「内顧」上無「不」字，鄭以古論就校增之。文選東京賦注引魯論語「車中不内顧」，特題魯曰，而仍有「不」字，題非率意歟？御覽取「色斯舉」句而連及於此節，見解似獨别。郝氏論語詳解分鄉黨章節，以「車中」至末爲一章，其觸發于御覽也夫。黄氏後案：「親指」當作「新指」。

【集解】包曰：「輿中内顧者，前視不過衡軛，旁視不過輢轂也。」

【唐以前古注】皇疏：内，猶後也。顧，迴頭也。升在車上，不迴頭後顧也。所以然者，後人從己者不能常正，若轉顧見之，則掩人私不備，非大德之所爲，故不爲也。疾，高急也。在車上言易高，故不疾言，爲驚於人也。車上既高，亦不得手有所親指點，爲惑下人也。又引衛瓘云：不掩人之不備也。又引繆協云：車行則言傷疾也。

【集注】内顧，回視也。禮曰：「顧不過轂。」三者皆失容且惑人。此一節記孔子升車之容。

○**色斯舉矣，翔而後集。曰：「山梁雌雉，時哉時哉！」子路共之，三嗅而作。**

【考異】談經苑引講録：此文前後倒置。夫子見山梁雌雉，時哉時哉。子路去共之，雉三嗅而作，故嘆曰：「色斯舉矣，翔而後集。」論衡定賢篇：大賢之涉世也，翔而後集，色斯而舉。

古史孔子弟子傳：山梁雌雉，子路拱之。孔子嘆之也，時哉時哉。三嗅而作，以有好鬭而死，自取之也，而豈其時哉。然子路終不悟也。　義門讀書記：「色斯」二句，集解中本不與下雌雉相屬，朱子亦據胡氏，謂雉之飛也決起，其止也下投，無翔集之狀。故雖與下通爲一節，注中仍謂二句上下必有闕文。其謂色舉翔集即雉，移「山梁雌雉」一句冠于首，則辭意尤明者，始于陳定宇也。　黄氏後案：色，謂人物色之也。韓詩外傳二引經義如此。　王伯申曰：「漢人多以色斯二字連讀。色斯者，狀鳥舉之疾也。」引論衡定賢篇及漢碑文爲證，亦一義也。注云：「有闕文。」李安溪、姚秋農云：「弟子欲記夫子贊雉之言，而先記此以明時之義。經中記事如此者甚多，無闕文。」　文選七發注引題「子曰」字，並引鄭注云：「孔子山行，見一雌雉食其梁粟。」似通「粱」爲「梁」。　韓李筆解引文「曰」上有「子」字。　論語後録：依義當作「粱」。三蒼曰：「好粟曰粱。」字从米，不从木，與浮梁之梁異。　釋文：「時哉」，一本作「時哉時哉」。　義疏引虞氏贊曰：「山梁雌雉時哉。」以此解上義也，無重文。「共」作「供」。　後漢書班固傳注、太平御覽羽族部引論語：「山梁雌雉時哉。」皆無重文。　藝文類聚、太平御覽述論語，作「子路拱之」。　天文本論語校勘記：古本、唐本、津藩本、正平本「共」作「供」。　五經文字：説文「齅」字，經典相承作「嗅」，論語借「臭」字爲之。　玉篇引論語：三齅而作。　論語集説：「嗅」疑作「嘆」。　節孝語録、書齋夜話俱曰：「三嗅」當作「三嘆」。　釋雅：或云「三嗅」之訛。　司馬光類篇「迮」字下引論語「三嗅而迮」。

翟氏考異：呂氏春秋季秋紀云：「子路揜雉，得而復釋之。」似先秦人已解此「共」爲「拱執」之義。集注所云石經，蜀石經也。晁氏有石經考異，此引其説：「劉氏云『見爾雅』者，須屬文鳥曰狊是也。狊古闃反，从目，不从自，與臭字形聲俱別。舊本嗅或無口，五經文字言之，故其形得與戛臭相似。荀卿禮論言祭祀處有「三臭不食」之文，恐此三嗅亦謂以雉共祭。特殘脱之餘，難以鑿説之耳。」

【考證】四書稗疏：古無「嗅」字，許救切者从鼻，从臭。鼻吸氣也，施於雌雉之作固必不可。按此「三嗅」當作「狊」，音古闃切。狊从目，从犬。犬之瞻視，頭伏而左右顧，鳥之驚視也亦然，故郭璞謂「張兩翅狊狊然」，謂左右屢顧而張翅欲飛也。若謂張翅爲狊，則鳥之將飛，一張翅而即翀舉，奚待三哉？ 論語補疏：荀子禮論云：「利爵之不醮也，成事之俎不嘗也，三狊之不食也，一也。」何注本此。 劉氏正義：「共」，本又作「供」，皇本作「供」。藝文類聚鳥部上、太平御覽羽族部並引作「拱」。案作「拱」是也。呂氏春秋審己篇：「故子路揜雉而復釋之。」高誘注：「所得者小，不欲夭物，故復釋之。」揜即是拱。爾雅釋詁：「拱，執也。」意者雉正倦飛，子路揜而執之，此亦隨意之樂趣，而旋即釋之，於是雌雉駭然驚顧，遂振迅而起也。集注云：「劉聘君曰：『嗅當作狊，古闃反，張兩翅也。見爾雅。』」考爾雅釋獸云：「獸曰釁，人曰撟，魚曰須，鳥曰狊。」並動走之名。狊字從目，從犬。説文訓犬視，亦驚顧之意。其字與「臭」相似，故相沿譌爲臭。唐石經「臭」字左旁加口作「嗅」，則後人所改。五經文字此字尚作「臭」也。然玉篇已引作「鶪」。「鶪」即「嗅」正字。集注引石經又作「戛」。錢氏大昕養新録以爲孟蜀刻字經三寫，不能無誤，其信然矣。

【集解】馬曰：「見顔色不善則去之。」周曰：「回翔審觀而後下止也。」何曰：「言山梁雌雉得其時，而人不得其時，故歎之。子路以其時物，故共具之。非本意，不苟食，故三嗅而作。作，起也。」

【唐以前古注】釋文引鄭注：孔子山行，見一雉食梁粟也。皇疏：謂孔子在處觀人顔色而舉動也。謂孔子所至之處也，必迴翔審觀之後乃下集也。此記者記孔子因所見而有歎也。梁者，以木架水上，可踐渡水之處也。孔子從山梁間過，見山梁間有此雌雉也。時哉者，言雉逍遥得時所也。所以有歎者，言人遭亂世，翔集不得其所，是失時矣。而不如山梁間之雉，十步一啄，百步一飲，是得其時，故歎之也。獨云雌者，因所見而言也。又引繆協云：自「親指」以上，鄉黨拘拘之禮，應事適用之跡詳矣。有其禮而無其時，蓋天運之極也。將有遠感高興，故色斯舉矣。又引顧歡云：夫栖遲一丘，雉之道適也。不以剛武傷性，雌之德也。故於翔集之下，繼以斯歎，而仲由之獻偶與歎不諧。若即饗之，則事與情反；若棄而弗御，則似由也有失。故三嗅而起，則心事雙合。又引虞氏云：色斯舉矣，翔而後集，此以人事喻於雉也。雉之爲物，精儆難狎，譬人在亂世，去危就安，當如雉也。曰「山梁雌雉，時哉時哉」，以此解上義也。時者，是也。供，猶設也。言子路見雉在山梁，因設食物以張之。雉性明儆，知其非常，三嗅而作，不食其供也。正言雌者，記子路所見也。筆解：韓曰：「以爲食具，非其旨。吾謂嗅當作鳴鳴之鳴，雉之聲也。」李曰：「子路拱之，雉嗅而起，記者終其事爾。俗儒妄加異義，不可不辯也。」

【集注】言鳥見人之顏色不善則飛去，回翔審視而後下止。人之見幾而作，審擇所處，亦當如此。然此上下必有闕文。邢氏曰：「梁，橋也。時哉，言雉之飲啄得其時。子路不達，以其時物而共具之。孔子不食，三嗅其氣而起。」晁氏曰：「石經『嗅』作『戛』，謂雉鳴也。劉聘君曰：嗅古作狊，古闃反，張兩翅也。見爾雅。」愚按如後兩說，則「共」字當爲拱執之義。然此必有闕文，不可彊爲之說。姑紀所聞，以俟知者。

【別解一】四書辨證：論語集說謂「嗅」當作「歎」，節孝語録、書齋夜話俱曰「三嗅」作「三嘆」，釋雅或云「三嗅」是「三噫」之訛，皆主夫子言也。今考揚子五百篇有「孔子雉噫」之句。楊升菴丹鉛録申其說曰：「揚子論孔子因女樂去魯不聽政，諫不用，雉噫。注云：雉噫，猶歌歎之聲。梁鴻五噫之類也。衡波傳云：『孔子相魯，齊人歸女樂沮之，孔子乃行。覩雉之飛，歎曰：「山梁雌雉，時哉時哉！色斯舉矣，翔而後集。」因爲雉噫之歌曰：「彼婦之口，可以出奏。彼婦之謁，可以死北。優哉游哉，聊以卒歲。」』揚子所云雉噫者指此。唐人學宮碑云：『聆鳳衰於南楚，歌雉噫於東魯。』亦用揚子之語也。或云『三嗅』爲『三噫』，蓋因『雉噫』二字而意之耳。又以梁鴻有五噫，此文想是三噫。三嘆與三噫義同，大約以子路不達夫子之意而共之，子故三嘆息而起。」

【别解二】菣厓考古録：子路從而執之，雌雉方食，遂三嗅其粱粟而作。

【别解三】論語竢質：子路以夫子歎雉之得時，肅然改容，竦手上收。雌雉注之，疑將篡己，遂三振翅而起。

按：以上諸説均勝舊注。「共」與「拱」同。經學巵言、論語後録、菣厓考古録並據吕氏春秋季春紀「子路揜雉而復釋之」，謂爲執取。然以爲執之，不如竢質但云竦手上收，尤合上文「色斯舉矣」意也。説文口部無「嗅」字。鼻部有「齅」字，云：「以鼻就臭也。」从鼻，从臭，臭亦聲。」疑「嗅」爲「齅」之訛，故玉篇引論語作「齅」也。荀子榮辱篇云「三臭之不食也」，楊注：「臭，謂歆其氣。」則又省作「臭」。爾雅云「鳥曰狊」，郭注：「張兩翅。」湛園札記、論語竢質、論語後録據此並云「嗅」當作「狊」。三説中當以江氏竢質説最長。

【餘論】論語述何：孟子曰：「可以仕則仕，可以止則止，可以久則久，可以速則速，聖之時者也。」鄉黨篇記夫子言行皆中乎禮，而歸之時，中禮以時爲大也。讀四書大全説：爾雅言「鶡鴠醜其飛翪」，謂竦翅上下，一收一張也。「鳶烏醜其飛翔」，謂運翅迴翔也。「鷹隼醜其飛翬」，謂布翅翬翬然疾也。今觀雉之飛，但忽然竦翅，一直衝過隴間，便落草中，差可謂翪，而何嘗有所謂運翅迴翔而後集者哉？雌雉之在山梁，夫子、子路交至乎其側而猶不去，則又豈「色斯舉矣」之謂？新安云：「色舉翔集即謂雉也。」亦不審之甚矣。時哉云者，非贊雉也，以警雉也。鳥之知時者，色斯舉矣，翔而後集。今兩人至乎其前，而猶立乎山梁，時已迫矣，過此則成禽矣。古稱雉爲耿介之禽，守死不移，知常而不知變，故夫子以翔鳥之義警之，徒然介立而不知幾，難乎免矣。人之拱己，而始三嗅以作，何其鈍也。然此亦聖人觀物之一意而已，非謂色舉翔集便可與聖人之時中同一作用。西山以孔子去魯衛、伯夷就養文王比之，則大悖矣。經正録：此章朱子闕疑，不彊爲説。後儒以時字解之。孫夏峰曰：「夫子聖之時，故記者以此終焉。時止則止也，山梁雌雉見非鳳儀之時。」船山又云：「考荀子禮論曰『三臭之不食也』，史記引作『三侑』，則侑、臭古字蓋通。夫子歎鳥之舉止得時，隱以譬君子之去留知幾。蓋夫子周流列國，託於君及士大夫，有所爲而言。子路聞言即悟，促爲夫子供張作食。夫子喜子路之解己意，爲之三侑成禮，不待飽而與子路同去。記者以此明夫子之可速則速，而子路得與之也。」亦一義也。

【發明】反身録：時哉時哉，即經所謂「鳥獸咸若」也。子路一共遂三嗅而作，鳥固知幾，緣人機動，人無機心，鳥則自若。可見人心一動，斯邪正誠僞終難自掩，鳥微物且然，況人至靈而神乎？物猶不可欺，人豈可欺乎？是故君子慎動，動而無妄，可以孚人物感幽明，一以貫之矣。